gestão de crises
na indústria do turismo

DIRK GLAESSER é Diretor de publicações da Organização Mundial de Turismo. É professor em várias universidades e participa regularmente de conferências e eventos. Em 2001, recebeu o prêmio acadêmico da feira de turismo internacional ITB pelo seu trabalho sobre gerenciamento de crises no turismo. Atua também como representante sênior da reserva, na divisão de gerenciamento de crises do Ministério da Defesa da Alemanha.

G542g Glaesser, Dirk.
     Gestão de crises na indústria do turismo / Dirk Glaesser; tradução Felix Nonnenmacher. – 2. ed. – Porto Alegre : Bookman, 2008.
     300 p. ; 25 cm.

     ISBN 978-85-7780-198-5

     1. Indústria do turismo. I. Título.

                                                    CDU 338.48

Catalogação na publicação : Mônica Ballejo Canto – CRB10/1023.

Dirk Glaesser

.gestão de
crises
na indústria do turismo

Tradução:
Felix Nonnenmacher

Consultoria, supervisão e revisão técnica desta edição:
Maria da Graça M. Sanchez
Mestre em Administração pela UFRGS
Professora da Faculdade de Turismo na PUCRS

2008

Obra originalmente publicada sob o título *Crisis Management in the Tourism Industry*, 2nd Edition
ISBN 0-7506-6523-8

Copyright © Dr. Dirk Glaesser 2006
Copyright © 2006, Elsevier. All rights reserved.
This edition is published by arrangement with Solutions KM, Madrid, Spain.
Translated by Bookman Companhia Editora Ltda., a divison of Artmed Editora S.A.,
from the original English language version.

Capa:
Gustavo Demarchi,
arte sobre a capa original

Leitura final:
Renato A. Merker

Supervisão editorial:
Arysinha Jacques Affonso
Denise W. Nowaczyk

Editoração eletrônica:
AGE – Assessoria Gráfica e Editorial Ltda.

Reservados todos os direitos de publicação em língua portuguesa à
ARTMED® EDITORA S.A. (BOOKMAN® COMPANHIA EDITORA
é uma divisão da ARTMED® EDITORA S.A.)
Av. Jerônimo de Ornelas, 670 – Santana
90040-340 – Porto Alegre, RS, Brasil
Fone: (51) 3027-7000 Fax: (51) 3027-7070

É proibida a duplicação ou reprodução deste volume, no todo ou em parte,
sob quaisquer formas ou por quaisquer meios (eletrônico, mecânico, gravação,
fotocópia, distribuição na Web e outros), sem permissão expressa da Editora.

SÃO PAULO
Av. Angélica, 1091
01227-100 – São Paulo, SP, Brasil
Fone: (11) 3665-1100 Fax: (11) 3667-1333

SAC 0800 703-3444

IMPRESSO NO BRASIL
PRINTED IN BRAZIL

A todos que dedicam suas vidas ao turismo

Prefácio

A indústria do turismo é diferente de todos os setores da economia que enfrentam acontecimentos negativos. Sua sensibilidade diante de acontecimentos desse tipo lhe trouxe tanta exposição, que já serve como um primeiro indicador de situações críticas que outros setores terão de enfrentar.

Os destinos e as empresas em atividade no ramo do turismo precisam encarar esses desafios. Há alguns anos, as empresas tinham a capacidade de interpretar acontecimentos negativos como exceções pouco prováveis. Contudo, os acontecimentos da década passada apontam para a necessidade de tornar a gestão de crises uma personagem constante na observação prática e em estudos científicos. Ao engajar-se nisso, as organizações são confrontadas pela dificuldade inerente de que, a despeito das melhores intenções e dos grandes esforços de prevenção, os riscos não podem ser completamente controlados e, portanto, totalmente excluídos de qualquer abordagem.

Nessas circunstâncias, além da necessidade da implementação de medidas que minimizem esses riscos, é importante analisar acontecimentos negativos de todos os ângulos. É possível identificar os fatores críticos de sucesso, absorvendo-os e analisando-os no escopo da orientação estratégica da empresa. Nesse cenário, o marketing assume grande importância. Uma vez que muitas das crises na indústria do turismo vêm causando impacto em empresas e destinos cujos produtos e serviços não são afetados ou prejudicados de forma objetiva — em outras palavras, estão ocorrendo distorções subjetivas da percepção — é fundamental considerar o conhecimento acumulado de marketing para conseguirmos enfrentar e evitar crises.

Este é o objetivo deste livro. Ele desenvolve um esboço geral para a gestão de crises e oferece a base para análises adicionais. Ele contempla a importância da prevenção e também formas de enfrentar eventuais crises, discutindo não apenas a dimensão estratégica como também as técnicas operacionais envolvidas. Este livro tem uma finalidade mais ampla: ilustrar àqueles que trabalham na indústria do turismo e àqueles que desfrutam dos serviços prestados pelo setor os elementos necessários a seu desenvolvimento sustentável.

Nesta segunda edição, novos capítulos foram acrescentados, vários foram reestruturados e o texto como um todo foi completamente revisado e atualizado. Novas listagens, novas ilustrações descritivas e uma série de novos relatos de caso representativos de diferentes situações visam oferecer uma reflexão mais precisa e realista da prática da gestão de crises.

Durante a preparação de uma obra como esta, que pretende oferecer uma abordagem ampla ao tópico de gestão de crises e que, acima de tudo, tenta unir peças tão importantes para o entendimento de algumas situações totalmente inesperadas, tive a assistência de uma excelente equipe.

  Primeiramente, gostaria de agradecer à minha esposa Matilde, por me apoiar e dispor do tempo para discutir todas as facetas deste livro. O Prof. Peter Keller, especialista em questões de política do turismo internacional, foi mais uma vez uma grande ajuda, com seus comentários e conselhos. Ute Meyer, Stefanie Theuerkorn, Jens Oliver Glaeßer e Sarah Beswick me ajudaram, com suas opiniões, para a melhoria do texto. Anika Mattheis, Maryen Blaschke, Tamara Nebel, Fabian Rütschi me ajudaram nas pesquisas. Também quero agradecer ao Prof. Dr. Guillermo Aceves, pelos valiosos comentários feitos da perspectiva norte-americana.

Lista de exemplos

Exemplo 1:	Boicotes na indústria do turismo	45
Exemplo 2:	Os padrões antigos se alteraram tão rápido!	48
Exemplo 3:	Uma avaliação diferente	50
Exemplo 4:	Dirigir é seguro, mas voar é tão arriscado…	52
Exemplo 5:	Tubarões e cocos	54
Exemplo 6:	Participação no círculo cultural	58
Exemplo 7:	Isso só acontece com os outros, até… — o que acontece com os cidadãos de uma nacionalidade	60
Exemplo 8:	As montanhas — um sonho sem limites	65
Exemplo 9:	Rimini e o efeito das algas	69
Exemplo 10:	A triste África	77
Exemplo 11:	A Swissair – o fim de um símbolo nacional	87
Exemplo 12:	O terrorismo como assassino da vontade de viajar?	91
Exemplo 13:	As raízes geográficas influenciam as percepções dos turistas	92
Exemplo 14:	As maiores enchentes em um século na Saxônia, em 2002	96
Exemplo 15:	Pense como os suíços – Voe Thai Airways	100
Exemplo 16:	O Comitê de Recuperação do Turismo da OMT	101
Exemplo 17:	A Lei da Segurança na Aviação e Transporte	103
Exemplo 18:	O Erika e o Prestige	105
Exemplo 19:	O MedEvac, ou o Hospital Voador	107
Exemplo 20:	Na mesma moeda	108
Exemplo 21:	A preparação para a Gripe Aviária — o planejamento do cenário na Visit Scotland	118
Exemplo 22:	A medição da semelhança	124
Exemplo 23:	Não envolvido, mas subitamente afetado	125
Exemplo 24:	Os ataques a Bali em 2002 mencionados nas orientações de viagem	138
Exemplo 25:	A revisão dos procedimentos das orientações de viagem no Reino Unido	141
Exemplo 26:	O uso do *scanner* a *laser*	147
Exemplo 27:	Termos de referência	155
Exemplo 28:	A estratégia da experiência do valor em Liechtenstein	164
Exemplo 29:	O Egito e seus destinos litorâneos	165
Exemplo 30:	O risco de uma estratégia de foco	166

Exemplo 31: O caso de Gâmbia 168
Exemplo 32: A diversificação do portfólio de hotéis 169
Exemplo 33: Garanta a cobertura de seu seguro de eventos 174
Exemplo 34: A cobertura contra riscos políticos 175
Exemplo 35: Air Berlin 179
Exemplo 36: Transformando acontecimentos negativos em positivos — os incêndios florestais nos Parques Nacionais de Yellowstone e de Glacier 180
Exemplo 37: Os passeios ao cais de onde zarpou o Titanic, em Southampton 182
Exemplo 38: A gestão da crise na Lufthansa 187
Exemplo 39: A gestão de crises na TUI 189
Exemplo 40: Central GAST/EPIC – Exemplo do Centro de Informação e Gestão 195
Exemplo 41: O Manual de Serviços da TUI 201
Exemplo 42: As equipes de assistência 203
Exemplo 43: O plano de marketing do Egito 210
Exemplo 44: H.I.S. — Uma operadora de turismo japonesa que comprovou o impensável 213
Exemplo 45: O programa egípcio de apoio aos vôos fretados 216
Exemplo 46: Poderia ter acontecido em qualquer lugar, mas estou contente que tenha acontecido no Havaí 218
Exemplo 47: A Declaração de Garantia da TUI — a confiança do cliente nas companhias aéreas e vôos fretados 221
Exemplo 48: As campanhas do "Obrigado" 227
Exemplo 49: O risco e a diversão 240
Exemplo 50: Medidas preventivas — o livreto de proteção para o turista da Bahia 241
Exemplo 51: As alterações na recordação 247
Exemplo 52: Os problemas nos pedidos por doações 248
Exemplo 53: O Questionário para a Linha de Atendimento Exclusivo 252
Exemplo 54: As páginas da Internet da Luxair depois do acidente em 2002 255
Exemplo 55: O Centro de Recuperação do Turismo da PTA 256
Exemplo 56: O Projeto Fênix — A estratégia de comunicação da PATA durante a crise da SARS 264
Exemplo 57: Escolha Cingapura! 268
Exemplo 58: Rostos famosos – auxiliando a se erguer novamente 271
Exemplo 59: O cinema e a estratégia de recuperação 274

Sumário

1 Turismo num mundo em mudança 13
   1.1   As condições de vida do ser humano 14
   1.2   Mudanças naturais 19

2 Conceitos básicos da gestão de crises 23
   2.1   O que é uma crise? 23
   2.2   O que são acontecimentos negativos no turismo? 29
   2.3   O que é gestão de crises? 34

3 As esferas de atividade da crise 43
   3.1   O consumidor como esfera de atividade 44
   3.2   O produto turístico como esfera de atividade 76
   3.3   Os competidores como esfera de atividade 99
   3.4   O estado como esfera de atividade 103
   3.5   Os investidores, o quadro de pessoal e outras esferas de atividade 109
   3.6   O *ranking* das esferas de atividade 110

4 Métodos de análise e prognóstico 112
   4.1   A identificação de áreas e acontecimentos importantes 113
   4.2   Os sistemas e métodos de alertas iniciais 127

5 Medidas estratégicas para a gestão de crises 161
   5.1   A gestão preventiva da crise no interior da estrutura da estratégia corporativa 161
   5.2   As medidas preventivas da gestão de crises por meio de ações estratégicas 167
   5.3   As formas básicas das estratégias de enfrentamento da crise 177

6 Planejamento da crise e medidas organizacionais 185
   6.1   O planejamento genérico 186
   6.2   O planejamento de contingência 198
   6.3   Treinamento 202
   6.4   O planejamento preventivo 203

7   As ferramentas para a gestão de crises 205
    7.1   Decisões básicas 205
    7.2   A política de produto 212
    7.3   A política de preços 223
    7.4   A política de distribuição 233
    7.5   A política da comunicação 239

8   O futuro da gestão de crises 276

Bibliografia 278

Índice 291

1
Turismo num mundo em mudança

Objetivos

- Obter uma visão geral dos acontecimentos que estão influenciando o setor do turismo.
- Entender a importância do estudo da gestão de crises.
- Entender a influência da mudança climática no meio ambiente e suas conseqüências para o turismo.

Palavras-chave e conceitos

- Progresso tecnológico
- Mudança climática
- Catástrofes naturais

Na atualidade, o turismo é parte absolutamente normal no quotidiano de nossas vidas. Mesmo que houvesse viagens para as Olimpíadas ou para os torneios de cavaleiros no mundo antigo, a ampla participação da sociedade no turismo teve início há poucas décadas.

Os efeitos positivos do turismo são vários. Para os turistas, as férias significam mais satisfação, uma vez que uma viagem oferece a oportunidade de dar vida às suas esperanças e aos seus sonhos. Além disso, ao saírem de seus ambientes quotidianos, os turistas aumentam seus conhecimentos sobre outras culturas e seu modo de vida, seja consciente ou inconscientemente. Esta visão diferenciada das coisas ajuda a fomentar maior aceitação e tolerância no seio da raça humana.

Em relação ao aspecto economia interna, em muitos países a indústria do turismo goza de posição relevante, sendo uma das maiores fontes de renda e troca de moeda estrangeira. Este crescimento continuará no futuro e contribuirá para tornar o turismo a indústria mais importante no mundo. Além disso, o turismo está, como nenhum outro ramo da indústria, em posição de gerar prosperidade e oportunidades de crescimento econômico até para lugares que, de outra forma, seriam considerados de difícil desenvolvimento.

A posição de liderança do turismo

O desenvolvimento positivo da indústria do turismo, contudo, vem sendo gradualmente ameaçado por acontecimentos negativos. Os incidentes ocorridos no passado recente trouxeram conseqüências econômicas nunca antes observadas. Os ataques terroristas no Egito, a SARS, o 11 de Setembro e as *tsunamis* na Ásia são alguns exemplos contundentes de crises que causaram perdas econômicas na casa dos milhões ou mesmo bilhões de dólares à indústria do turismo. Mas os efeitos indiretos também exercem um impacto considerável, como, por exemplo, o aumento dos custos de transporte observado no mundo todo que ameaça especialmente a competitividade das viagens turísticas de longa distância. Ao mesmo tempo, vários efeitos diferentes vêm ganhando visibilidade, como o dano à imagem e a limitação no espaço de manobra na esfera empresarial, que ainda afetam as empresas tanto a médio quanto a longo prazo.

As razões para essa maior visibilidade das crises são complexas. No entanto, uma análise preliminar mostra que existem diferentes áreas que contribuem para esse aumento no número de acontecimentos negativos.

1.1 AS CONDIÇÕES DE VIDA DO SER HUMANO

Um dos aspectos que mais influencia a indústria do turismo é o fato de que as condições de vida nos mercados mais importantes estão mudando a uma velocidade crescente.

<u>Condições de vida</u> Estas rápidas mudanças se tornam claras especialmente quando o progresso na esfera social é examinado de uma perspectiva mais abrangente.

As informações mais atualizadas dão conta de que a existência da raça humana na Terra data de cerca de 2,5 milhões de anos a.C. Durante o primeiro milhão de anos, os seres humanos se familiarizaram com o uso das ferramentas de pedra. Foram necessárias várias gerações para que alterações mínimas ocorressem. O homem começou a dominar o fogo há mais ou menos 500 mil anos. Mais uma vez, por muitas gerações, ele teve tempo de se acostumar a essas inovações e aos impactos causados em seu ambiente social. O homem de hoje, como nos diz a anatomia e a fisiologia, principalmente com relação ao tamanho do cérebro, tem apenas 40 mil anos de idade. Mas a revolução Neolítica é ainda mais jovem, entre 9 e 10 mil anos de idade.

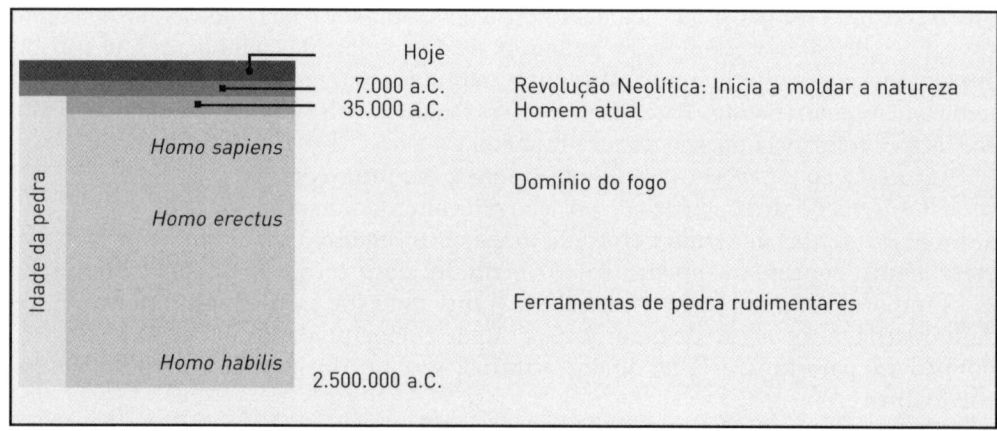

DIAGRAMA 1.1 A velocidade do desenvolvimento.

Foi apenas nesse instante de sua história que o homem começou a moldar a natureza, a se estabelecer e a domesticar animais de forma ativa. Assim, a vida, tal como a conhecemos hoje, iniciou-se há apenas 9 mil anos.

Média da expectativa de vida

A idade do ser humano constitui importante fator de influência. Em 35.000 a.C., a média de expectativa de vida girava em torno de 20 anos. Como ilustra o diagrama abaixo, as mudanças na duração média da vida ocorridas com o tempo foram mínimas. Na verdade, ela chegou à casa dos 35 anos de idade há mais ou menos 200 anos. Desde então, com as alterações causadas pela Revolução Industrial e os progressos da ciência e nas estruturas sociais que a acompanharam, entre outros, a expectativa de vida mais do que duplicou. Hoje, a expectativa de vida para uma mulher da Europa Ocidental é de 80 anos.

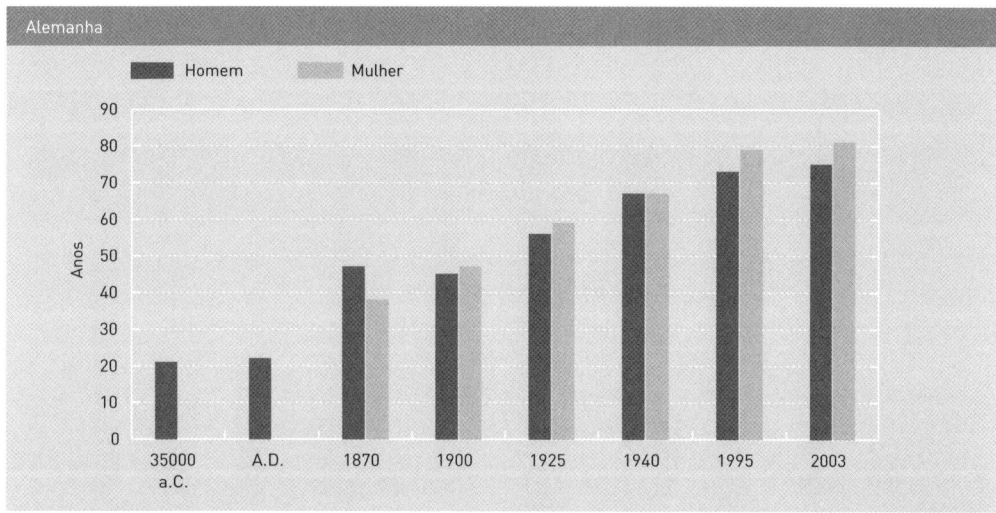

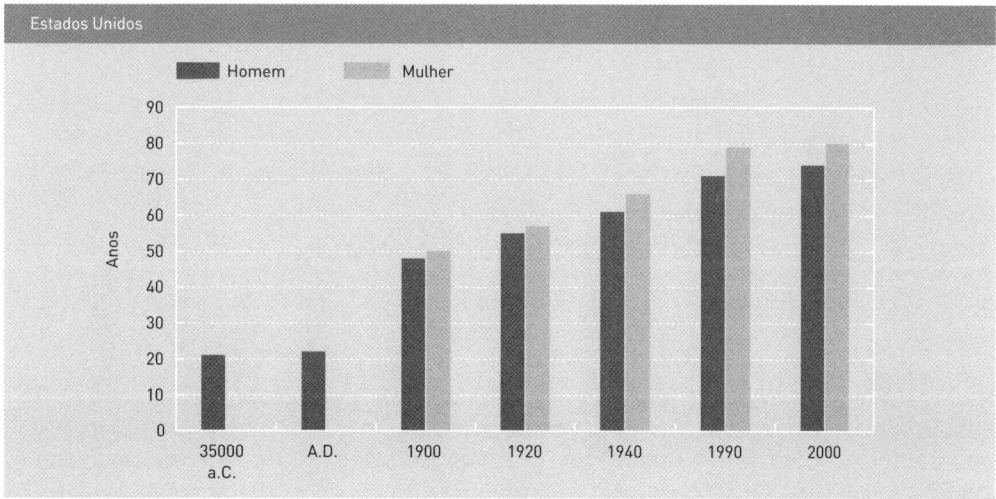

DIAGRAMA 1.2 O aumento da média da expectativa de vida.

Ao considerarmos essa evolução, fica difícil acreditar que se passaram apenas 400 gerações desde a revolução Neolítica. Fica claro também o porquê dos progressos técnicos das gerações passadas terem levado tanto tempo para se concretizar, enquanto que na atualidade várias revoluções tecnológicas ocorrem no espaço de uma geração. Se examinarmos o uso do telefone desde sua invenção, foram necessários cerca de 60 anos para que ele se tornasse parte do nosso quotidiano. O telefone celular atingiu essa posição em apenas 20 anos.

Contudo, essas mudanças tecnológicas, que entendemos como acontecimentos positivos, também podem trazer impactos negativos. O primeiro vírus de computador apareceu em 1993. Vinte anos depois, conversamos normalmente sobre a existência desses programas prejudiciais capazes de alterar estruturas sociais inteiras no mundo todo em poucos segundos.

As tendências demográficas dos seres humanos também estão passando por mudanças. Ao examinarmos a média de crescimento de uma família nos últimos 100

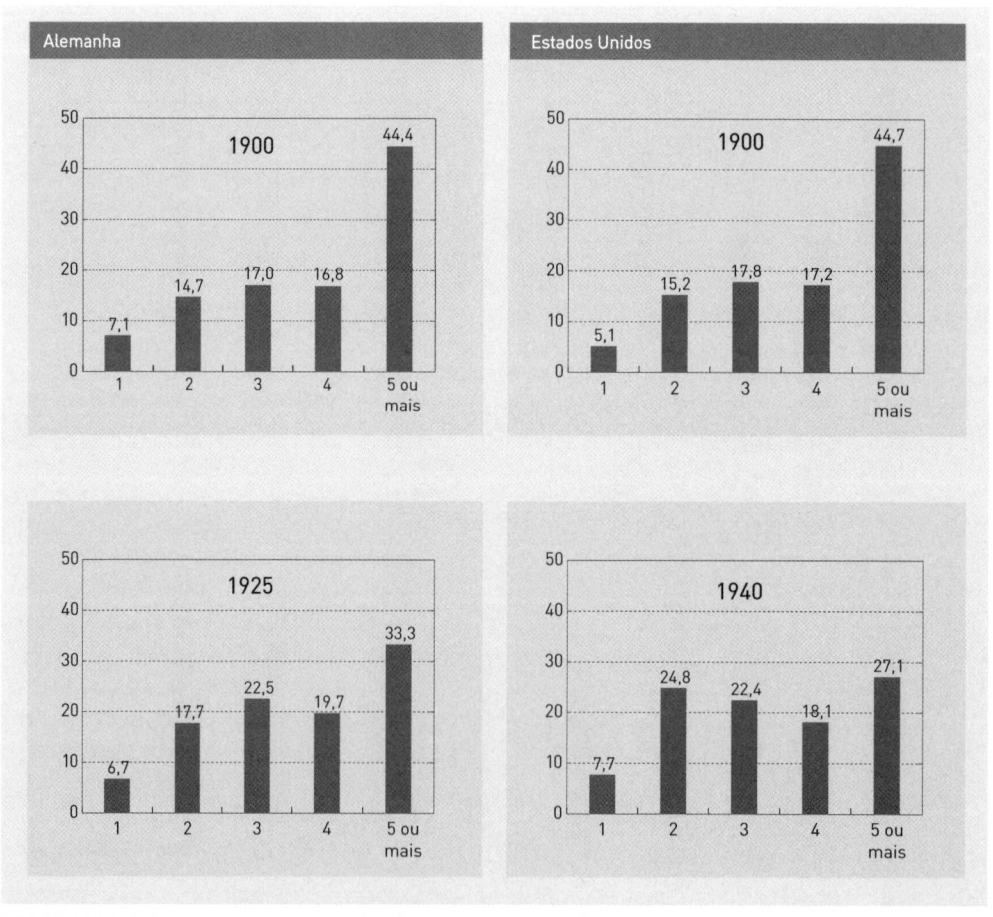

DIAGRAMA 1.3 O tamanho da família (em percentagem).

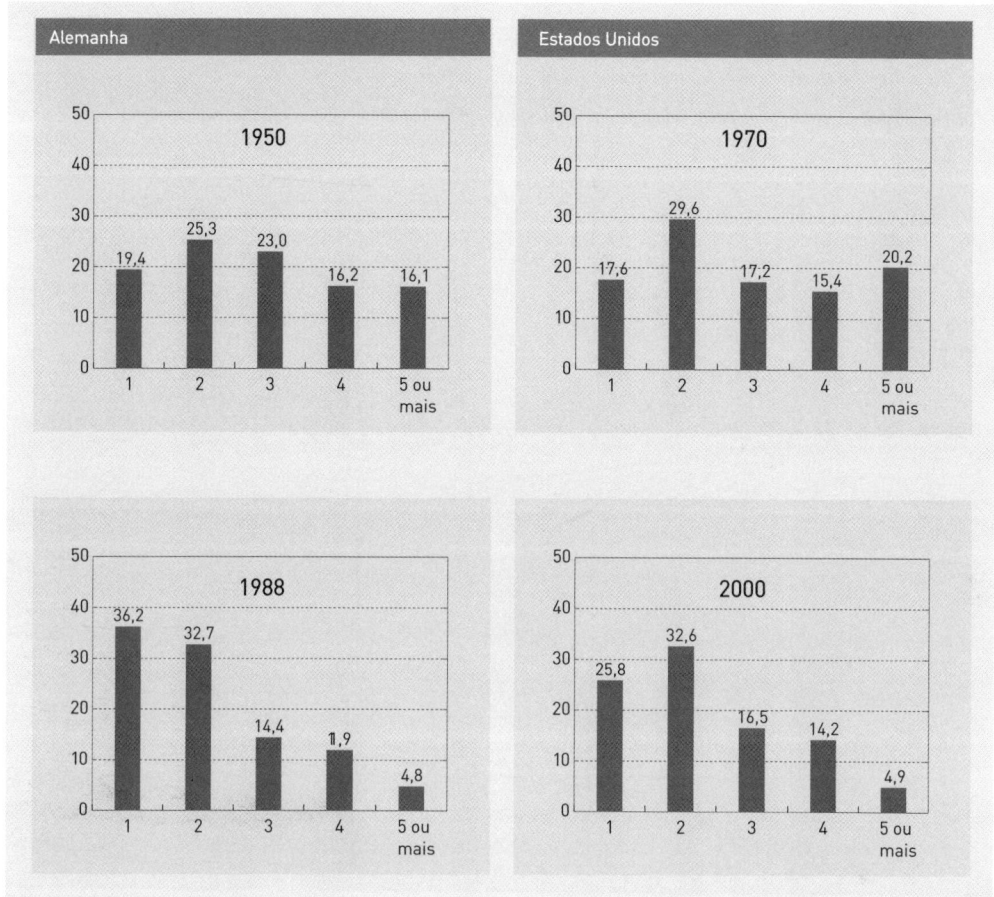

DIAGRAMA 1.3 O tamanho da família (em percentagem) *(continuação)*.

anos, observamos que no início do século passado a maioria das famílias, mais especificamente 44% delas, era composta por cinco ou mais pessoas. No começo do século XX houve uma clara tendência para famílias menores. Em 1998, 36% das famílias eram compostas por uma só pessoa.

Tendências demográficas

Além disso, podemos observar que os casamentos estão ocorrendo a uma idade bem mais avançada. Existe uma maior tendência a casais não oficialmente casados, e a média de duração de um casamento está em constante queda. Os Estados Unidos dão um exemplo extremo: quase 40% dos casamentos acaba em divórcio depois de apenas 15 anos. Para casais mais jovens, isto é, com menos de 45 anos de idade, a percentagem de divórcios chega a 50%. Além disso, se os integrantes de um casal vêm de divórcios anteriores, as novas uniões duram ainda menos.

Estes são apenas alguns dos fatores que descrevem o ambiente em que os seres humanos vivem hoje e apontam para os desafios que eles precisam enfrentar.

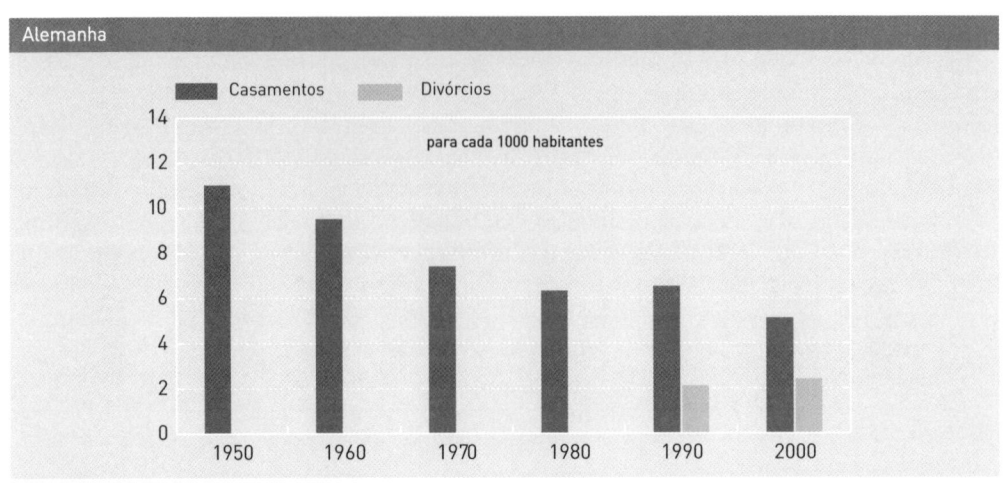

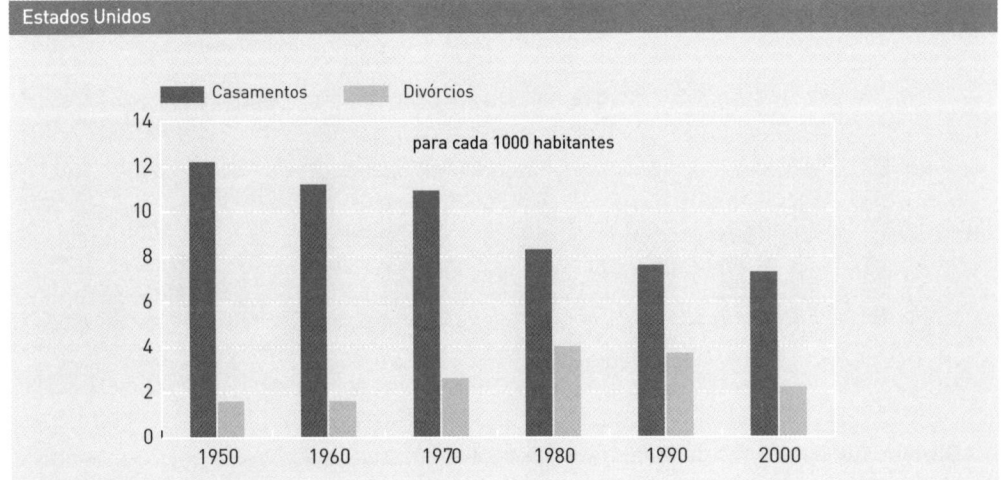

DIAGRAMA 1.4 Casamentos e divórcios.

Oferta de informação

Um desses desafios é a piora na oferta de informação. A princípio isto causa surpresa, uma vez que vivemos numa época em que não existe carência de informações. Na verdade, nos próximos três anos serão gerados mais dados do que nos últimos 300 mil. Com essa super oferta de informações, poderá ser difícil filtrar aquelas consideradas importantes. Além disso, as transformações no ambiente familiar tornam mais complexa a tarefa de transmitir informações mais customizadas às necessidades individuais. Isto é de crucial importância no aprimoramento e processamento da informação.

Além disso, o crescimento demográfico gera uma série de inseguranças que anteriormente era tratada dentro das unidades familiares tradicionais, mas que ora se torna objeto da responsabilidade do indivíduo. Isso representa um enorme desafio para cada um de nós. Assim, podemos observar que mais e mais acontecimentos, que em situações normais seriam taxados de perigosos, hoje são vistos como riscos. Com isso, o "inevitável" passa a ser o "evitável". Enquanto os perigos se originam no ambiente e não podem ser controlados pelo homem, os riscos são via de regra imputados a decisões, e portanto estão associados ao indivíduo.

Em segundo lugar, os indivíduos tentam encontrar instituições a que possam recorrer na tarefa de lidar com essas inseguranças. Nisto se insere o Estado, que é confrontado com a realização de tarefas e a satisfação de expectativas que antes não eram atribuição sua. A iniciativa privada também é afetada por essas mudanças. As empresas vêm sendo cada vez mais responsabilizadas por acontecimentos e situações não-previstas em contrato ou que, no passado, não eram de seu escopo de responsabilidades.

É preciso ainda mencionar que os seres humanos são criaturas de hábito. O que o homem aprendeu, ele procura preservar.

Criaturas de hábito

Ele tenta evitar mudanças grandes demais ou tenta postergá-las até o ponto em que se tornem inevitáveis. O homem vê dificuldade em se adaptar e absorver todas as mudanças no ambiente tecnológico com a mesma velocidade que elas ocorrem. As revoluções tecnológicas, grandes ou pequenas, não acontecem mais entre várias gerações, mas no espaço de uma única geração. Com isso, as mudanças são sempre bruscas, e existe um mecanismo de defesa natural que precisa ser antagonizado. Em muitos casos, isso é possível apenas quando as situações chegam a seu ponto extremo.

1.2 MUDANÇAS NATURAIS

O homem sempre buscou tornar-se independente das forças da natureza. Nesse esforço, o progresso tecnológico o auxiliou; mas esse mesmo progresso pode em parte ser considerado o resultado do contínuo empenho em alcançar autonomia. Há milhares de anos o homem procurava proteção contra adversidades em cavernas, tentando resguardar-se contra a natureza. Hoje, ele faz experiências com ambientes naturais, como a Biosphere no estado do Arizona (EUA), e com um crescente número de atrações turísticas como pistas de esqui *indoor* e parques de diversões totalmente climatizados.

No entanto, a despeito desses imensos esforços, as forças da natureza não podem ser plenamente controladas. A impressão é que acontece exatamente o contrário. Nos últimos 100 anos, mais de 50 mil catástrofes naturais foram regis-

Vista de parte do Gaylord Opryland Resort, Nashville, EUA. O imenso tamanho, o enorme número de atrações, o espaço para exposição, os restaurantes e os mais de 2.800 quartos de hotel possibilitam aos turistas permanecer no interior da instalação por vários dias, sem qualquer contato com o clima quente e úmido do exterior.

tradas no mundo inteiro, com mais de 4 milhões de vidas sendo atingidas. Desde 1991, são registradas anualmente entre 500 e 700 catástrofes naturais. Nesta estatística não

> **As grandes catástrofes naturais**
>
> As catástrofes naturais são classificadas como sérias se a região estiver claramente impossibilitada de sobreviver sem ajuda, o que torna necessária a assistência internacional ou inter-regional. As grandes catástrofes naturais respondem em média por metade dos prejuízos totais contabilizados.

estão incluídas as inúmeras secas e crises humanitárias que custaram a vida de muitos outros milhões de pessoas. Curiosamente, essas catástrofes de origem geológica, como terremotos ou erupções vulcânicas, continuam ocorrendo nessas proporções. Contudo, a ocorrência de desastres originários de condições meteorológicas extremas, como enchentes, vendavais, deslizamentos de terra, frio excessivo, incêndios florestais, vem aumentando constantemente. Antes mesmo das devastadoras *tsunamis* na Ásia, o ano de 2004 já era considerado o período mais dispendioso para o setor de seguros em termos de catástrofes naturais. Com os prejuízos de US$ 40 bilhões das seguradoras e com as perdas econômicas de US$ 130 bilhões, as compensações securitárias de US$ 26 bilhões pagas em 1992 se tornaram insignificantes. E esta tendência se manterá no futuro.

Década	1950-59	1960-69	1970-79	1980-89	1990-99
Quantidade	20	27	47	63	91
Prejuízos econômicos em bilhões de US$ (valores de 2003)	42,7	76,3	140,6	217,3	670,4

DIAGRAMA 1.5 Grandes catástrofes naturais.

Várias razões explicam este crescente número de catástrofes naturais. Em primeiro lugar, há o crescimento exponencial da população mundial e os acontecimentos próprios ao processo, como os problemas de urbanização, a falta de água potável e a utilização de áreas abertas. Se a população continuar a crescer em 1 bilhão a cada intervalo de 10 a 15 anos, a densidade populacional será 50% maior do que o valor de hoje. Isto gerará um impacto particularmente forte nas cidades, que vêm absorvendo o crescimento da população a um percentual acima da média nos últimos 50 anos. Enquanto que na década de 1950 apenas 30% da população mundial (cerca de 2,5 bilhões) viviam nas cidades, este número subiu para cerca de 50% dos 6 bilhões de habitantes do planeta na atualidade. E as probabilidades desta tendência se manter são grandes. Áreas abertas, expostas a um alto risco de desastres naturais, estão sendo mais e mais utilizadas em função não apenas do interesse turístico, como também do déficit em áreas disponíveis para expansão, especialmente nas zonas metropolitanas de rápido crescimento.

O crescimento populacional

O intenso desenvolvimento turístico vivido pelo estado da Flórida e explicado pelas agradáveis condições climáticas e belas praias da região transformou uma área primordialmente voltada para a agricultura em uma das regiões de maior densidade populacional dos EUA. A despeito do já conhecido caminho dos furacões e dos grandes danos causados por esses fenômenos, a região da Flórida não é evitada; ao contrário, ela é bastante procurada. O desastre natural mais caro da história é atribuído ao furacão Andrew, de 1992, com prejuízos de US$ 17 bilhões para a indústria de seguros. Outras regiões, como os Alpes, em que vemos freqüentes avalanches, provam que o uso de áreas particularmente expostas para fins turísticos é extremamente arriscado.

Sem dúvida, a mudança climática também está desempenhando um papel fundamental no aumento da incidência de catástrofes naturais. Como mostra o gráfico a seguir, produzido pelo Painel Intergovernamental sobre a Mudança Climática (IPCC), um órgão da OMS e UNEP, a temperatura mundial média aumentou 0,7 grau centígrado nos últimos 100 anos. Se considerarmos que a diferença média entre os períodos de temperaturas moderadas e as eras glaciais foi de apenas 5 graus, esse é um valor que deve ser levado a sério. Hoje já podemos observar alguns dos efeitos do aquecimento global: derretimento das geleiras,

A mudança climática

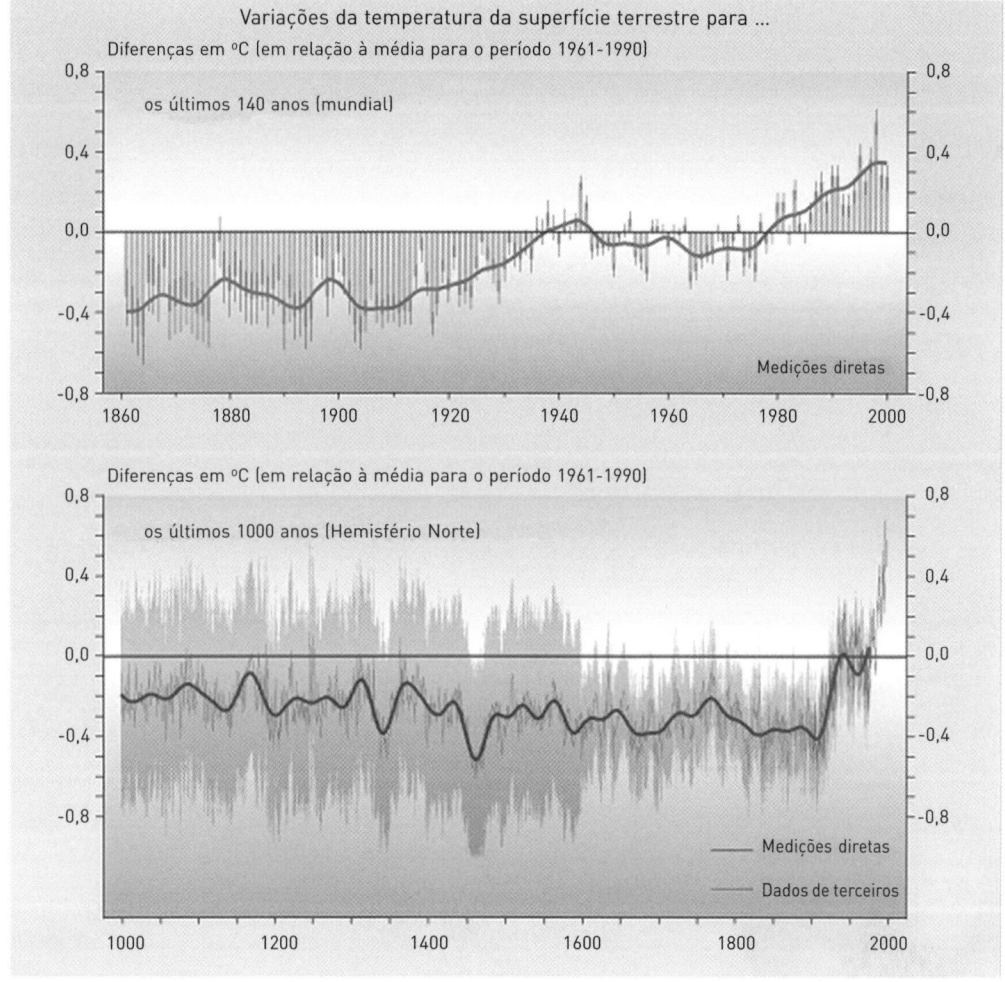

Fonte: IPCC.

DIAGRAMA 1.6 Mudança climática.

diminuição das camadas de neve em destinos tradicionais para o esqui, aquecimento dos oceanos e a conseqüente elevação de seus níveis de água e também o aumento das inundações com os extraordinários índices de precipitação pluviométrica em áreas em que até recentemente vinham sendo poupadas desses fenômenos.

As conquistas tecnológicas

Nossa excessiva dependência de conquistas tecnológicas vem fazendo com que fenômenos naturais acarretem danos não apenas mais freqüentes, como também mais intensos. Embora a maioria das técnicas de engenharia auxiliem na proteção contra enchentes ou na construção de edifícios à prova de terremotos, elas também nos fazem esquecer que elas isoladamente não fazem muito para proteger contra acontecimentos de maiores proporções. O fato de que ocorrências naturais de porte pequeno ou médio não tragam grandes conseqüências, nos dá uma confiança superficial. Catástrofes que acabaram por exceder um certo patamar, como os terremotos de Kobe em 1995, de Northridge em 1994 ou da Cidade do México em 1985, as inundações do Rio Vermelho no norte dos EUA e sul do Canadá em 1997, as enchentes na Europa central em 2002 ou ainda a devastadora *tsunami* na Ásia no final de 2004, estão atingindo populações e governos despreparados.

Questões para revisão e discussão

- Os acontecimentos negativos podem ser evitados?
- Por que aumentou a importância da gestão de crises na indústria do turismo?
- Qual é o papel da família no enfrentamento das inseguranças?
- Quais são os fatores que estão por trás do crescimento da população mundial?
- Como a indústria do turismo avalia o uso de áreas de alto risco? Por exemplo, construções em áreas costeiras ou montanhosas?

Sugestões para leitura

Intergovernmental Panel on Climate Change (2001), *Climate Change 2001: The Scientific Basis*, Cambridge University Press, Cambridge.
Luhmann, N. (2005), *Risk: A Sociological Theory*, Aldine Transaction, New Brunswick, N.J.
Fundo de População das Nações Unidas (2004), *State of World Population 2004: The Cairo Consensus at Ten – Population, Reproductive Health and the Global Effort to End Poverty*, UNFPA, Nova York.
Organização Mundial do Turismo (2003), *Climate Change and Tourism*, OMT, Madrid.

Websites úteis

www.world-tourism.org
www.ipcc.ch
www.unfpa.org

2
Conceitos básicos da gestão de crises

Objetivos
- Obter uma visão geral do desenvolvimento lingüístico do termo "crise".
- Ser capaz de entender a discussão científica do fenômeno da crise.
- Estar pronto para definir "crise" e dissociá-la de outros termos.
- Conhecer o sistema e a atividade da gestão de crises no turismo.
- Entender o papel da grande mídia como elemento da transmissão da informação e influenciador da opinião do receptor.
- Designar as variáveis da disseminação da influência.

Palavras-chave e conceitos
- Crise
- Acontecimento negativo
- Gestão de crises
- Turismo, turista
- Teoria geral dos sistemas

2.1 O QUE É UMA CRISE?

2.1.1 As origens

A palavra "crise" vem do grego *krisis*, que significa diferenciação ou decisão. Na esfera legal, o termo foi usado para descrever a diferenciação entre o justo e o injusto, enquanto que na teologia ele descreve a separação entre salvação e danação. A terminologia médica usou a expressão para marcar a interrupção de um processo que antes era contínuo. No século XVI, com o renascimento da medicina clássica, o termo passou a ser parte da linguagem corriqueira. O uso do termo "crise" se evidenciou em todos os setores da política, da sociedade e da economia e, em meados do século XIX, as pessoas já se queixavam do uso excessivo do vocábulo.

O crescimento do uso lingüístico do termo foi acompanhado de uma nova discussão científica do fenômeno "crise". Várias descobertas científicas podem ser classificadas como se referindo tanto a pessoas/instituições quanto a contribuições ao modelo coletivo/individual, dependendo do enfoque.

O termo equivalente em chinês para a palavra "crise" é *weiji*, composto pela primeira letra das palavras perigo (*wei-xian*) e oportunidade (*jihui*). A composição da palavra nesta língua reflete com clareza as reais características de uma crise.

Via de regra, o ser humano é o foco das considerações relativas a modelos individuais. Neste caso, o indivíduo vivencia a crise como exacerbação de uma situação verdadeira e que, em casos extremos, pode levar à morte. Diversas áreas do conhecimento oferecem contribuições ao modelo coletivo, como a medicina e a psicossomática, a teoria do desenvolvimento psicossocial e a intervenção na crise (intervenção na crise é um termo coletivo para teorias sobre o comportamento humano em circunstâncias excepcionais e sobre conceitos de terapia). Os modelos coletivos, por outro lado, analisam os sistemas sociais sob certas circunstâncias que podem ser descritas como uma crise. A economia, a ciência política e a pesquisa em comunicação são atividades que contribuem com a geração de conhecimento para o modelo coletivo.

Além disso, ao se valerem da subdivisão praticada na ciência política, as abordagens orientadas para a decisão gerencial e as embasadas na teoria geral dos sistemas podem ser distinguidas uma da outra. Dentro dessa estrutura das abordagens baseadas

	Abordagens baseadas na teoria geral dos sistemas	Abordagens baseadas na decisão gerencial
Modelos individuais	Medicina: • O ponto crítico está na decisão entre a vida e a morte durante a progressão de uma doença. Psicologia: • A percepção de um acontecimento ou situação como dificuldade intolerável e que excede as capacidades e os mecanismos de defesa do indivíduo. • A falência dos padrões de comportamento. • O perigo da perda de identidade.	Habilidade dos tomadores de decisão na solução cognitiva de problemas em situações de crise.
Modelos coletivos	Ciências sociais: • As crises como fenômenos das sociedades: interesses nacionais em perigo durante um conflito devido à crescente ameaça da guerra (por ex.: a crise de Cuba). • As crises como fenômenos de subsistemas sociais: – Política: mudanças reais nos padrões de relacionamentos políticos (por ex.: golpes de Estado, revoluções). – Economia: choques econômicos exógenos; períodos de tendências descendentes no ciclo econômico.	Comportamento de decisão coletiva em situações de crise.

Fonte: baseado em Linde (1994).

DIAGRAMA 2.1 Áreas de conhecimento na pesquisa da crise.

na teoria dos sistemas, a crise é entendida como uma situação perigosa e extraordinária em que uma decisão precisa ser tomada sob a pressão exercida pelo fator tempo. Os estudos conduzidos nessa linha de pensamento se concentram na fase aguda de uma crise e agregam conhecimentos sobre a organização do fluxograma durante uma crise.

Nas abordagens relativas aos sistemas, a crise é vista como uma mudança decisiva em variáveis importantes que oferecem perigo ou destroem parte ou mesmo todo o sistema. A maioria das contribuições feitas à área vêm da ciência política, e objetivam desenvolver sistemas de alerta inicial. Analisando-se seu uso real ou excessivo, os resultados são particularmente proveitosos para a estrutura organizacional da companhia em situações de crise. O diagrama 2.1 mostra as áreas do conhecimento envolvidas na pesquisa sobre a crise.

2.1.2 As características decisivas do termo "crise"

A economia nacional foi a primeira área de atividade a examinar as crises. As abordagens dadas à questão entendiam as crises como sendo problemas econômicos predominantemente cíclicos. O interesse da administração de empresas sobre o assunto despertou mais tarde, motivado pelas condições que acompanharam a escassez do petróleo da década de 1970. As limitações até então desconhecidas e a crescente inadimplência das empresas motivou uma investigação econômica cuja conseqüência foi a ênfase no tratamento dado a crises.

De modo geral, a administração de empresas define crise como um processo que influencia de forma negativa o desenvolvimento de uma companhia em grau considerável (Krystek, 1987; Schulten, 1995). Nesse sentido, a crise pode pôr em risco ou impossibilitar a sobrevivência da empresa afetada.

A fim de detectar uma situação de crise, é preciso perguntar se a organização conservou sua capacidade de atingir objetivos corporativos importantes. Contudo, apenas os objetivos que exercem influência considerável no futuro da empresa são relevantes. As especificações iniciais destes objetivos maiores incluem a adimplência, ou seja, a capacidade de cumprir com as obrigações relativas aos pagamentos da empresa, e o sucesso traduzido por meio do lucro mínimo ou retorno do investimento alcançados. A vantagem desta versão resumida do termo "crise" foi a obtenção de um definição simplificada das condições de crise dentro de uma empresa. A argumentação em termos financeiros permite a fácil derivação a partir da contabilidade, por meio de uma comparação entre os objetivos e a realidade da empresa.

Os objetivos corporativos importantes

Porém, esta vantagem de ter-se uma definição simples é confrontada pela desvantagem de que as reais causas do afastamento em relação aos objetivos corporativos, observadas antes, não são cobertas por esta definição. Por esta razão, é importante incluir como critério adicional à definição de crise os fatores de sucesso da empresa que formam a base da adimplência e do êxito. Definidos por Porter (1998a) como vantagem competitiva, estes fatores determinam o sucesso presente e, de modo mais específico, o êxito futuro da organização.

A partir desta perspectiva, é importante se concentrar na gravidade dos acontecimentos para ter-se uma definição imediata da situação de crise. A gravidade dos acontecimentos precisa ser ava-

A gravidade dos acontecimentos

> **A intensidade da pressão do tempo**
>
> A intensidade da pressão do tempo pode ser dividida basicamente em três elementos:
>
> - A limitação do tempo disponível, isto é, o tempo de decisão
> - A sensibilidade individual dos participantes à pressão externa
> - A magnitude do problema

liada, se ocorrências reais ou potenciais na empresa ou em seu ambiente operacional exercem influência sobre sua vantagem competitiva ou sobre outras metas importantes para a organização. Neste olhar sobre a crise, a primeira vantagem de analisar estes acontecimentos em termos de sua influência na estrutura da gestão preventiva da crise é vista como oportunidade. Além disso, a situação de crise pode ser melhor definida com esta abordagem, do que por meio da tônica da "ameaça à sobrevivência" anteriormente exigida. A objeção a esta última é que, via de regra, é possível definir esta ameaça com precisão somente quando a crise já se encontra em estágio avançado. Neste ponto, já é tarde demais para a introdução das medidas de gestão de crises.

Ademais, a concentração dos esforços na gravidade do acontecimento pressupõe que certas áreas nunca se deparem com a ameaça de sobrevivência. No turismo, por exemplo, os destinos são unidades organizacionais que, apesar do grande número de influências negativas, não têm sua existência afetada. O risco de uma ameaça à sobrevivência se aplicaria a uma empresa que opera no destino turístico propriamente dito, mas isso não necessariamente desta forma.

Outra característica de uma crise é a possibilidade de progressão ao longo do tempo. Por um lado, este processo é marcado por suas limitações temporais e, por outro, pela sua ambivalência. Este último aspecto é pré-requisito para a gestão real da crise, isto é, o emprego sensato das medidas de tratamento. Somente depois do ponto crítico da crise ter sido ultrapassado é que se poderá decidir se a situação de crise, antes ambivalente, pode seguir um curso claramente positivo ou negativo.

O caráter do processo

Acrescente-se a isso o fato de que não é possível determinar o início de um acontecimento negativo, o que se traduz em imediatismo, em vista do período para o alerta inicial e do tempo disponível para a reação. Isso ocorre porque as crises, se consideradas como processos, limitam de forma progressiva as oportunidades de ação. Com isso, emerge a necessidade de tomar uma decisão e de partir para a ação, o que é percebido pelos participantes como pressão do tempo.

A pressão do tempo

As crises também se caracterizam por decisões mal-estruturadas e que podem ser imputadas à falta ou ao excesso de informação, às restrições no seu processamento, à sua complexidade, etc. A conclusão a que muitas vezes se chega — de que as crises são processos não-planejados — é imprecisa. Uma vez que as crises em certas áreas podem ser previstas com facilidade, caso seja feito um planejamento, e portanto podem também ter seus rumos alterados, o termo "desenvolvimento indesejável" é mais preciso dentro do escopo dos objetivos corporativos definidos. Tanto a transposição exagerada desses objetivos quanto o fracasso em atingi-los pode ser um desenvolvimento indesejável. As atividades descritas como antimarketing, empregadas no caso dos objetivos corporativos terem sido ultrapassados, não são objeto deste livro.

Desenvolvimento indesejável

Ao mesmo tempo, uma crise é uma situação excepcional, cujo início é incerto. Assim, todos os preparativos relacionados a acontecimentos negativos têm como único atributo o seu caráter contingencial. O número de acontecimentos teoricamente possível e as apreciáveis despesas inerentes exigem a definição de restrições e o foco em precauções. Até mesmo as instituições, como o exército ou a polícia, cuja tarefa exclusiva é a identificação e o planejamento desses processos, não podem se preparar para todo e qualquer acontecimento. Por um lado, isto tem relação com os vários fatores de influência que intensificam complexidades e, por outro, com a constante mudança que sofrem. As possibilidades para as empresas são, em comparação, ainda mais limitadas, porque a preparação e o enfrentamento das crises nunca são vistos como objetivos corporativos.

<!-- Situação excepcional -->

> **Definição: Crise**
>
> Uma crise é um processo indesejado, extraordinário, muitas vezes inesperado e delimitado no tempo, com desdobramentos possivelmente ambíguos. A crise demanda a tomada imediata de decisão e a adoção de medidas para sua solução e para influenciar esses desdobramentos de forma positiva para a organização (destino turístico) e para limitar suas conseqüências negativas na melhor medida possível.
>
> Uma situação de crise é determinada pela avaliação da gravidade dos acontecimentos negativos que ocorrem, ameaçando, enfraquecendo ou destruindo vantagens competitivas ou objetivos importantes da organização.

2.1.3 Catástrofes, reviravoltas, mudanças estruturais e conflitos

O termo "crise" deve ser dissociado dos vários outros termos relacionados a acontecimentos negativos ou que são empregados com esse significado. Isso precisa ser feito para garantirmos a padronização de seu uso no restante deste livro.

Catástrofes são acontecimentos negativos que, diferentemente da crise, trazem um desfecho claramente inevitável. Desta forma, a catástrofe não tem a ambivalência da crise no que tange o desenvolvimento de oportunidades. Uma ligação entre catástrofe e crise ou a ocorrência simultânea de ambas podem ser observadas sobretudo no turismo, em que catástrofes na esfera ambiental desencadeiam uma crise para a organização afetada.

<!-- Catástrofes -->

Uma reviravolta é entendida como um conjunto de medidas empregadas quando uma organização não consegue atingir seus objetivos. Estas atividades, que se concentram em parte no caso de uma crise aguda, objetivam um revés abrupto no seu desenrolar. Assim, elas se concentram num aspecto em particular da crise, cuja meta é lidar precisamente com a crise em si. A reviravolta, portanto, retrata um caso especial dentro da gestão de crises.

<!-- Reviravoltas -->

Alterações estruturais são alterações na estrutura econômica e ocorrem regularmente nos ambientes econômicos. As alterações não devem ser descritas com base em influências sazonais ou cíclicas e são conseqüência de mudanças nas estruturas da demanda, do progresso

<!-- Alterações estruturais -->

tecnológico, da descoberta de novos produtos, matérias-primas ou ainda nas tecnologias de produção. Do ponto de vista de um destino ou de uma empresa turística, as mudanças transcorridas num padrão até então contínuo, isto é, as alterações estruturais, requerem um processo de adaptação por parte do setor afetado. Se esta necessidade por mudanças não for identificada ou tratada a tempo, a organização estará mais sujeita à crise. Por ser comumente observada, a gestão de alterações estruturais via de regra pertence, em função de seu desenvolvimento essencialmente de longo prazo, à esfera das atividades habituais de gerenciamento.

| Conflitos | As desavenças entre grupos de pessoas, que podem ocorrer no interior ou no exterior de uma companhia, são descritas como conflitos. |

Em comparação com a crise, os conflitos podem ter duração ilimitada e até mesmo serem desejáveis. Assim, eles não trazem necessariamente conseqüências negativas. No entanto, é possível que conflitos sejam a causa de uma crise.

2.1.4 Classificação das crises

As tipologias para a crise descritas na literatura são abrangentes e completas. Por esta razão, serão abordadas aqui somente aquelas que são importantes à leitura deste livro.

Já foi demonstrado que as crises passam por um processo de desenvolvimento. Este processo conduz à adoção, como prática comum, de uma subdivisão da crise em fases. Via de regra, é possível caracterizar entre duas e quatro fases. Neste livro com, base de análise empregamos o processo de crise, hoje dominante, em três fases. Tendo a pressão do tempo como ponto de distinção, as fases de uma crise são divididas em potencial, latente e aguda.

| A crise em potencial | As crises em potencial caracterizam uma fase em que a crise não passa de um constructo da imaginação. Assim, ela não é nem comprovável nem existente, e por isso esta situação é descrita por Krystek (1987) como a "condição quase normal da companhia", em que esta se encontra constantemente. |

| A crise latente | As crises latentes descrevem a fase em que a crise já irrompeu, mas ainda não é passível de ser identificada com os instrumentos quantitativos normalmente disponíveis para a companhia. |

As medidas de tratamento nesta fase ainda não estão sujeitas a restrições perceptíveis.

| A crise aguda | A fase aguda de uma crise compreende o período em que o efeito destrutivo da crise é percebido e a empresa se esforça para enfrentá-lo. Os sintomas que emergem na fase aguda da crise — |

que contudo não devem ser confundidos com suas causas — são, quase sempre, reconhecidos como indício de crise dentro de uma empresa. A percepção de uma situação de crise é revelada por meio de relatórios corporativos.

A diferenciação entre crises naturais e aquelas causadas pelo homem tem importância especial no turismo. As crises desencadeadas por acontecimentos negativos na natureza, como catástrofes naturais (ciclones tropicais, ressacas marítimas, avalanches e terremotos) diferem consideravelmente, em termos de seus efeitos, das crises causadas por seres humanos. Em geral, os acontecimentos negativos atribuí-

| Crises naturais e crises causadas por seres humanos | |

dos ao homem acarretam uma perda de confiança muito mais perdurável e, portanto, trazem conseqüências mais negativas do que as crises que podem ser imputadas a causas naturais. Isso pode ser observado, por exemplo, nas conseqüências dos acontecimentos ocorridos em Los Angeles e em São Francisco em 1992. Os conflitos raciais de Los Angeles tiveram um efeito não imediato, como também em perdas de longo prazo para o turismo, mais do que o terremoto de São Francisco. Na verdade, o número de visitas à cidade aumentou nos 12 meses que se seguiram ao abalo.

Se considerarmos a distância temporal entre o início de um acontecimento negativo e a percepção da situação como crítica, é possível distinguir as crises em termos de velocidade de desencadeamento alta ou baixa. As crises com velocidade de desencadeamento alta são provenientes de uma alteração repentina detectada com mais rapidez do que se vê com crises desencadeadas mais lentamente.

> A velocidade do desencadeamento

2.2 O QUE SÃO ACONTECIMENTOS NEGATIVOS NO TURISMO?

2.2.1 O termo

A ocorrência de crises pode ser remetida ao início de certos acontecimentos negativos. Esta afirmação é feita por Steger e Antes (1991), que adotam o termo potencial de interferência nesse contexto e dão a ele a seguinte definição: "potencial de interferência — quer dizer, acontecimentos que impedem a concretização dos objetivos de uma empresa e acarretam efeitos negativos em substituição àqueles...". Isso mostra que o potencial de interferência é, a princípio, um acontecimento que também pode ser o desfecho de um acúmulo de fenômenos individuais que, por sua vez, transformam uma situação estável em crítica. Contudo, o uso do termo "potencial de interferência" pode trazer desvantagens, devido à interpretação equivocada relacionada a uma área de risco.

O emprego do termo "acontecimento" é na verdade mais apropriado, pois na maioria das vezes ele é definido como uma ocorrência particular, extraordinária. Se esta ocorrência particular e extraordinária gera conseqüências negativas, ela pode ser denominada acontecimento negativo.

Uma análise dos acontecimentos que não causam danos duradouros cai na categoria de gerenciamento e é coberta pela gestão do risco.

Definição: Acontecimento negativo

Acontecimentos negativos são definidos como sendo todo e qualquer incidente que ocorre no ambiente da organização e que pode gerar prejuízos duradouros, do ponto de vista da organização afetada. Isso significa que eles podem ameaçar, enfraquecer ou destruir as vantagens competitivas ou os objetivos importantes da organização. Assim, é preferível adotar uma perspectiva mais ampla, que considere os acontecimentos negativos não apenas como problemas de segurança.

30 Gestão de crises na indústria do turismo

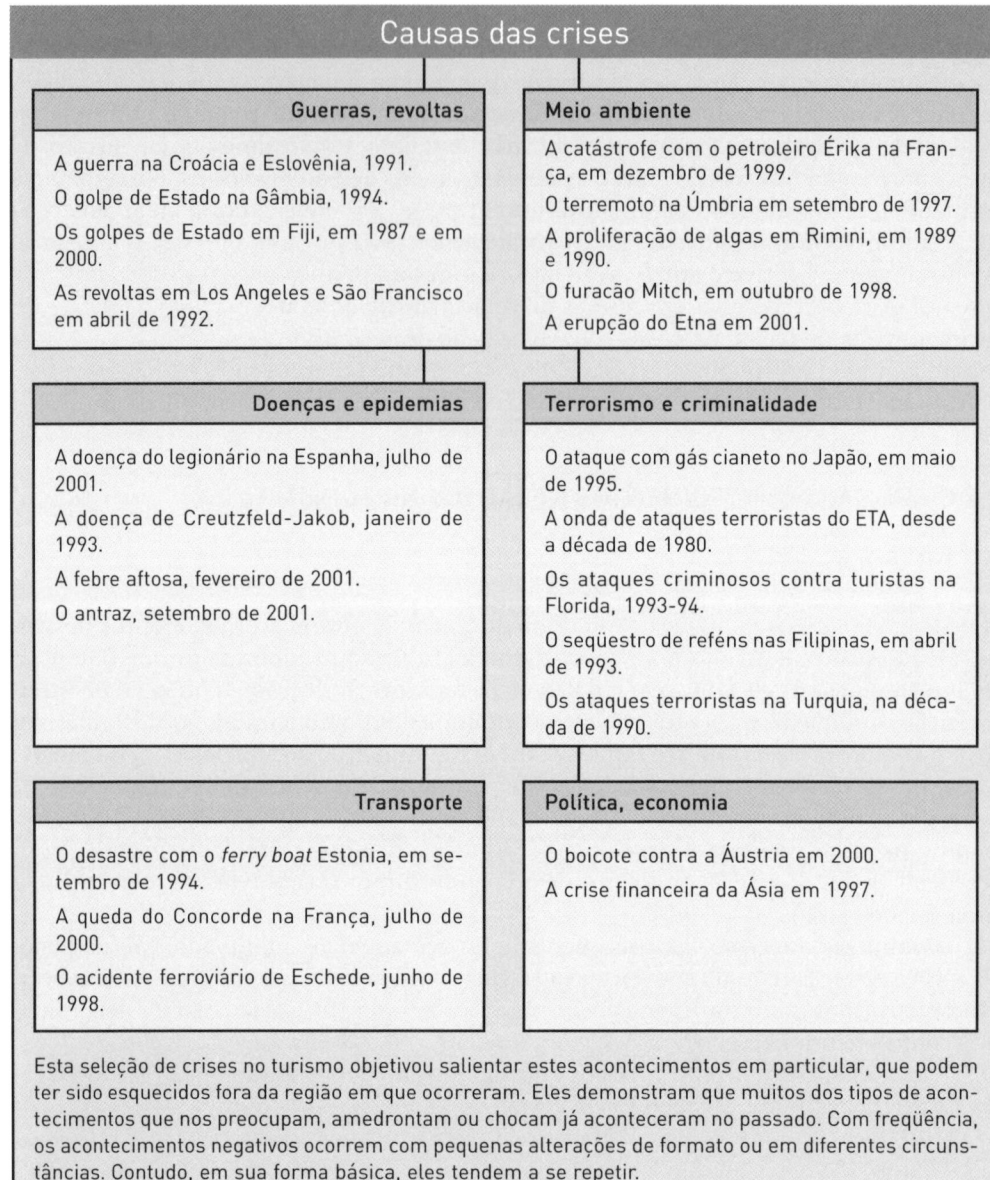

DIAGRAMA 2.2 Categorias básicas de acontecimentos negativos que desencadearam crises no turismo.

2.2.2 A percepção de acontecimentos negativos

Os acontecimentos negativos precisam ser percebidos e, para causarem algum efeito, precisam ser vivenciados diretamente ou no mínimo comunicados em termos de experiência primária ou secundária. A experiência mostra que a percepção direta é menos importante. Por isso, a análise da maneira em que acontecimentos negativos são comunicados tem importância especial aqui, assim como tem para aqueles que participam desse processo de comunicação.

No que se refere às diferentes formas de comunicação, em condições normais é possível distinguir entre a comunicação direta, que ocorre entre pessoas em nível pessoal, e a comunicação de massa, cujo principal aspecto é o envolvimento da mídia especializada. A comunicação de massa tem papel central na construção do elo entre o receptor da notícia e seu ambiente mais amplo. A família, os amigos e os conhecidos do receptor são descritos como parte de um ambiente mais fechado, enquanto que o ambiente mais amplo se caracteriza por grupos, organizações e camadas sociais a que o receptor pertence. A grande mídia é hoje assistida por mais de cinco horas ao dia em média (Berg e Kiefer, 1992).

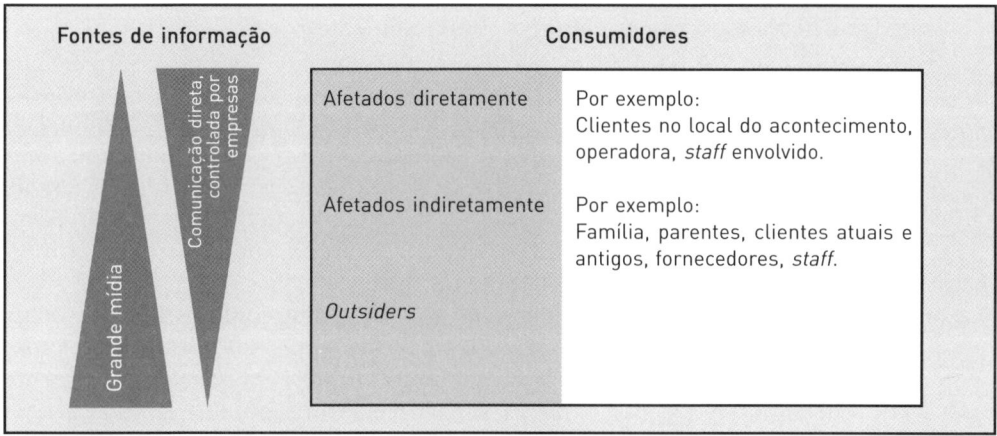

DIAGRAMA 2.3 A importância das fontes de informação.

No processo de comunicação, a grande mídia desempenha duas funções fundamentalmente diferentes. A primeira é a transmissão da informação; a segunda, a mudança de atitude e de opinião (uma atitude é via de regra entendida como a predisposição, aprendida e até certo ponto constante, para se comportar de modo mais ou menos consistente diante de um objeto ou situação). A grande relevância do papel de fornecedor de informação é confirmada empiricamente. Por exemplo, 95% da população norte-americana obtêm suas informações da grande mídia (Kroeber-Riel, 1992). Ao contrário do que muitas vezes prevalece, é a mídia impressa que, antes de todas outras, determina o *status* informacional do receptor. A televisão, a que esta função é muitas vezes atribuída, desempenha na verdade uma função bastante básica, especialmente no que concerne a acontecimentos de importância emocional.

2.2.3 As variáveis que influenciam a divulgação

Vários fatores influenciam a divulgação de um acontecimento pela mídia. Galtung e Ruge (1965) prepararam um rol de fatores relativos ao noticiário de orientação à seleção e que vem sendo repeti-

Fatores relativos ao noticiário

damente estudado. Em primeiro lugar, é importante que a notícia informe algo novo e portanto precisa estar atualizada. Além disso, precisa abordar um acontecimento merecedor de atenção. Assim, o valor de uma notícia pode ser comentado e, portanto, implica que o acontecimento precisa ser de interesse do ponto de vista do receptor. Já está claro que os interesses dos receptores são de naturezas extremamente diferentes; mesmo assim, algumas semelhanças podem ser identificadas:

- Em termos de valor, a conseqüência que o acontecimento tem para o receptor da notícia, ou o que é de interesse próprio, conta na mesma medida da extensão daquele, ou do que é do interesse dos que são afetados primariamente. Estes dois fatores podem ser resumidos para descrever a importância do acontecimento. Em virtude desta importância, é possível diferenciar entre notícias graves e amenas. A notícia grave preconiza o aspecto informacional, a notícia amena satisfaz a necessidade do receptor por entretenimento.
- A proximidade do receptor ao acontecimento também é critério relevante na avaliação do valor da notícia. A proximidade define, por um lado, a localização do acontecimento e, por outro, a importância da informação para o receptor. Isto se aplica tanto a notícias graves quanto amenas. Skriver (1990) examinou a significância da proximidade geográfica e descobriu que, para uma reportagem de mais de 10 centímetros num jornal local, são precisos no mínimo 39 mortes em um acontecimento ocorrido a mil quilômetros, e apenas uma morte se o acontecimento ocorreu a cem quilômetros de distância.
- Outra característica é a proximidade cultural. De acordo com o estudo de Adams (1986), a cobertura jornalística nos EUA para desastres naturais ocorridos fora do país varia com a proximidade cultural das vítimas, em relação ao ambiente cultural norte-americano. Assim, a mesma cobertura jornalística dada a uma morte ocorrida na Europa ocidental é dada a três na Europa oriental, a nove na América Latina, a 11 no Oriente Médio e a 12 na Ásia.
- A proximidade psicológica também é fator de influência. Ela é entendida como a relação que um acontecimento tem na esfera da experiência do receptor. Este é o fator que traz conseqüências particularmente importantes ao turismo. Enquanto que, no contexto da proximidade cultural o número de mortos é responsável por 3% da cobertura jornalística, a popularidade turística de um país responde por 33% desta cobertura. Além disso, esta situação se intensifica com a escolha de turistas como objeto de ataques, como provado por Tscharnke (1995), com base na cobertura dada pela Agência de Notícias da Alemanha.
- Até mesmo o emocional humano determina o valor das notícias. Alguns exemplos de fatores que caracterizam o valor de um acontecimento são: drama, tensão, romance, amor e sexo, humor e diversão, aventura e risco, compaixão, tragédia, proeminência, idade, curiosidade, luta e conflito. Para as notícias amenas em particular, é o despertar de emoções que define o interesse pela notícia.
- Além disso, os termos de referência, que vêm sendo o objeto de estudos há bastante tempo, contribuem com a seleção de acontecimentos (Mathes, Gärtner e Czaplicki, 1991). Os jornalistas e outros grupos que formam o meio ambiente social interpretam os acontecimentos atuais que podem se tornar objeto de co-

bertura jornalística no contexto de um esquema cognitivo composto por conhecimentos angariados de antemão e atitudes existentes. Este esquema corresponde às descobertas da teoria comportamental, em que a habilidade humana de entender os relacionamentos envolvidos e as características essenciais de uma situação definem a seleção dos sinais ambientais.

Os termos de referência, que influenciam a percepção e a análise do jornalista, são via de regra desenvolvidos ao longo do tempo. Muitos assuntos, classificados como repentinos ou inesperados, podem ser postos em perspectiva com relação à intensidade da surpresa gerada, com o conhecimento dos termos de referência. Luhmann (1993) também confirma esta colocação, ao propor que "a avaliação do risco e a prontidão da aceitação do risco é um problema não apenas psicológico, como também social. Nós nos comportamos conforme a expectativa dos grupos de referência ou — não importando se de acordo ou contra a opinião geral — o grau em que estamos socializados".

Se os diferentes valores individuais forem agregados, eles formam o valor total da notícia que determina a seleção. Os interesses do consumidor são o primeiro aspecto na avaliação definitiva do valor, uma vez que são eles que determinam, com seus hábitos de consumo, a aquisição da notícia e o sucesso do agente jornalístico. No entanto, outros fatores da seleção de notícias também precisam ser considerados, como os interesses específicos das companhias jornalísticas, de seus editores e jornalistas, a legislação e os estatutos relevantes, bem como os interesses sociais, políticos e democráticos. São estes últimos que muitas vezes nos levam a dissociar a mídia de sua função de infra-estrutura, isto é, a de divulgar a notícia como fator independente na formação de opinião e de atuar como uma organização capaz de mudar opiniões e atitudes.

> O valor total da notícia

2.2.4 O papel da grande mídia

O efeito da informação e das avaliações disseminadas pela grande mídia sobre a opinião pública já foi examinado no passado pela pesquisa na comunicação de massa. Entre as várias tentativas feitas para explicar o assunto, é possível distinguir as abordagens do fortalecimento, da convicção e da definição da agenda (Kroeber-Riel, 1992).

A avaliação da convicção pressupõe que a grande mídia está numa posição capaz de desviar as atitudes e opiniões do receptor na direção contrária às suas próprias convicções, colocando-as na direção desejada pela mídia. Na atualidade, esta abordagem tende a ser preponderantemente rejeitada. Nas exceções observadas, este efeito tende a ser atribuído a temas que afetam o receptor de forma indireta, ou, em outras palavras, temas que são de relevância social e influência mais gerais. Contudo, este efeito é meramente superficial ou limitado no aspecto tempo (Dunwoody e Peters, 1993).

De acordo com a hipótese do fortalecimento, a grande mídia confirma e fortalece as atitudes e opiniões existentes por meio da informação divulgada. Uma vez que o receptor veementemente evita contradições, ele não apenas aceita as informações de forma seletiva como também as avalia com os mesmos critérios de seleção. Assim, as notícias apresentadas na mídia exercem um efeito sobre suas atitudes, em especial se a informação é buscada para a formação de opinião ou quando uma opinião é formada pela primeira vez.

Um desdobramento da abordagem do efeito de fortalecimento é a abordagem dada à definição da agenda, que hoje prepondera na pesquisa sobre a mídia. Da mesma maneira, ao tornar certos acontecimentos o assunto de discussão, a mídia decide se há lugar para eles em um debate público. A isto se atribui uma função de seleção, que se aplica, antes de tudo, se ela faz referência a acontecimentos atuais fora da esfera da experiência pessoal do receptor. Uma vez que esta seleção ocorre, a mídia estrutura os temas que são os assuntos da discussão ao conferir-lhes preferência.

Desta forma, a comunicação de massa gera conscientização e exerce um certo grau de influência sobre a seleção de tópicos destinados ao debate público. A dimensão das mudanças concretas assim acarretadas depende de uma série de fatores. O que importa é que elas desencadeiam um processo de busca por informação, em especial quando se abordam tópicos de relevância pessoal. Portanto, o receptor se vale de algumas fontes de informação e, conforme explicado pelo processo de comunicação multiestágios, utiliza tanto os meios de comunicação oferecidos pela mídia quanto os mais personalizados.

O distanciamento em relação à rotina diária é fator responsável pela crescente probabilidade de divulgação dos acontecimentos negativos e pela crescente rapidez do processo. Portanto, a importância de um acontecimento negativo deve ser classificada como maior do que a de um acontecimento habitual. Em última análise, a globalização dos serviços de comunicação é a responsável por acontecimentos que, uma vez escolhidos, adquirem uma audiência quase que ilimitada. Além disso, a globalização significa que um outro fenômeno importante para o turismo pode também ser observado. Uma maior possibilidade de divulgar um acontecimento negativo no mundo inteiro gera uma maior probabilidade dos acontecimentos serem observados em situações em que o objetivo é a publicidade. Isto se aplica a atentados terroristas, que têm grandes chances de serem perpetrados como espetáculo, se tiverem turistas como alvo.

Por outro lado, a concentração geográfica das reportagens contribui com a descoberta de acontecimentos as quais antes não se dava atenção. Mais especificamente, quando existe um vácuo de notícia, estes acontecimentos podem se disseminar numa espécie de efeito bola de neve, até serem selecionados pela mídia com cobertura mais ampla. Portanto, é preciso supor que, uma vez que ocorram, esses acontecimentos negativos são difíceis de ocultar, o que mostra a necessidade de cada empresário responsável entender suas próprias funções e a adotar a melhor maneira de lidar com esses acontecimentos.

2.3 O QUE É GESTÃO DE CRISES?

2.3.1 O termo

A gestão

Em geral, o termo gestão descreve a liderança de uma unidade organizacional. Porém, é possível diferenciar entre maneira institucional e a maneira funcional de pensar. Com relação à primeira, a gestão compreende uma descrição das atividades daqueles grupos de pessoas que executam tarefas administrativas em suas funções. Em que pese o pensamento funcional, gestão é um termo para todas as tarefas e esses processos relativos ao funcionamento de uma organização. Em particular, essas tarefas e processos são o planejamento, a organização, a implementação e o controle relativos aos objetivos da organização. A perspectiva funcional da gestão pode ser estendida para poder incluir uma consideração relacionada à pessoa ou ao meio material.

A primeira vez que o termo gestão de crises foi empregado foi na esfera política. Consta que o presidente J.F. Kennedy foi o primeiro a adotar a expressão, durante a tensão envolvendo os mísseis de Cuba em 1962, para descrever o tratamento para uma situação séria e extraordinária. O termo gestão de crises precisa ser dissociado do termo gestão de risco. Este último se concentra também naqueles acontecimentos que não causam prejuízos graves ou permanentes para a organização ou destino. A gestão do risco esteve originalmente limitada a riscos cobertos por seguro, porém hoje observamos uma tendência a vê-la aplicada a todos os tipos de risco. Contudo, esta extensão do delineamento conceitual do termo não é recomendada. Ela leva a uma uniformização da gestão de risco, mas, por definição, tanto a gestão quanto os riscos são característicos e fazem parte dos processos de tomada de decisão e de gestão. Também empregar o termo exclusivamente para riscos seguráveis não é o mais adequado, uma vez que nesta área da inovação financeira os *weather derivatives** continuamente diluem as fronteiras definidoras.

> A gestão de crises

Muitas vezes a razão pela qual as atividades são iniciadas, como também as áreas em que se aplicam, são os fatores determinantes das atividades que podem ser classificadas como parte da gestão do risco ou da crise, se já deflagrada. Essas áreas de atuação tradicionais não podem ser evitadas, mas não são de grande importância. No entanto, é preciso observar que, do ponto de vista prático, a avaliação dos riscos — que inclui o fato de serem passíveis de cobertura por seguro — nos destinos turísticos é muitas vezes adotada sistematicamente durante as preparações para a gestão de crises. O mesmo pode ser dito das empresas de turismo, apesar de, neste caso, a dedicação à gestão de crises ocorrer nos seus primeiros estágios de aplicação. No princípio, as atividades na esfera turística eram conduzidas meramente como função secundária, mas agora são implementadas mais exclusivamente e têm uma relação direta com as esferas administrativas mais altas. Mas o aspecto decisivo é que apenas a gestão de crises está se concentrando, em sua atuação mais ampla, nos acontecimentos negativos que potencialmente podem levar a crises. Nesse sentido, ela usa também as oportunidades abertas pela gestão do risco na área da prevenção de crises.

Como na administração, existe também uma distinção entre gestão de crises como função e como instituição. A gestão de crises como instituição se refere a grupos de pessoas responsáveis pelas atividades inerentes ao processo e são os principais encarregados da consecução das etapas envolvidas. Os funcionários de nível médio e inferior e agentes externos se juntam aos integrantes das esferas administrativas mais elevadas como atores na gestão de crises.

A gestão de crises como função se refere às alterações em tarefas e processos quando uma crise ocorre. Com relação à crise como processo e à diferenciação entre suas várias fases, diferentes tipos de gestão da crise e de atividades correspondentes são observados.

Definição: Administração de crises

A administração de crises é entendida como o conjunto de estratégias, de processos e de medidas que são planejadas e implementadas para a prevenção e o tratamento da crise.

---

* N. de T.: Instrumento derivativo cuja função é compensar empresas contra efeitos adversos do clima.

Na literatura especializada, predomina a divisão entre a forma ativa e a forma reativa de gestão de crises (Höhn, 1874; Krystek, 1979; Oelsnitz, 1993; Glaesser e Pechlaner, 2004). Esta divisão precisa ser observada na análise que segue. Além disso, quatro atividades relativas à crise podem ser diferenciadas. Assumindo a existência de um tipo ideal de progressão da crise, o Diagrama 2.4 ilustra as atividades desenvolvidas ao longo do tempo.

Gestão do risco	Prevenção da crise					Enfrentamento da crise	
Gestão do risco	Precauções contra a crise			Disposições para evitar a crise		Limitação das conseqüências	Recuperação
Análise	Avaliação/ planejamento	Proteção/ implementação	Treinamento	Alerta inicial	Ajuste	Utilização de instrumentos	

DIAGRAMA 2.4 Fases da administração da crise.

A prevenção da crise

A prevenção da crise envolve a antecipação proativa dos acontecimentos negativos, tanto em termos de atitude mental quanto de preparação. Comparada ao enfrentamento da crise, a prevenção se caracteriza pela contínua ocupação com o assunto. Ela é composta por duas áreas de atuação, as precauções contra a crise e as disposições para evitar a crise, em que ambas não são obrigatoriamente vistas de modo sucessivo no aspecto tempo. Pelo contrário, elas são componentes independentes e que, do ponto de vista tanto prático quanto temporal, podem ser empregadas seqüencial ou concomitantemente.

As precauções contra a crise

As precauções contra a crise descrevem as atividades preventivas planejadas e as medidas para um tratamento da crise mais eficiente e que são executadas com o objetivo de atenuar a extensão dos prejuízos. Assim, esta área é de natureza estratégica e inclui a política de risco, mas também define planos operacionais para crises.

As disposições para evitar a crise

O objeto das disposições para evitar a crise consiste em tomar medidas que impeçam a progressão da crise a partir das potencialidades identificadas. Esta é a principal tarefa do alerta inicial, que lida com o exame e a avaliação. O objetivo do alerta inicial consiste em detectar acontecimentos a tempo e em estimar o grau de gravidade para adotar medidas de contenção com rapidez. A suposição fundamental, que justifica o bom senso em se adotar disposições para evitar a crise, é a possibilidade de adiantar o emprego de instrumentos. Isto se confirma com a observação da crise em que sua causa ou causas podem ser retroativamente identificadas como desencadeadoras do processo.

É possível determinar o momento ideal para o alerta inicial, ao menos na teoria. Por um lado, sabe-se que o efeito destrutivo de um acontecimento negativo aumenta com o tempo; por outro, o número de medidas de contenção possíveis diminui, ao ponto da organização afetada não se encontrar mais no controle da situação. Ao mesmo tempo, o custo do alerta inicial não pode ser visto como custo fixo, mas como uma despesa adicional relacionada principalmente com a descoberta em tempo hábil do que está para acontecer. Esta despesa diminui com o passar do tempo, uma vez que a avaliação dos acontecimentos se simplifica e, portanto, tem seus custos reduzidos. No momento em que a crise é detectada por meio de instrumentos convencionais, o custo cai a zero. Fica claro então que não é a descoberta "o mais cedo possível", mas a descoberta "cedo o bastante" — no sentido de proporcionar tempo suficiente para reagir — que deve ser o objetivo dos sistemas de aviso inicial no sentido de evitar crises. Este "cedo o bastante" varia, dependendo da área em perigo e do possível acontecimento negativo.

Além do alerta inicial, as disposições para evitar a crise tratam do ajuste da organização diante da situação em que a velocidade de reação aumenta. Uma vez que este ajuste pode ser desencadeado por um acontecimento negativo, as linhas fronteiriças entre as atividades de prevenção e de tratamento se desfazem.

O enfrentamento da crise tem um caráter derrotista. Ele é iniciado repentinamente e retrata o exercício ativo e intencional de influência sobre uma situação que pode ser efetuado pela organização ou por outras partes afetadas. O enfrentamento da crise parte da identificação de uma situação de crise.

O enfrentamento da crise

Ao lidarmos com as causas da crise e com as maneiras de impedi-las, todos os instrumentos administrativos disponíveis precisam ser empregados para limitar as conseqüências e dar um fim à situação de crise. Durante a fase de recuperação que se segue, todas as atividades são voltadas à superação das conseqüências negativas momentâneas da crise. Isto inclui a parcela das "lições aprendidas", por meio das quais a organização almeja evitar crises futuras com o aprendizado disponibilizado pela situação presente.

Limitação das conseqüências

Recuperação

Se considerarmos o processo de gestão da crise como um todo, revela-se uma transição suave entre a prevenção e o real tratamento da crise. As limitações observadas na gestão de crises e as atividades de enfrentamento não fazem muito sentido. Antes disso, estas limitações são os desafios específicos inseridos na gestão preventiva da crise. Esta situação corresponde à maneira factual com que a práxis lida com acontecimentos negativos, em que todas áreas administrativas da empresa estão envolvidas. Portanto, tanto as atividades de prevenção quanto de tratamento precisam ser incluídas na gestão de crises, na mesma medida em que a gestão de crises é entendida como um problema mais amplo de administração. Esta forma de gestão de crises depende das fases da crise, tanto como parte integrante como independente do planejamento corporativo regular. No primeiro caso, temos a preocupação com a gestão preventiva da crise. No segundo, encontramos a preocupação com a gestão de crises que não apenas é independente de um planejamento corporativo regular, como também pode alterar ou substituir seus resultados.

2.3.2 Os desafios enfrentados pela gestão de crises na indústria do turismo

Uma vez que a discussão ampla sobre uma crise e sua gestão foi o foco de considerações anteriores neste livro, um conceito geral para a gestão de crises no turismo precisa agora ser desenvolvido. Com isto em mente, é apresentado o sistema de turismo, são analisadas a classificação e a descrição das unidades participantes no turismo e são investigados os tipos e efeitos dos acontecimentos negativos no turismo.

2.3.2.1 O sistema de turismo

O turismo é um fenômeno da era em que vivemos e descreve, em termos gerais, tudo que se relaciona a viagens. Na maioria das vezes, observa-se três características: a mudança de local, a estada temporária e a existência de um motivo. De acordo com a Organização Mundial do Turismo e com as Nações Unidas, o turismo precisa ser entendido como "o conjunto de atividades de pessoas em viagem e em estada em lugares fora de seu ambiente usual, por não mais do que um ano, para lazer, negócio ou outros fins".

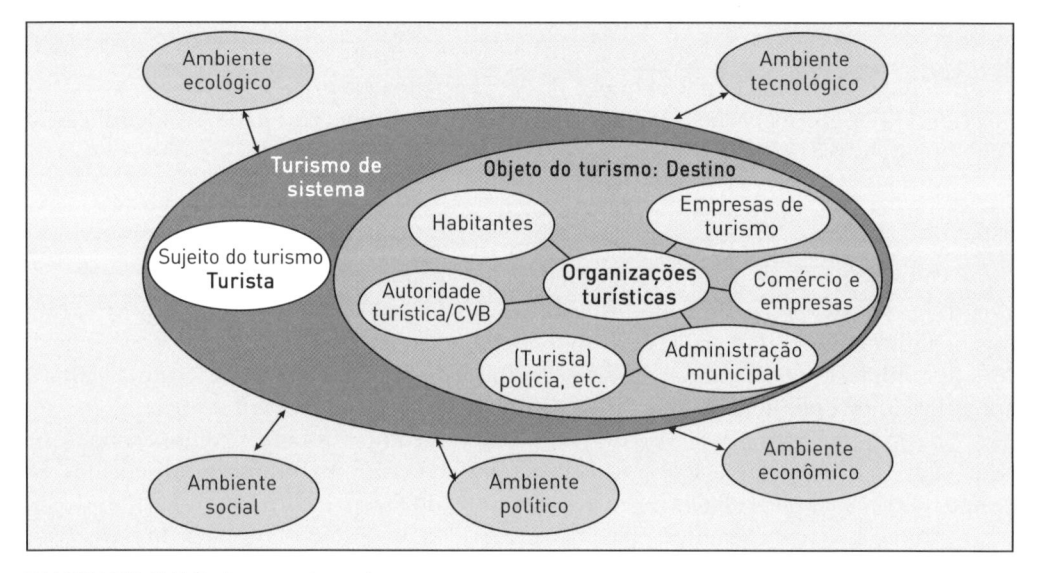

DIAGRAMA 2.5 O sistema de turismo.

A teoria geral dos sistemas

A consulta ao conhecimento existente sobre a teoria geral dos sistemas oferece o retrato mais detalhado possível do turismo, que se caracteriza, em especial, pelo contato interpessoal e pelas inúmeras relações com o ambiente. Assim, a empresa é definida como um sistema social produtivo que mantém relações com seu ambiente como estrutura aberta. As diferentes seções do sistema estão tão interligadas que "nenhuma seção é independente das outras seções, e o comportamento do todo é influenciado pelo efeito combinado de todas as outras seções" (Ulrich e Probst, 1995). Todos os elementos fora do sistema da organização pertencem ao ambiente, que pode ser subdividido em dimensões e em instituições. Se o ambiente for analisado do ponto de vista dimensional, é possível diferenciar as esferas ecológica, tecnológica, econômica e social. Tal diferenciação pode ser estendida à esfera político-jurídica.

Contudo, se o ambiente for analisado do ponto de vista institucional, é possível separar as instituições ou os grupos dos indivíduos, tais como o Estado, os clientes, competidores, investidores, fornecedores e funcionários. Como subsistema do turismo, o sujeito do turismo – o turista – pode ser distinguido dos subsistemas institucionais destino, empresa de turismo e organização turística (ver Diagrama 2.5).

2.3.2.2 O produto turístico

O produto turístico é variado, complexo e muitas vezes é construído com a cooperação de várias pessoas e organizações. No turismo, mesmo que aquelas unidades que participam na elaboração do serviço produzam seus próprios produtos turísticos, de acordo com a opinião predominante, apenas o conjunto de serviços comercializáveis é entendido como produto turístico em si, uma vez que as respectivas parcelas do serviço são praticamente invendíveis separadamente (Kaspar, 1991; Doswell, 1998; Bieger, 2002).

> **Avaliação da qualidade**
>
> Uma vez que é possível avaliar sua qualidade, três tipos de produtos podem ser distinguidos:
>
> - Bens de pesquisa: a qualidade do produto pode ser verificada com facilidade antes da compra
> - Bens de experiência: a verificação somente é possível sob pedido
> - Bens de confiança: é impossível obter informações devido aos custos altos ou proibitivos
>
> Fonte: Haedrich (1998a), Kaas (1990)

Isto porque, como qualquer outro serviço, o produto turístico é predominantemente abstrato, o que torna difícil a avaliação do serviço fornecido. Esta incerteza aumenta devido à distância entre o local de compra e de entrega do serviço. Expresso em termos informacionais e econômicos, o produto turístico é um produto de boa fé ou confiança, que exige que o fornecedor seja capaz de reduzir a incerteza ou o risco associados em seus relacionamentos com clientes em potencial.

O produto turístico ofertado é muitas vezes dividido em uma oferta original e uma derivada (Kaspar 1991; Müller, Kramer e Krippendorf, 1991; Freyer, 1995). Ao passo que os fatores naturais, as informações gerais e os relacionamentos sócio-culturais, que tipicamente não têm qualquer relação com o turismo, contam na direção da oferta original, a oferta derivada incorpora fatores que foram deliberadamente criados para a satisfação das necessidades do turista, como por exemplo a infra e a super-estrutura turística.

Recentemente frisou-se que o produto turístico e os bens de consumo fossem tratados de maneira idêntica aos componentes do produto, e que a oferta "original" e a "derivada" fossem estendidas pela parte *lógica* da oferta (OMT, 1994a; Bieger, 2002). Enquanto as ofertas original e derivada se referem às características físicas do produto, o termo *lógico* descreve as características chamadas de temporárias, como a experiência.

Do ponto de vista da demanda, o produto pode ser caracterizado, de modo geral, como uma variedade de atributos que são combinados e que permitem que uma ou mais das necessidades de um futuro cliente sejam satisfeitas. Ao satisfazer essas necessidades, o produto oferece um benefício ao consumidor. Baseado no instrumento de medição de benefícios desenvolvido por Vershofen, que diferencia entre os benefícios básicos, ou seja, o lado técnico-material de um produto, e os benefícios adicionais, isto é, o lado emocional-espiritual, Kotler (1884) definiu três níveis para o termo "produto". O primeiro é descrito

Benefícios básicos

como o produto principal, o serviço principal genuinamente embutido no produto e que é portanto "aquilo que o cliente na verdade adquire". O segundo nível é o produto identificado por uma unidade entendida pelo cliente como um objeto e que inclui cinco atributos típicos: padrão de qualidade, atributos, *design,* marca e embalagem. Os outros serviços e vantagens que acompanham o produto formam um terceiro nível e descrevem o produto expandido.

Este sistema foi aplicado aos serviços — o termo serviço descrevendo, entre outras coisas, uma combinação de fatores, como seres vivos, bens materiais e nominais — por Bruhn e Meffert (1995). Os componentes materiais e abstratos do produto foram também divididos em três níveis. No primeiro nível, o modelo descreve o produto principal como serviço fundamental ou componente obrigatório demandado pelos clientes. No nível seguinte, o produto de qualidade incorpora aqueles elementos que representam os serviços esperados pelo cliente como componentes desejados intensamente. Juntos, os dois serviços se referem ao chamado benefício básico, que pode conter também componentes abstratos e ser interpretado nos termos adotados por Vershofen. Isolado do benefício básico está o benefício adicional, que compõe o último nível e que descreve os serviços sem restrições. Enquanto que aqueles serviços oferecidos como benefícios básicos correspondem às expectativas do cliente, as atividades que geram benefícios adicionais

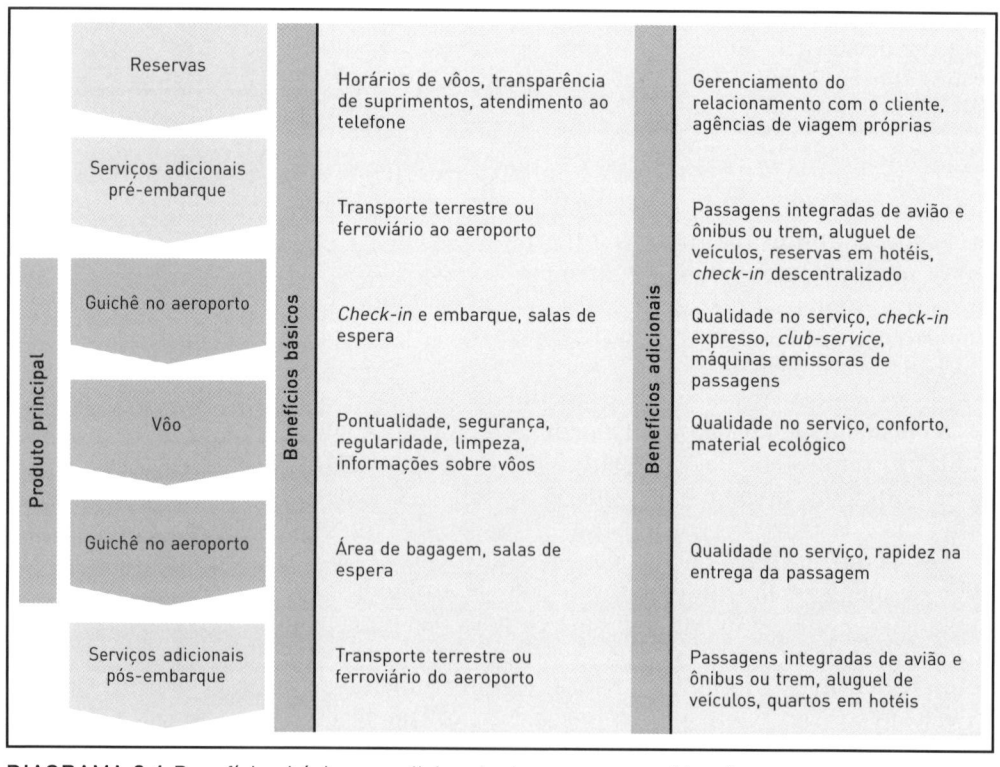

Produto principal	Benefícios básicos	Benefícios adicionais
Reservas	Horários de vôos, transparência de suprimentos, atendimento ao telefone	Gerenciamento do relacionamento com o cliente, agências de viagem próprias
Serviços adicionais pré-embarque	Transporte terrestre ou ferroviário ao aeroporto	Passagens integradas de avião e ônibus ou trem, aluguel de veículos, reservas em hotéis, *check-in* descentralizado
Guichê no aeroporto	*Check-in* e embarque, salas de espera	Qualidade no serviço, *check-in* expresso, *club-service*, máquinas emissoras de passagens
Vôo	Pontualidade, segurança, regularidade, limpeza, informações sobre vôos	Qualidade no serviço, conforto, material ecológico
Guichê no aeroporto	Área de bagagem, salas de espera	Qualidade no serviço, rapidez na entrega da passagem
Serviços adicionais pós-embarque	Transporte terrestre ou ferroviário do aeroporto	Passagens integradas de avião e ônibus ou trem, aluguel de veículos, quartos em hotéis

DIAGRAMA 2.6 Benefícios básicos e adicionais de uma companhia aérea.

são úteis à diferenciação do produto e, em última análise, à geração de vantagens competitivas.

Se este sistema for aplicado a serviços básicos de turismo, o produto principal descreve, por exemplo, os serviços de estada por uma noite e de alimentação com relação a empresas que prestam acomodação (o elemento definidor é apenas o serviço de acomodação que incorpora a garantia de vaga) ou serviços de transporte, em relação a companhias de transporte. Os destinos podem incorporar muitos tipos de serviços principais, dos quais natação e golfe são exemplos de pacotes de férias com atividades programadas e prédios históricos são exemplos de serviços principais para pacotes de férias regionais.

Em geral, a maioria dos produtos ofertados são tão bem desenvolvidos que as diferenças objetivas em qualidade mal são percebidas pelo cliente. Esta desmaterialização do consumo também pode ser observada no turismo. Até mesmo neste ocorreu um redirecionamento para um mercado consumidor, e a satisfação da "necessidade física fundamental de viajar" já está sendo vista como irrefutável (Kroeber-Riel, 1986; Haedrich, 1993; Opaschowski, 1995; Kreilkamp, 1998). A qualidade funcional objetiva de um produto é condição necessária mas não suficiente para o sucesso de mercado. Pelo contrário, a competitividade de um produto é determinada por sua capacidade de gerar consumo ou experiência de férias.

O valor da experiência se torna, portanto, o foco de análise. Definido por Weinberg e Konert (1995) como "...vivenciado de forma subjetiva por meio do produto, do serviço, ... a contribuição feita à qualidade de vida do cliente...", ele traduz experiências que são incorporadas ao mundo da percepção e da experiência. Schulze (1996) utiliza a diferenciação entre consumo voltado para o interior e consumo com motivação exterior a fim de esclarecer o papel da experiência na sociedade atual. "Se óculos são projetados para as pessoas poderem enxergar melhor, se carros são desenvolvidos para o transporte de pessoas, se a farinha foi criada para fins de alimentação, isto se chama comportamento orientado para o interior." Assim, a qualidade do produto não é vista como dependente dos consumidores, pois ela envolve os atributos objetivos do produto. Contudo, isto se altera na motivação exterior. "O consumidor voltado para seu interior procura por óculos em relação aos quais ele já tem algum sentimento, por um carro que o fascina, por um tipo de farinha com a qual ele poderá sentir algo: a experiência com a farinha." Por fim, ele conclui que, hoje em dia, as viagens de férias são "requisitadas exclusivamente por motivação interior".

> O valor da experiência

Schrattenecker (1984) também aborda a questão da forte influência que os critérios emocionais exercem no processo de seleção. Com relação à escolha de um destino, por exemplo, ela diz: "Devemos pressupor que a formação de uma preferência ou uma escolha entre países de destino não ocorre em uma base estritamente *racional*, mas, na verdade, ocorre também uma *análise emocional* dos países predominantemente baseada na complexidade do objeto analisável: existem portanto conteúdos tanto racionais quanto emocionais. Por exemplo, um critério emocional como a "propensão para o internacional" e os critérios racionais como "a existência de oportunidades de praticar esportes aquáticos tais como vela, surfe e esqui aquático" podem ser fatores decisivos à escolha de um país de destino. Estes critérios não são mutuamente excludentes, eles complementam um ao outro: tanto um — o emocional — quanto o outro — a oferta objetiva — são procurados".

Isto é expresso em termos mais concretos por Fesenmeier e MacKay (1996), que fazem referência à considerável importância do valor da experiência na fase inicial da decisão de viagem: "Como tal, as decisões envolvendo destinos são baseadas nos elementos simbólicos do destino (conforme traduzido em imagens visuais), e não nas características em si".

Esta citação deixa claro que a geração de vantagens competitivas dentro da esfera dos benefícios principais é pouco provável para o produto turístico se os produtos perdem sua unicidade e se, como resultado disso, seus atributos funcionais objetivos deixam de ser discerníveis. Se os dois tipos básicos de vantagem competitiva são tomados por base, a oportunidade perdida no sentido de gerar diferenciação material significa que a escolha continuará oscilando entre a estratégia do maior custo e a da diferenciação abstrata, o que também é conhecido por estratégia do valor da experiência. Bieger (2002) também confirma isto: ele considera apenas a possibilidade da diferenciação lógica, em que entende que a cultura, os sistemas, as experiências, a ambientação e o estilo de vida são úteis a um destino que tenha uma disposição de recursos intercambiáveis, sob os quais ele agrupa o capital, a infra-estrutura e a natureza. Vista a médio e longo prazos, a experiência emocional do consumidor oferece uma contribuição maior à sua qualidade de vida em muitos mercados, incluindo o mercado do turismo, em comparação com os atributos reais e funcionais do produto que são considerados triviais. Portanto, é tarefa do marketing estratégico e operacional gerar, compartilhar e manter estes benefícios adicionais que definem a decisão de compra. Estes aspectos novos são, ao mesmo tempo, o desafio especial da gestão estratégica da crise.

Questões para revisão e discussão

- Quais são as diferenças entre crises e catástrofes?
- Explique como o produto turístico vem sofrendo alterações e qual o impacto destas na gestão de crises.
- Quais são as formas básicas dos acontecimentos negativos?
- Como a mídia de massa vem afetando os consumidores?
- Explique o objetivo do alerta inicial em relação aos termos "o mais cedo possível" e "cedo o bastante".

Sugestões para leitura

Adams, W. (1986), "Whose lives count?: TV coverage of natural disasters, *Journal of Communication*, 36 (2), p. 113-122.

Kaspar, C. (1989), "Systems approach in tourism: the Saint Gall Management Model", em *Tourism Marketing and Management Handbook* (S.F. Wittand L. Moutinho [editors]), Prentice Hall International, Hemel Hempstead, p. 443-446.

Luhmann, N. (2005), *Risk: A Sociological Theory*, Aldine Transaction, New Brusnwick, N.J.

McQuail, D. (2005), *McQuail's Mass Communication Theory*, 5a. edição, Sage Publications, London.

Starn, R. (1971), "Historians and Crisis", *Past and Present*, 52, p. 3-22.

3
As esferas de atividade da crise

Como os acontecimentos negativos operam depois de terem sido vivenciados ou comunicados? Esta é a questão central enfrentada pela avaliação das técnicas de gestão preventiva e de tratamento. Inicialmente, a questão de interesse primordial é quais áreas precisam ser claramente distinguidas para que uma análise precisa do efeito seja conduzida, com referência às organizações afetadas. Os dois estudos seguintes poderiam ser descritos como exemplos que lidam com acontecimentos negativos no turismo.

Hultkrantz e Olsson (1995) examinaram o efeito da chuva radioativa de Chernobyl na indústria do turismo da Suécia. Um dos resultados foi a constatação de que este acontecimento negativo teve vários efeitos no setor. Ao mesmo tempo em que a entrada de turistas estrangeiros foi drasticamente afetada pelo acidente, não foi verificada qualquer alteração no turismo doméstico.

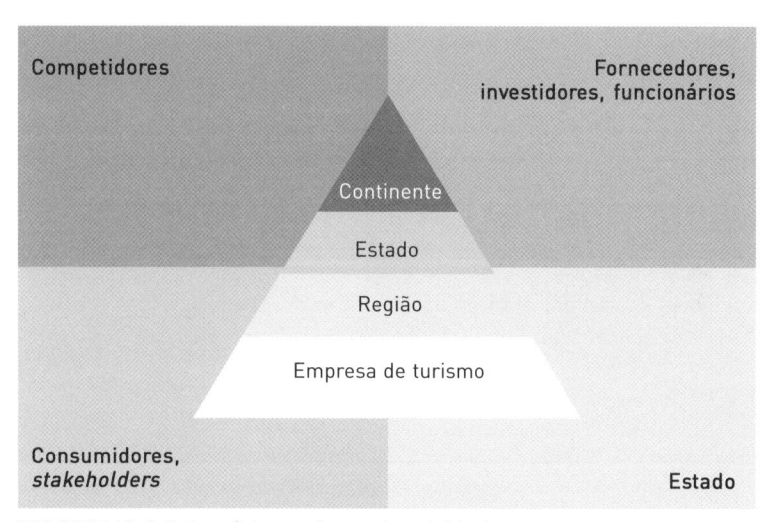

DIAGRAMA 3.1 As várias esferas de atividade.

A OMT (1991a) examinou as conseqüências da Guerra do Golfo no turismo e fez uma separação seccional e regional das áreas observadas. Esta análise revelou vários acontecimentos significativos no escopo das considerações regionais. Elas variaram não apenas em intensidade, como também em direção e envolviam tendências de queda, estagnação e aumento das chegadas e partidas internacionais. Além disso, as considerações seccionais observaram que os vários segmentos de mercado também reagiam de modos diferentes diante de um mesmo acontecimento. Ao mesmo tempo em que as companhias aéreas em geral sofriam com os efeitos da guerra, foram vistas diferenças com relação a viagens de longo percurso, que, em comparação, sofreram uma reação mais intensa. O mesmo ocorreu para alguns tipos de categorias de viagem e de hotel, que revelaram um comportamento mais sensível, e para pequenas empresas, que foram mais afetadas do que as maiores.

Os estudos confirmam que é possível efeitos diferentes para um mesmo acontecimento. A base para uma forma exitosa de gestão de crise reside nesta observação. Ela não apenas abre a oportunidade para a concentração e o planejamento de medidas de enfrentamento, como também indica que os efeitos negativos tardios de um acontecimento negativo podem ser amenizados com preparativos estratégicos.

Se utilizarmos a teoria geral dos sistemas como base, observaremos as seguintes esferas de atividade: consumidores, entidades do turismo, competidores, Estado e fornecedores, investidores e funcionários.

3.1 O CONSUMIDOR COMO ESFERA DE ATIVIDADE

Objetivos

- Entender os fatores e as variáveis importantes no processo de decisão de compra no setor do turismo.
- Aprender a identificar e a analisar os fatores que influenciam a percepção do risco e a avaliação do risco.
- Diferenciar formas de atos terroristas e criminosos de importância para o turismo.
- Compreender o diferente valor da gestão de crises ao longo do tempo.

Palavras-chave e conceitos

- *Stakeholders*
- Tipos de comportamento do consumidor
- Risco e envolvimento
- Participação no círculo cultural
- Crime e terrorismo
- O viajante de pacote de viagem e o viajante individual

O produto turístico dá por certa a presença de turistas. O "turista" consumidor em potencial ou participante pode, sem dúvida, ser identificado como tendo o papel mais importante nesta consideração. A percepção e a reação do turista diante de acontecimentos negativos dominam as atividades da gestão de crises.

No passado, a regra mais amplamente aceita dizia que os turistas esqueciam um acontecimento negativo passados um ou dois anos. Normalmente retornariam ao destino ou à organização turística afetada uma vez transcorrido este intervalo de tempo. Contudo, com base na experiência com acontecimentos negativos recentes, esta atitude passiva deixou de ser recomendada. Pelo contrário: uma abordagem ativa baseada em um entendimento amplo dos processos de percepção e decisão de compra dos consumidores se faz mais do que necessária.

3.1.1 A influência dos *stakeholders**

O marketing tradicional se concentra nos clientes costumeiros de uma empresa e almeja a grupos vistos como clientes em potencial. Neste caso, o objetivo é a criação de mercados de venda para os produtos ofertados. A desvantagem neste comportamento é que outros grupos sociais inseridos no ambiente, que não são considerados clientes atuais ou clientes em potencial, acabam sendo negligenciados.

Os *stakeholders* demonstram ser fatores de influência particularmente importante para uma empresa em um ambiente complexo e que sofre mudanças rápidas. Eles declaram seus interesses a uma empresa na forma de expectativas concretas e reivindicações. Eles objetivam, além disso, influenciar os objetivos corporativos, a implementação destes e o comportamento da empresa. Haedrich (1998a) provou que, em 1991, apenas 40,6% das empresas entrevistadas estavam em posição de implementar suas estratégias competitivas planejadas sem a interferência de demandas sociais. Mas o desencadeamento de um acontecimento negativo aumenta este número.

Exemplo 1: Boicotes na indústria do turismo

O papel dos *stakeholders* ganhou muita importância na indústria do turismo. Suas atividades, especialmente a convocação de boicotes, nem sempre são amplamente divulgadas na mídia. Contudo, eles estão almejando um setor em que a divulgação boca a boca exerce grande influência nos clientes e nos respectivos processos de decisão de compra. Estes são apenas alguns exemplos dos recentes boicotes vistos contra o setor do turismo:

1. Boicotes a viagens ao Zimbábue em virtude de denúncias generalizadas de fundo político (motivações políticas).
2. Boicote alemão a viagens à Itália em seqüência à publicação de pronunciamento do Secretário de Turismo italiano que caricaturou turistas alemães (causas políticas).
3. Boicotes a viagens à Indonésia em função da suposta política de derrubada de florestas naquele país (motivações ambientais).
4. Boicotes a viagens à Tailândia em função das alegações de que o país não se esforça para combater a prostituição infantil (motivações sociais).
5. Boicote nos EUA contra a França e a Alemanha em função da recusa dos governos destes países em apoiar a Guerra do Iraque (motivações políticas).

Em geral, os boicotes são atos de pressão de grupos que objetivam alterar uma situação ou chamar a atenção para assuntos específicos, e raramente constituem iniciativas oficiais ou recebem o aval de governos. Contudo, a freqüência dos boicotes e o impacto que tem nos destinos e nas empresas de turismo vêm crescendo de forma significativa recentemente. Além disso, o impacto econômico dos boicotes contra países é muito difícil de avaliar, dado que suas conseqüências talvez sejam compreendidas apenas na perspectiva de longo prazo.

A importância dos *stakeholders* no contexto dos acontecimentos negativos está sujeita a algumas peculiaridades que dependem da distância e do tipo do produto. Por

---

* N. de T.: Grupo de pessoas interessadas no sucesso de um empreendimento ou de uma empresa.

exemplo, os graves acidentes ocorridos na antiga fábrica da Hoechst em Frankfurt (Alemanha) em 1993 causaram reações mais intensas na esfera dos *stakeholders* do que na esfera dos clientes da empresa (Schönefeld, 1994). Apesar das ondas de protestos entre os moradores e os *stakeholders* da empresa, os resultados financeiros da empresa revelaram lucro ao final do ano fiscal, em comparação a anos anteriores. Por um lado, isto é explicado pela natureza dos produtos da empresa, que têm pouca visibilidade para os usuários no final da cadeia de consumo que organizaram a represália à empresa. Por exemplo, a Hoechst é pouco conhecida como fabricante de fertilizantes químicos e inseticidas como produtos finais. Por outro lado, os compradores de inseticidas ou de fertilizantes químicos não estão visivelmente interessados na reputação do fabricante destes produtos, desde que ela não afete as vendas de seus próprios produtos.

Os acontecimentos paralelos à tentativa de fazer afundar a plataforma de petróleo Brent Spar da Shell em 1995 podem ser mencionados como um exemplo relativo à cadeia da produção industrial. Durante várias semanas, a empresa foi o foco da atenção do público e sofreu grande pressão dos consumidores finais, que passaram a boicotar os produtos da Shell — e assim diminuíram as vendas da companhia em 20% na média, e em mais de 50% para alguns produtos.

Ao mesmo tempo, no entanto, a companhia não teve qualquer problema com vendas de combustível para aeronaves e de óleo lubrificante.

Isto deixa claro que a importância dos *stakeholders* é tanto maior quanto mais próximo o consumidor se sentir em relação ao produto, e quanto mais claro for o aumento de concessões feitas aos interesses do produto final. Isto se aplica, em especial, ao turismo. Por um lado, os componentes de um produto podem ser detectados pelo indivíduo sem dificuldades, mesmo que pouca atenção seja dada a eles. Um acontecimento negativo que ocorra aqui pode ser identificado e condenado sem muitas dificuldades. Por outro lado, os serviços de turismo quase nunca podem ser empregados de maneira diferente, e, além disso, não podem ser armazenados para uso posterior. Assim, o ambiente do turismo social é especialmente sensível para destinos e empresas. Os efeitos imediatos ao início de um acontecimento negativo devem ser também entendidos.

3.1.2 O processo de decisão de compra

As decisões de compra

As decisões de compra são processos complexos, influenciados por diversas variáveis. Basicamente, existe uma gama de conhecimentos individuais que explicam as decisões de compra. Isto é traduzido pela existência de modelos totalizantes e de modelos parcializantes para a decisão de compra. Os modelos totalizantes, que se dedicam a reunir todos os fatores definidores do processo, até agora não foram capazes de se posicionar para representar de forma inequívoca o processo de decisão. Portanto, a maioria das considerações são baseadas em modelos parcializantes, que consideram um número pequeno de variáveis de influência.

Isto também se aplica ao processo de decisão no turismo. Além disso, uma vez que este ocorre num espaço de tempo longo, o emprego de modelos totalizantes fica mais difícil. Mesmo com as peculiaridades dos serviços de turismo, que estão subordinados a um comportamento bastante complexo da informação, a transferência de conhecimento a partir do marketing voltado para bens de consumo é vista como algo positivo.

De acordo com pesquisas sobre o consumidor moderno, o comportamento deste consumidor é influenciado por fatores determinantes psicológicos e sociais. Dependendo do número de fatores que participam da decisão, é possível diferenciar as decisões do consumidor das decisões tomadas por sua família na esfera não-organizacional. Estas últimas não serão analisadas a seguir, pois aumentam a complexidade das considerações e porque permitem supor que acontecimentos negativos têm um mesmo mecanismo de funcionamento. Se considerarmos os processos psicológicos, podemos perceber que as emoções, motivações e atitudes, conhecidas coletivamente como processos de ativação, têm um efeito nas decisões do consumidor. Elas descrevem processos que estão ligados à motivação interna e à tensão do cliente, e constituem a força motriz por trás de suas ações.

> Os fatores determinantes

As motivações dão forma ao modelo hipotético de trabalho, constituído de componentes motivadores principais, de emoções, impulsos e processos cognitivos estruturados para definir objetivos. Estas motivações, que devem responder à pergunta "por quê?" acerca de uma viagem, têm importância na explicação do comportamento do visitante (Schrattenecker, 1984; Frömbling, 1993). Frömbling (1993) aponta para a necessidade de diferenciar a qualidade das motivações em grandes e pequenas, de acordo com o tipo de motivação. Hoje em dia, esta separação, identificada na pesquisa sobre motivação que afirma que as necessidades menores são satisfeitas antes das maiores, é usada para explicar o consumo dirigido pela experiência. Desta perspectiva, as motivações desempenham um papel importante no contexto dos acontecimentos negativos.

Os valores são, por um lado, vistos como tendo um parentesco muito próximo com as motivações, e, por outro, como equivalentes às atitudes. Eles representam os conceitos morais fundamentais independentes das influências de curto prazo, que, além disso, são caracterizados pelo ambiente social. Antes, os valores não eram usados na pesquisa em turismo. A segmentação feita baseada exclusivamente neles não teve sucesso, porque não permitia diferenciar visitantes de não-visitantes. A grande estabilidade temporal dos valores os torna de pouca importância em que pese acontecimentos negativos.

As atitudes são diferentes das motivações em suas avaliações de objetos adicionais, que também é a razão por que são relativamente estáveis e consistentes com relação a suas reações a estímulos do meio ambiente. Se um destino é usado como ponto de referência, a atitude descreve a conveniência subjetivamente percebida de um destino como capaz de ir ao encontro de uma motivação. As atitudes específicas e não-específicas são diferentes. Com o auxílio de atitudes não-específicas, que traduzem a atitude geral com viagens de férias, como modalidade de viagens, não existe qualquer grande efeito explicativo que possa ser comprovado em relação ao comportamento de visitantes a uma dada região. Somente com a ajuda das atitudes específicas, que se referem às características definidas de uma região, que o comportamento do visitante poderá ser analisado.

Se empregarmos a hipótese atitude-comportamento, a atitude ganha relevância na previsão do comportamento do consumidor. Frömbling (1993) também chega a esta conclusão com relação ao comportamento em viagem: a autora aponta para a importância da atitude tomada com a oferta natural. Fatores situacionais e pessoais, acompanhados de restrições econômicas, põem esta situação em perspectiva, pois falamos menos dos indicadores do comportamento de compra do que dos indicadores da probabilidade de compra. Fica claro que nenhuma validação generalizada é aplicável, se analisarmos a hipótese reversa comportamento-atitude, em que a atitude com o objeto é o resultado do uso ou da compra e, conseqüentemente, é também resultado do comportamento.

Os mecanismos de processamento da informação mental formam a segunda parte do processo psicológico envolvido no processo de decisão. O recebimento, a percepção e o aprendizado da informação contam na direção destas atividades descritas como processo cognitivo. Além disso, o consumidor é influenciado por fatores sociais determinantes: a família e os grupos de referência, que têm um efeito sobre o consumidor no ambiente adjacente, e a participação em comunidades culturais, que determina o ambiente mais amplo.

Tipos de comportamento do consumidor

Com a ajuda de diferentes graus de participação cognitiva e emocional no processo de seleção, cinco tipos distintos de comportamento do consumidor são identificados por Kroeber-Riel (1992). Estes são modelos simples de comportamento de compra que esclarecem os mecanismos fundamentais — processos com pouco controle cognitivo são descritos como comportamento, e não como decisões, em seu sentido mais restrito. Em comparação com os modelos estruturais abrangentes, eles oferecem a vantagem de conter apenas aquelas variáveis necessárias para explicar o comportamento. Sua utilidade geral no turismo é confirmada por Mühlbacher e Botschen (1990) e por Frömbling (1993).

O que caracteriza o comportamento habitual é tanto o adiamento de decisões, que leva à repetição, quanto a adoção de certos padrões comportamentais. Estes processos semi-automáticos requerem pouca informação; daí seu rápido processamento. Na esfera do turismo, este comportamento pode ser encontrado, por exemplo, na fidelidade ao destino.

O comportamento impulsivo é motivado por reações afetivas: é possível negligenciar este comportamento quase automático no processo de decisão no turismo, uma vez que tem pouca importância.

As decisões simplificadas e prolongadas são diferenciadas por meio de uma participação cognitiva e são descritas como as únicas decisões no verdadeiro sentido do termo. Ambos os tipos de comportamento dominam a decisão de viagem. A decisão prolongada se caracteriza por amplo controle intelectual, que desencadeia uma necessidade por informação. O consumidor usa esta decisão na tentativa de reconhecer seu espectro de alternativas e de avaliar as diversas possibilidades. Uma das conseqüências disto é a grande duração do processo de decisão. Via de regra, esse comportamento é útil ao turismo apenas na situação em que o turista carece de qualquer experiência sobre o produto. Mas, até mesmo as decisões de alto risco, como as tomadas na esfera financeira, por exemplo, ou aquelas tomadas em relação a produtos que já sofreram com acontecimentos negativos, todas levam a decisões prolongadas. Isto mostra que as informações abrangentes e detalhadas, oferecidas tanto por escrito quanto por meio de recomendações, precisam estar disponíveis aos turistas quando das decisões prolongadas de compra.

Exemplo 2: Os padrões antigos se alteraram tão rápido!

Por vários anos, os consumidores não se importavam muito com os diferentes provedores de serviços incluídos nos pacotes de viagem que adquiriam. Os aviões usados não recebiam muita atenção no momento da compra de pacotes de viagem mais econômicos.

Isto mudou em 1996, quando um vôo fretado que partiu da República Dominicana caiu poucos minutos depois da decolagem, matando todos os passageiros. O vôo deveria ter sido efetuado por um Boeing 767 da Alas Nacionales. Contudo, como o avião originalmente destinado ao vôo não estava pronto para decolar, foi substituído por um Boeing 757, da companhia aérea turca Birgenair.

A reação imediata de muitos viajantes que planejavam sair de férias foi investigar de forma ampla e criteriosa os diferentes componentes de seus pacotes de viagem. Eles passaram a avaliar, em especial, a parte que envolvia a companhia aérea de vôos fretados, solicitando informações mais detalhadas, que incluíam o modelo da aeronave usada. Este hábito até então era pouco comum. Até mesmo as informações detalhadas sobre acidentes e incidentes envolvendo companhias aéreas diferentes, disponíveis ao grande público nos EUA, nunca haviam sido consultadas antes pela maioria dos turistas. No período que se seguiu ao acidente, esta informação passou a ser consultada de forma intensiva.

O acidente com a Birgenair demonstrou claramente como um processo de decisão simples pode se transformar em um processo de decisão prolongada.

O site http://www.ntsb.gov/ntsb/query.asp oferece uma base de dados detalhada sobre acidentes aéreos.

No que diz respeito às decisões simplificadas, o consumidor tem experiência com as alternativas a seu dispor. As restrições cognitivas, emocionais e sociais garantem que o consumidor se concentra nas alternativas que já conhece, isto é, o "conjunto lembrado". O conjunto lembrado incorpora o número de produtos que o consumidor não avalia de forma negativa, nem relaciona com um risco em particular. Estes produtos são classificados como adequados à satisfação da necessidade. Os esforços que em virtude disto se tornam limitados para a obtenção de informações são mais relacionados à marca do que aos produtos. Esta mesma situação é observada no setor do turismo (Kleinert, 1993). Neste contexto, têm importância as informações-chave, como os resultados de testes ou as recomendações de produtos por formadores de opinião, que agregam uma variedade de diferentes informações individuais. Os acontecimentos negativos podem levar a uma mudança nos critérios de avaliação importantes à decisão de compra simplificada, se as esferas esquematizadas são tidas como pouco significativas em tempos de crise.

3.1.3 O aspecto do envolvimento

O constructo do envolvimento possibilita uma análise profunda das consequências dos acontecimentos negativos no processo de decisão. O envolvimento descreve o compromisso interno que um consumidor dedica a um objeto ou atividade. Dependendo da causa, é possível diferenciar envolvimentos do tipo pessoal, do tipo dirigido a um objeto específico e do tipo situacional.

O envolvimento pessoal é a extensão da preocupação de uma pessoa com uma dada circunstância. Ele está baseado nas motivações, atitudes, experiência e no conhecimento pessoais. Ao longo do tempo, esta circunstância se torna relativamente estável, independente da situação. No turismo, esta forma de envolvimento pode ser observada com freqüência, especialmente no caso de consumidores mais jovens. O envolvimento pessoal via de regra está relacionado com a atividade, como esqui ou mergulho, que o turista pratica. Isto significa que

> O envolvimento pessoal

as informações acerca de acontecimentos negativos, mesmo que a divulgação seja pequena, serão recebidas com bastante atenção nos segmentos em que as atividades praticadas com entusiasmo são afetadas. Em virtude disto, a rápida divulgação de notícias entre grupos de pessoas com interesses semelhantes precisa ser considerada. Ao mesmo tempo, os acontecimentos negativos são constante e continuamente percebidos e lembrados por aqueles envolvidos em nível pessoal. Esta circunstância independe da situação de decisão.

O efeito concreto de um acontecimento depende da extensão em que as características importantes do produto são afetadas. Neste caso, a avaliação subjetiva de usuário feita pela pessoa do turista é decisiva. Um turista envolvido em nível pessoal avalia as circunstâncias em vista das experiências e do conhecimento de modo mais objetivo.

Exemplo 3: Uma avaliação diferente

O envolvimento desempenha um papel muito importante nos segmentos de mercado do turismo mais especializado.

Na seqüência ao trágico ataque a turistas que visitavam Luxor em 1997, o setor turístico do Egito sofreu perdas gigantescas. Contudo, as pessoas interessadas em mergulhar no Mar Vermelho não reagiram como típicos freqüentadores de praias. A maioria das operadoras de turismo especializadas em mergulho relataram que, transcorrido um curto período de três meses de cancelamentos e ausências, os mergulhadores retornaram ao país muito mais rapidamente e em maior número do que o turista tradicional. Na verdade, desde então as chegadas de mergulhadores ao Egito vêm aumentando anualmente na casa dos dois dígitos.

O mesmo foi observado no caso da mundialmente conhecida maratona de Nova York, que ocorreu menos de dois meses depois dos ataques de 11 de Setembro de 2001. Apesar do volume de viagens ter se reduzido a seu menor nível e dos aviões serem evitados de forma sistemática, os participantes do acontecimento que estavam intensamente envolvidos, tanto norte-americanos quanto estrangeiros, não deixaram de presenciar a maratona, à revelia de suas opiniões sobre segurança.

O mesmo aconteceu em outubro de 2002, após o ataque em Bali, na Indonésia. Neste caso, os surfistas foram os primeiros a retornar àquele destino. As camisetas com o slogan "Osama não surfa" se tornaram bastante populares entre os surfistas e deram voz à maneira com que avaliavam a situação.

No caso do acidente com o petroleiro Jessica no início de 2001, os 600 mil litros de óleo diesel e os 300 mil litros de óleo para aquecimento que transportava ameaçaram a reserva natural das ilhas Galápagos (Equador). Mesmo que a reserva e a vida selvagem tenham sido afetadas pelo acidente e que os noticiários do mundo todo o tenham noticiado, o número de visitantes se manteve nos 70 mil ao final de 2001. Uma vez que a maioria dos visitantes, neste caso, teve alto envolvimento pessoal também por causa do interesse científico e ecológico, os efeitos deste acidente foram julgados de forma diferente do que são na maioria dos outros acontecimentos do tipo.

O envolvimento objeto-específico

O envolvimento objeto-específico se revela no interesse em um produto ou serviço demonstrado pelo consumidor. Os riscos técnico-funcional e social contribuem com os fatores de influência da mesma maneira que a freqüência de uso e a atratividade emocional de um produto. Dependendo das diferenças percebidas nos produtos de viagem de uma categoria especial, o turista percebe um risco técnico-funcional diferente. Se estas diferenças forem expressivas, estamos diante de um risco técnico-funcional alto, que dá margem a um alto envolvimento objeto-específico porque o turista passa a comparar vantagens e desvantagens, na tentativa de evitar conseqüências negativas no futuro (Jeck-Schlottmann, 1987). Se existir um alto grau de envolvimento objeto-específico, podemos supor que um acontecimento negativo poderá ter um efeito desvantajoso devido ao maior ônus e ao efeito discriminador mais exacerbado, em comparação com estímulos positivos (Romeo, 1991).

O envolvimento relativo a um objeto varia, dependendo da freqüência com que o consumidor utiliza o produto. Esta freqüência pode estar relacionada a um destino, bem como a uma atividade. Neste contexto, fica claro que os turistas que já têm alguma experiência com o destino ou o tipo de viagem de férias que têm à disposição percebem o mesmo acontecimento de forma diferente do que fazem os turistas inexperientes.

Por terem valor simbólico, os produtos turísticos também assumem o risco social. Por um lado, este valor simbólico pode ser visto na participação de um grupo particular de referência. Por outro, "sair em férias" é um símbolo de status que implica um alto padrão de vida. Este aspecto é de grande importância, e está sujeito ao risco que seu valor sofre, em particular, de ser posto em perspectiva por um acontecimento negativo.

Além disso, o produto de viagem tem um valor emocional definido internamente, que traz sentimentos de prazer ao turista. A adaptação deste valor da experiência a uma viagem garante que o turista — supondo que tenha pouco controle cognitivo — queira adquirir o produto de forma a usufruir da experiência deste produto. Se esta experiência for afetada ou destruída, o produto corre o risco de receber pouca atenção.

O envolvimento situacional é entendido como um componente temporal. Isto significa que o turista, dependendo da situação de decisão em que ele se encontra, analisa as informações relativas a sua decisão de viagem de forma diferente. Quanto mais curto o tempo disponível para decidir, maior será a motivação com que ele se sente intelectual ou emocionalmente encorajado a avaliar as variáveis relacionadas a esta decisão. — O envolvimento situacional

A longo prazo, os envolvimentos pessoal e objeto-específico são mais estáveis, e independem de acontecimentos situacionais, como os negativos. Assim, ambos são descritos como envolvimento contínuo. O nível de atenção dado pelo consumidor a uma certa quantidade de produtos de viagem devido a determinantes objeto-específicos ou pessoais é portanto estável. O envolvimento situacional, contudo, já provou ser o fator de maior influência no envolvimento total, por dominar o envolvimento objeto-específico e pessoal. — O envolvimento contínuo / O envolvimento total

Do ponto de vista de acontecimentos negativos, estes aspectos também são de grande importância. Dependendo do ponto no tempo em que um acontecimento negativo ocorre, o turista revela um grau variável de envolvimento. Como resultado, são várias as conseqüências que precisam ser levadas em conta. Isto precisa ser considerado ao analisarmos os efeitos, as estratégias de desenvolvimento, os instrumentos de implementação e também com relação à escolha do momento certo. Além disso, o envolvimento da mídia e de suas mensagens também exercem influência sobre os turistas, como já foi visto (consulte a Seção 2.2.4).

3.1.4 A percepção e a avaliação do risco

As investigações teóricas relativas ao risco, dentro da estrutura comportamental do consumidor, concentram-se no risco de uma falsa decisão de compra com relação ao risco econômico e social. Com isso, apenas alguns dos riscos e suas conseqüências são considerados. Em especial, a importante área das conseqüências de um acontecimento negativo, que não requerem uma decisão de compra, não são analisadas.

Para esta finalidade, o recurso óbvio seria considerar e buscar uma base de apoio no conhecimento de pesquisa na área de tecnologias de risco. No passado, as tecnologias — em

---

Exemplo 4: Dirigir é seguro, mas voar é tão arriscado...

Muitos erros cometidos no enfrentamento da crise são o resultado de uma falta de entendimento das percepções do risco. A crise que se seguiu aos ataques de 11 de setembro de 2001 demonstrou claramente que este déficit ainda existe. As tentativas feitas por muitos diretores de companhias aéreas e políticos para convencer o grande público a voltar a embarcar em aviões, com a simples argumentação de que "Voar é seguro" falharam, e foram até vistas com desconfiança.

O entendimento da percepção do risco é o primeiro passo na direção da administração eficiente da crise. Os profissionais das companhias aéreas, como neste caso, tendem a adotar caminhos objetivos para avaliar riscos. Eles estão usando estatísticas como as dadas na tabela abaixo, que mostram que as chances de morrer em um acidente de automóvel nos EUA em 1998 eram muito maiores (1 em 6.212) do que as de morrer num acidente aéreo, que eram muito menores (1 em 390.532). Portanto, em que pese estas informações, os diretores estavam certos ao argumentar que: "Voar é seguro".

Estatísticas nos EUA

Tipo de acidente	Mortes, 1998	Probabilidade para um ano
Trânsito	43.501	6.212
Transporte aéreo e espacial	692	390.532
Transporte aquático	692	390.532
Ferroviário	515	524.753
Quedas de escadas ou degraus	1.389	194.563
Quedas em mesmo nível, por escorregamento ou tropeços	740	365.200
Objetos em queda	723	373.787
Esportes e recreação	685	394.523
Choque elétrico	548	493.153

Fonte: baseado nos dados do Conselho Americano de Segurança Nacional dos EUA para o ano de 1998, para a população americana.

> Até mesmo os resultados obtidos para o número de passageiros mortos por passageiro-milha de viagem apóiam suas argumentações, uma vez que em 1999 a taxa de mortes de passageiros de automóveis nos EUA foi 0,83 para cada 100 milhões de passageiros-milha. Em outras palavras, ela foi muito maior do que a observada para ônibus, trens e companhias aéreas, que foi de 0,07, 0,10 e 0,003, respectivamente.
>
> Mas por que estes argumentos falharam? Os consumidores não os aceitam, sobretudo na seqüência a um acontecimento negativo. Os consumidores avaliam o risco de maneiras que são melhor descritas pela percepção negativa do risco. Contudo, quando um acidente aéreo acontece, eles consideram um vôo muito mais perigoso do que uma viagem de carro. Uma administração eficiente da crise precisa ter um entendimento completo dos mecanismos desta percepção e precisa levá-los em consideração. Do contrário, os esforços precisam ser multiplicados para terem sucesso, se tiverem.

especial as mais perigosas, como a energia nuclear — trouxeram a necessidade de analisar o mecanismo do risco, os acontecimentos desfavoráveis e a percepção do risco mais detalhadamente. O objetivo constante destes estudos foi encontrar um patamar de aceitação do risco e desenvolver tecnologias e instrumentos, de forma a melhorar a aceitação destes riscos.

No princípio, estes estudos foram a base para um campo de relacionamentos bastante abstrato, em que era possível diferenciar entre fornecedores de serviço e instituições normativas que, portanto, exigiam uma estrutura de oferta monopolista. Foi preciso bastante tempo para que estes estudos adentrassem o ambiente social diferenciado da organização, como já descrito (consulte a Seção 3.1.1).

Na maioria dos empregos do termo risco, dois pontos de vista fundamentais podem ser distinguidos (um apanhado geral dos diversos conceitos de risco pode ser encontrado em Kupsch, 1973; Fasse, 1995; Jungermann, 1991). Utilizando um modelo de expectativa do risco, tentou-se descrever, sem a influência de qualquer valor, o andamento dos julgamentos sobre acontecimentos baseado em axiomas racionalistas. De acordo com esta abordagem, encontrada na maioria das vezes na matemática das seguradoras, o risco é definido como um "dano esperado", o produto da magnitude do dano e da probabilidade de sua ocorrência.

A consideração de fatores pessoais, que influenciam a percepção do risco por parte do consumidor, leva a uma apreciação subjetiva deste risco e ao uso de modelos descritivos como base de análise. Em particular, dá-se atenção a este conhecimento que ultrapassa a determinação objetiva implícita das probabilidades e conseqüências.

Definição: Risco

De acordo com a avaliação objetiva do risco, ele é o produto da magnitude do dano e da probabilidade de sua ocorrência. A avaliação subjetiva do risco, que tem importância maior para a administração da crise no setor do turismo, também considera os fatores pessoais e os consumidores.

Na análise detalhada da percepção e da avaliação do risco, os seguintes elementos serão discutidos: fatores quantitativos de risco, características qualitativas das fontes de risco, determinantes individuais do consumidor e fatores específicos de risco, como as ameaças terroristas ou criminosas.

Exemplo 5: Tubarões e cocos

Quando se trata de tubarões, a princípio, a maioria das pessoas lembra dos ataques a banhistas e surfistas na Austrália. Até mesmo para as Olimpíadas de Sydney, os organizadores foram forçados a tomar medidas especiais de proteção aos banhistas, surfistas e marinheiros contra possíveis ataques de tubarões e a comunicar estas ações a uma platéia mundial sensibilizada pela questão.

Os cocos e os coqueiros, por outro lado, são percebidos como símbolos de férias na praia e de dias de sol. Toda criança conhece o gosto do coco, sabe que a fruta é vendida em qualquer supermercado — as pessoas não tem medo dos cocos quando estão em casa, nem quando estão em férias.

Contudo, o risco percebido é contrário à realidade. A cada ano, 150 pessoas morrem devido à queda de um coco, enquanto que o número de ataques de tubarão no ano 2000 foi exatamente 79, um pouco maior do que a média de anos anteriores. O número de pessoas que veio a falecer por causa de um ataque de tubarão foi na verdade menor. Em 2000, este número chegou a 10, e normalmente varia entre 10 e 20 pessoas ao ano. Das 10 mortes ocorridas em 2000, apenas três foram na Austrália (de um total de sete ataques), duas na Tanzânia, e uma morte em Fiji, uma no Japão, na Nova Caledônia, na Papua Nova Guiné e nos EUA.

Baseado nestas informações, o Club Direct, uma companhia de seguros do Reino Unido, lançou uma campanha publicitária diferente em 2002, que alertava turistas para não permanecer ou acampar debaixo de um coqueiro. Na ocasião, a campanha também enfatizou que o seguro de viagens que oferecia cobria não apenas o risco de exposição à queda de cocos, com também aos ataques de tubarão.

3.1.4.1 Fatores quantitativos de risco

Tanto a probabilidade de dano quanto sua magnitude contam como fatores quantitativos de risco. Ambos os componentes estão sujeitos à percepção distorcida que depende de várias influências. O emprego da heurística mental por parte do consumidor é, antes de mais nada, responsável pela distorção da probabilidade do dano, que é orientada pela suscetibilidade e disponibilidade do acontecimento. Esta suposição comprova que, pelo menos em parte, dentro da esfera da gestão preventiva da crise, o foco no tipo de acontecimento faz uma considerável contribuição à imediata identificação de situações ameaçadoras.

A probabilidade do dano

Todas as heurísticas evitam a paralisação do processo de decisão e ajudam a reduzir os custos de busca. Além disso, elas estão próximas da realidade porque se alinham com as experiências, mas também porque são estáveis, o que possibilita a observadores externos, com seus conhecimentos, formular hipóteses sobre comportamentos possíveis. Entre as heurísticas importantes estão a heurística da representatividade, a da disponibilidade e a de ancoragem e ajuste.

| A heurística |

A heurística da representatividade descreve o julgamento do risco devido ao parentesco de um objeto ou atividade com uma certa categoria ou tipo de risco. Com isto, é possível tirar uma conclusão sobre o risco, a partir de casos bem conhecidos. As unidades ou os grupos sujeitos à esta generalização não conhecem fronteiras (Holzmüller e Schuh, 1988). Elas podem ser relativas a filiais, bem como destinos ou categorias de viagens de férias, entre outras. Neste fenômeno de generalização, uma importante abordagem pode ser tida como capaz de explicar por que os acontecimentos negativos têm conseqüências tão diversas.

A influência do componente temporal é representada pela pesquisa relatada a seguir. A questão "Os ataques terroristas nos EUA e suas possíveis conseqüências terão algum impacto no seu comportamento de viagem nas suas próximas férias?" foi respondida com uma clara tendência decrescente, já aos três meses dos ataques.

	Novembro 2001	Janeiro 2002
Não, eles não terão qualquer influência	65%	69%
Sim	29%	14%
Não sei	6%	17%

Fonte: FUR (2002).

DIAGRAMA 3.2 Memória.

De acordo com a heurística da disponibilidade, a probabilidade de um acontecimento aumenta, dependendo do quão facilmente ele é lembrado ou consegue ser imaginado. "Se um avião caiu recentemente, então nos concentramos no acontecimento e nos esquecemos de todos os vôos efetuados com sucesso, no momento de decidir se vamos voar para algum lugar ou não" (Perrow, 1992). Esta heurística que, em princípio, leva a um comportamento plenamente apropriado e justificável, está, antes de mais nada, sujeita à influência particular da mídia. Por um lado, isto aponta para a possibilidade de que ela é capaz, desde que se considere os termos de referência, de avaliar prontamente o acontecimento com relação ao seu desenrolar no futuro. Por outro, esta descoberta também implica perigo. Isto se dá pelo fato de que probabilidades minúsculas são consideradas como probabilidades desigualmente altas pela simples indicação do risco de ocorrerem. Como exemplo, Jungermann e Slovic (1993a) citam a obrigação de um médico de explicar a situação a um paciente, mesmo sendo um caso extremamente raro, para assim garantir sua liberdade de escolha. Esta condição precisa, antes de mais nada, ser considerada com relação à comunicação preventiva do risco, cuja indiscutível sensatez se vê confirmada no turismo.

De acordo com a heurística de ancoragem e ajuste, as entidades orientadoras, as chamadas âncoras de percepção, são usadas para diferenciar a probabilidade de falha total do sistema da falha de uma única entidade. Esta heurística se torna útil no caso em que acontecimentos complexos relacionados precisam ser acessados.

Antes de tudo, duas áreas influenciam a avaliação subjetiva do dano: o potencial para a catástrofe e o temor individual. O potencial para a catástrofe de um acontecimento aumenta com as

| A avaliação subjetiva dos danos |

conseqüências que traz. A probabilidade de ocorrência do acontecimento é de importância menor. As freqüentes mortes de fumantes chocam, contudo, menos do que uma única morte em um acidente aéreo. Pode-se supor que esta avaliação esteja profundamente enraizada no consumidor, e que somente poderá ser alterada por meio de uma mudança de valores a longo prazo, se de fato puder.

O temor individual já foi examinado, como o potencial para a catástrofe. Ambos são atributos essenciais à grande mídia em seu processo de seleção de notícias. A proximidade geográfica, cultural ou psicológica determina a intensidade com que o consumidor percebe o dano. Ela é expandida por um componente temporal que expressa proximidade à decisão real e exerce considerável influência sobre este temor.

3.1.4.2 As características qualitativas de uma fonte de risco

A avaliação do risco também é influenciada por alguns fatores de natureza qualitativa. Entre eles está o fato de que um risco a que se é voluntariamente exposto é classificado e aceito como menos trágico do que os perigos impostos. Este aspecto é importante por duas grandes razões. Por um lado, é preciso dar ao turista a oportunidade de correr o risco de forma voluntária. As mensagens publicitárias atrevidas e artificiais que escondem riscos conhecidos não apenas acarretam insatisfação devido ao afastamento em relação à imagem desejada, como também deixam de propiciar ao turista a oportunidade de decidir se ele deve correr o dado risco sozinho. Mesmo que esta oportunidade seja dada, isso não quer dizer que será necessariamente percebida. Via de regra, os consumidores tendem a evitar decisões arriscadas. Hoje em dia, esta característica fundamentalmente behaviorista de se evitar decisões de risco, conhecida pelo nome de "viés de omissão", é amparada por uma variedade de normas legais. As atividades que deixaram de ser executadas e por meio das quais o dano poderia ter sido evitado são menos valorizadas do que as atividades que acabaram levando ao dano (Jungermann e Slovic, 1993a). Portanto, é preciso se certificar por completo que a obrigação de se to-

Exemplos de acontecimentos negativos ocorridos no meio ambiente:	
Avalanches	Terremotos
Incêndios no campo	Incêndios florestais
Enchentes	Deslizamentos de terra
Tempestades	Erupções vulcânicas
Exemplos de acontecimentos negativos ocorridos pela ação do homem:	
Revoltas	Guerra civil
Seqüestros	Terrorismo
Poluição ambiental	Acidentes de transporte (aviões, ônibus, trens, etc.)

> **Riscos naturais vs. riscos humanos**
> Ao mesmo tempo em que os riscos naturais são classificados com involuntários, incontroláveis ou não atribuíveis à sociedade e portanto são mais ou menos inevitáveis – e obviamente não tão danosos – os riscos humanos são vistos como voluntários, controláveis, atribuíveis e evitáveis – e por isso naturalmente piores.
>
> Fonte: Jungermann e Slovic (1993a).

mar uma decisão seja imposta ao turista tantas vezes quanto necessário, de forma a minimizar as conseqüências de um acontecimento negativo o tanto quanto possível.

Outro elemento que se aproxima do aspecto voluntário é a responsabilidade. Enquanto o critério de decisão de correr riscos voluntariamente é tido como de responsabilidade do próprio consumidor, falaremos agora de uma outra área a qual estamos expostos: os acontecimentos naturais. De forma a esclarecer este ponto de vista, Luhmann (1993) sempre emprega o termo "risco" se a base de ação é a decisão e o termo "perigo" se a responsabilidade cai no meio ambiente, isto é, aquele em que se está exposto ao acontecimento. Esta diferenciação tem importância considerável na avaliação de acontecimentos negativos. Em geral, os acontecimentos negativos acarretados por seres humanos são percebidos como mais ameaçadores e trágicos do que os acontecimentos ocorridos no meio ambiente.

Responsabilidade

Além disso, também é importante observar que existe uma tendência básica de procurar pelos culpados por um acontecimento negativo. Este fato, que pode ser atribuído à pesquisa de responsabilidade psicológica, ilustra um dos motivos por trás da tentativa de enxergar perigos mais como riscos, e de procurar pelos responsáveis. Se isto for estendido ao aspecto de que há sempre uma tentativa de evitar decisões arriscadas, então é possível entender porque os turistas, muitas vezes apenas em retrospecto, demonstram um interesse particular na responsabilidade do organizador de dar explicações pelas quais eles retroativamente teriam a oportunidade de evitar responsabilidades.

Os acontecimentos que são controlados pelo indivíduo também estão sujeitos a uma avaliação mais favorável do que os de fora desta esfera de influência particular. Um exemplo disso é visto quando ocorre um acidente aéreo que, com a mesma probabilidade de dano, é visto como mais trágico do que um acidente de automóvel porque este está mais sujeito ao controle do motorista. Foi depois dos ataques de 11 de setembro que foram feitos esforços no sentido de reforçar as portas das cabines dos aviões, de endurecer as medidas de segurança ou de dar conselhos simples aos passageiros, como por exemplo, de arremessar livros ou sapatos contra os seqüestradores antes de tentar dominá-los. Além do valor objetivo, os viajantes entenderam estas medidas como importantes e lógicas, e perceberam que tinham influência sobre o risco. Em outras palavras, estas medidas reduziram o risco percebido subjetivamente.

O controle do acontecimento

Os acontecimentos negativos, que são bem conhecidos e a cujo início típico as pessoas estão acostumadas, têm mais probabilidade de serem aceitos do que novos riscos. Em essência, isto pode ser relacionado ao fato de que ninguém tem experiência sobre um risco desconhecido, o que torna difícil estimá-lo e mais difícil ainda calculá-lo. A conseqüência desta incalculabilidade é que todas as ações possíveis são tomadas para inserir o acontecimento em um padrão de explicação, e assim compreendê-lo.

O início típico

Uma importante probabilidade para a ocorrência de uma crise é assim definida para a organização afetada. Ela deixa de ter relação exclusiva com os esforços plausíveis e concentrados da organização para explicar os motivos por trás de um incidente ocorrido. Em vez disso, o "potencial sinalizador" do acontecimento precisa passar por uma avaliação, que em última análise traduz o perigo potencial deste acontecimento. Esta é a única maneira de estimar a intensidade do interesse que o acontecimento despertará.

Se esta explicação não tiver sucesso e se, além do fato de que ser a primeira vez que o acontecimento ocorre, a avaliação do comportamento das companhias for ruim, este incidente poderá facilmente se tornar um acontecimento negativo e será, no futuro, usado para fins de comparação — exemplos bem conhecidos são a plataforma de petróleo Brent Spar e o petroleiro Exxon Valdez.

3.1.4.3 Fatores individuais de risco

Determinantes pessoais

A percepção e a avaliação do risco são influenciadas por um número de determinantes pessoais. Por um lado, elas dependem de variáveis demográficas, como idade, sexo e escolaridade. Portanto, uma maior percepção de risco por parte de turistas do sexo feminino em comparação aos do sexo masculino é determinada da mesma maneira que a percepção do risco menor em turistas com idade entre 18 e 24 anos, comparada a turistas mais velhos (o estudo que forma a base desta afirmação se refere aos EUA e ao Reino Unido; OMT, 1994b).

Por outro lado, o status de especialista ou de leigo também tem considerável importância na avaliação do risco. Enquanto os especialistas se valem de características quantitativas para avaliar o risco, os leigos preferem os atributos qualitativos. Além disso, os especialistas tendem a classificar acontecimentos improváveis mas graves numa posição mais alta, do ponto de vista do risco.

Participação no círculo cultural

Outro fator a ser visto é a participação no círculo cultural, que pode contribuir para a percepção e avaliação de acontecimentos de modo diferente. Isto pode estar relacionado a várias formas sociais, comportamentais e desenvolvimentistas, e é confirmado pelos acontecimentos de meados da década de 1980 vistos na Europa, numa época em que as chegadas de turistas norte-americanos caiu consideravelmente devido aos ataques terroristas, ao mesmo tempo em que as chegadas domésticas aumentaram no continente (Ryan, 1993; Hurley, 1988). Uma atitude com semelhante sensibilidade diante de acontecimentos negativos foi manifestada pelos japoneses, em conseqüência à cobertura jornalística dada ao turismo sexual em Hong Kong e nas Filipinas, e pelos europeus, como reação contra o acidente radioativo em Chernobyl (Gee e Gain, 1986). Esta especial aversão ao risco acarreta conseqüências ainda mais drásticas em comparação com o que se vê em outras culturas, uma vez que, com a decorrente ausência no destino, o processo de recuperação ocorre muito lentamente. O costume de fazer apólices de seguros de viagem com cobertura contra muitos dos riscos inerentes é também um dos indicadores das diferentes formas culturais de avaliação do risco. Por um lado, cerca de 80% dos turistas dos países escandinavos optam por fazer essas apólices; por outro lado, apenas 20% dos turistas espanhóis as consideram necessárias.

Exemplo 6: Participação no círculo cultural

O brutal massacre de 85 turistas estrangeiros e de 4 egípcios por extremistas islâmicos em Luxor em novembro de 1987 desestabilizou o Egito, com enorme prejuízo à indústria do turismo do país, o principal setor de sua economia. Antes do massacre, com cerca de 4,2 milhões de visitantes, a indústria do turismo estava certa de que faturaria uma receita aproximada de US$ 4 bilhões em 1997, o que faria do setor de turismo a maior fonte de moeda estrangeira.

O ataque em Luxor desencadeou uma reação imediata, com cancelamentos e uma queda constante nas reservas para as férias em 1998 no país. O número absoluto de chegadas de turistas estrangeiros caiu em 12,8%. Os executivos do setor estimam que o atentado em Luxor custou à indústria do turismo cerca de 50% de sua receita anual. "Foi uma catástrofe, em todos os aspectos. Eu mesmo perdi algo em torno de 85% de meus negócios", disse Ilhamy el-Zayyat, chefe da Câmara de Turismo do Egito e proprietário de uma das principais agências de turismo do país.

Enquanto que a maioria dos importantes mercados europeus sofreu formas semelhantes de declínio após os ataques, a Suíça e o Japão precisam ser examinados em mais detalhe. Em ambos, o temor das populações dos respectivos países desempenhou um papel importante, já que do número total de vítimas do ataque, 35 eram suíços e 10 japoneses. Contudo, a queda atipicamente abrupta e persistente precisa ser relacionada à adversidade do risco causada pela cultura. Isto foi confirmado várias vezes no caso dos japoneses.

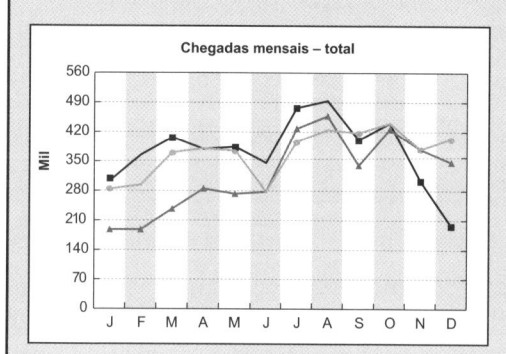

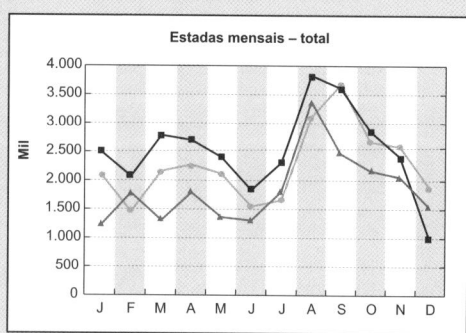

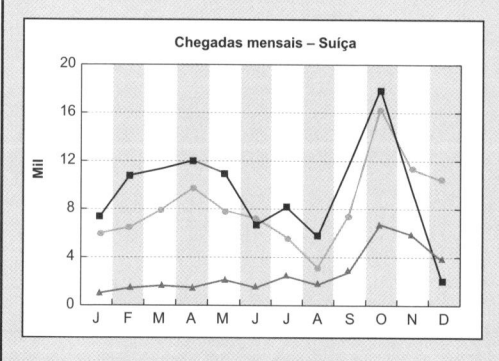

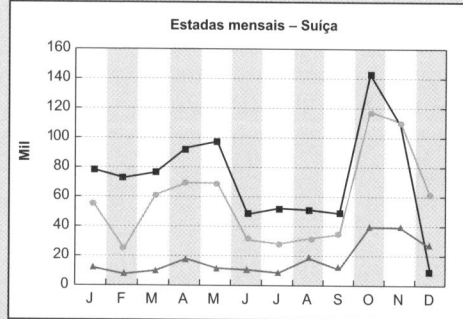

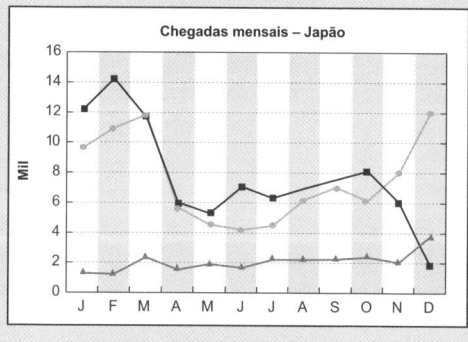

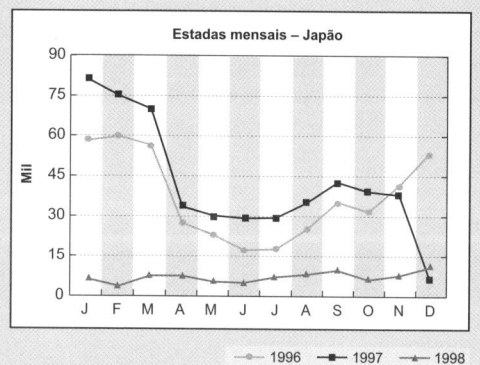

Fonte: baseado em dados não-publicados da OMT.

A observação do desenvolvimento do mercado russo é particularmente interessante. Devido à participação no círculo cultural que os faz perceber estes acontecimentos como menos importantes ou de risco, as chegadas de turistas e as estadas no Egito aumentaram em 10 vezes desde 1991. Conforme mostram os gráficos das chegadas e estadas mensais entre 1996 e 1998, esta tendência se manteve até mesmo depois do atentado em Luxor.

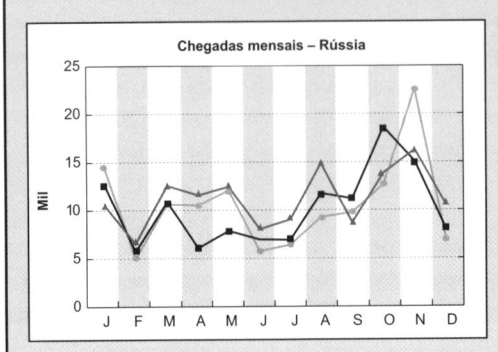

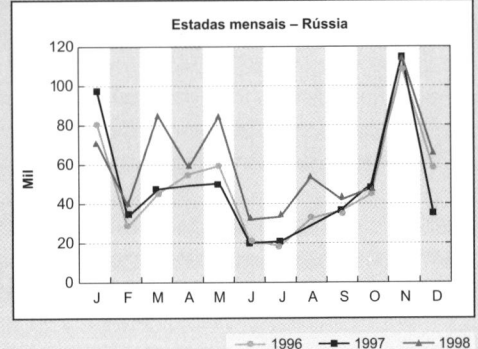

Fonte: baseado em dados não-publicados da OMT.

——1996 ——1997 ——1998

O temor dos grupos nacionais

Além disso, o temor por grupos de habitantes de um destino é de grande importância para o turismo. Miami, por exemplo, foi por muito tempo conhecida como tendo uma taxa de crimes violentos acima da média, mas foi o assassinato de um turista alemão em abril de 1993 que causou um rápido declínio no número de visitantes alemães. Isto indica que, para os turistas, é pequena a diferença entre uma ameaça generalizada e a vitimização de um grupo em particular. Uma ameaça é percebida e aceita como sendo um pano de fundo, e não tem outras conseqüências. Uma reação perceptível apenas ocorre se uma pessoa de uma dada nacionalidade é ameaçada. Não se trata de uma ameaça a todos os turistas de um mesmo país, mas do ponto de vista causal, constitui fato marcado por uma coincidência. Ao mesmo tempo em que uma ameaça é explicada pelo fato de que atividades terroristas ou criminosas são executadas contra turistas em função de sua nacionalidade, a vitimização representa uma ameaça que é vista como mais trágica porque um dos membros de um dado grupo de turistas é diretamente afetado.

Exemplo 7: Isso só acontece com os outros, até... — o que acontece com os cidadãos de uma nacionalidade

No início da década de 1990, o estado da Flórida ganhou a reputação inevitável de ser local de crimes cometidos contra residentes e turistas, que pareciam ser alvos lucrativos para pequenos criminosos. Em 1992, somente no condado de Dade, mais de 12 mil ocorrências policiais contra visitantes foram registradas. Mesmo com isso, o turismo cresceu, uma vez que os turistas estrangeiros não se sentiram afetados ou preocupados com esta violência.

> Contudo, as coisas mudaram quando os primeiros turistas vindos de importantes mercados passaram a ser o alvo destes ataques. Em 1993, o número de ataques contra turistas atingiu seu auge, quando mais de 10 turistas do Canadá, Reino Unido, da Alemanha e Venezuela foram mortos. Estes ataques, alguns muito brutais, tiveram grande cobertura na mídia nacional e internacional. Os ânimos se acirraram, e o jornal inglês *The Sunday Times* até mesmo chamou o *Sunshine State** de "Estado do Terror". A partir de então, a aceitação dos crimes por parte dos turistas europeus mudou rapidamente. Tão logo os turistas descobriam o que aconteceu com um de seus compatriotas, eles passaram a se sentir afetados e em perigo de se tornarem as próximas vítimas dos assassinos e dos assaltos em série. Com isso, a imagem da Flórida, de ser destino turístico ensolarado, transformou-se no palco dos pesadelos dos turistas. As chegadas dos turistas caíram vertiginosamente. Em especial, o número de visitantes alemães ao estado americano caiu em um terço, dos 608 mil em 1993 para 411 mil em 1994. Isto acarretou grandes prejuízos econômicos à indústria do turismo no Estado, que chegaram a US$ 28 bilhões em 1993, prejudicando sua maior fonte de receitas.
>
> Em seqüência a esses incidentes, muitas iniciativas estaduais e federais objetivaram melhorar a segurança dos turistas. Elas não apenas reduziram a taxa de criminalidade ao seu menor patamar em 25 anos, como também ajudaram a aumentar o número de chegadas de turistas novamente.

Os diferentes fatores de risco discutidos propiciam uma visão geral das variáveis mais prováveis e influentes. Na prática, vários destes fatores são capazes de influenciar a situação ao mesmo tempo. Por exemplo, a peculiaridade dos conflitos em que os EUA estão envolvidos está causando uma queda generalizada no número de viagens de turistas norte-americanos, o que sempre ocorre devido a fatores relativos à nacionalidade e à participação em um círculo cultural. Contudo, a condição de que acontecimentos negativos não podem ser classificados devido a uma carência de conhecimento geográfico e portanto exercem consideráveis efeitos, também tem sua parcela de influência.

3.1.4.4 Fatores específicos de risco – a ameaça criminosa ou terrorista

O aspecto segurança, com ramificação de acontecimentos negativos, tem foco especial. Em geral, a segurança é definida como o medo de se tornar uma possível vítima de um crime violento, da falta de segurança em aviões, de ataques terroristas, etc. (OMT, 1994b; Smith, 1998).

As atividades criminosas

De fato, as atividades criminosas são componente invariável da vida diária, mas, no contexto do turismo, elas aumentam em termos de importância. Em primeiro lugar, as atividades turísticas — a descoberta de novas áreas e atividades, os riscos — fazem dos turistas al-

> **A segurança**
>
> A grande importância da segurança durante o processo de decisão de viajar é confirmada no estudo de Longwood, que coloca a segurança em segundo ou terceiro lugar, quando da seleção de um destino.
>
> Fonte: Kemmer (1995).

---

* N. de T.: "O Estado onde brilha o sol", designação dada ao estado da Flórida em referência ao clima ensolarado que prevalece ao longo de todo o ano.

vos especialmente vulneráveis. Em segundo lugar, sobretudo durante este período de recreação, os turistas precisam enfrentar situações que originalmente tinham a intenção de evitar. Nesse sentido, a perda material que o turista sofre é menos importante do que os prejuízos intangíveis causados a ele, como a demonstração de sua vulnerabilidade ou a perda de opiniões positivas sobre suas férias.

Em termos turísticos, as atividades criminosas podem ser classificadas conforme o Diagrama 3.2.

Tipo 1	Os turistas são vítimas acidentais de atividades criminosas que independem da natureza do destino turístico.
Tipo 2	Um local usado por criminosos em função da natureza do local visitado, mas as vítimas não são especificamente os turistas.
Tipo 3	Um local que atrai a atividade criminosa, por serem os turistas vítimas fáceis.
Tipo 4	A atividade criminosa se organiza em certos tipos de demanda turística.
Tipo 5	Grupos de terroristas e de criminosos cometem ações violentas específicas contra turistas ou contra as instalações que freqüentam.

Fonte: baseado em informações contidas em Ryan (1993).

DIAGRAMA 3.2 Classificação das atividades criminosas.

A menos que tenham relação com um ato criminoso geral, cujas vítimas são turistas, não se deve considerar os efeitos deste ato no turismo como um todo, no curto prazo. No entanto, esta situação precisa ser posta em perspectiva visto que pode causar uma alteração completa na atitude no longo prazo. Ela leva, se não a uma mudança no destino em que pese um país, a uma reorientação quando da escolha de uma região e de um *resort*. Além disso, estas atividades são aceitas apenas até certo ponto: tão logo elas causem ferimentos graves ou a morte, o comportamento do turista se altera de imediato. Apesar de manter uma imagem atraente, o destino passa a ser classificado de perigoso.

Depreende-se disso que uma confrontação sistemática com atos criminosos não pode ser evitada; ela precisa ser um componente constante na política do produto para o administrador do destino. Se por um lado o tratamento das causas pelas quais fica claro que a atividade criminosa não consegue ser completamente evitada faz parte desta política, por outro este tratamento auxilia na informação ao turista. Para ele, é importante conhecer os perigos existentes em um destino, ajustar seu comportamento a fim de colocar estes perigos em relação ao perigo usual do destino. Desta forma, o turista está em posição de contribuir para evitar uma situação perigosa a si próprio.

O terrorismo

O terrorismo ocupa posição especial dentro da esfera dos acontecimentos negativos. Do ponto de vista geral, a atividade terrorista causa apenas uma leve queda nas chegadas de turistas, conquanto não sejam explicitamente definidos como o alvo desta atividade. No entanto, a situação muda de forma drástica se os turistas forem declarados os objetos dos ataques e se a agressão sistemática causar ferimentos e mortes. Neste ponto, duas diferentes situações podem ser observadas, em que o turista é entendido ou como um símbolo do país de origem, ou como parte do sistema econômico do destino. Na primeira situação, o grupo de pessoas em perigo pode ser definido com clareza, o que já é mais difícil no segundo caso. Nesta situação, quase todo turista pode ser alvo de ataques.

> **Definição: Terrorismo**
>
> O terrorismo é definido como atos criminosos, violentos ou ameaças feitas a pessoas, instituições ou objetos para intimidar ou desmoralizar o governo, a população, ou para atingir objetivos políticos ou sociais.

No primeiro caso, a probabilidade de ameaça para o turismo cresce em relação direta com o grau de exposição política do país de origem, isto é, sua atuação e seu posicionamento em conflitos e crises internacionais. O objetivo do ataque é comunicar algo ao estado de origem, que não é levado em consideração em situações normais. Esta atividade voltada para o exterior terá um efeito maior, quanto mais séria for, quanto mais exposto o local em que ocorre com relação ao turismo e quanto maior for o potencial inerente para a catástrofe. Este último aspecto explica os ataques a aviões que se utilizam do potencial para catástrofe e portanto causam intimidação. Eles também se valem da circunstância de que aproximadamente um terço do turismo internacional empregar o avião como meio de transporte.

No segundo caso, os turistas são usados para afetar o Estado, a região ou o destino que os recebe, isto é, a atividade é voltada para a esfera doméstica. A importância do turismo como esfera econômica e fonte de moeda estrangeira para o Estado que recebe o turista tem parcela de contribuição neste tipo de ataque. Além disso, esta esfera desperta interesse devido à sua extraordinária sensibilidade.

O grupo separatista basco ETA, que vem usando o turismo como alvo de seus ataques desde a década de 1980, é conhecido como o fundador desse tipo de atividade. Não é o turismo em si, mas o país-alvo, neste caso a Espanha, que deve ser afetado. Contrastando com suas táticas corriqueiras, foram emitidos alertas sobre os ataques e foram escolhidas temporadas em que apenas poucos turistas estavam presentes. Esta solução, que foi a única aceita pelos que apóiam a organização terrorista, foi também a razão pela qual o turismo foi pouco afetado. O comportamento do ETA vem desde então sendo freqüentemente imitado, por exemplo, pelo Sendero Luminoso, que desde 1989 define o setor do turismo como alvo para suas atividades, e o PKK, que também vem escolhendo alvos turísticos na Turquia desde 1991 (Smith, 1998).

Além desta orientação para o país de origem dos turistas ou para o que os recebe, a atividade terrorista também adota uma combinação das duas abordagens. Este é o caso, por exemplo, dos atentados a bomba do IRA, que persistem desde a década de 1980 e tiveram como alvo tanto o sistema econômico do Reino Unido quanto os turistas britânicos na Irlanda do Norte.

3.1.4.5 Aceitação do risco

A despeito das influências descritas, não se pode desprezar o fato de que o turista está preparado para aceitar uma certa intensidade

Patamar da tolerância

64 Gestão de crises na indústria do turismo

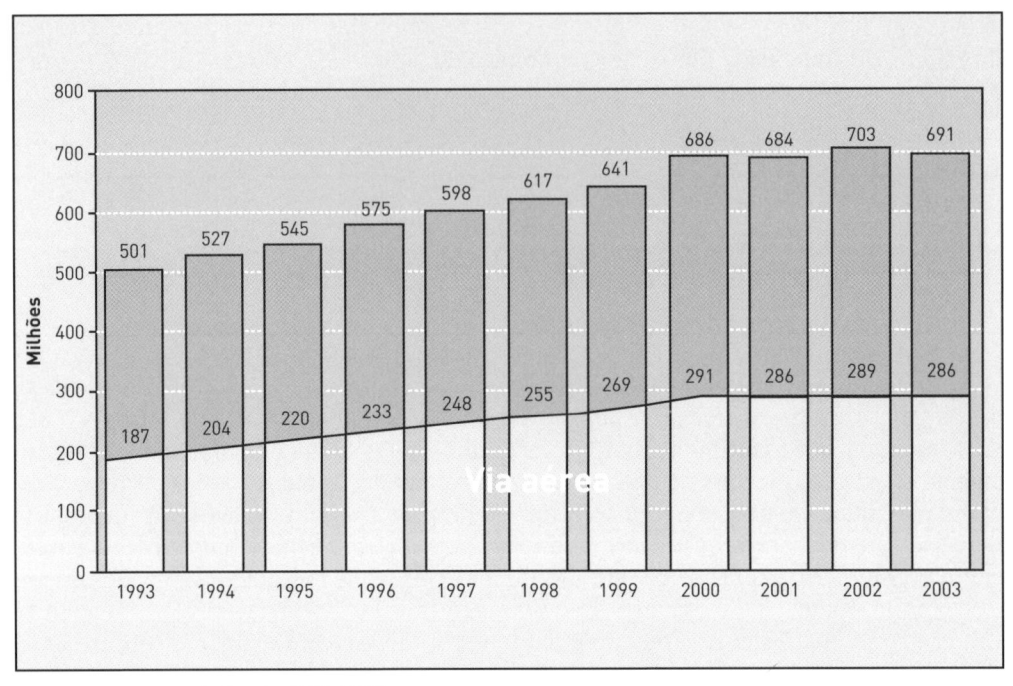

```
800 ┐
      │                                                686   684   703   691
700 ─                                           641
                                          617
600 ─                              598
                           575
                  527  545
500 ─      501
400 ─
Milhões
300 ─                                    255   269   291   286   289   286
                              248
200 ─      187  204   220  233
                              Via aérea
100 ─
  0 └────┬────┬────┬────┬────┬────┬────┬────┬────┬────┬────┐
      1993 1994 1995 1996 1997 1998 1999 2000 2001 2002 2003
```

Fonte: baseado em dados da OMT, 2005.

DIAGRAMA 3.3 Chegadas de turistas internacionais e chegadas por via aérea.

de risco. O esforço para evitar o risco de forma ativa se aplica à transposição de um patamar de tolerância específico. Além dos fatores de influência já mencionados, este patamar individual é determinado pela credibilidade das organizações afetadas, pela velocidade de suas ações e pela repetição dos acontecimentos.

Ao lidar com questões de interesse público, descobriu-se que o patamar de sensibilidade, e portanto a disposição de aceitar um certo acontecimento, diminuem se o acontecimento se repete. O mesmo ocorre quando produtos são relembrados. Acontecimentos que do contrário seriam percebidos ao longo do tempo como sem relação entre si são então vistos, devido às reiteradas menções, como inter-relacionados e muito mais atribuíveis à responsabilidade da companhia afetada. É preciso também levar em consideração que os acontecimentos tidos como geradores de grande envolvimento não precisam ser tão repetidos para serem lembrados, em comparação com os de pouco envolvimento. Assim, pode-se observar que a repetição de um acontecimento tem um efeito negativo no patamar de tolerância do turista.

Vistos como um todo, os acontecimentos negativos raramente conseguem exercer um efeito no comportamento do consumidor, desde que permaneçam dentro do patamar de tolerância individual em questão (Schrattenecker, 1984; Gu e Martin, 1992). A intenção de visitar ou de adquirir um produto turístico diminui apenas quando este patamar foi atingido.

Exemplo 8: As montanhas — um sonho sem limites

A maioria dos turistas viaja ao maciço do Monte Branco na Suíça para passar suas férias caminhando por trilhas ou escalando montanhas. Contudo, alguns deles nunca retornam. Apesar do fato de que a cada ano mais de 70 pessoas perdem a vida no maciço, não se observa qualquer impacto no número de chegadas. É bem sabido que este maciço é local para uma série de incidentes e que alguns dos caminhantes perdem a vida nele. No entanto, a maioria deles vê a escalada do lendário Monte Branco, com seus 4.807 metros de altitude, a montanha mais alta da Europa Ocidental, como o maior dos desafios. Mesmo que retornem feridos, eles não partem com lembranças ruins, pois a montanha foi e ainda é o sonho em nome do qual estão preparados para esquecer todas suas preocupações quotidianas e pelo qual estão preparados para aceitar o maior risco que se pode correr: a perda da vida!

As mais de 900 expedições de resgate organizadas pelo serviço de busca especializado da montanha chamado "Peloton de Gendarmerie de Haute-Montagne" (PGHM) revelou estes riscos, mas também mostrou que eles não têm impacto no enorme fascínio que o maciço ainda exerce em muitos alpinistas.

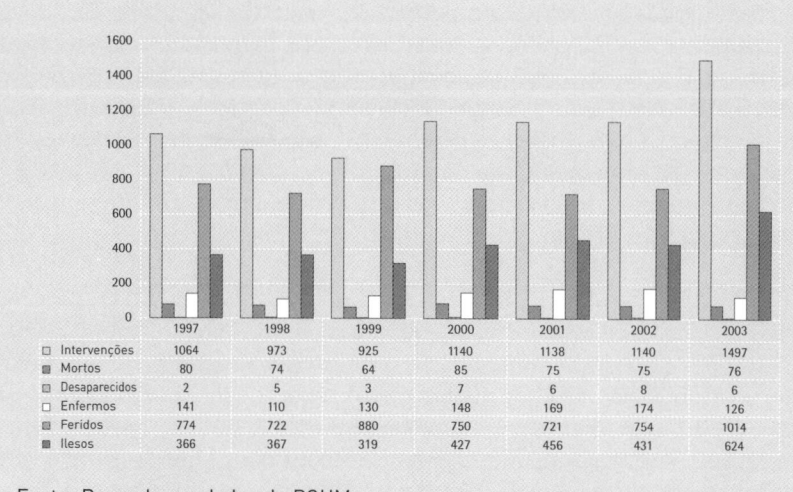

	1997	1998	1999	2000	2001	2002	2003
Intervenções	1064	973	925	1140	1138	1140	1497
Mortos	80	74	64	85	75	75	76
Desaparecidos	2	5	3	7	6	8	6
Enfermos	141	110	130	148	169	174	126
Feridos	774	722	880	750	721	754	1014
Ilesos	366	367	319	427	456	431	624

Fonte: Baseado em dados do PGHM.

3.1.5 O aspecto legal — as restrições comportamentais

Para avaliar a reação dos turistas a acontecimentos negativos, é preciso considerar também as implicações legais destes acontecimentos no turista. As avaliações a seguir empregam a legislação alemã como exemplo, pois ela é considerada uma das mais rígidas da categoria em todo mundo. As respectivas fontes legais variam entre os diferentes sistemas jurídicos. Contudo, em conjunto, elas formam um arcabouço adicional que precisa ser considerado quando se analisa a esfera do consumidor.

Com referência às conseqüências legais, na lei alemã existem diferenças consideráveis entre turistas individuais e turistas que adquirem pacotes de viagem.

3.1.5.1 As possibilidades para o turista individual

Os turistas individuais têm a possibilidade de romper vários tipos de contrato, diretamente com o fornecedor do serviço. De acordo com a lei alemã, estes contratos são de hospedagem (parágrafo 535 e seguintes do Código Civil Alemão [CCA]), de hospitalidade (parágrafos 651, 433 e seguintes), ou de transporte (631 e seguintes, do CCA). Estes tipos de contrato têm importância considerável no turismo doméstico.

Contudo, o turista individual não tem qualquer disposição especial que permite romper um contrato com base num acontecimento negativo. Em casos excepcionais, existe o direito a receber aviso extraordinário de cancelamento. Os pré-requisitos não serão discutidos aqui. Se os contratos forem firmados no exterior, é possível que o turista individual tenha de validar suas queixas diante de uma corte estrangeira. Isto engloba custos consideráveis e diversas dificuldades jurídicas.

3.1.5.2 As possibilidades para o turista com pacote de viagem

A situação para turistas que adquirem pacotes de viagem é diferente. Eles firmam um contrato diretamente com a operadora de turismo que inclui vários serviços (uma avaliação detalhada das relações contratuais aplicáveis a turistas é dada pela OMT, 1985). De acordo com a lei alemã para pacotes de viagem (parágrafos 651a a l, CCA), a lei e a jurisprudência alemãs são aplicáveis a esta relação legal desde que a viagem tenha sido reservada por meio de uma operadora daquele país.

Várias oportunidades legais são oferecidas ao turista que adquire pacotes de viagem. Elas são explicadas brevemente a seguir:

- Antes do início da viagem, o turista com pacote tem o direito de cancelar o contrato sem fornecer motivos (parágrafo 651i, CCA). Neste caso, a operadora de turismo pode reclamar compensação condizente (a taxa de cancelamento para um pacote de viagem com transporte aéreo pode ser de 4% do valor da viagem 30 dias e até 50% seis dias antes do início da viagem). Baseado nas condições gerais de viagem, as operadoras de turismo também permitem ao turista alterar sua reserva, desde que ele tenha cobertura para o custo desta alteração. Do ponto de vista legal, o contrato de viagem original ainda está em vigor. Esta disposição serve, em especial, aos interesses da operadora de turismo.
- Se a viagem já iniciou, será válido o direito de queixar-se das deficiências (parágrafo 651c, CCA) e o direito a desistir devido a deficiências consideráveis (parágrafo 651e, CCA) ou devido a força maior (parágrafo 651j, CCA). As deficiências do serviço no pacote firmado em contrato com a operadora de turismo podem

ser de naturezas bem diferentes. A cada ano, esta lista é aumentada pelas decisões judiciais. Em geral, a operadora de turismo precisa dar garantia, não obstante negligência e culpa, do sucesso de uma viagem, e também assumir o risco de fracasso. A operadora de turismo não será imputável se a interferência estiver fora de sua área de atuação, isto é, a interferência não tem relação com um risco que poderia ser administrado pela operadora.

3.1.5.3 O termo "força maior"

O termo "força maior" não está definido nem no parágrafo 651j do CCA, nem em qualquer outra lei. Também não existe qualquer lista com exemplos de casos relevantes de interferência, tal como incluídos em um projeto de lei do governo sobre contratos com operadoras de turismo (Bundestag, 1977). No entendimento do direito ao cancelamento, o termo "força maior", de acordo com a lei de responsabilidades pessoais, é entendido como "um acontecimento iniciado externamente, sem qualquer relação operacional e impossível de evitar, mesmo com o maior esforço" (BGHZ, 100, 185).

> **Parágrafo 651j Cancelamento devido a força maior**
>
> (1) Se a viagem é impedida por causas materiais, ameaçada ou afetada negativamente devido a força maior que não poderia ter sido prevista, quando o contrato foi assinado, tanto a operadora de turismo quanto o contratante deverá ter o direito de cancelar o contrato de acordo com esta cláusula.

A força maior não pertence à área dos riscos, quer para o turista, quer para a operadora de turismo. Não se pode concluir contudo, baseado apenas na ocorrência deste tipo de acontecimento, que houve força maior no sentido dado no parágrafo 651j do CCA. Ao contrário, é sempre preciso examinar se, no caso avaliado, as características de força maior são verificadas.

> **Definição: Força maior**
>
> Define-se força maior como um acontecimento iniciado externamente, sem qualquer relação operacional e impossível de evitar, mesmo com o maior esforço.

O acontecimento precisa interferir consideravelmente na viagem de férias, gerando o questionamento dos benefícios contratuais da viagem como um todo, mas não necessariamente de sua *Interferência considerável* exeqüibilidade. De acordo com a prática do direito, os problemas com o fornecimento da viagem de férias (por exemplo, a destruição ou os danos à acomodação), o prejuízo devido à poluição ambiental no destino (poluição em praias devido a um vazamento de petróleo) ou uma ameaça pessoal (guerra, ataques terroristas, contaminação radioativa) são exemplos que pertencem a esfera da interferência considerável. De acordo com uma decisão da Suprema Corte Alemã (*Bundesgerichtshof*), este tipo de interferência é aceito se, para o caso concreto em questão, sua ocorrência pode ser vista como de grande probabilidade. No caso concreto de um furacão, esta probabilidade de ocorrência foi de 25%.

Via de regra, quando da decisão sobre o que constitui força maior, os tribunais recorrem às respectivas avaliações do Ministério do Exterior (ME). O ME emite, por exemplo, um alerta geral para viagens a uma região em particular ou declara um destino como sendo área de crise. Neste caso, a existência de força maior pode ser aceita. Consciente da importância econômica de suas avaliações, o Ministério do Exterior da Alemanha, por exemplo, enfatiza o caráter informacional do alerta e rejeita todas suas conseqüências legais.

Acontecimentos imprevisíveis

O que importa na classificação de certos incidentes como força maior é que ela envolve acontecimentos imprevisíveis. Isto significa que, no momento em que as reservas são feitas, eles não existiam. Por esta razão, a agitação e as crises políticas generalizadas em um destino como por exemplo, no Sri Lanka, na China, na Turquia e no Egito — foram interpretadas como força maior. Um aspecto decisivo na avaliação da previsibilidade de um acontecimento é a condição da operadora de turismo estar razoavelmente bem informada acerca das condições no destino quando o contrato foi assinado, e se havia uma "probabilidade concreta", e não apenas a conjetura de uma possibilidade. Isto precisa ser feito empregando-se todos os modernos meios de comunicação disponíveis à operadora. A obrigação da operadora de averiguar e informar vigora até o início da viagem. Se esta obrigação não for obedecida, observa-se uma deficiência pela qual a operadora é a parte responsável e que dá ao cliente o direito de pleitear uma indenização.

Do ponto de vista da gestão de crises, esta obrigação de averiguar e de informar pode ocultar uma situação explosiva: uma operadora de turismo que faça os esforços específicos, que adote medidas preventivas para eliminar um possível caráter de crise associado a acontecimentos negativos se defronta constantemente com a necessidade de decidir quais as informações que deverão ser fornecidas ao turista. Ao mesmo tempo, nenhum alerta poderá ser emitido para qualquer acontecimento tido como improvável. Conforme já ilustrado, à medida que a percepção do risco aumenta, menos provável é o acontecimento. Contudo, existe o perigo de que informações importantes não sejam repassadas aos clientes. Portanto, é preciso encontrar um ponto de equilíbrio, que deve ser acompanhado por um bom entendimento dos vários efeitos inerentes e do contexto em que ocorrem.

Exemplos indiscutíveis de força maior

- A guerra ou a ameaça de guerra devido a condições favoráveis à guerra civil.
- O ataque sistemático a turistas como alvo designado.
- O prejuízo ao meio ambiente em função de poluição de natureza catastrófica, que sejam sérios e não caiam na categoria do comum (por exemplo, epidemias, desastres naturais, contaminação radioativa de Chernobyl).

A conseqüência legal da força maior é o direito, de caráter mútuo e extraordinário, de cancelar o contrato. Com isto, a operadora de turismo é isentada das conseqüências de acontecimentos extremos e imprevisíveis. Uma vez consolidado o cancelamento do contrato, a operadora precisa reembolsar o preço já pago pela viagem, depois de feita a dedução dos custos de serviço. Além disso, a operadora de turismo é obrigada a trazer o turista de volta para casa, ainda que ele tenha de arcar com metade das despesas adicionais. Em comparação, o turista individual, no mesmo tipo de situação de crise, precisa assumir os custos e os riscos da viagem de volta sozinho.

3.1.5.4 Ausência de força maior com relação ao risco generalizado à vida

Distúrbios responsáveis pelo risco generalizado ao turista ou ao prejuízo ao meio ambiente no destino não entram na categoria de força maior. Os acontecimentos relacionados ao risco normal, natural ao turista, e que não são específicos a viagens, como roubos, assaltos, etc., não são vistos como risco geral à vida. Igualmente, a prática do direito não considera como força maior as ameaças isoladas e os atos terroristas que não tem conexão ou que não causam distúrbios generalizados. No entanto, assim que este risco se torna um risco específico para o turista, a operadora é obrigada a informá-lo da situação (Führich, 1995a; Niehuus, 2001).

Também no caso do prejuízo ao meio ambiente, é o turista que deve assumir o risco sozinho. Entende-se que o turista seja capaz de ter uma idéia acerca das condições em questão, com a consulta a fontes de informação que geralmente lhe são acessíveis. Mesmo assim, se a operadora de turismo faz promessas concretas sobre o meio ambiente, ela é que precisa assumir a responsabilidade. Além disso, todos os riscos que têm um efeito negativo na finalidade particular da viagem precisam ser observados pela operadora, e por ela relatados ao turista. Caso isto não aconteça, a razão para a responsabilização passa a vigorar, não com base no risco em si, mas a partir do fato de que esta informação não foi dada ao turista. Fica claro que, quando acontecimentos negativos ocorrem, o turista com pacote de viagem tem significativas oportunidades para reagir, mesmo após o início da viagem.

3.1.6 O aspecto tempo – as fases da decisão de viagem

A maioria das decisões de viagem é informada depois de um certo período de tempo, não de súbito. Assim, os acontecimentos negativos podem afetar clientes ao longo das diferentes fases de sua decisão de viajar. Isto influencia o efeito que o início do acontecimento negativo tem no consumidor e torna necessária a consideração do aspecto tempo no processo.

Exemplo 9: Rimini e o efeito das algas

Desde o aparecimento dos primeiros balneários em meados do século XIX, a Costa Romana na Itália vem lucrando com as chegadas de turistas e com a infra-estrutura relativa ao turismo. O desenvolvimento do turismo tradicionalmente se baseou apenas nos recursos do mar e da praia. Os turistas domésticos, tanto quanto os estrangeiros, entre os quais predominavam os alemães, perceberam que o local era um destino ideal para o descanso e férias da família.

O efeito do aspecto tempo pode ser ilustrado por duas ocorrências de proliferação de algas, em diferentes épocas do ano em Rimini (Itália), e foram, cada uma, acompanhadas de diferentes conseqüências.

> Em junho de 1989, a excessiva reprodução de algas no Mar Adriático e o aparecimento do grandes extensões cobertas por mucilagem causaram uma grave crise no turismo da região. As primeiras proliferações destas novas algas foram relatadas exatamente no dia 28 de junho, logo após o auge da temporada de veraneio, e início do período de férias na Alemanha, que contribui com a maior parcela de turistas estrangeiros naquela costa litorânea. O fenômeno perdurou no mês de junho, e foi somente depois de seis de agosto que as algas começaram a desaparecer. A imprensa deu intensiva cobertura à situação, piorando a imagem negativa do destino. Os hoteleiros não tardaram a iniciar todos os esforços no sentido de evitar a perda da estação. Várias ações tentaram amenizar a crise, como a colocação de piscinas móveis nas praias, de barreiras flutuantes contra a mucilagem e descontos nos preços. Diante da situação, os turistas estrangeiros em particular preferiram não fazer reservas para suas férias de verão na Costa Romana, cancelaram as reservas já feitas e foram descansar em outros destinos que pudessem garantir-lhes o mar, as praias e o sol, sem poluição. Passada a crise, seguiu-se uma reação em cadeia: a imagem negativa do destino foi associada não apenas à poluição do mar, como também aos aspectos negativos já presentes, como o caos, as multidões, o barulho, a criminalidade, etc. Além disso, a imagem negativa se estendeu àquelas áreas que originalmente não haviam sido afetadas pelo acontecimento.
>
> Com isso, o número total de chegadas de turistas diminuiu em mais de 25% em relação ao ano anterior. Em especial, o setor do turismo de larga e média escalas, com os padrões de qualidade mais altos e maiores atrações para turistas estrangeiros sofreu uma perda de 50 a 60% maior do que os outros setores. De fato, as casas menores e mais voltadas para a hospedagem de uma família, bem como as pousadas foram capazes de se manter com a procura de clientes leais, em função dos relacionamentos interpessoais existentes e com a presença de mais turistas domésticos. Além disso, as alterações relativas a residências de veraneio de famílias italianas foram muito pequenas, enquanto que o número total de casas alugadas caiu entre 40 e 50%.
>
> É interessante observar que uma proliferação anterior de algas no Mar Adriático havia acontecido um ano antes, exatamente no dia cinco de agosto de 1988. Mas, naquela data, o turismo não foi tão afetado, já que a região já vivia o fim da temporada e que a maioria dos visitantes já havia terminado suas férias na praia. Além disso, a cobertura da mídia não fora tão intensa.
>
> Fonte: Becheri (1991).

3.1.6.1 A fase de orientação e decisão

A fase de orientação

Na fase de orientação, o turista pode ser descrito como absolutamente livre em seu processo de decisão. Em síntese, ele não conhece quaisquer restrições pessoais, sociais ou legais à decisão concreta de viajar. As informações sobre as atividades e os destinos são constantemente absorvidas, avaliadas, rejeitadas e consolidadas (Datzer, 1983b; Kroeber-Riel, 1992; Frömbling, 1993). Expressas em termos gerais, as impressões coletadas nesta fase formam a imagem turística do produto. (Uma imagem turística de um produto é um refinamento da imagem geral de um destino. Esta última é definida durante um longo período de tempo, e não necessariamente inclui informações turísticas; consulte também a Seção 3.2.2.)

Diferentemente de outros produtos, nesta fase o consumidor dá bastante atenção ao produto turístico. Duas influências em especial são responsáveis por isso: por um lado, a viagem é fortemente influenciada pelo desejo de aventura e pela curiosidade do turista, cuja conseqüência é a freqüente mudança no destino escolhido e nas atividades praticadas. Por outro, a viagem precisa ser classificada como uma necessidade fundamental, que encoraje o turista na constante procura por informação. Além deste interesse fundamental, o desenvolvimento de vários aspectos de envolvimento ganha importância. Nesta fase, o envolvimento situacional é o aspecto menos aperfeiçoado. Isto significa que os acontecimentos que afetam objetos de interesse pessoal ao turista serão divulgados com mais rapidez e receberão mais atenção. Pode-se supor que nesta subfase a cobertura dada pela grande mídia tem, em termos comparativos, pouca relevância. Isto se aplica, antes de mais nada, à ocorrência de acontecimentos bem conhecidos. Contudo, acontecimentos extraordinários que tenham um alto potencial para a catástrofe e a gestão de crises mal conduzida podem contribuir para a recordação destes incidentes em futuras situações de decisão, em especial se forem discutidos por um longo tempo.

Passada a fase de orientação, segue-se um ponto a partir do qual a posição normalmente passiva do consumidor em busca de informações ganha caráter ativo. Neste ponto, o processo de decisão, que na verdade é difícil de definir, inicia e pode durar de um a vários meses. O envolvimento situacional aumenta a seu patamar mais alto e passa a dominar o envolvimento total. Em geral, o que caracteriza mais visivelmente esta pesquisa ativa e direcionada por informação é que ela é praticada mais por turistas jovens do que idosos, da mesma maneira que os turistas de primeira visita pedem e até demandam mais informações sobre o ambiente social do que aqueles que retornam ao destino em questão (Sönmez e Graefe, 1998a). Isto pode ser explicado pelo alto risco de compra que o turista vivencia nesta situação (Kroeber-Riel, 1992). Com isso, fica claro que os jovens e os turistas de primeira visita, muito dependentes dos grupos de referência, são também especialmente dependentes da atenção dada a um acontecimento negativo. Pode-se concluir ainda que os acontecimentos negativos, cuja conseqüência é a opinião pública desfavorável, exercem particular influência nestes grupos e nos produtos do turismo que deles dependem, nesta fase.

O processo de decisão

Além disso, vale a regra geral de que a busca por informações depende da escolaridade: um turista com grau de instrução mais elevado coleta informações predominantemente neutras e as processa de modo mais cognitivo. Com relação a acontecimentos negativos, a busca ativa por informações pode, contudo, ser identificada pela presença de um patamar de aceitação de risco pessoal. Isto é confirmado, por um lado, pelo interesse geralmente grande que os turistas têm no sentido de serem informados acerca da probabilidade e da extensão de acontecimentos negativos (Sönmez e Graefe, 1998a). Por outro lado, diante do fato de que estas informações nem sempre são procuradas de forma ativa, 65% dos entrevistados pela conhecida pesquisa regularmente conduzida, a *Reiseanalyse*, responderam que não consideram as informações sobre acontecimentos negativos, ou o fazem apenas em circunstâncias simples. As respostas dadas à pergunta sobre a atenção dada durante o processo de decisão de viagem às reportagens acerca de distúrbios, desastres naturais ou crises são mostradas no Diagrama 3.4.

Em geral, esta fase é particularmente crítica. Uma vez que uma quantidade muito maior de alternativas está disponível ao

A fase crítica

Respostas	% de entrevistados
Não, não presto atenção	24,2
Sim, reflito sobre as reportagens e as levo em consideração, mas não em demasia	41,0
Sim, levo estas reportagens muito a sério e as considero quando em viagem	28,8
Não sei	5,9

Fonte: baseado em Braun e Lohmann (1989).

DIAGRAMA 3.4 A atenção dada a reportagens sobre crises.

turista, acontecimentos menores e menos conhecidos fazem com que os produtos sejam excluídos de considerações suplementares. O perigo nesta exclusão precoce do conjunto lembrado está no fato de que ela ocorre num ponto do tempo em que, via de regra, nenhuma agência de viagem tenha sido visitada (OMT, 1994b; para uma idéia sobre a importância da seleção do destino no processo de decisão, consulte Braun e Lohmann, 1989). Além disso, neste ponto o consumidor ainda não articulou um desejo, e assim as informações potencialmente explicativas ainda não podem ser fornecidas de modo direcionado. A experiência mostra que este período de tempo crítico para o planejamento de férias de verão fica entre o início de dezembro do ano anterior e o fim de março do ano da viagem, e para as férias de inverno, em algum ponto entre setembro e outubro. No entanto, este período de decisão vem se deslocando mais e mais para a proximidade da hora da viagem, devido a uma tendência a tomar decisões de viagem na última hora. Além da necessidade de tomar precauções especiais nestes períodos mais sensíveis, é preciso enfatizar que, do ponto de vista do cliente, a importância da gestão de crises flutua ao longo do ano. É importante reconhecer esta opinião temporariamente variável sobre a gestão de crises e levá-la em consideração na hora da reação.

3.1.6.2 A fase pós-decisão

Este período de tempo inicia tão logo a decisão de viajar foi tomada. Esta fase pode também ser subdividida em um período que começa quando a decisão interna foi feita e em um intervalo de tempo marcado pela decisão firmada em contrato. Não é possível determinar com exatidão quando esta decisão interna é concluída, a menos que seja documentada. Em essência, contudo, sua existência é confirmada. Uma vez tomada a decisão, as informações buscadas e percebidas são empregadas basicamente para confirmar a escolha que já foi feita. Este comportamento, tal como explicado pela teoria da dissonância, é confirmado no caso das decisões baseadas em grandes esforços, como no caso da decisão de viagem, que normalmente é estendida ou limitada. Uma das conseqüências deste processo é a avaliação favorável, mas conduzida de forma desigual, da escolha feita em comparação com as alternativas rejeitadas (Raffée, Sauter e Silberer, 1973).

Braun e Lohmann (1989) também apontam para a circunstância em que as alternativas são gradualmente abandonadas. Eles descobriram que 86,6% dos turistas entrevistados na pesquisa diziam, depois de suas férias, que não haviam cogitado outro destino como alternativa. Este percentual tão alto é provocante, e chegou a ser dado como "muito improvável" pelos autores porque, nestas circunstâncias, ele não poderia mais ser relacionado com o processo de decisão. Eles relataram dúvidas semelhantes quando aos resultados da pesquisa, pois apenas 3,7% dos turistas entrevistados afirmaram que haviam alterado seus planos de viagem depois da decisão. Por outro lado, estes números indicam que, após a decisão de viagem ter sido feita internamente, um patamar mais alto de aceitação de acontecimentos negativos passa a existir. É interessante frisar também, nas circunstâncias em questão, que este valor limite é influenciado pela superposição de conhecimentos em termos de produtos alternativos (Mazanec, 1989). Se as possibilidades de seleção estão mais próximas umas às outras, a reorientação fica mais fácil para o turista, e seu processo de decisão dificilmente será dilatado. Este *insight*, que será abordado outra vez na esfera de atividade do destino, aponta de antemão para a desvantagem desta percepção sobre produtos que facilita consideravelmente a reorientação para o consumidor.

A assinatura de seu contrato significa que as ações do turista são — conforme já ilustrado nas discussões sobre os aspectos legais — restringidas de diversas formas. Se isto não se relaciona com o direito do turista com pacote de viagem de desistir devido a deficiências consideráveis ou como resultado de força maior, então ele estará sujeito às peculiaridades inerentes a seu direito de cancelar o contrato. Esta última opção, contudo, incorpora os custos deste cancelamento. Ao mesmo tempo, no entanto, a companhia também está bastante interessada em satisfazer os clientes que ela deseja atender no futuro. A probabilidade de um relacionamento de longo prazo com o cliente e a extensão do prejuízo econômico é que determinam as reações da companhia.

3.1.6.3 A fase das férias

Nesta fase, o turista já iniciou sua viagem. Se ele se deparar com um acontecimento negativo neste ponto, ele é definido como participante direto e reagirá de acordo com a ameaça pessoal que lhe é imposta. Nesta fase, o turista individual não poderá mais fazer qualquer outro pedido que não tenha relação direta com o fornecedor do serviço ou que tenha cobertura de uma apólice de seguro específica. O turista com pacote de viagem, por outro lado, pode fazer uso da circunstância em que a operadora de turismo precisa, não importando a constatação de negligencia ou culpa, assumir a responsabilidade pelo sucesso de uma viagem de férias e pelo perigo de fracasso. Além disso, ele tem também o direito de se retirar, no caso de força maior.

Nos dois casos, pode-se assumir que as férias não podem ser repetidas. Uma vez que se decidiu pelas férias e que elas foram aprovadas, reembolsos não são possíveis. A exceção ocorre se um empregado adoece durante suas férias, e os dias não aproveitados não são portanto computados como descanso. Além do mais, as orientações gerais para compensações dadas no parágrafo 651f do CCA, que podem formar a base para a compensação devido a uma viagem de férias não consolidada, são úteis ao turista com pacote de férias. Com isso, as únicas alternativas para aqueles que são afetados, além de permanecerem no destino, são uma volta para casa ou um improvável e dispendioso redirecionamento para outro destino. Conseqüentemente, esta última alternativa está relacionada a um considerável dispêndio financeiro adicional.

A credibilidade dada pelo cliente às ações que a organização adota são também importantes nesta fase. O significado destas ações aumenta quanto mais o interesse do fornecedor do serviço se mantiver no longo prazo, e quanto mais intenso for o efeito multiplicador que o turista consegue exercer.

3.1.6.4 A fase pós-férias

A fase pós-férias é diferente da fase de orientação pela existência de uma referência íntima à viagem de férias e pelo fato de que o turista mantém uma clara imagem da viagem em sua mente. Esta atitude com o destino e o fornecedor do serviço está baseada na experiência direta e é mais estável, em comparação com as atitudes baseadas na experiência indireta. A conseqüência disto é a maior relevância comportamental. O grau em que isto se aplica ao comportamento em viagem depende, acima de tudo, das moti-

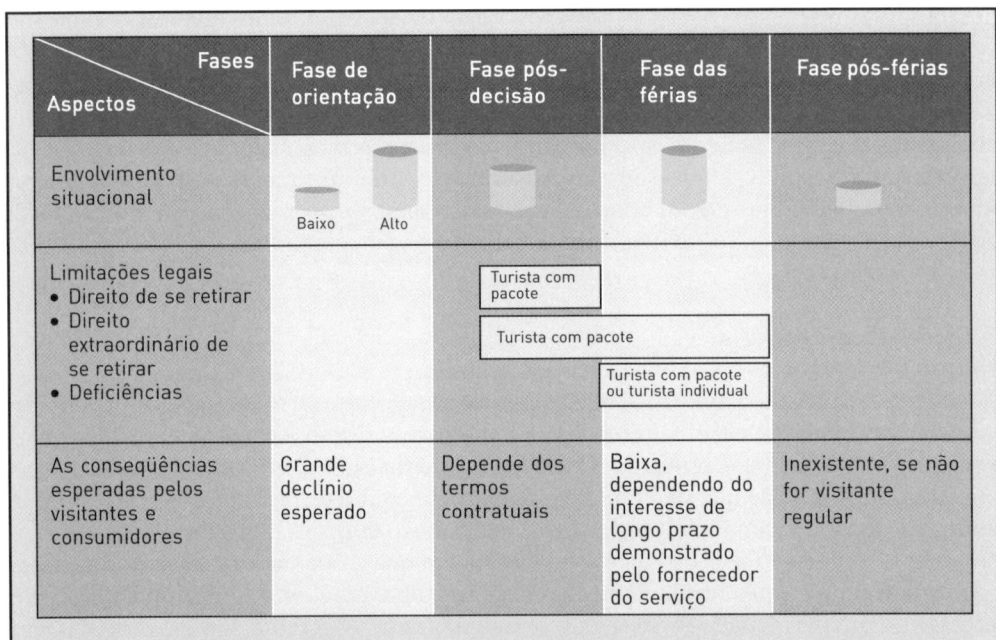

Fases / Aspectos	Fase de orientação	Fase pós-decisão	Fase das férias	Fase pós-férias
Envolvimento situacional	Baixo / Alto			
Limitações legais • Direito de se retirar • Direito extraordinário de se retirar • Deficiências		Turista com pacote	Turista com pacote	Turista com pacote ou turista individual
As conseqüências esperadas pelos visitantes e consumidores	Grande declínio esperado	Depende dos termos contratuais	Baixa, dependendo do interesse de longo prazo demonstrado pelo fornecedor do serviço	Inexistente, se não for visitante regular

Conforme mostrado acima, são duas as variáveis que dominam o efeito que um acontecimento negativo tem na esfera de atividade do consumidor: o envolvimento situacional e as restrições legais. Mas, a avaliação das conseqüências também depende de um número de aspectos individuais, conforme indicado anteriormente. Mesmo que a maioria dos turistas visitem os destinos durante as os picos da temporada, é preciso observar que nem todos os turistas estão na mesma fase da decisão de viagem, quando um acontecimento negativo ocorre. As diferentes situações daí advindas e as discrepantes reações dos turistas devem ser levadas em consideração, para utilização futura e combinação de instrumentos de avaliação.

DIAGRAMA 3.5 As fases da decisão de viagem.

vações básicas do turista. As viagens feitas com o objetivo de descobrir algo raramente são repetidas, diferentemente de outras motivações.

Contudo, esta fase também tem mais importância, uma vez que os valores da experiência são usados para vender o produto turístico. Tanto para os turistas quanto para outros consumidores, é importante refletir sobre as experiências adquiridas e ser capaz de compartilhá-las com outras pessoas (Boltz, 1994). Se esta reflexão e esta estabilização não tiverem sucesso, poderá surgir uma insatisfação. Esta situação não poderá afetar a viagem feita, mas poderá influenciar as decisões de viagens futuras desta pessoa. Em todos os casos, o turista, como observador do acontecimento negativo ou como avaliador qualificado que conhece o destino ou que desempenhou uma atividade, deve expressar sua opinião. Com isso, ele acaba por influenciar o valor futuro do produto (para a importância deste tipo de informação na decisão de viagem, consulte Braun e Lohmann, 1989).

Questões para revisão e discussão

- Quais são as diferenças entre crises e catástrofes?
- Qual é a importância dos *stakeholders*?
- Quais os tipos de comportamento do consumidor são importantes ao turismo?
- Qual é o significado do termo "avaliação subjetiva do risco"?
- Quais fatores influenciam a avaliação do risco e a percepção do risco?
- O que são as heurísticas?
- O que causa uma percepção diferente dos acontecimentos negativos naturais e acontecimentos negativos induzidos pelo homem?
- Quais as formas básicas de terrorismo que podem ser distinguidas?
- Quais as conseqüências das atividades criminosas no turismo?
- Descreva as diferenças legais entre um turista com pacote de viagem e um turista individual.
- O que se entende por valor flutuante da gestão de crises ao longo do tempo?

Sugestões para leitura

Council of the European Communities (1990), *Council Directive 90/314/EEC of 13 June 1990 on package travel, package holiday and package tours*, EEC, Bruxelas.
Führich, E. (2002), *Reiserecht*, 4a. edição, C.F. Müller, Heidelberg.
Hoffman, B. (1998), *Inside Terrorism*, Victor Gollancz, Londres.
Kroeber-Riel, W. (1992), *Konsumentenverhalten*, Verlag Vahlen, Munique.
Luhmann, N. (2005), *Risk: A Sociological Theory*, Aldine Transaction, New Brunswick, Nova Jersey.
Poustie, M., Ross, J., Geddes, e Stewart, W. (1999), *Hospitality and Tourism Law*, International Thomson Business Press, Londres.
Rubio-Ayache, D. (2004), *Droit du turisme*, Éditions BPi, Clichy.
Tversky, A. e Kahneman, D. (1974), "Judgement under uncertainty: Heuristics and biases", *Science*, 185, p.1124-1131.

Websites úteis

www.dgfr.de
www.ntsb.gov/ntsb/query.asp

3.2 O PRODUTO TURÍSTICO COMO ESFERA DE ATIVIDADE

Objetivos

- Listar os fatores de influência que definem um destino.
- Explicar as diferentes formas de vantagem competitiva dos destinos.
- Entender a importância das diferentes formas de vantagem competitiva com relação a acontecimentos negativos.
- Entender a importância da imagem para um destino.
- Explicar as conseqüências que um acontecimento negativo pode trazer à imagem.
- Explicar o problema da responsabilidade e sua importância em tempos de crise.

Palavras-chave e conceitos

- Destinos
- Hipótese da distância
- Vantagem competitiva
- Benefícios básicos e adicionais
- Efeito do cenário
- Imagem
- Organizações turísticas

A discussão que segue concentra-se principalmente nos destinos turísticos. Eles podem ser definidos como o produto turístico mais essencial, e foram no passado muitas vezes afetados por acontecimentos negativos. Contudo, as discussões, achados e conclusões dados abaixo são úteis às operadoras de turismo, bem como a outros provedores de serviço, tanto da indústria do turismo quanto de outros setores.

Destinos

Os destinos podem ser classificados de formas diferentes: continentes e países são descritos como destinos. O Projeto da Rota da Seda, da OMT, que engloba países ao longo dos 12 mil quilômetros da Rota da Seda na região eurasiática, ou a Rota dos Escravos, que supostamente une 15 países no continente africano, são exemplos deste tipo de classificação de destinos. Mas nações, regiões ou até mesmo hotéis considerados individualmente são também considerados destinos (OMT, 1993; Doswell, 1998; Haedrich, 1998b; Bieger, 2002; Kotler, Haider e Rein, 1993 não atribuem tanto valor à diferenciação e mencionam cidades, regiões e nações). Com relação ao tamanho da área geográfica, não há qualquer limite inferior ou superior. Contudo, esta lista não deve gerar a impressão que tem relação com um sistema de graduação livre de qualquer superposição hierárquica dos níveis, entre os quais há uma clara linha divisória. Ao contrário, ela é meramente uma forma de entender o produto moderno alinhado às exigências do mercado. Ela substitui a tradicional ordem da responsabilidade no turismo, orientada para áreas de influência política. É somente a percepção do consumidor que decide o que é visto como

Destinos

Ao considerar o que é um destino, os critérios de seleção usados são os mesmos da segmentação no marketing. Isto significa que, além da eficiência, a estabilidade temporal do conceito é também importante, da mesma maneira que as decisões precisam chegar a um grau de distinção potencialmente heterogêneo que, contudo, precisa ser o mais homogêneo possível.

destino e quais as suas dimensões. Com este entendimento do produto turístico, fica claro que uma área geográfica pode ser um componente que contenha mais de um destino. Por exemplo, ela pode ser parte integrante de um destino menor para um veranista comum, e ao mesmo tempo ser um elemento da Europa, vista como destino por um turista norte-americano em viagem de ida e volta.

Os aspectos definidores de um destino são predominantemente influenciados pelas motivações do turista e pela distância. As motivações são o enfoque das considerações. Uma atividade de férias garante que a "atividade" é a parte central da oferta, em torno da qual outros serviços são agrupados. Ao mesmo tempo, elas determinam o raio da atividade para o turista no destino, ou a dimensão geográfica da atividade. O viajante em férias cujas atividades são a montaria a cavalo interpreta o destino como área maior, em comparação com um turista de praia, assim como o peregrino sente o mesmo comparado a um empresário em viagem de negócios.

A hipótese da distância

As motivações, como fatores de influência na determinação de um destino, são complementadas pelas distâncias, que estão entre o local de partida e o destino do viajante. Dependendo da distância, um destino é descrito como uma unidade geográfica maior se estiver longe da cidade natal do turista. Este efeito é conhecido como a hipótese da distância, de acordo com a qual a imagem de um destino tem mais aspectos a considerar quanto mais próxima estiver. Esta afirmação corresponde, também, à descoberta de que, com a maior distância, a mídia aborda o acontecimento com menor interesse. O que se revela a seguir tem conseqüências para um acontecimento negativo: o valor da notícia diminui com o aumento da distância, o que significa que o incidente menos provável recebe atenção do público. Além disso, a imagem é definida por uns poucos fatores pelos quais o número de acontecimentos que tem relação direta com estes fatores diminui.

Contudo, a maior distância pode também ter suas desvantagens. Se os acontecimentos negativos não podem mais ser atribuídos com exatidão a uma área geográfica específica, as regiões adjacentes também podem sofrer com os efeitos dos acontecimentos, mesmo que não tenham sido atingidas de modo algum. Porém, estas mudanças ocorrem ao longo dos anos, o que torna a dimensão tempo necessária à avaliação dos destinos.

Exemplo 10: A triste África

A África é uma das regiões do mundo mais afetadas por julgamentos indiferenciados, como enfatizou o ex-Secretário-Geral da OMT Enriquez Savignac. Apesar do continente ser hoje composto por 54 nações, a África muitas vezes é percebida como uma região indivisível quando se fala de acontecimentos negativos.

Muitos turistas classificam toda a África como local de risco. Os viajantes europeus visitam primeiramente os destinos nas Américas do Norte e Central, depois Ásia e finalmente América do Sul. Apenas aqueles que já conhecem a maior parte do mundo é que passam a considerar a África como destino. Carter (1988) analisou os motivos pelos quais tantos turistas desistem de visitar aquele continente, e descobriu que a imagem da África que prevalece na maioria dos mercados turísticos é dominada pela crença de que os destinos no continente são perigosos, em função da percepção de uma falta de estabilidade social na região. Os turistas raramente são capazes de explicar esta percepção da desordem em suas causas ou aspectos históricos. Em vez disto, eles a expressam como característica inerente à região como um todo, como se fosse parte de sua geografia.

Carter também descobriu que a maioria dos turistas classificava os destinos na África como arriscados, pela imagem de locais afetados por doenças, em particular as infecciosas. Em geral, os turistas associam as reportagens sobre a epidemia de HIV/AIDS (que em alguns países do continente atingem mais de 20% da população adulta), o cólera ou o vírus Ebola ao continente como um todo, e não à região afetada. A África é vista como uma região marginalizada, inóspita, e em geral esta impressão de hostilidade é fonte de medo e fornece as justificativas para que aqueles viajantes não visitem o continente. Muitos deles definem a África como um território único, indiferenciado, perigoso. Mesmo nas avaliações feitas sobre países diferentes do continente, uma mesma equivalência foi traçada entre a instabilidade política da África e o perigo generalizado.

A percepção comum de que a África é um continente assolado por conflitos, pela fome e pela epidemia de HIV/AIDS é o obstáculo principal para o sucesso mais amplo de sua indústria do turismo. O continente africano não é uma terra devastada por desastres em série, nem tampouco um país único, como a mídia com freqüência o retrata. Estas percepções precisam ser desfeitas. Os turistas esclarecidos nunca considerariam cancelar suas férias na França ou no Reino Unido por causa de um conflito na Península Balcânica, mas provavelmente abandonariam seus planos de viagem a um país africano em virtude do início de um conflito em outro país, mesmo que a milhares de quilômetros de distância.

Fonte: Carter (1998).

3.2.1 A vantagem competitiva

Tal como acontece com qualquer outro produto, os destinos turísticos competem entre si. Eles precisam oferecer vantagens especiais, exclusivas o bastante para se tornarem competitivos. Para avaliarmos estas vantagens e portanto sermos capazes de estimar com mais exatidão as conseqüências de acontecimentos negativos, os serviços nos destinos precisam ser investigados em detalhe.

3.2.1.1 A definição dos fatores competitivos relevantes

Neste assunto, a abordagem de Tschiderer (1980) tornou-se ponto de referência. O autor define os produtos do destino das férias como um pacote de serviços de mercado. Na sua opinião, estes são constituídos por uma parte principal e uma oferta variável secundária. A oferta natural é descrita como um serviço principal no seio do pacote de todos os serviços oferecidos, "que, com poucas exceções, é o cerne do turismo de férias e, portanto, o elemento decisivo do serviço". Ele é o foco da oferta natural que funciona de modo restritivo e que deixa de ser apropriado. Frömbling (1993) defende uma perspectiva voltada para a compra, para definir as características do serviço do produto turístico e emprega os termos anteriormente discutidos, os benefícios básicos e os adicionais. Para definir vantagem competitiva, a autora divide as motivações dos turistas em necessidades primárias e secundárias. Ao mesmo tempo em que entende que o motivo principal para viajar como sendo a necessidade de tirar férias, ela acredita que, entre outras, as seguintes necessidades são secundárias: aspirações a um estado de saúde ativo como necessidade de segurança, a socialização e o contato social como necessidade social, o prestígio e o status como necessidade de reconhecimento, a experiência e a espontaneidade como necessidade de realização pessoal. Com isso, Frömbling (1993) usa a hierarquia das motivações descrita por Maslow, e sobre ela tece as seguintes considerações: "O modelo de Maslow deixa claro que, no turismo, sem dúvida existem certas necessidades básicas que precisam ser satisfeitas até certo ponto, para qualquer pessoa".

> Depois de decidir dar prosseguimento aos seus planos de viagem, o turista se depara com muitas áreas turísticas e opções de férias. Estas são bastante semelhantes em termos das vantagens básicas que oferecem, e podem ser descritas como homogêneas. (...) A satisfação das exigências de férias que ultrapassam as vantagens básicas, de acordo com a teoria das vantagens gerais, pode ser descrita como vantagens adicionais desejadas durante as férias ou a viagem. São estas exigências secundárias (a necessidade de acumular experiência) que levam a uma percepção diferenciada das (...) ofertas propiciadas pelas regiões turísticas.
>
> Fonte: Frömbling (1993).

Neste ponto, é importante definir que, ao usarmos a hierarquia de necessidades de Maslow, precisamos observar que — além do nível mais inferior, o das necessidades básicas — a seqüência é diferente para a maioria das pessoas (veja também a crítica feita por Kroeber-Riel [1992]; Ahmed [1996] também enfatiza o aspecto geográfico que exerce influência nas motivações e na satisfação vivenciada). A explicação para isto está no fato de que algumas pessoas preferem prestígio ao amor, por exemplo. Com isso — e aqui fica clara a crítica à essência do comportamento de Frömbling — pode-se supor com razoável certeza que as férias oferecem recreação aos turistas. Além do mais, a classificação geral para o descanso como necessidade primária não ajuda. O que é importante é descobrir o que o indivíduo entende por recreação. Um habitante de uma cidade grande e populosa talvez entenda descanso como uma temporada na praia, enquanto que um morador do campo o vê como uma curto período na metrópole. Um administrador que passa horas em reuniões vê recreação no isolamento de um cruzeiro marítimo, mas um operador da linha de montagem relaxa com a agitada vida noturna de Majorca.

Necessidade básica	Classe de turismo
Descanso ao sol	Prática de esportes
Turismo na praia e em locais ensolarados	Turismo esportivo
Descoberta de novas culturas	Observação da natureza
Turismo cultural	Turismo de aventura

Fonte: adaptado de Gutiérrez e Bordas (1993).

DIAGRAMA 3.5 Exemplos das necessidades básicas dos turistas e das ofertas turísticas correspondentes.

Mesmo que os exemplos citados sejam clichês, eles enfatizam as diferenças fundamentais na opinião sobre descanso.

O conhecimento de que os turistas têm conceitos totalmente diferentes de recreação é refletido também na abordagem de Gutiérrez e Bordas (1993), que falam das necessidades básicas do turista neste contexto. O Diagrama 3.5 ilustra algumas necessidades básicas e a classe correspondente de turismo, como delineado pelos autores.

O fato da abordagem de Gutiérrez tentar definir as necessidades primárias é o que a difere, em essência, das definições habituais das motivações de férias. Estas necessidades ajudam a identificar os serviços básicos em um produto. Somente assim fica claro quem deve ser considerado um competidor, como mostra o exemplo a seguir: "O Rio de Janeiro, por exemplo, compete nos mercados de 'praia e sol' e de 'convenções'. Em cada um desses mercados, a cidade tem competidores diferentes. Ela provavelmente compete com Cancun no mercado de 'praia e sol', mas não no de 'convenções', em que pode ter a Cidade do México como rival, entre muitas outras" (Gutiérrez e Bordas, 1993).

Benefícios básicos e adicionais

Se continuarmos analisando esta abordagem, abre-se a possibilidade de definir os benefícios básicos e adicionais do produto de turismo. Por exemplo, se considerarmos um golfista, sua necessidade primária quando em férias é a prática do golfe. Portanto, o destino que o interessa como golfista precisa considerar como competidores todos os outros destinos que oferecem a prática do esporte. Mas no caso de uma viagem de estudos, a situação é diferente. Aqui, o objetivo da viagem provavelmente é acumular conhecimentos acerca de um país em especial, ou analisar sua cultura. Então, o serviço básico exigido somente pode ser oferecido naquele país em particular.

Para uma análise detalhada, estes benefícios básicos e adicionais são combinados com a vantagem competitiva. De acordo com Porter (1998a), é possível distinguir dois tipos básicos de vantagem competitiva: liderança de custo e diferenciação. Do ponto de vista do cliente, isto significa que a ele é oferecido ou um valor mais alto — material ou abstrato — se compararmos os competidores, ou um serviço comparável, mas por menor preço.

3.2.1.2 A vantagem diferenciadora dos benefícios básicos

A obtenção da vantagem competitiva acerca de benefícios básicos em uma viagem de férias vem ficando cada vez mais difícil. Uma das principais razões por trás deste contratempo é a crescente globalização do turismo, que dilata a oferta e exige a imprescindível capacidade de intercâmbio de serviços. (Keller e Smeral [1998] dão uma lista detalhada dos fatores mais importantes da oferta e da demanda que influenciam a globalização e aumentam a pressão competitiva no sentido de intercâmbio.) Por um lado, percebe-se que o número de destinos que oferecem esta capacidade de intercâmbio de serviços básicos, como nas férias na praia, vem aumentando. Também está claro, por outro lado, que alguns serviços são exclusivos e não podem ser imitados.

As pirâmides do Egito são um exemplo. Um turista que, motivado a tirar férias culturais, deseja analisar estes testemunhos deixados à história contemporânea, não tem a chance de encontrar substitutos para eles. As pirâmides ou a dimensão cultural do Alto Nilo são, portanto, uma vantagem competitiva nos benefícios básicos que não pode ser imitada.

Os destinos que oferecem vantagens competitivas em termos de benefícios básicos são, a princípio, mais resistentes à crise e apresentam recuperação mais rápida.

Situação semelhante é vista por peregrinos cujo destino é um local de devoção religiosa que pode ser substituído por outros do tipo, mas somente até certo ponto, porque cada uma destes locais é caracterizado por um objeto cultural único. A cada ano, isto se repete de forma espetacular aos olhos do mundo todo, quando a cidade de Meca é o destino de inumeráveis peregrinos, apesar dos riscos devido à considerável aglomeração de pessoas cujas conseqüências são, ano após ano, um certo número de mortos e feridos.

Como exemplos de vantagem competitiva abstrata na área de benefícios básicos estão o *turismo emocional*, visto no caso de veteranos de guerra que retornam aos antigos campos de batalha, e o *turismo militar*, em que soldados anteriormente baseados em outro país retornam ao local (Smith, 1998).

Estes exemplos facilitam o entendimento de que alguns destinos, no que se refere às necessidades primárias, não podem ser substituídos. Contudo, isto não significa que os destinos com vantagem competitiva em seus benefícios básicos estejam imunes a todos os tipos de acontecimentos negativos. Ao contrário, eles indicam um patamar mais alto de aceitação desses acontecimentos.

Ao mesmo tempo, este tipo de vantagem competitiva nos permite concluir que as férias nestes destinos certamente estão sujeitas às conseqüências de acontecimentos negativos, o que significa que o número de turistas diminuirá. No entanto, este efeito tem curta duração. Isto pode ser explicado pelo fato de que as potenciais necessidades dos turistas não foram satisfeitas. Neste caso, o que inspira o turista a viajar não é tanto o seu desejo de fazê-lo quanto os motivos mais concretos existentes para uma viagem. Portanto, a viagem a este destino não é cancelada assim que ele for afetado por um acontecimento negativo, mas apenas postergada até que condições mais favoráveis sejam observadas. Por esta razão, pode-se concluir que uma maior resistência à crise e uma oportunidade para a recuperação mais rápida são obtidas por meio de vantagens competitivas nos benefícios básicos de um destino.

3.2.1.3 A vantagem diferenciadora e os benefícios adicionais

A situação se altera drasticamente quando esta vantagem da impossibilidade de intercambiar serviços principais deixa de existir. Neste caso, pode-se tentar chegar a um grau de diferenciação nos benefícios adicionais do produto, isto é, atingir uma posição exclusiva no campo da experiência do consumidor.

Este tipo de vantagem competitiva é alcançado por meio da definição de benefícios emocionais adicionais e prolongados. Isto inclui o fato de que estes precisam ser difíceis de imitar. Somente assim poderemos falar em vantagem competitiva por meio do delineamento da experiência. Mas é a maior importância social ou psicológica do produto que determina o porquê de ser preferido a outros produtos semelhantes. Ao mesmo tempo, não se pode esquecer que a existência de benefícios básicos ainda é pré-requisito necessário para o sucesso no mercado. Um destino litorâneo como Rimini pode ter sua vantagem diferenciadora nos benefícios adicionais oferecidos, mas também precisa garantir que o benefício básico de uma praia permaneça intacto. Se isto não ocorrer, o destino sofrerá, não importando a vantagem competitiva existente nos benefícios adicionais (veja também o Exemplo 9).

Em função da importante capacidade de intercâmbio de muitos destinos com relação aos benefícios básicos, este tipo de vantagem competitiva vem aumentando em importância. Os esforços para atingir um grau de diferenciação na área de benefícios adicionais podem ser vistos na Espanha, por exemplo, tradicional destino para férias na praia, em que as dimensões emocionais são constantemente enfatizadas nas ações do marketing estratégico. Mas até mesmo vários destinos na África tentam estabelecer uma conexão entre os aspectos emocionais e suas praias, para torná-las mais competitivas. Excursões a centros de documentação sobre a escravatura são algumas das muitas medidas dentro da estrutura do projeto da Rota dos Escravos da OMT, que deverá definir uma vantagem competitiva nesta área de produtos (OMT, 1995).

Uma das particularidades desta vantagem competitiva é sua base emocional imaginária. Isto a deixa especialmente sujeita a acontecimentos negativos, porque a esfera da experiência, quando maculada, não pode ser reproduzida por meio de argumentos objetivos. Além disso, a formação fundamentalmente de longo prazo destas vantagens exige recursos consideráveis de tempo e dinheiro. A necessidade destes dois recursos deixa claro que a possibilidade de um acontecimento negativo precisa ser prontamente considerada, isto é, no planejamento dos benefícios adicionais (veja também as Seções 4.1.5 e 5.1).

	Benefícios básicos	Benefícios adicionais
Vantagem diferenciadora nos benefícios básicos	Vantagem competitiva	Não existem, ou não são decisivas com relação à competitividade
Vantagem diferenciadora nos benefícios adicionais	Pré-requisito essencial	Vantagem competitiva

Dependendo das vantagens competitivas, os benefícios básicos e adicionais têm importância significativa.

DIAGRAMA 3.6 A importância dos benefícios básicos e adicionais

3.2.1.4 A vantagem do custo

A vantagem do custo descreve, além da vantagem diferenciadora, a segunda forma fundamental de vantagem competitiva. Com uma estratégia de liderança de custo, a organização oferece um produto padrão comparável a um preço mais baixo do que os competidores. É importante que os atributos do produto sejam percebidos pelos turistas como idênticos ou equivalentes àqueles dos produtos dos competidores. Destinos litorâneos equivalentes que se desenvolvem em regiões com infra-estrutura e custos salariais favoráveis são um exemplo deste tipo de vantagem competitiva.

Em termos de acontecimentos negativos, os destinos que usam a vantagem do custo estão particularmente expostos a riscos. A possibilidade de substituição percebida e o foco no preço destes destinos, por outro lado, significam que apenas o preço pode ser usado como instrumento. Com efeito, o preço prova ser instrumento adequado para a redução da percepção aumentada de um dado risco, mas este comportamento leva a um problema fundamental com relação à vantagem do custo. Este problema é oriundo do fato de que, via de regra, as reservas disponíveis para reduzir preços são menores do que para uma companhia com vantagens diferenciadoras. Ainda que este aspecto seja tratado mais tarde na seção sobre a gestão estratégica da crise (ver Seção 5.1.1), o efeito sinalizador devido aos cortes em preços precisa ser mencionado, pois esclarece a faixa de cortes nos preços e leva, no futuro, à alteração nas expectativas.

3.2.1.5 A dimensão tempo

Na consideração inicial, o aspecto tempo tem importância no contexto de início de um acontecimento negativo e das fases de uma viagem (veja a Seção 3.1.6). Dependendo da fase da viagem em que o cliente se encontra, as consequências de um acontecimento negativo serão diferentes. O envolvimento situacional do cliente, que varia com o passar do tempo, foi fixado como fator determinante essencial para estas diferenças. O aspecto tempo também é importante na área da oferta, em que pode ser usado para caracterizar os competidores.

Neste sentido, os destinos não são produtos estáticos, mas dinâmicos. A influência que os fatores naturais têm no produto de turismo é a principal causa das alterações nos competidores em um destino.

O circuito de competidores pode portanto se alterar a intervalos de tempo regulares e recorrentes. Em casos extremos, isto significa que não existe, pelo menos temporariamente, um destino substituto devido ao fator tempo.

> **A dimensão tempo**
>
> Esta influência é ilustrada, por exemplo, na avaliação competitiva das Ilhas Canárias. Lá, as autoridades responsáveis pelo turismo pensavam, durante muito tempo, que o Marrocos, a Tunísia e a Ilha da Madeira eram competidores atuantes ao longo do ano todo, em relação aos turistas europeus. Foi somente mais tarde que elas perceberam que os competidores durante o verão não eram os mesmos do inverno. Enquanto que as ilhas gregas e Majorca concorriam durante o verão, esta disputa se deslocava para o Caribe no inverno.
>
> Fonte: Gutiérrez e Bordas (1993).

Em suma, é preciso lembrar que o conhecimento da dimensão tempo não deve ser subestimado, dado que ele auxilia, no caso de um acontecimento negativo, a avaliar não apenas o efeito no destino, como também no competidor.

3.2.2 A imagem

O fato de que a imagem que um consumidor tem de um destino depende de fatores que podem ou não pertencer à esfera de influência do turista faz com que a abordagem mais abrangente possível seja o caminho aconselhável a seguir na direção da avaliação do efeito de um acontecimento negativo em um produto. As imagens são sempre úteis quando descrevem interpretações visuais de forma abrangente, quando demonstram um alto grau de complexidade e apesar de serem estáveis e inflexíveis, podem ser influenciadas (Mayerhofer, 1995).

> **Definição: Imagem**
>
> A imagem descreve a cópia mental abstrata que uma pessoa tem de um objeto, neste caso de um destino.

As imagens são o resultado de um processo contínuo de formação de opinião, que ocorre de forma independente das situações concretas de decisão. Elas são compostas de idéias subjetivas e objetivas, por vezes certas, outras erradas, bem como de atitudes e de experiências. O termo imagem precisa ser distinguido do estereótipo que é marcado pelas avaliações de valor. Além disso, imagem precisa ser diferenciada de preconceito, que é tomado do ambiente social externo e que está, como tal, bem menos sujeito a influências.

Trommsdorff (1990) descreve a imagem como "um constructo multidimensional composto de características de produto denotativas e conotativas..., que reflete a estrutura de um fenômeno unidimensional de atitude". Se a atitude para com as características foi ilustrada em termos de um *continuum* do bom e do ruim, "a imagem tem características em várias dimensões, a saber, as impressões subjetivas das características individuais (não-materiais) do produto". Inúmeras tentativas de definir os termos atitude e imagem já foram feitas, o que pode ser explicado pelo fato de que descrevem impressões hipotéticas, inobserváveis; portanto, talvez não haja uma definição correta ou incorreta para atitude e imagem.

A investigação científica passou muito tempo debruçada sobre a dúvida de uma imagem dever ou não incorporar itens conotativos, isto é, não-objetivos, ou de contemplar também os critérios de ordem denotativa, ou critérios objetivos. A prática provou que esta divisão é de fato desaconselhável, em especial devido à grande importância dos valores emocionais no turismo. Um progresso foi igualmente verificado na área de avaliação da imagem. Com a introdução da avaliação não-verbal da imagem (ANVI), fatores relativos ao estado emocional podem ser melhor entendidos por meio de imagens pictóricas, facilitando seu julgamento. Não foram divulgados os problemas causados pela formulação lingüística das pessoas entrevistadas com o uso de estímulos visuais, e

As esferas de atividade da crise **85**

a subseqüente retradução em imagens por pesquisadores do marketing. Isto também se aplica ao problema da tradução do termo estímulo na escala da imagem internacional; contudo, os vários significados que as imagens podem ter em diferentes círculos culturais também precisam ser considerados.

Definição: Esfera da experiência

A esfera da experiência é o conjunto de todas as idéias e percepções que uma pessoa ou grupo de pessoas correlaciona com um objeto específico. A esfera da experiência é baseada em fatos registrados, aprendidos e examinados de forma cognitiva e na relação com interpretações subjetivas e carregadas de emoção acerca de certas características do objeto em questão.

Fonte: Fuchs (1993).

Outra conseqüência foi a introdução do termo "esfera da experiência", como uma descrição de uma imagem amplamente disseminada. Este concorda com a idéia de que as avaliações subjetivas e objetivas sempre andam juntas na avaliação do produto, e não podem ser consideradas em separado.

Além disso, a esfera da experiência tem relação com um constructo que deveria ser melhor compreendido do que a imagem. Enquanto que a primeira incorpora apenas os estímulos expressos pela linguagem em suas medições, os estímulos não-verbais são também incluídos na segunda, o que permite que as imagens sejam entendidas. A esfera da experiência das idéias do consumidor é descrita como a mais abrangente, mesmo que as imagens possam, no sentido mais amplo, serem entendidas como sendo estimulantes ao olfato, ao paladar, à audição e a outros sentidos (Kroeber-Riel, 1993a; Mayerhofer, 1995). O constructo esfera da experiência pode ser empregado, portanto, para registrar mais precisamente o grau em que um consumidor ou turista vivencia "um objeto, uma marca, empresa, país, cidade ou região" (Mayerhofer, 1995).

No restante deste livro, os termos imagem e esfera da experiência serão empregados como sinônimos; contudo, é importante esclarecer que o termo imagem é entendido em seu significado mais amplo, abrangendo características conotativas e denotativas.

Esquiando em Madri

Esquiando em Madri. Esta fotografia ilustra como a imagem dominante da Espanha e de Madri em especial é influenciada por impressões generalizadas. Madrid tem duas pistas de esqui na neve muito próximas uma da outra (30 km) e uma terceira a apenas 100 km de distância. No entanto, a Espanha ou sua capital Madri raramente são associadas à pratica do esporte.

3.2.2.1 A imagem de um país

A imagem generalizada de um país é construída automática e independentemente da condição do país em questão ser ou não um destino de férias. O que interessa na exposição que segue é a imagem externa de um destino. A auto-imagem, isto é, a maneira com que os habitantes de um destino a enxergam, por si só não tem importância para o turismo. A imagem de um país é um resultado da informação generalizada que o consumidor absorve constantemente. Ela é a constante torrente de informações sobre acontecimentos políticos, econômicos e sociais, bem como das impressões que foram acumuladas sobre os produtos daquele país. Disso resulta uma imagem do país que não está especificamente voltada para o turismo. O termo imagem de um país usado na seqüência deste livro pode ser tido como sinônimo de imagem do destino. Via de regra, contudo, esta imagem está intimamente relacionada às fronteiras políticas ou geográficas, o que enfatiza bastante os detalhes característicos do país (Meyer, 1981; Fakeye e Crompton, 1991).

De acordo com Mayerhofer (1995), a imagem do país é influenciada de forma especial pelos seguintes fatores:

- Características da população (também quando pessoas desta população são encontradas como turistas em outros países)
- O interior
- Aspectos culturais e religiosos
- Marcos históricos
- Comida e bebida
- Personalidades famosas
- A competência do país como provedor de produtos e serviços (a imagem *made in*)
- Produtos representativos, como filmes, acontecimentos culturais, literatura e música do país

A influência não é maniqueísta. Uma vez que a imagem de um país é influenciada por estes fatores, ela também reflete-se neles. Existe uma relação de constante intercâmbio entre a imagem de um país e os fatores que a influenciam.

O Portão de Brandemburgo

O Portão de Brandemburgo é um extraordinário exemplo do quão rápido um marco histórico se torna um símbolo nacional e turístico. Ao se tornar o foco da atenção na seqüência da unificação alemã, este marco atraiu, apenas na véspera de Ano Novo de 2004, mais de um milhão de pessoas, 250 mil a mais do que a tradicional celebração na Times Square de Nova York.

Exemplo 11: A Swissair – o fim de um símbolo nacional

O exemplo da Swissair demonstra a correlação entre a imagem de um país e os fatores que a influenciam, e revela a importância da transferência de imagem negativa.

Até recentemente, pensava-se que eram as empresas e os produtos que mais poderiam influenciar o lado positivo da imagem de seu país de origem. As companhias aéreas formam um exemplo à parte para aqueles que usam e enfatizam a imagem de um país.

A falência da Swissair mostra como a transferência de uma imagem positiva pode facilmente afetar a imagem de um país de forma negativa. Tal como muitas companhias aéreas, a Swissair mostrou e promoveu as tradições da Suíça a bordo de seus aviões, pintou suas aeronaves com as cores do país e estampou a bandeira nacional no plano de deriva. A empresa era vista como um símbolo dos valores suíços, como confiabilidade, qualidade, solidez, segurança e abertura para o mundo.

A cruz branca no plano de deriva foi um símbolo dos valores suíços que viajou o mundo.

Mas os ambiciosos planos de expansão da empresa, em um ambiente cada vez mais complexo e competitivo, acabaram por levar ao fechamento da empresa em 2001. O que antes havia sido útil agora era uma deficiência com graves implicações para o país como um todo, para sua indústria do turismo e outros setores que lucraram com os valores suíços clássicos.

Um editorial no jornal *Le Temps* concluiu: "A cruz branca no fundo vermelho dos aviões carregou nossa reputação ao redor do mundo: ela representava qualidade e disciplina. Desde ontem, tudo isso virou coisa do passado, perdeu todo seu valor!". O jornal *Neue Zürcher Zeitung* (*NZZ*) foi ainda mais claro: "As imagens divulgadas em todo o mundo dos aviões confiscados e mantidos em terra devido à falta de combustível; as reportagens dos passageiros presos nos aeroportos... causarão enormes danos não apenas à imagem da Swissair, como também de toda a Suíça."

Fontes: *Le Temps* e *NZZ*, 3 de outubro de 2001. Foto: Unique (Aeroporto de Zurique).

A imagem de um país é construída sob a dependência de seu sistema político e sob suas relações com outros países. Assim, um componente nacional do grupo de consumidores precisa ser considerado na avaliação da imagem deste país, de modo semelhante às diferenças culturais da avaliação do risco anteriormente discutidas. Por exemplo, os turistas norte-americanos classificam o Iraque, a Somália, a Líbia, o Líbano e a Síria como destinos de risco, devido a constantes tensões políticas. Eles preferem produtos oriundos de países "livres" àqueles do países "cativos", e julgam produtos de países mais desenvolvidos como sendo de qualidade superior (Sönmez e Graefe, 1998a; Lebrenz, 1996).

A imagem não especificamente relacionada ao turismo exerce influência considerável quando um destino entra na disputa na escolha das férias (Meyer, 1981; Kotler, Haider e Rein, 1993; Schweiger, 1992; Gutiérrez e Bordas, 1993). Isto está de acordo com o fato de que, na decisão de escolha do destino, as alternativas são consideradas muito cedo, muitas vezes sem o apoio de, por exemplo, agências de turismo.

3.2.2.2 A imagem regional

Em relação aos acontecimentos negativos, a imagem regional tem grande importância por ser uma área que cobre vários países. Ela pode ser construída e empregada de forma consciente para divulgar uma região como destino turístico. Muitas vezes esta abordagem é adotada se a imagem individual de um país não é percebida pelo mercado. Os projetos da Rota da Seda e da Rota dos Escravos, desenvolvidos pela OMT, são exemplos desta situação. Mas, até mesmo uma imagem regional inconscientemente construída e potencialmente indesejada pode ser observada, sem ter qualquer *background* específico ao turismo. Tal imagem de uma região é baseada em informações que são constantemente absorvidas — principalmente por meio da cobertura jornalística. Como exemplos de imagens regionais temos o Uzbequistão e o Cazaquistão, cujas imagens de países muitas vezes não são percebidas individualmente pelos consumidores. Por outro lado, isto é diferente para países como os EUA ou Japão, países a que os turistas europeus atribuem uma imagem independente.

O Projeto da Rota da Seda da Organização Mundial do Turismo.

Nestas áreas, que são percebidas como interligadas e formando uma região, os acontecimentos negativos exercem seus efeitos em todos os países, independente de terem sido de fato afetados. Esta situação já foi observada várias vezes. Por exemplo, a Índia e as Ilhas Maldivas sofreram com os atentados terroristas no Sri Lanka, o golpe de Estado em Uganda afetou o turismo no leste da África como um todo (Mansfeld, 1995; Buckley e Klemm, 1993; Hall, 1994). Mansfeld (1995) fez uma análise mais completa: ele acredita que a imagem regional negativa do Oriente Médio pode ser relacionada ao constante conflito entre Árabes e Israelenses. Um dos resultados de sua análise de um dos mais importantes conflitos ocorridos entre 1967 e 1992 deu prova de que estes acontecimentos negativos geraram uma tendência negativa generalizada na região. Ao mesmo tempo, foi possível observar diferentes efeitos nos países analisados e que se correlacionaram com a extensão do envolvimento destes países no conflito. Ao falarmos do verdadeiro grau de envolvimento, é preciso observar que ele depende da dimensão do envolvimento tal como percebido ou compreendido pelo turista. Para a maioria dos acontecimentos, esta dimensão é fortemente influenciada pelas reportagens jornalísticas feitas

Acontecimento	País			
	Israel	Egito	Jordânia	Síria
A Guerra dos Seis Dias, 1967	−7,0	−45,0	−52,0	−17,4
A Guerra do Yom Kippur, 1973	−14,8	−1,1	+5,3	−31,6
A Guerra do Líbano, 1982	−13,0	+3,4	+29,5	−24,1
O terrorismo internacional, 1986	−17,0	−13,6	+2,6	+5,0
A Primeira Intifada, 1988	−15,0	+3,8	+26,0	+4,6
As ameaças do Iraque, 1990	−5,0	+3,8	+16,2	+5,8
A Guerra do Golfo, 1991	−17,0	−15,0	−15,4	+8,8
A Segunda Intifada, 2000	−54,4	−45,6	+16,3	+12,4

Fonte: OMT e Mansfeld (1995).

DIAGRAMA 3.7 A mudança relativa nas chegadas internacionais ao Oriente Médio, entre 1967 e 2001 (expressas em porcentagem).

no país de origem do consumidor, e se alinha com a opinião pública dominante. Foi observado também que a Turquia, a Grécia e Chipre, que também fazem parte da região, foram afetadas pelos acontecimentos apenas quando estes ganharam o status de crise internacional, causando problemas generalizados, como o aumento nos custos de transporte. Em outros aspectos, estes países foram poupados destes efeitos. Há ocasiões em que estes países chegam a lucrar com as crises, ao tornarem-se substitutos de outros destinos mais afetados. Isto é explicado pelas imagens relativamente bem construídas da Turquia, Grécia e Chipre, países imunes aos efeitos cascata de acontecimentos negativos.

Em suma, podemos concluir que países ou regiões, que podem incorporar vários estados, sem dúvida estão sujeitos aos efeitos de acontecimentos negativos:

- Em primeiro lugar, no sentido do país em questão ser afetado de forma direta pelo acontecimento negativo. Isto se refere tanto ao envolvimento no conflito quanto na localização do acontecimento.
- Em segundo lugar, porque o país é afetado por efeitos cascata deste acontecimento negativo.

No segundo caso, o efeito surpresa é muito maior. Esta situação pode ser relacionada ao fato de que as autoridades do turismo não estavam cientes de que os turistas percebiam o país de destino como pertencente à mesma esfera de imagem do destino de fato afetado. O efeito do fato de que a auto-imagem pode diferir da imagem externa é visto quando a análise da imagem tida pelo turista é conduzida de forma insatisfatória, ou a partir da perspectiva do gestor do destino.

3.2.2.3 A imagem do destino

A imagem de um destino é vital para a escolha do produto pelo consumidor. O consumidor decide o que é entendido como destino, isto é, se é um local específico ou uma região. Isto significa, além da discussão já feita de que uma área geográfica pode abrigar vários destinos, que uma área geográfica pode oferecer diversas vantagens competitivas, e revela que, mesmo sob condições normais, uma análise diferenciada dos segmentos de consumo importantes deve ser considerada. Considerando que os pontos de superposição e de contato existem devido ao "efeito do cenário", o objetivo é buscar a estratégia mais consistente possível. Este aspecto é relevante também no contexto de acontecimentos negativos, em função do fato de que diferentes segmentos de consumo relacionados a estes destinos via de regra reagem de forma diferente. Esta reação é influenciada pela força das respectivas vantagens competitivas, bem como pelos diferentes patamares de aceitação.

> **O efeito do cenário**
>
> O efeito do cenário descreve a circunstância em que outros grupos-alvo situados no mesmo ponto geográfico exercem influência considerável na percepção do destino e na avaliação do produto. Este efeito será analisado em mais detalhe mais adiante. Consulte também a Seção 7.3.1.

Isto indica que há possibilidades estratégicas para a gestão de crises. Este aspecto será examinado em detalhe mais tarde (consulte também o Capítulo 5). Contudo, é importante, em primeiro lugar, examinarmos as três variáveis essenciais que influenciam a imaginação, a avaliação e o efeito dos acontecimentos negativos na imagem do destino.

3.2.2.3.1 A dimensão da experiência

A experiência de um turista sobre um destino tem — como já foi demonstrado — influência nos riscos de compra associados com a escolha do produto (consulte também a Seção 3.1.2). Esta influência diminui se o destino for escolhido repetidas vezes. No entanto, a experiência também influencia a suscetibilidade da imagem do destino diante de acontecimentos negativos. A diferenciação do produto, cada vez mais importante, precisa ser apreendida pelo consumidor para ser eficiente. Isto pode ocorrer na forma de experiência simbólica ou como aprendi-

> **As diferentes reações**
>
> As diferentes reações dos segmentos de consumo podem ser observadas em Israel:
>
> Os violentos ataques terroristas ao longo de 1996 causaram um declínio nas chegadas de turistas internacionais. Os efeitos foram mais fortes na área coberta pelos pacotes de turismo convencionais do que nos segmentos de excursões programadas, peregrinações e passeios culturais em que quase não houve cancelamentos. Ficou assim provado que as vantagens competitivas incorporadas nos benefícios básicos, como passeios culturais ou peregrinações são mais resistentes em uma situação em que a segurança diminui. Outras áreas, como as praias, em que Israel não tem vantagens competitivas reconhecíveis, são mais sensíveis aos mesmos acontecimentos.
>
> Fonte: Priel e Peymani (1996).

zado direto. Se a diferenciação do produto é entendida por meio da experiência direta, quer dizer, durante a viagem, ela é clara e imune à contradição com relação à experiência do produto. Neste caso, o consumidor está consciente das vantagens emocionais do produto e pode assim avaliar melhor se o acontecimento negativo exerceu seus efeitos nestes componentes.

Contudo, se a diferenciação do produto é resultado da experiência simbólica, quer dizer, obtida por meio da propaganda ou outros meios, ela pode levar a diferenças entre a atração em questão e a imagem vivenciada (Ahmed, 1996; Fakeye e Crompton, 1991). O tratamento e a correção destas diferenças precisa ser meta constante do marketing do destino, uma vez que em circunstâncias normais estas diferenças podem acabar gerando insatisfação. Em especial no caso da experiência simbólica, pode-se esperar que turistas em potencial rejeitem um destino com mais rapidez devido a uma falta de compreensão do efeito na esfera da experiência, o que permanece desconhecido. Esta suposição se baseia na pesquisa de atitude, de acordo com a qual apenas as atitudes adquiridas pela experiência direta é que são relevantes para o prognóstico do comportamento do turista (Kroeber-Riel, 1992; Frömbling, 1993).

Exemplo 12: O terrorismo como assassino da vontade de viajar?

O grupo separatista basco ETA vem afetando a lucrativa indústria de turismo da Espanha desde 1979. Mas em vez de assassinar turistas, o ETA tenta prejudicar, o máximo possível, a economia do país, que tem 12% de seu PIB oriundos do turismo. O grupo agia principalmente ao longo da Costa Dourada, em locais como Cambrills e Salou, ou no norte da Espanha. Nenhum turista foi morto em qualquer destes ataques. O ataque mais sério a envolver turistas ocorreu em 1996, quando uma bomba explodiu no Aeroporto Reus, em Tarragona, ferindo 35 turistas.

Depois de uma trégua de 14 meses que iniciou em setembro de 1998, o ETA retomou sua campanha terrorista em 1999, e em março de 2001 emitiu um aviso explícito a turistas estrangeiros, para que não passassem suas férias na Espanha, pois poderiam sofrer "conseqüências inesperadas" se viessem. Desde então, várias bombas causaram ferimentos e morte em vários destinos espanhóis famosos, e enfatizou a seriedade do alerta dado.

Apesar das atividades terroristas do ETA, dos alertas dados contra viagens à Espanha e dos devastadores ataques de 11 de março de 2004 em Madri, os acontecimentos anteriores não afetaram as chegadas de turistas estrangeiros à Espanha. Da mesma maneira, os turistas não expressaram muito interesse em cancelar suas férias depois destes ataques. A principal razão para isso está na experiência direta que a maioria dos visitantes já tinha da Espanha, um destino tradicional com alto número de turistas que retornam.

A mesma observação é válida para a Turquia, um destino que também desperta forte interesse no turismo internacional, mas que vem lutando contra vários ataques terroristas pelo grupo curdo PKK. Com relação a isso, as pesquisas feitas no mercado alemão pelo Studienkreis für Tourismus und Entwicklung revelaram que apenas 24% da população alemã se sente segura de forma subjetiva depois dos conflitos na Turquia, enquanto que 79% daqueles que haviam viajado àquele país no ano anterior expressaram o sentimento de que não foram atingidos de forma alguma.

3.2.2.3.2 A dimensão geográfica

O *background* do consumidor também exerce influência na imagem do destino. Dependendo da esfera regional de origem do turista, ele relaciona outras dimensões da experiência a um destino. Em comparação com a influência de componentes culturais e nacionais na avaliação do risco anteriormente discutida, a dimensão geográfica tem uma referência de produto muito mais concreta.

Isto significa que avaliações de destino diferentes de região para região não são influenciadas da mesma maneira por acontecimentos negativos. Esta condição oferece uma oportunidade extra à gestão de crises. As pessoas oriundas de áreas geográficas cuja imagem percebida é menos afetada por acontecimentos negativos podem se tornar um alvo preferencial.

Exemplo 13: As raízes geográficas influenciam as percepções dos turistas

A imagem de um destino turístico consiste na soma de idéias individuais e subjetivas, de impressões, crenças e expectativas que um turista em potencial acumula ao longo de um período de tempo específico. Cada um destes segmentos é moldado por vários fatores, como a mídia, a imprensa, as experiências de parentes e amigos, a literatura, etc. Fica evidente que cada visitante desenvolve sua própria imagem de um destino em particular. Contudo, é possível relacionar grupos específicos a tipos específicos de imagens. Os grupos são classificados por idade, tipo de viagem de férias escolhido, experiência de viagem, estilo de vida e posição ocupada no ciclo da vida.

Ahmed investigou a importância da origem geográfica do turista em relação a imagem que tem do estado norte-americano de Utah como destino turístico. Ele provou, baseado em mais de 1.900 questionários respondidos por pessoas residindo em 6 diferentes regiões dos EUA que as idéias dos prováveis visitantes ao estado de Utah diferiam, dependendo de sua respectiva origem geográfica.

Ao analisar a imagem global de Utah e seus cinco principais elementos constituintes (recursos de recreação ao ar livre, atividades de recreação ao ar livre, cultura, vida noturna e leis sobre bebidas alcoólicas), o autor descobriu diferenças significativas entre as imagens percebidas: com relação à imagem global e à percepção sobre a cultura, as pessoas da região denominada "Entre-montanhas/Oeste" (estados do Arizona, Colorado, Idaho, Montana, Nevada e Novo México) acharam Utah "bastante impressionante", enquanto que os habitantes dos estados do leste (Connecticut, Delaware, Washington D.C., Kentucky, Maine, Maryland, Massachusetts, Nova Hampshire, Nova Jersey, Ohio, Pensilvânia, Vermont, West Virginia) foram os "menos impressionados". Com relação à imagem dos recursos de recreação ao ar livre, as pessoas da Califórnia foram as "mais impressionadas", enquanto que aquelas dos estados de Washington e Oregon foram as "menos impressionadas". Os residentes do Meio-oeste (Illinois, Indiana, Iowa, Kansas, Michigan, Minnesota, Missouri, Nebraska, Dakota do Norte, Dakota do Sul e Wisconsin) formaram o grupo dos "mais impressionados" pela vida noturna em Utah e os "mais liberais" com relação às leis sobre o consumo de bebidas alcoólicas.

Ahmed relacionou estas diferentes percepções aos conceitos morais, gostos, comportamentos e subculturas regionais, entre outros aspectos. Ele enfatizou que a simples identificação da imagem global do destino turístico não é o bastante para o sucesso promocional, já que essas imagens podem ser negativas, enquanto que os segmentos constituintes podem ser percebidos como positivos ou até mesmo impressionantes.

Fonte: Ahmed (1996).

3.2.2.3.3 O efeito da imagem nos acontecimentos envolvendo segurança

Até mesmo a questão da segurança é importante no contexto da imagem do destino turístico. Ao passo que, em sua primeira forma — já discutida — um acontecimento envolvendo segurança é responsável pela situação de segurança geral classificada como de perigo, ele é igualmente capaz de destruir os valores da experiência sobre a imagem do destino. Buckley e Klemm (1993) descrevem, por exemplo, o dano aos valores da experiência na Irlanda do Norte: "Uma imagem favorável é um requisito essencial a qualquer destino turístico". O problema com qualquer tipo de agitação civil está no fato das imagens desfavoráveis serem transmitidas ao mundo todo, de forma que até mesmo aqueles que não temem o terrorismo se sentirão desencorajados a viajar para este destino. Não se trata do perigo existente no destino, mas do fato de que este perde sua atratividade. Se esta influência for exercida por um longo tempo, pode-se entender que o acontecimento envolvendo segurança não apenas influencia a imagem, como também de fato a domina. Lennon (1999) ilustra esta situação no caso da cidade de Belfast, que ainda é classificada como zona de guerra.

Gartner e Shen (1992) conseguiram uma prova empírica de que os acontecimentos envolvendo segurança acarretam uma alteração na dimensão da imagem. Ao comparar a imagem da China antes e depois dos trágicos acontecimentos na Praça da Paz Celestial, os autores surpreenderam-se ao verificar que os incidentes afetaram principalmente a percepção das atrações naturais, que piorou de forma significativa quando influenciada por distúrbios violentos. Gartner e Shen (1992) estão corretos ao entender, portanto, que estes elementos anteriormente despercebidos são também importantes para a imagem do turismo, em condições normais.

Estas observações demonstram que o efeito dos acontecimentos envolvendo segurança precisam ser interpretados em sentido mais amplo, o que outrora era tido como a prática

Kashimira, a Suíça da Índia

Por mais surpreendente que possa parecer, o turismo já foi a indústria mais lucrativa da região da Kashimira. A região foi um destino turístico ideal para as viagens de verão dos indianos, que tentam fugir do calor, e para as viagens de inverno, pela prática de esportes. Na verdade, a região foi considerada a Mecca da lua-de-mel dos indianos, e as reservas precisavam ser feitas com bastante antecedência devido à alta demanda.

No entanto, desde o início do conflito da Kashimira na década de 1980, a região passou a ocupar posição de destaque na mídia, aparecendo regularmente em reportagens sobre as tensões no território. Com isso, a Kashimira, com sua extraordinariamente linda paisagem, não apenas sofreu um colapso na demanda turística, como também passou a ter sua imagem totalmente dominada por impressões negativas.

normal a adotar. Ao passo que, via de regra, o aspecto da crescente insegurança tem um efeito imediato e de curto prazo, a influência que se observa paralelamente também rende frutos a longo prazo. Nos casos mais extremos, os acontecimentos envolvendo segurança dominam a imagem a tal ponto, que são tidos como independentes da ameaça real existente. Exemplo desta circunstância é dado pelo Vietnã. A imagem do destino ainda está marcada pela Guerra do Vietnã, mesmo diante da verdadeira condição de segurança do país. Em vez de lutar contra esta imagem, o destino a usa conscientemente como atração.

3.2.3 A responsabilidade pelo produto

Se, devido à estrutura legal de uma organização, os limites e as responsabilidades administrativas estão claramente definidos, estamos diante de uma situação mais delicada na esfera do turismo.

Em condições normais, a oferta turística em destinos tradicionais é caracterizada pela estrutura empresarial de pequeno e médio portes. Dificilmente uma organização será montada apenas como um produto turístico. Ao contrário, as esferas administrativas clássicas são influenciadas, de modo variável, pela gestão do produto turístico "destino". Enquanto que em destinos como Las Vegas ou Majorca a importância do turismo é óbvia, por representar a atividade econômica principal e, portanto, designa papel preponderante para a organização turística, a maioria dos destinos não goza destes privilégios. Em Majorca, o turismo é considerado apenas uma das várias atividades econômicas, e a organização turística ocupa posição difícil, devido ao grande número de *stakeholders* e aos diferentes interesses que estas partes têm, mesmo em condições normais.

Os problemas vistos em condições normais são causados pelas possibilidades restritas de influência e pelo fato de que as decisões que favorecem um dado aspecto são também decisões que desfavorecem outro, o que, em função do grande número de participantes, muitas vezes leva a uma escolha baseada no mínimo denominador comum. E é neste cenário que surge o problema da responsabilidade. Portanto, Bieger (2002) cita como principal exigência a condição da organização turística não poder ter fins lucrativos, de forma a minimizar os conflitos de interesse. O resultado é que haverá muitos grupos interessados em assumir a responsabilidade pelo produto, mas que não desejam compartilhá-la. Com isso, aparece o problema da definição, a resposta à pergunta de qual produto, neste caso a imagem do destino, deveria ser desenvolvido e administrado. A uniformização de interesses, a existência de estruturas centralizadas, a aceitação dos líderes etc., pertencem a esta esfera de fatores que influenciam os problemas vivenciados.

O problema da responsabilidade

Mesmo que fique implícito que estes problemas serão resolvidos em tempos de marketing positivo, gerador de mercados, as dificuldades específicas aparecem na ocorrência de acontecimentos negativos, que, em parte, têm suas raízes nas conseqüências da responsabilidade pela decisão e nas responsabilidades especiais. Se o problema da responsabilidade na gestão de crises for analisado, pode-se depreender que a responsabilidade legal não é necessariamente a mesma à responsabilidade pelo destino. Ao compararmos as companhias e os destinos, encontramos ainda outra faceta interessante. Em condições normais, pode-se entender que a administração de uma empresa se mobi-

Diagrama

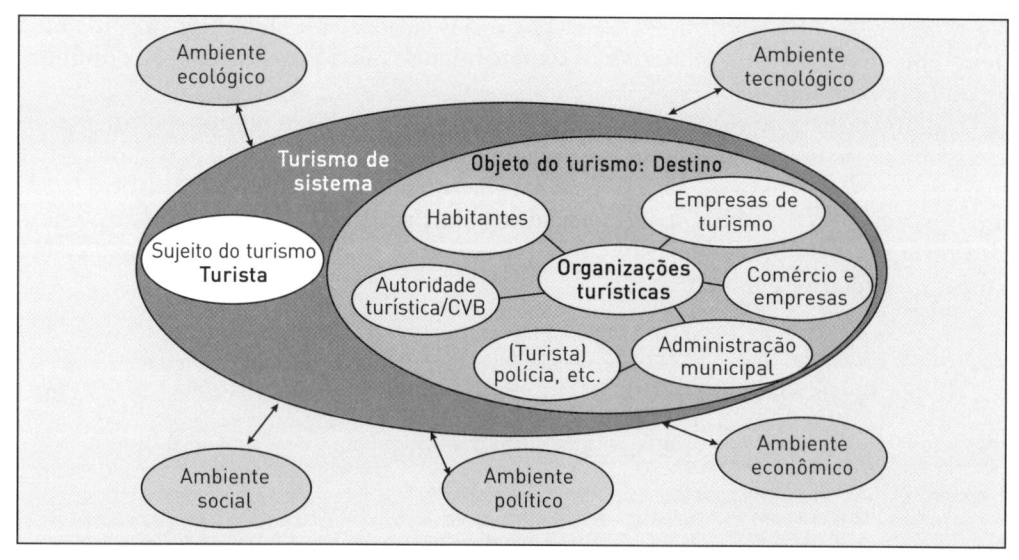

Ambiente ecológico • Ambiente tecnológico • Ambiente social • Ambiente político • Ambiente econômico

Turismo de sistema
- Sujeito do turismo: Turista
- Objeto do turismo: Destino
  - Habitantes
  - Empresas de turismo
  - Autoridade turística/CVB
  - Organizações turísticas
  - Comércio e empresas
  - (Turista) polícia, etc.
  - Administração municipal

A organização de turismo é a provedora dos serviços que devem ser oferecidos ao destino turístico. Ela é responsável pelo planejamento e pelo marketing de caráter geral, e pela representação de interesses regulamentados pelo direito público ou privado. Contudo, a autoridade turística é a parte responsável pelos negócios da esfera operacional conduzidos diariamente.

DIAGRAMA 3.8 O conceito do sistema da organização turística.

---

liza para garantir a continuidade do sucesso do empreendimento, ou para diminuir os impactos e, no pior dos cenários, pode ser tida como a parte legalmente responsável. A maioria dos destinos, por outro lado, considera o problema da responsabilidade apenas em tempos de crise e negligencia medidas preventivas. Ao passo que, em condições normais exista várias pessoas "interessadas no poder", nestas circunstâncias, ninguém quer assumir responsabilidades.

E isto não é sensato. A gestão de crises é um bem público para um destino, porque o princípio da exclusividade não pode ser empregado. Além disso, a imagem — integrante essencial das medidas de construção de confiança pelas quais a organização é a parte responsável — é desgastada. Portanto, de forma a se preparar para acontecimentos negativos, a organização turística precisa estar ciente e assumir suas responsabilidades desde o princípio, em especial se ela envolve uma estrutura público-jurídica em que predominam as ações conduzidas com calma, cuidado e equilíbrio. Isto é ainda mais importante se considerarmos que ações solucionadoras corretas raramente são recompensadas, enquanto que as ações que falham são quase sempre censuradas. Com isso, a responsabilidade pela gestão não é assumida com tanta disposição nestas situações, especialmente se as múltiplas responsabilidades permitem que as decisões sejam transferidas para outras instituições.

Além disso, existe também o problema da definição de prioridades na gestão de crises. A falta de uma compreensão sobre estratégias de marketing, mesmo em circunstâncias normais — o que vale para a maioria dos destinos (Gutiérrez e Bordas, 1993) — muitas vezes leva a uma profusão de atividades ineficientes via de

O problema da definição de prioridades

regra planejadas para minimizar o impacto dos acontecimentos. Contudo, o que é destruído ou retardado é exatamente o mais importante a longo prazo: a credibilidade da organização.

A importância da regulamentação da responsabilidade pelo produto para a organização ainda não está clara. Em uma situação de crise, a imagem de um destino é examinada de perto, pois as prioridades e os comportamentos da organização turística, (raramente observados), acabam sendo efetuados de forma viável, diante da opinião pública. Isto pode ser visto como uma boa oportunidade para utilizar a gestão de crise com a preparação adequada e correta.

Exemplo 14: As maiores enchentes em um século na Saxônia, em 2002

Durante o mês de agosto de 2002, o leste e o sudeste da Alemanha, bem como regiões da Europa Oriental, foram afetados por enchentes de proporções históricas. A região da Saxônia foi particularmente atingida. Após dias e dias de chuva forte, o rio Elba e os rios das Montanhas Ore tornaram-se turbulentos, inundando vales, destruindo casas, represas, pontes e estradas. Vinte pessoas perderam a vida nestas inundações e 110 ficaram feridas. Milhares tiveram de deixar suas casas e apenas em Dresden 30 mil pessoas precisaram ser retiradas. Este desastre natural levou à maior operação de resgate nos últimos 50 anos. Mais de 40 mil bombeiros, 25.300 soldados, 10 mil integrantes da Defesa Civil Alemã (THV) e 25 mil voluntários lutaram arduamente contra os efeitos das inundações. Esta catástrofe teve graves conseqüências para a emergente indústria do turismo da Saxônia. Em alguns locais, toda a infra-estrutura (hotéis, restaurantes, pontos turísticos, etc.) foi destruída, e os meios de transporte foram seriamente afetados. Em seqüência à divulgação da catástrofe pela mídia, veio uma onda de cancelamentos.

Devido às reportagens negativas e aos constantes pedidos por donativos, formou-se uma imagem negativa de tal proporção, que os turistas mantiveram-se afastados, mesmo depois da normalização das condições de viagem. O número de visitantes nas regiões mais fortemente afetadas pelas enchentes caiu em 40% nos meses de agosto e setembro, em comparação com os números do ano anterior. No total, as chegadas de turistas à Saxônia diminuiu em 362 mil, ou em mais de 8%, no ano de 2002. Os prejuízos para o turismo na cidade de Dresden foram estimados em 164,3 milhões de euros.

A mídia imediatamente rotulou as inundações de "as enchentes do século", o que apontou para o enorme impacto que o acontecimento teve para todos. Theuerkorn observou, contudo, que a consciência da crise entre as pessoas responsáveis pelo turismo foi baixa. Elas geralmente consideravam as crises no turismo em outras regiões do mundo como sendo mais prováveis e normais, e se recusavam a aceitar que estas poderiam ocorrer em suas próprias áreas de responsabilidade. Conseqüentemente, não existiam procedimentos de gestão de crises naquela região. Theuerkorn também descobriu que a opinião predominante era de que, em geral, as crises poderiam ser resolvidas apenas de forma espontânea e por meio de improvisações, mas não com a ajuda de medidas preventivas. Este ponto de vista permanece em vigor depois dos acontecimentos de agosto de 2002. Por esta razão, mas também por causa das limitações ainda vistas no espaço de manobra financeiro e de pessoal disponível para as organizações de turismo, as medidas de prevenção adotadas ainda estão limitadas às obrigações legais para com as próprias organizações (por exemplo, a prevenção de incêndios e rotas de saída), ao mesmo tempo em que planos de alto nível para crises no turismo ainda não foram feitos para o destino.

As inundações da Saxônia mostraram o caráter divisório do turismo e sua dependência do setor público. Em conexão com isto, e devido às dimensões da área afetada pela catástrofe, verificou-se uma superposição nas várias áreas de competência administrativa e territorial. Somente na Saxônia, mais de 18 distritos foram afetados pelas enchentes e, em decorrência disso, 18 governos locais, 18 organizações turísticas, etc.

Theuerkorn descobriu que o problema da responsabilidade foi bastante limitado neste caso. Por um lado, a catástrofe atingiu um ponto em que ultrapassou as fronteiras dos destinos. Por outro, em função da complexidade da situação, aqueles que estavam legalmente no comando, por exemplo, os comissários dos condados do distrito, não tomaram o cuidado necessário ou, se o fizeram, este foi pouco, com relação à importância dos problemas para o turismo. No vácuo que se instalou, as organizações locais e regionais — bem como os representantes do setor privado — assumiram o lugar delas. Apesar das organizações do turismo terem tido um espaço de ação relativamente maior devido ao desinteresse dos níveis mais elevados, elas tiveram de enfrentar problemas de restrições financeiras e de pessoal, e foram limitadas por causa do temor existente no interior de suas próprias organizações. Contudo, graças à sua própria iniciativa, cooperação, criatividade, redirecionamento de verbas e de patrocínios, elas foram capazes de dar início a diferentes atividades na busca da recuperação. Desta forma, o turismo na Saxônia reconquistou, com o passar do tempo, o número de chegadas de turistas anterior à crise.

Apesar do sucesso, muitas empresas e organizações de turismo de pequeno e médio porte estavam descontentes com o apoio insuficiente recebido e com a pouca consideração de seus interesses em comparação com os das empresas maiores. Elas criticaram, em especial, a aplicação e distribuição de fundos, a maneira com que os prejuízos indiretos se refletiram nas compensações financeiras recebidas e a concentração das campanhas promocionais apenas em favor dos destinos mais importantes. Estas diferenças na definição de objetivos na gestão da crise foram especialmente importantes, uma vez que o turismo na Saxônia é dominado por empresas de pequeno e médio portes. Estas empresas têm mais dificuldades de compensar seus prejuízos e de financiar sua recuperação do que as empresas maiores. O caso das inundações na Saxônia destaca a necessidade de uma gestão competente da crise para garantir o enfrentamento eficiente da situação, e o desenvolvimento a longo prazo do turismo.

Fonte: Theuerkorn (2004).

Questões para revisão e discussão

- Os destinos sempre são afetados da mesma maneira pelos acontecimentos negativos?
- Qual é a importância da forma da vantagem competitiva quando o assunto é acontecimento negativo?
- O que se entende por "efeito do cenário"?
- Cite exemplos dos benefícios básicos e adicionais do produto turístico.
- Qual é a importância da dimensão tempo com relação à definição dos competidores?
- O que se entende por "auto-imagem" e "imagem externa", e quais são as conseqüências da desconsideração da imagem no exterior?
- Explique as conseqüências dos acontecimentos negativos em produtos cuja diferenciação foi apreendida diretamente, em comparação com a apreendida por meio da experiência simbólica.
- Explique as conseqüências práticas do "problema da responsabilidade" dos destinos em tempos de crise.

Sugestões para leitura

Ahmed, Z. (1996), "The need for the Identification of the Constituents of a Destination's Tourist Image: A Promotional Segmentation Perspective", *Tourism Rewiev*, 51 (2), p. 44-57.

Buckley, P. e Klemm, M. (1993), "The decline of tourism in Northern Ireland – the Causes", *Tourism Management*, 14(3), p. 184-194.

Garnter, W. e Shen, J. (1992), "The impact of Tiananmen Square on China's tourism image", *Journal of Travel Research*, 30(4), p. 47-52.

Gutiérrez, C. e Bordas, E. (1993), "La competitividad de los destinos turísticos en mercados lejanos", em *Competitiveness of Long Haul Destinations* (AIEST [ed.]), 35, AIEST, St. Gallen, p. 103-211.

Lennon, G. (1999), "Marketing Belfast as a tourism destination", *Tourism*, 47(1), p. 74-77.

Mayerhofer, W. (1995), *Imagetransfer*, Service Fachverlag, Viena.

Porter, M.E. (1998), *Competitive Advantage*, Free Press, Nova York.

World Tourism Organization (2001), *Special Report no. 18, Tourism After 11 September 2001: Analysis, Remedial Actions and Prospects*, OMT, Madri.

3.3 OS COMPETIDORES COMO ESFERA DE ATIVIDADE

Objetivos
- Entender as razões fundamentais dos competidores.
- Reconhecer a amplitude de nossas próprias reações.

Palavras-chave e conceitos
- A reação dos competidores
- As possíveis sanções

No caso de um acontecimento negativo, os competidores de uma empresa ou destino podem tanto se tornar uma alternativa à organização afetada, quanto serem eles próprios afetados. O aspecto que aborda quem deve ser considerado um competidor já foi discutido, e traz à tona a questão da vantagem que um competidor pode ganhar de uma situação ou acontecimento negativo.

Em termos gerais, o desenvolvimento desvantajoso de um destino é uma vantagem para os destinos que competem com aquele. Isto é válido principalmente no caso de acontecimentos negativos limitados a um ponto localizado e que não influenciam o volume de turistas como um todo.

No primeiro caso, quando apenas uma empresa ou um destino em particular, mas não os competidores, é afetado por acontecimentos negativos, os competidores têm à disposição as seguintes alternativas de reação:

- Em primeiro lugar, eles podem se recusar a levar qualquer forma de vantagem.
- Em segundo lugar, eles podem se valer do acontecimento em vantagem própria, enfatizando os defeitos do produto do competidor com propaganda de comparação. Este comportamento é claramente dirigido à organização afetada e contribui de forma ativa com o problema divulgado.

> Os competidores das Ilhas Fiji, por exemplo, reagiram à instabilidade política ocorrida em 1987 com uma propaganda que comparou a segurança no seu próprio destino com a de outros.
>
> Praias douradas, coqueiros e nada de golpes de Estado!
>
> A guerra nas Ilhas Salomão terminou em 1945. Então por que pôr as Ilhas Fiji em risco?
>
> Fonte: Hall (1984).

- Em terceiro lugar, os competidores podem se limitar a indicar a inexistência de defeitos em seus produtos. Este tipo de reação sempre é levantado se já se sabe que um acontecimento negativo ocorreu.

> Em tempos de incerteza generalizada, o mero anúncio de uma modificação no produto é considerado um claro sinal dos competidores. Após o ataque em um avião de passageiros com um míssil terra-ar no Quênia em 2002, a British Airways anunciou a instalação de um sistema antimíssil em suas aeronaves.

No futuro, uma forma mais ativa de reação por parte dos competidores terá de ser enfrentada. A crescente pressão para competir, bem como a expansão legal das possibilidades de propaganda (a propaganda de comparação), introduzidas na Europa em outubro de 1997, são dois fatores de influência essenciais. Isto se aplica, acima de tudo, ao terceiro caso, em que a inexistência de defeitos no próprio produto é indicada "cautelosamente", sem menção direta ao competidor.

<u>As sanções possíveis</u>   As sanções legais e econômicas possíveis à organização afetada determinam suas alternativas para impedir que seus competidores tirem proveito de uma situação que a afeta de forma negativa. Estas sanções podem ser classificadas de limitadas. Do ponto de vista legal, não há maneira de impedir este comportamento em nível internacional. Mesmo do ponto de vista econômico, as sanções são relativamente pouco úteis, devido à estrutura pluripolítica dos mercados dos destinos e das empresas (isto é diferente, no entanto, no caso das operadoras de turismo que estão construindo um oligopólio na Europa).

Independentemente das alternativas que a organização afetada tem à disposição, é o consumidor que decide o sucesso das tentativas de levar vantagem sobre um destino. Estas ações somente farão sentido se o consumidor aprovar este comportamento dos competidores, adquirindo seus produtos.

Exemplo 15: Pense como os suíços – Voe Thai Airways

O exemplo a seguir ilustra a crescente competição entre companhias. Em outubro de 2001, a companhia aérea da Suíça, a Swissair, foi à falência (ver Exemplo 11). Esta falência foi inesperada, e a ela se seguiu uma acalorada discussão sobre os valores éticos e gerenciais na Suíça. A Thai Airways, empresa integrante da Star Alliance, usou este momento e lançou uma campanha promocional em toda a Suíça, em 2002, dirigida contra os esforços para reconstruir o que se tornaria a companhia aérea sucessora da Swissair, a Swiss. A campanha, que incluiu em suas propagandas todos os elementos gráficos antes usados exclusivamente pela Swissair, foi amplamente reconhecida e aceita pelo público. Ela também recebeu muitas críticas positivas da imprensa especializada em viagens.

Em tese, é possível afirmar que a disposição de um cliente em aceitar este comportamento rival aumenta ao longo do tempo a partir da ocorrência do acontecimento negativo. O comportamento inicialmente interpretado como de explorador da circunstância passa a ser visto como fonte de informação e de explicação. A aceitação do aproveitamento ativo das vantagens também é influenciada pela determinação do cliente em também adotar sanções. Em função da crescente tendência à adoção de sanções nos dias de hoje, alguns já consideram a sanção uma necessidade fundamental. Além disso, a decisão contra um produto é favorecida pela possibilidade de escolher outros produtos, o que faz com que a sanção a um dado item não signifique que o cliente o abandonará por completo. Contudo, ainda não se pode ter certeza da importância futura desta tática para o turismo.

Se, além da organização afetada, vários outros ou todos os competidores forem afetados pelo acontecimento negativo, este impacto virá de forma tanto direta quanto indireta. O efeito generalizador é responsável pelo efeito indireto, pelo qual uma transferência indiscriminada de atitudes é aplicada a outros objetos percebidos de forma semelhante. Isto ocorre, por exemplo, porque os produtos pertencem a uma mesma categoria, às mesmas ramificações ou dependem da existência de um "meta-atributo", tal como uma mesma nacionalidade. Em comparação com os destinos diretamente afetados, os indiretamente afetados apenas farão esta descoberta muito mais tarde. Em ambos os casos, o comportamento rival é orientado fundamentalmente a resolver problemas. Do ponto de vista da organização afetada, é melhor que os esforços conjuntos sejam feitos para contrabalançar os acontecimentos negativos e seus efeitos. As associações às quais pertence a organização afetada também desempenham um papel importante. Como representantes de interesses comuns, elas estão na posição de serem objetivamente ativas na esfera política e nos grupos de pressão social.

Exemplo 16: O Comitê de Recuperação do Turismo da OMT

Na seqüência aos ataques de 11 de setembro nos EUA, a necessidade mundial por mais comunicação e coordenação foi defendida pela OMT, em sua 14ª. Assembléia Geral, e levou à criação de um Comitê contra a Crise, posteriormente chamado de "Comitê de Recuperação do Turismo". Este Comitê foi o primeiro do tipo a lidar com a questão da gestão de crise em caráter intergovernamental e mundial. Ele foi formado por representantes de governos de diversos países de diferentes regiões do mundo (21), por representantes dos diferentes setores privados da indústria do turismo (15) e por especialistas no assunto.

O Comitê se reuniu pela primeira vez em Londres em 11 de novembro de 2001, por ocasião da reunião do World Travel Market para discutir o relatório inicial preparado pelo Secretariado da OMT sobre as conseqüências dos ataques terroristas de 11 de setembro. Os integrantes do Comitê apresentaram a experiência de seus países e empresas para enfrentar a crise tal como se apresentava, bem como seus primeiros planos, estratégicos e operacionais, para lidar com a situação.

Este primeiro encontro do Comitê foi seguido de duas outras reuniões com representantes dos países Mediterrâneos, nos quais o turismo desempenha um papel muito importante (em 30 de janeiro de 2002 em Madri, na Espanha, e em 12 de novembro do mesmo ano em Londres), especialmente em virtude da crescente atividade terrorista contra o setor do turismo observadas no mesmo ano (em Djerba na Tunísia, em Bali na Indonésia e em Mombasa no Quênia). Uma

Membros do Comitê de Recuperação do Turismo, no encontro de Madri.

reunião do Comitê de Recuperação foi organizada em Phuket, na Tailândia, entre 31 de janeiro e 1 de fevereiro de 2005, em resposta à Tsunami de 2004 na Ásia. Diante das gigantescas e devastadoras conseqüências deste acontecimento negativo, concordou-se em considerar o encontro como reunião extraordinária do Conselho Executivo da OMT.

Todas as reuniões tiveram como base o interesse comum na recuperação diante da crise, o mais rápido possível, e os benefícios oriundos da troca de experiências sobre o assunto. As questões listadas abaixo foram discutidas:

- o monitoramento do desenrolar da situação e de seu impacto no turismo;
- o fortalecimento das atividades da OMT em áreas de segurança e construção da imagem turística;
- o apoio aos integrantes da OMT, com a disponibilização de informações e recomendações regulares acerca das maneiras para lidar com a situação;
- a garantia de coordenação e consistência das mensagens transmitidas com relação à evolução da indústria do turismo.

Além disso, o Comitê valeu-se o máximo possível, tanto por meio de seu presidente quanto de outros representantes, da oportunidade de comunicar as mensagens oriundas de todos os países afetados como uma única voz.

Questões para revisão e discussão

- Explique que papel as associações desempenham no contexto da gestão de crises.
- Quais são as alternativas em termos de sanções disponíveis para uma companhia de turismo contra os competidores que tiram proveito de uma situação de crise?
- Quais são as chances de impedir este comportamento em nível internacional?

Sugestões para leitura

Organização Mundial do Turismo (2002), *Special Report no. 19, Tourism Recovery Committee for the Mediterranean Region*, OMT, Madri.
Organização Mundial do Turismo (2002), *Special Report no. 20, The Impact of the September 11th Attacks on Tourism: The Light at the End of the Tunnel*, OMT, Madri.
Organização Mundial do Turismo (2002), *Special Report no. 21, Climbing Towards Recovery?*, OMT, Madri.

3.4 O ESTADO COMO ESFERA DE ATIVIDADE

Objetivos
- Entender as ações do Estado em tempos de crise.

Palavras-chave e conceitos
- Estado
- Processo político
- Conseqüências domésticas e internacionais das ações de um Estado

3.4.1 A visão interna

As companhias ou organizações têm sua liberdade de ação limitada pela intervenção do Estado – Estado descrevendo todas as instâncias administrativas horizontais, como os poderes executivo, legislativo e judiciário. Com relação às suas tarefas e atribuições tais como definidas na maioria dos países da Europa Ocidental, estas envolvem a passagem de um Estado constitucional liberal ao Estado provedor do presente. O Estado percebe o crescente número de tarefas cujas características comuns envolvem a prestação de serviços à sociedade, tais como a promoção de áreas econômicas específicas e de prevenção a catástrofes. Estas atribuições são acompanhadas por uma crescente vinculação entre as esferas pública e privada, o que leva a restrições à autonomia desta última. De um modo geral, as legislações vêm influenciando cada vez mais as diferentes esferas da vida do cidadão.

As restrições à autonomia do setor privado

Modelos de fase

Em seqüência à questão de quais os fatores que levam a estas decisões que visam otimizar custos ou que limitam a liberdade de ação, os modelos de fase podem ser empregados para ilustrar o processo de decisão política. De acordo com o plano de três fases de Dyllick (1992), a primeira fase descreve a articulação do problema em que um grande número de problemas competem pela atenção das instâncias políticas e da opinião pública. Com relação à percepção e à avaliação, os mesmos critérios são aplicáveis aos tomadores de decisão política, tal como mencionados na esfera de atividade do consumidor. Além disso, existe a certeza de que os representantes políticos se comportam como agentes da maximização do voto racional (Bieger, 2002). Em vista disso, seus interesses principais se aplicam à esfera consumidora que lhes promete o maior número de votos, que lhes dá mais notoriedade, ou que lhes assiste na obtenção de mais apoio de grupos importantes. Hoje em dia observa-se que, nesta fase, as influências assumem formas diferentes e que aumenta a importância do *stakeholder* e dos grupos de interesses.

Exemplo 17: A Lei da Segurança na Aviação e Transporte

Desde os ataques terroristas de 11 de setembro de 2001 nos EUA, o problema da segurança no transporte — e em particular de uma maior segurança no transporte aéreo — passou a ocupar o primeiro lugar na agenda do governo norte-americano. O governo dos EUA reconheceu

> que, na situação atual, as companhias aéreas e as agências de controle de trafego aéreo sozinhas não poderiam mais lidar adequadamente com esta questão tão crítica.
>
> A rapidez deste processo de articulação do mercado, de formulação e implementação de políticas é ilustrada pelo Projeto de Lei da Segurança na Aviação e Transporte (ATSA), que o presidente Bush promulgou em 19 de novembro de 2001, apenas 10 semanas depois dos ataques. Isto revelou a fragilidade do sistema em vigor na época. A ATSA definiu, entre outras coisas, uma nova Agência de Segurança para o Transporte Aéreo (TSA), vinculada ao Departamento Nacional dos Transportes. O principal objetivo da lei foi o de melhorar a segurança dos aeroportos nacionais, que hoje estão sob o controle e a administração federais. Mais especificamente, a TSA e as companhias aéreas operam a inspeção de indivíduos e de propriedade. A nova lei exige ainda a qualificação, o treinamento e a avaliação de todos os empregados tanto quanto a presença de oficiais uniformizados que controlam a observância às leis em todos os aeroportos comerciais. O governo federal tem ainda a responsabilidade de:
>
> - Supervisionar a segurança dos passageiros e da bagagem em 420 aeroportos comerciais nos EUA.
> - Efetuar a vigilância intensiva e discreta, o treinamento e a avaliação das equipes de prevenção e do pessoal encarregado da segurança.
> - Controlar a vigilância de áreas seguras e monitorar a qualidade do controle de acesso aos aeroportos.
> - Cooperar com outras agências legisladoras na esfera federal, estadual e local, bem como desempenhar o papel de facilitador da coordenação da segurança interna.

Na fase da formulação de políticas, os problemas concretos e já priorizados são arranjados em relação aos programas e aos objetivos. Uma vez que já foi indicado que os especialistas e os leigos raramente concordam acerca das maneiras e das formas de avaliação dos riscos, é importante que os tomadores de decisão reflitam sobre qual caminho devem seguir. Nesta fase, têm tarefa importante os lobistas e grupos de pressão vistos como especialistas, bem como as pessoas afetadas e que, por obrigação própria, podem influenciar a atuação das instâncias legisladoras.

Na fase da implementação de políticas, programas, particularmente leis, são lançados e monitorados e, se necessário, sancionados como crimes. Somente com esta implementação é que o verdadeiro efeito de uma decisão política poderá ser julgado.

O desenvolvimento sustentável do turismo

As regulamentações feitas pelo Estado não devem ser interpretadas apenas como medidas de otimização de custos, mas também como medida para garantir o desenvolvimento sustentável do turismo. No caso dos problemas ambientais que não são necessariamente causados pelo turismo, a intervenção do Estado é muitas vezes a única oportunidade de evitar acontecimentos negativos. A relação negligente com recursos e o mau uso destes, como por exemplo na forma de contaminação da água e de poluição atmosférica, freqüentemente aparece como causa de crises no turismo.

Exemplo 18: O Erika e o Prestige

A complicada questão legal do transporte marítimo de cargas revela que apenas o Estado ou, nos casos exemplificados a seguir, a comunidade internacional é capaz de evitar de forma eficiente a ocorrência de acontecimentos negativos de conseqüências desastrosas tanto para a natureza quanto para o turismo.

Na quarta-feira, 13 de novembro de 2002, com tempo muito ruim, ocorreu um grave acidente com o petroleiro Prestige, que navegava ao longo da costa ocidental da Galícia (Espanha). Foi noticiado que a embarcação, com 77 mil toneladas de óleo cru a bordo, corria risco de afundar em virtude de uma grande rachadura no casco a estibordo. A pedido do armador e de sua seguradora, a empresa holandesa SMIT assumiu o controle do navio. Ele foi rebocado para o alto-mar e, enquanto se discutia sobre um local seguro para transferir sua carga para outro navio com segurança, a situação a bordo começou a se deteriorar.

Rastros do Prestige

Imagem registrada em 17 de novembro de 2002, com o radar do satélite da ESA's Earth Watching Project. A fotografia mostra o derramamento de óleo do petroleiro Prestige que se espalhou por uma área de 100 km.

Na manhã de terça-feira, 19 de novembro, a estrutura do navio entrou em colapso, e ele se partiu em dois, a cerca de 100 milhas das costas espanhola e portuguesa. A carga perigosa se derramou no oceano, causando grande poluição na costa da Galícia, uma importante região turística e pesqueira.

Um acidente semelhante havia ocorrido menos de três meses antes, quando o petroleiro Erika, que carregava 35 mil toneladas deste óleo, que persiste no ambiente e é de difícil remoção, poluiu a costa da França. Em ambos os casos, os petroleiros eram embarcações velhas, com casco de parede única, com condições de segurança precárias no caso de um acidente.

Uma vez que as medidas praticadas por países individualmente têm impacto pequeno na segurança marítima, a União Européia tomou a iniciativa e adotou um conjunto de medidas que proíbe este tipo de embarcação fora dos padrões de segurança, de forma eficiente, de navegarem em águas européias. Estas iniciativas, que sem dúvida trazem implicações financeiras para as companhias afetadas, beneficiarão não apenas o meio ambiente, como também o setor do turismo, ambos bastante afetados por estes dois acontecimentos.

É importante lembrar a outra faceta do Estado provedor, que ajuda as empresas afetadas por acontecimentos negativos. Esta faceta se torna visível na situação em que o Estado compensa as perdas ou os danos causados por incidentes, de forma a garantir, por exemplo, a sobrevivência de uma empresa ou de um conglomerado.

A compensação de danos ou das perdas causadas

Contudo, o Estado como esfera de atividade reage mais lentamente do que outras esferas. Enquanto que estas outras esferas esquecem os acontecimentos negativos com o passar do tempo e, por-

Regulamentações políticas

tanto, não têm qualquer efeito, as decisões políticas que levam à geração de leis ou de outras regulamentações políticas passam a exercer efeito semipermanente. Esta circunstância otimiza os custos para a organização diretamente afetada e para suas rivais mencionadas nas decisões judiciais. Contudo, a prática revela que em todos os casos é possível influenciar a reação do Estado e, portanto, as conseqüências por meio de um comportamento exemplar. Esta opção é recomendada não apenas para o caso em que a organização tem responsabilidade legal, como também no caso em que a ela é apenas atribuído um certo grau de responsabilidade.

> O efeito semipermanente

> Entre os muitos exemplos que tipificam esta relação está a indenização desembolsada pelo governo espanhol pelos ataques de 11 de março de 2004. O governo pagou 25 milhões de euros às pessoas afetadas devido a "lucros não-realizados".

3.4.2 A visão externa

O turismo internacional é parte do comércio internacional de um Estado. Se, por exemplo, um cidadão norte-americano viajar para fora dos EUA, do ponto de vista da economia norte-americana ocorre a importação de serviços turísticos. Da mesma maneira, uma exportação de serviços ocorre se a viagem for vista do ponto de vista do país que recebe aquele turista.

Quando esta situação é considerada em termos de gestão de crises, é preciso levar em consideração que o comércio internacional sempre foi o objeto de limitações e de regulamentações. Isto acontece na forma de tarifas aduaneiras, de barreiras não-tarifárias e de outras formas. As orientações ou o alerta para que se evitem viagens a um determinado país é, desta perspectiva, uma barreira não-tarifária, uma vez que aumenta as limitações de importação de serviços turísticos.

As orientações de viagens geralmente são preparadas e emitidas pelos ministérios das relações exteriores de cada país. Estas instâncias existem, em primeiro lugar, para proteger seus cidadãos. A segurança e a tranqüilidade sempre foram duas das principais razões pelas quais os seres humanos antes nômades e solitários passassem a viver em grupo, na forma de cidades e outros agrupamentos que mais tarde constituiriam Estados. O Estado moderno continua oferecendo esta proteção, e mantém um grande número de sistemas que, sempre que necessário, indicam os prováveis riscos e ameaças para todos seus cidadãos. Além disso, em um número cada vez maior de Estados passaram a oferecer serviços inéditos enquanto que os serviços existentes são melhorados para seus cidadãos em viagem a outros países ou que residam neles. As representações diplomáticas, as forças militares e também os serviços de evacuação e de resgate vêm sendo empregados com mais e mais freqüência no auxílio de cidadãos que estejam em situações extremas ou difíceis em outros países. Em vista dos serviços de evacuação e de resgate serem limitados, dispendiosos e de adoção exclusiva em situações extremas, a orientação de viagens tem também uma dimensão organizacional e econômica para o Estado de origem dos turistas. Com estas orientações, o ministério das relações exteriores almeja oferecer informações periódicas a seus cidadãos sobre ameaças à segurança pessoal que advenham de agitação política, criminalidade, violência, desastres naturais, epidemias, etc. Com isso, estes cidadãos podem, em tempo hábil, adotar as medidas necessárias para deixarem a região de risco por meio de seus próprios recursos. A interferência prática do Estado, especialmente na forma de serviços de evacuação e resgate, precisa se limitar a situações de emergência.

Exemplo 19: O MedEvac, ou o Hospital Voador

Desde o ano 2000, um *airbus* da Força Aérea Alemã totalmente equipado está em operação para o transporte de feridos e doentes em situações de emergência. Uma segunda aeronave pode entrar em operação no intervalo de três dias a partir da decolagem da primeira. Cada um destes hospitais voadores tem seis leitos em UTIs modernas e bem-equipadas, além de 36 equipamentos de transporte para pacientes acamados. Cada aeronave conta com uma população de 30 médicos e enfermeiros. Além do emprego militar destas aeronaves, os MedEvac já foram usados várias vezes para transportar turistas de volta para a Alemanha.

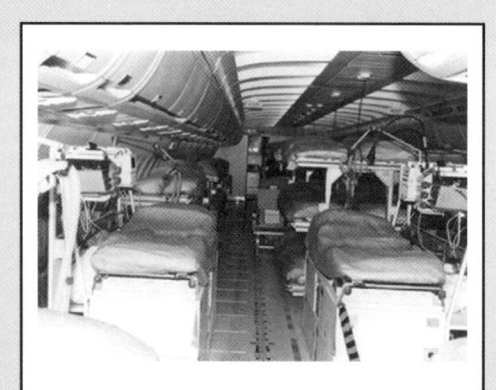

Imagem: Força Aérea Alemã. Interior da aeronave MedEvac.

Em sua primeira missão no ano 2000, o MedEvac transportou 50 crianças palestinas à Alemanha, para tratamento médico. Em abril de 2002, 12 turistas com queimaduras graves, vítimas dos ataques em Djerba (Tunísia) foram repatriados no avião, e em maio do mesmo ano, cidadãos franceses que ficaram gravemente feridos em um ataque em Karachi (Paquistão) foram transportados de volta para a França na aeronave.

A pedido de uma companhia de seguros alemã, em março de 2004, o MedEvac transportou de volta para a Alemanha 33 turistas gravemente feridos em um acidente de ônibus no México. Esta missão foi o primeiro vôo comercial da aeronave, uma vez que os custos foram integralmente cobertos pela companhia de seguros. Na virada do ano de 2004, com três viagens de resgate, 103 turistas alemães e de outras nacionalidades européias, vítimas da *tsunami*, foram levados de Phuket e Bangkok (Tailândia) de volta para a Alemanha.

Antes destes vôos, outras operações de resgate haviam sido efetuadas pela Força Aérea Alemã. Em 1978, uma missão que ficou famosa trouxe de volta para casa os turistas alemães que haviam ficado gravemente feridos em uma explosão de gás no *camping* de Los Alfaques, na Espanha. Naquela época, os vôos ainda estavam limitados ao transporte de feridos. Hoje, com o MedEvac é possível também oferecer tratamento médico a pessoas gravemente feridas.

Os alertas sobre viagens, que hoje são emitidos em poucas horas da ocorrência de um acontecimento negativo, também têm implicações políticas e econômicas para o país afetado. Apesar destes alertas terem sempre estado expostos às controvérsias da política internacional (ver Exemplo 31), a intensidade e a qualidade dessas disputas aumentou, sem dúvida, após os ataques de 11 de setembro de 2001 nos EUA. Enquanto que no passado essas controvérsias estavam, na maioria dos casos, limitadas à simples troca de posições, as estratégias e técnicas atuais se tornaram muito mais sofisticadas e profissionais. Se por um lado estas controvérsias intensificam a escalada da controvérsia política, por outro contribuem para uma melhor formação de opinião, uma vez que os mecanismos, os esquemas e os detalhes envolvidos são discutidos. (Para uma discussão mais detalhada dos alertas sobre viagens, veja a Seção 4.2.1.3.4.)

Ainda que os alertas sobre viagens tenham como objetivo principal os cidadãos que viajam ao exterior, outras medidas também podem ser adotadas em outra direção, objetivando os turistas que entram no país. Muitas vezes, isto acontece para a melhoria da segurança no país em questão. Neste caso, as conseqüências econômicas estão principalmente limitadas ao país de origem dos turistas, e em especial à sua indústria do turismo. As conseqüências políticas, no entanto, existem, como mostrado no Exemplo 20.

Exemplo 20: Na mesma moeda

Os ataques de 11 de Setembro de 2001 nos EUA alteraram de forma significativa a estrutura da segurança. O governo norte-americano introduziu medidas até então desconhecidas, tanto em qualidade quanto em quantidade. Entre estas estava uma nova política de vistos e a emissão de passaportes contendo dados biométricos. Os visitantes de alguns países tiveram de passar por medidas de controle mais rigorosas do que de outros. Este tratamento diferenciado causou problemas.

Em 5 de janeiro de 2004, os brasileiros que chegavam aos EUA passaram a ter de fornecer suas impressões digitais e fotografias, e tiveram de aceitar uma verificação de segurança mais rigorosa do que os visitantes de outros países. Isto não se limitou à formação de filas e a atrasos maiores. Os brasileiros perceberam que cidadãos de outros países atravessavam a imigração sem passar pelos mesmos procedimentos. A reação política não tardou a chegar.

Em retaliação, o Brasil decidiu, em função do aviltamento da dignidade e do direito à reciprocidade, implementar os mesmos controles com relação a visitantes norte-americanos ao país: rastreamento digital, fotografia, impressões digitais e até mesmo o pagamento de US$ 100,00 para a obtenção de visto (o mesmo valor cobrado dos brasileiros pelos EUA).

Simultaneamente, o Ministro das Relações Exteriores do Brasil encaminhou pedido ao governo norte-americano para que os cidadãos brasileiros fossem retirados da lista de países sujeitos a estas medidas de segurança adicionais.

Este incidente teve ampla divulgação e despertou o interesse internacional. Contudo, a resposta retaliadora não foi aceita de forma unânime no Brasil. Diante do impacto negativo desta nova política no turismo, as autoridades locais no Rio de Janeiro, principal destino turístico no país, pediram que as medidas fossem suspensas. De forma a diminuir o impacto imediato, a cidade do Rio de Janeiro passou a recepcionar os turistas norte-americanos com flores, um amuleto em forma de pulseira e uma camiseta com os dizeres "O Rio Ama Você".

Passadas as negociações, a situação se normalizou. Contudo, o exemplo do Brasil ilustra muito bem como o turismo, uma das maiores atividades econômicas no mundo, vem cada vez mais se tornando uma ferramenta da política internacional.

3.5 OS INVESTIDORES, O QUADRO DE PESSOAL E OUTRAS ESFERAS DE ATIVIDADE

Objetivos
- Conhecer as outras esferas de atividade.

Palavras-chave e conceitos
- Fundos de capital
- Agências de classificação de risco
- Gestão responsável

Os investidores de capital, as agências de classificação de risco, os funcionários e fornecedores da companhia ou destino pertencem aos outros elementos do ambiente institucional. Os fornecedores são mencionados apenas para complementar a lista. Na verdade, eles não podem ser levados em consideração, uma vez que as observações feitas na área do produto turístico como esfera de atividade podem também ser transferidas para os componentes do conjunto de serviços.

Os recursos financeiros são de grande importância, principalmente para projetos de infra-estrutura de turismo. São os hotéis que via de regra investem de forma mais veemente. Esta situação se intensifica pela alta proporção de investimentos estrangeiros. Conquanto a propriedade que via de regra serve como garantia não seja afetada pelo acontecimento negativo, é importante para os investidores que os efeitos possam ser controlados em outras esferas de atividade e que não tenham conseqüências no longo prazo. Isto vale também para as outras atividades que dizem respeito às relações com investidores de capital externo. Além disso, é importante que um número maior de investidores esteja julgando as decisões administrativas fundamentados na ética. O que havia sido observado anteriormente no ambiente mais amplo das organizações, ou seja, que os grupos de pressão social têm a intenção de influenciar as companhias, pode hoje ser visto também com relação aos grupos de investidores. Além de uma pequena parte de estoques de ações afinados com os meios políticos na Europa estimados em

> **Custos financeiros**
>
> As agências de classificação de risco como a Standard&Poor's ou a Moody's avaliam não apenas as conseqüências de um acontecimento negativo, como também a qualidade das ações tomadas pela organização afetada. Suas análises e relatórios têm considerável influência na extensão em que um acontecimento negativo é seguido de um impacto econômico. A diminuição da nota em um ponto, de "A-" para "BBB+" aumenta o custo do refinanciamento da dívida em 0,6% para um bom devedor.
>
> As agências de classificação agem com rapidez. No caso do furacão Katrina, por exemplo, depois de apenas dois dias de sua passagem, já estavam prontas as primeiras avaliações sobre seus efeitos na região e a possível reclassificação para baixo dos valores de diferentes títulos da dívida.

Os investidores de capital

US$ 40 bilhões, e que somente são investidos em companhias que os investidores consideram socialmente responsáveis, há também o universo mais amplo de investidores mais generalistas — tanto nos EUA quanto na Europa — que passaram a exigir comportamento corporativo como parte do desempenho global das empresas, depois do escândalo da Enron. Assim, o tratamento dos investidores de capital, que é de natureza indireta, está se tornando uma esfera de atividade cada vez mais importante.

> **Gestão responsável**
>
> A Munich Re não é apenas a maior companhia de reseguros, como também é um importante investidor institucional. Nesta função, a companhia vem pressionando as empresas em que investe a adotar práticas de desenvolvimento sustentável e de respeito ao meio ambiente. Com a prática destes princípios, a companhia pretende ter 80% de seus investimentos em corporações incluídas no Índice Dow-Jones de Sustentabilidade (DJSI) ou no FTSE4Good, da Grã-Bretanha.

Do ponto de vista do quadro de pessoal, é preciso levar em consideração que as empresas de turismo têm forte interesse no emprego temporário de funcionários (para outros aspectos sobre o quadro de pessoal, veja também a Seção 7.2.3). Isto se dá em função das flutuações na demanda, que raramente permitem um emprego para o ano todo. Além disso as necessidades individuais dos turistas ou seus hábitos no âmbito da nacionalidade contribuem com o emprego de funcionários estrangeiros, como padeiros, chefes de cozinha e guias de turismo. Sobre estes funcionários temporários, especialmente se forem estrangeiros, os acontecimentos negativos sempre terão um impacto se sua segurança pessoal estiver ameaçada. Do contrário, as consequências são mínimas.

3.6 O *RANKING* DAS ESFERAS DE ATIVIDADE

Uma das principais características das situações de crise é a limitação nos recursos disponíveis para a organização afetada. Isto implica no fato de as esferas afetadas terem de ser avaliadas e priorizadas com base na importância individual de cada uma. Do ponto de vista geral, a consequência para as diferentes esferas varia de acordo com as respectivas ramificações. No setor de produção, por exemplo, as empresas basicamente aumentarão seus custos, uma vez que os efeitos serão principalmente a geração de normas legais, com pouca interferência dos mercados.

No turismo, é preciso supor que o consumidor, isto é, o mercado de vendas, ocupa o primeiro lugar nas esferas de atividade. A consequência do efeito é determinada principalmente por intermédio da constelação do mercado em que a unidade ou unidades afetadas estão localizadas. Deste ponto de vista, os competidores também são importantes. O ambiente social da organização afetada, que pode ser mais amplamente visto do que o número de consumidores atuais ou futuros, também é importante no turismo. No presente, os grupos interessados e os *stakeholders* têm pouca importância, mas o interesse geralmente alto direcionado ao turismo contribui com o fato de que temas abordando acontecimentos negativos são disseminados com rapidez e recebem considerável atenção. Além disso, esta situação influencia a esfera estatal de atividade, que deveria ser classificada após a esfera do ambiente social. Esta mobilização depende primordialmente da opinião pública, que deve ser o foco da atenção da organização afetada. As chances do acontecimento assumir proporções catastróficas exerce um rápido efeito no envolvimento do Estado. Se este envolvimento for grande, ele poderá induzir as instituições estatais a assumir o controle. Neste caso, a organização afetada inesperada e rapidamente assume uma posição defensiva.

As descobertas feitas nas várias esferas de atividade formam, como o conhecimento da ordem geral — mesmo que isto possa mudar, naturalmente, devido a outras influências — a base das medidas preventivas bem como da contribuição à otimização geral das ações da companhia no enfrentamento da crise.

Questões para revisão e discussão

O Estado como esfera de atividade
- Quais são as conseqüências das ações do Estado?
- O Estado reage apenas com a aplicação de sanções e regulamentações?
- Quais são os serviços que o Estado oferece ao cidadão?

Investidores, quadro de pessoal e outras esferas de atividade
- Como os investidores de capital reagem a acontecimentos negativos?
- Do ponto de vista do investidor, o que se entende por gestão responsável de uma companhia de turismo?

Sugestões para leitura

Organização Mundial do Turismo (2000), *Global Code for Ethics for Tourism*, OMT, Madri.
Organização Mundial do Turismo (2003), *Tourism Recovery Series*, OMT, Madri.
Organização Mundial do Turismo (2005), *Tsunami Relief for the Tourist Sector – Phuket Action Plan*, OMT, Madri.
Organização Mundial do Turismo (2005), *Proposal to Channel Funds for the Economic Operational Recovery of Small and Medium-Size Tourism Enterprises Affected by the Tsunami*, OMT, Madri.
Organização Mundial do Turismo (2005), *Tsunami: One Year on — A summary of the implementation of the Phuket Action Plan*, OMT, Madri.

4
Métodos de análise e prognóstico

Objetivos

- Avaliar as técnicas de análise e de prognóstico para determinar sua aplicação na identificação de áreas e acontecimentos importantes.
- Entender as conseqüências da transferência de imagem negativa.
- Descrever os estágios de desenvolvimento de um sistema de alerta inicial.
- Possibilitar a avaliação da sustentabilidade de sistemas de alerta inicial baseados em indicadores ou sinais incipientes.

Termos-chave e conceitos

- Técnicas de análise e prognóstico
- Transferência de imagem negativa
- Medição da semelhança
- Sistemas de alerta inicial
- Indicadores
- Sinais incipientes
- Orientações para viagem

Conforme já ilustrado, a gestão da prevenção e do enfrentamento da crise precisa ser distinguida dentro do conceito mais amplo de gestão de crises. O objetivo da gestão da prevenção de crises é a adoção de precauções contra a crise. Em primeiro lugar, é preciso identificar as áreas da organização especialmente ameaçadas por acontecimentos negativos ou que são tão importantes que não podem ser expostas a qualquer ameaça, de qualquer natureza. Este processo de identificação e avaliação interna das possíveis áreas problemáticas no conjunto de precauções contra a crise é seguido de medidas estratégicas e operacionais com que a organização se protege do ambiente em que opera. Somente assim, com base nas descobertas feitas durante este processo, é que o ambiente de operação da companhia pode ser visto por sistemas de alerta inicial, de forma a indicar as possíveis alterações e a permitir uma pronta reação por parte da organização (as áreas internas da empresa poderão também estar por trás das crises, mas não devem ser consideradas em muito detalhe, pois são da alçada da administração geral de empresas).

A seqüência de identificação e de sistemas de alerta inicial não obedece a regras inflexíveis, uma vez que os resultados dos alertas iniciais podem levar a uma completa redefinição das áreas previamente definidas como de ameaça. Contudo, as considerações feitas a seguir têm relação com ações práticas.

4.1 A IDENTIFICAÇÃO DE ÁREAS E ACONTECIMENTOS IMPORTANTES

Toda empresa tem uma variedade de áreas críticas ou importantes responsáveis por seu sucesso. Em primeiro lugar estão as vantagens competitivas da empresa. Há também outras áreas que ganham importância na ocorrência de um acontecimento negativo. Ainda que a definição e a manutenção da vantagem competitiva seja tarefa da administração geral de empresas, áreas de importância competitiva menor também precisam ser examinadas neste processo para a imediata identificação dos efeitos desconhecidos que exercem sobre a organização, em situações desfavoráveis. Este exame precisa incluir, o tanto quanto possível, uma perspectiva futura.

Se esta perspectiva for estendida ao fato de que, do ponto de vista dos acontecimentos negativos, é conhecido o número de incidentes a partir dos quais as crises no turismo são desencadeadas, vemos o surgimento de uma situação como ilustrada no Diagrama 4.1.

		Acontecimentos	
		Conhecidos	Desconhecidos
Áreas	Conhecidos como importantes	1.	2.
	Desconhecidos como importantes	3.	4.

DIAGRAMA 4.1 Matriz das situações.

1. O primeiro quadrante descreve a situação em que um acontecimento negativo conhecido ocorre, afetando a área classificada como importante. Uma vez que ambas as áreas são conhecidas, uma análise mais abrangente não é necessária neste ponto.
2. O segundo quadrante se refere à circunstância em que uma área classificada como importante é afetada por um acontecimento negativo anteriormente conhecido em termos de seus efeitos ou características. A surpresa causada se deve ao acontecimento ou à forma de apresentação do acontecimento.

> A SARS é um exemplo típico de um acontecimento negativo anteriormente desconhecido que causou graves conseqüências para o turismo mundial. O desafio especial imposto pela SARS foi sua origem desconhecida, e não o desafio visto como epidemia de disseminação rápida.

3. A terceira situação é vista se o acontecimento é conhecido em seu potencial de ameaça para uma área classificada como não-importante.
4. O quarto caso descreve o conjunto classificado como o mais problemático para a gestão de crises, qual seja, a ocorrência de um acontecimento negativo desco-

nhecido que afeta uma área cuja importância é também desconhecida. Portanto, a maioria das informações são tidas como importantes, uma vez que uma diferenciação baseada na importância parece ser impossível.

> Este caso foi observado, por exemplo, na Austrália durante a crise da SARS. Apesar da Austrália ter sido pouco afetada pela epidemia, o país tinha uma dependência dos principais aeroportos asiáticos, que até então não eram vistos como importantes. Esta dependência afetou a Austrália de forma conjunta com o até então desconhecido efeito negativo da SARS.

Mesmo com o benefício do aumento simultâneo do conhecimento sobre a importância de certas áreas, o ideal ainda é fazer o possível para reduzir a ocorrência de acontecimentos negativos. Esta última situação é, contudo, praticamente impossível, devido ao grande número de acontecimentos negativos. Por esta razão, a identificação de áreas do produto turístico classificadas como importantes é o principal objetivo prático do processo de prevenção da crise. Apenas com este conhecimento é que será possível a adoção de medidas preventivas eficientes, que por sua vez possibilitam a emissão de um alerta inicial.

Com isso, as técnicas de análise e prognóstico selecionadas devem ser avaliadas em termos de sua capacidade de identificar áreas e acontecimentos importantes para a gestão da crise. As técnicas de prognóstico já consideradas anteriormente servem, nestas circunstâncias, para identificar áreas importantes se o acontecimento é conhecido, ou vice-versa, para a identificação de acontecimentos importantes no caso da área ser conhecida. Ao mesmo tempo, elas são úteis no quarto caso, especialmente se a análise é empregada para identificar sinais incipientes (a consideração do quarto caso em que não se conhece a importância nem da área nem do acontecimento é dada na Seção 4.2.2).

4.1.1 A análise do impacto cruzado e da vulnerabilidade

A análise do impacto cruzado é um método quantitativo a partir do qual a correlação entre fatores é determinada e ilustrada. O objetivo é possibilitar a avaliação da intensidade e do sucesso destas correlações.

Diante das diferentes formas em que a análise do impacto cruzado vem sendo vivenciada ao longo do tempo, ganha importância presente a capacidade desta ferramenta em avaliar o efeito de possíveis acontecimentos em áreas importantes dentro de uma organização ou de suas estratégias. Para tal, os prováveis acontecimentos no meio ambiente são dispostos nas linhas, enquanto que as estratégias almejadas ou planejadas para as áreas importantes são dispostas nas colunas da matriz. Feito isto, os especialistas avaliam o efeito dos acontecimentos do meio ambiente em áreas ou estratégias em que inserem o valor da avaliação, em uma escala definida, na matriz. Os valores de avaliação positivos de uma escala descrevem as oportunidades abertas com os acontecimentos no ambiente, enquanto que os valores negativos descrevem as ameaças.

Depois disso, para avaliar os efeitos dos acontecimentos, as avaliações positivas e negativas são somadas, em separado, para cada linha. O valor obtido neste processo revela quais dos diferentes acontecimentos no ambiente devem ser interpretados como

Ambiente	CEE 1	CEE 2	CEE 3	CEE 4	Efeito +	Efeito −
1 A economia como um todo						
Produto Interno Bruto	−3	−2	0	+1	+1	−5
Juros	−3	−3	−3	−2	0	−11
2 Ambiente político-legal						
Proteção ambiental	−1	+2	0	+1	+3	−1
Subsídios	0	+1	+1	0	+2	0
3 Tecnologia						
Novas tecnologias de produto	+2	+2	+3	−1	+7	−1
Novas tecnologias de processo	−1	0	0	+1	+1	−1
4 Demografia/cultura						
Desenvolvimento populacional	−1	+1	0	0	+1	−1
Atitude com o consumo	+2	+2	−1	0	+4	−1
Efeito +	+4	+8	+4	+3		
Efeito −	−9	−5	−4	−3		

Legenda: CEE – Campo Empresarial Estratégico.

Os efeitos esperados podem ser marcados em uma escala que vai de −3 a +3.
Exemplo: desenvolvimento ambiental... mostra a ameaça/oportunidade de um CEE... .

Ameaça ———————————————————————————— Oportunidade
−3   −2   −1   0   +1   +2   +3

Fonte: adaptado de Köhler e Böhler (1984).

DIAGRAMA 4.2 A análise do impacto cruzado.

uma ameaça em particular (valor negativo alto) ou oportunidade (valor positivo alto). As adições efetuadas nas colunas permitem a avaliação das áreas importantes ou das estratégias em todas as condições gerais.

Os resultados da análise do impacto cruzado podem ser melhorados por meio da análise de vulnerabilidade, que permite que a informação seja estendida à probabilidade de ocorrência do acontecimento. Este valor, obtido com informações dadas por especialistas, é aplicado aos cenários relevantes e seus efeitos são obtidos pela análise do impacto cruzado. Ao demonstrar-se a urgência da reação desta maneira, a necessidade por ajustes fica clara, com a geração da importância dos acontecimentos que precisam ser observados.

Avaliação

⊕ A análise do impacto cruzado é via de regra uma ferramenta sustentável com o qual as áreas importantes da organização, ou seja, os acontecimentos, podem ser identificados.

⊕ Contudo, a pré-seleção dos acontecimentos e das áreas para a avaliação é problemática.

⊖ É preciso ter em mente que o emprego desta informação é fortemente determinado pela qualificação dos especialistas requisitados.

4.1.2 A matriz de interação

De forma semelhante à análise do impacto cruzado, a matriz da interação relaciona as áreas selecionadas uma com a outra, para identificar os ciclos dominantes e críticos. Portanto, o que é avaliado é o grau com que as causas, que são inseridas nas linhas, estão influenciando os efeitos, que são inseridos nas colunas. A faixa de valores empregada está entre 0 (nenhuma) e 3 (forte influência).

As somas ativa (SA) e passiva (SP) são calculadas pela adição dos valores nas linhas e colunas, respectivamente. Por fim, o produto P (SA × SP) e o quociente Q (SA/SP) são calculados e um valor ativo, passivo, crítico e inerte é definido.

Relação ativa de / para	1. Tráfego motorizado individual	2. Pedestres	3. Infra-estrutura de tráfego	4. Atração turística	5. Interior	6. Ar/ruído	7. Comércio/ negócios	Soma ativa (SA)	Quociente (SA/SP)
1. Tráfego motorizado individual	–	3	2	3	1	3	2	14	1,4
2. Pedestres	1	–	1	1	1	0	2	6	0,5
3. Infra-estrutura de tráfego	3	2	–	3	3	2	3	16	2,3
4. Atração turística	2	1	0	–	1	1	3	8	0,5
5. Interior	1	3	2	3	–	1	1	11	1,2
6. Ar/ruído	1	3	0	3	2	–	1	10	1,1
7. Comércio/negócios	2	1	2	2	1	2	–	10	0,8
Soma ativa (SA)	10	13	7	15	9	9	12		
Quociente (SA/SP)	140	78	112	120	99	90	120		

Fonte: adaptado de Müller e Flügel (1999).

DIAGRAMA 4.3 A matriz da interação.

Estes elementos ajudam a responder a várias perguntas. Com o valor ativo, o maior quociente, define-se o elemento que influencia outras áreas na maior intensidade possível, e que é também menos influenciado por outras áreas. Assim, esta variável tem o maior espaço de manobra à sua disposição. Inversamente, o menor quociente está exposto às maiores influências de outras áreas e oferece a menor influência. O valor crítico, o maior valor de P, indica a área com o maior nível de dependência. Este exerce grande influência em outras áreas, e ao mesmo tempo é mais afetada por elas. Assim, as reações em cadeia são uma conseqüência das alterações neste valor. No caso do elemento inerte isto é diferente, pois ele registra pouca influência tanto imposta quanto sofrida por outras áreas.

Avaliação

⊕ A matriz de interação é um instrumento com o qual as áreas e acontecimentos podem ser abrangente e sistematicamente examinados com relação a sua confiabilidade.

⊕ A diminuição da complexidade e as diversas possibilidades de análises têm influência especial.

⊖ A experiência dos especialistas, que também é necessária neste caso, influencia o valor dos resultados e é desvantajosa quando os acontecimentos e mecanismos são desconhecidos.

4.1.3 O método Delphi

O método Delphi é um método qualitativo de prognóstico, que objetiva tornar mais precisos acontecimentos relevantes e incertos. Ele é conduzido por meio de repetidas pesquisas especializadas com a publicação passo a passo dos resultados de cada etapa, de forma a gerar mais informações e, em especial, a avaliar o valor dos julgamentos extremos. O anonimato entre os participantes tem a função de neutralizar a pressão para a conformidade, que é sempre possível. Ao mesmo tempo, contudo, este anonimato leva a um acentuado risco de prognósticos individualizados e não-relacionados. Para evitar esta situação, após cada etapa os participantes recebem informações estatisticamente tratadas dos resultados da etapa concluída.

Avaliação

⊕ Sustentável para a avaliação das áreas e acontecimentos futuros que tenham importância.

⊕ A ausência de pressão pela conformação é uma vantagem, tal como a possibilidade de permitir que informações recentemente adquiridas sejam incluídas na pesquisa.

⊖ A exigência por anonimato permite apenas o aprendizado indireto entre os participantes.

⊖ Tem uso limitado em processos complexos.

⊖ A obrigação de justificar julgamentos extremos também contribui para evitá-los, na possibilidade de falta de interesse ou de habilidade de explicá-los.

> - O tempo envolvido, que pode ser de até seis meses, não é aplicável para a avaliação de muitos acontecimentos.
> - A qualidade dos respectivos moderadores determina também a qualidade dos resultados dos prognósticos.

4.1.4 A análise do cenário

A análise do cenário disponibiliza uma tecnologia para a análise do ambiente e da estimativa das conseqüências de certas estratégias tal como determinadas pela organização (Kahn e Wiener, 1967). Contrastando com os métodos de prognóstico mais quantitativos e qualitativos, a análise do cenário não é baseada na premissa da estabilidade no tempo. Desta maneira, os problemas detectados por meio do uso das tecnologias tradicionais de prognóstico e que ganharam especial visibilidade no contexto da crise do petróleo de 1973 podem ser evitados (Kreikebaum, 1993). Os cenários globais e os específicos a uma empresa são distinguidos de acordo com a área considerada. Enquanto que os primeiros consideram cenários ambientais gerais, os cenários específicos a uma empresa, que são de interesse especial em nossa discussão, exploram as condições para a concretização dos negócios.

Contrastando com as técnicas de extrapolação da tendência quantitativa, várias configurações possíveis, plausíveis e consistentes são desenvolvidas ao mesmo tempo em que ilustram o trajeto dos acontecimentos que trazem estes resultados. Portanto, várias outras técnicas de prognóstico, tais como as tecnologias criativas, são empregadas num segundo momento. Isto permite que tanto as informações qualitativas quanto as quantitativas sejam processadas. De forma a reduzir os esforços, o número de cenários a serem desenhados fica normalmente restrito a dois ou três. Estes cenários devem incluir as duas situações futuras extremas, e, se necessário, representar também a situação corrente. Este processo tem uma abordagem tipicamente composta de sete ou de oito fases e inclui técnicas como a análise do impacto cruzado e a de vulnerabilidade.

> **Exemplo 21: A preparação para a Gripe Aviária — o planejamento do cenário na Visit Scotland**
>
> Com os primeiros casos de SARS e da Gripe Aviária em 2003, o mundo ficou em alerta para a velocidade de disseminação de doenças infecciosas. Como o alerta dado pela Organização Mundial da Saúde foi mantido no nível alto, a Visit Scotland, a organização nacional escocesa do turismo, passou a examinar as conseqüências de uma possível epidemia de Gripe Aviária na indústria do turismo local.
>
> A técnica do cenário foi empregada na tentativa de entender quais os impactos que as mudanças poderiam ter no turismo da Escócia. Depois de uma revisão bibliográfica, a administração da Visit Scotland e a equipe de pesquisa adotaram uma abordagem de 8 passos:
>
> Passo 1   Uma revisão do cenário existente produzida pelo Departamento Escocês da Saúde foi conduzida, com foco particular nas suposições e implicações para o setor do turismo.

Passo 2	Uma seção de *brainstorming* tentou descobrir as questões e as relações de interesse. Dois cenários, o "está acontecendo lá" e o "está acontecendo aqui" foram projetados em conjunto com as principais hipóteses. Enredos simplificados para os dois cenários foram então escritos.
Passo 3	O impacto econômico que as principais hipóteses nos dois cenários teriam no setor do turismo e na macroeconomia da Escócia e do Reino Unido foi estimado por meio do "Modelo Moffat" — um modelo computacional de comportamento estático de estimativa do equilíbrio geral para um único país usado na Visit Scotland.
Passo 4	Os resultados foram apresentados ao Departamento Escocês da Saúde depois de revisados pelo grupo de planejamento do cenário. O *feedback* foi incorporado nos roteiros resumidos para aprimorar o realismo dos resultados.
Passo 5	Os principais *stakeholders* da indústria britânica do turismo foram solicitados a examinar os cenários e a participar de *workshops*.
Passo 6	Os *stakeholders* foram divididos em dois grupos para a realização de *workshops* com duração de um turno. Antes dos *workshops*, os participantes receberam os cenários junto com a literatura técnica relevante, bem como relatórios médicos sobre a Gripe Aviária. Um questionário predefinido foi utilizado para estimular a discussão. O modelo hexagonal foi empregado pelos dois grupos como ferramenta facilitadora para estruturar seus comentários e idéias (ver os desenhos a seguir).
Passo 7	Os cenários foram então avaliados em termos de validade e do contexto da realidade, e os comentários feitos foram empregados para melhorá-los.
Passo 8	Baseada nos cenários aprimorados que auxiliaram no entendimento do impacto do acontecimento e das conseqüências e interações entre as diferentes esferas de atividade (consumidor, setor público, indústria do turismo), a Visit Scotland identificou as questões importantes para este tipo de crise. Com base nestas, foram

O Impacto Econômico do Cenário 2

Moffat Economic Impact Model for Scenario Two: "It's Here!"

Macro Results	£ million change	% change
GDP	-26,841	-38.6
Welfare	-24,727	-43.8
Employment (FTE jobs)	-272,340	-14.8
Balance of trade	0	0.0
Government revenue	-4,251	-18.5
Daytrips expenditure	-910	-40.0
Domestic Tourism expenditure	-763	-47.5
Rest of UK Tourism expenditure	-2,042	-59.5
International Tourism expenditure	-1,191	-78.6
Domestic plus Rest of UK Tourism expenditure	-2,805	-55.7
Overnight Tourism expenditure	-3,995	-61.0
Tourism plus Daytrips expenditure	-4,906	-55.6

Tourism Parameters	Percentage change in demand
Domestic Daytrips	-40.00%
Domestic Tourism (total)	+0.00%
Domestic Tourism (Business)	-50.00%
Domestic Tourism (VFR)	-30.00%
Domestic Tourism (Holidays 1-3 nights)	-50.00%
Domestic Tourism (Holidays 4-7 nights)	-50.00%
Domestic Tourism (Holidays 8+ nights)	-50.00%
Domestic Tourism (Other)	-50.00%
Domestic Tourism (Car)	+0.00%
Domestic Tourism (Train)	+0.00%
Domestic Tourism (Coach tour)	+0.00%
Domestic Tourism (Regular bus/coach)	+0.00%
Domestic Tourism (Boat/ship)	+0.00%
Domestic Tourism (Air)	+0.00%
Domestic Tourism (Other)	+0.00%
Domestic Tourism (Friend's/Relative's House)	+0.00%
Domestic Tourism (Hotel/ Motel and guest houses)	+0.00%
Domestic Tourism (Self catering/rented)	+0.00%
Domestic Tourism (Bed and breakfast)	+0.00%
Domestic Tourism (Touring caravan and camp)	+0.00%
Domestic Tourism (Static caravans)	+0.00%
Domestic Tourism (Other)	+0.00%
Rest of the UK Tourism (Total)	+0.00%
Rest of the UK Tourism (Business)	-60.00%
Rest of the UK Tourism (VFR)	-50.00%
Rest of the UK Tourism (Holidays 1-3 nights)	-60.00%
Rest of the UK Tourism (Holidays 4-7 nights)	-60.00%

Tourism Sector Parameters	Productivity
Large Hotels	-10%
Small Hotels	-10%
B&B Guest Hse	-10%
Self Catering	-10%
Caravan And Camping	-10%
Restaurants Etc	-10%
Railways	-10%
Other Land Transport	-10%
Sea and Air transport	-10%
Transport Services	-10%
Recreational Services	-10%
Retail Distribution	-10%

Other sector parameters	Productivity
LFA: Specialist sheep	-10%
LFA: Specialist beef	-10%
LFA: Cattle and sheep	-10%
Cereals	-10%
General Cropping	-10%
Dairy	-10%
Mixed	-10%
Forestry and Fishing	-10%
Coal Extraction	-10%
Quarrying	-10%
Meat Processing	-10%
Dairy Product	-10%

O cenário "está acontecendo lá" simulado com o modelo do impacto econômico Moffat.

formuladas as prioridades concretas para a ação e os passos necessários para a melhor preparação da Visit Scotland e do setor do turismo contra a Gripe Aviária.

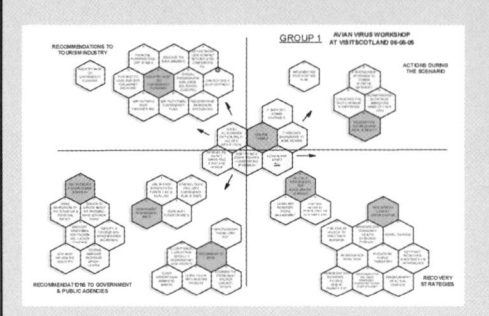

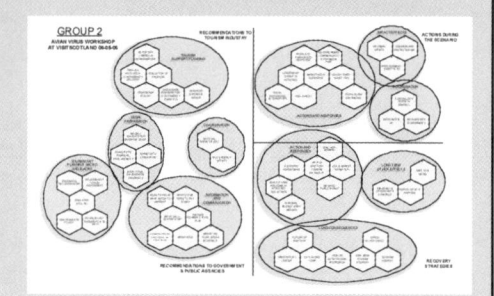

Fonte: Visit Scotland (2005).

Avaliação

⊕ Adequado para a avaliação de áreas e acontecimentos de importância futura.

⊕ A maior vantagem está na descrição hipotética de cenários futuros que, apesar de inexatas são lógicas. Por meio dela as interações entre as várias situações são possíveis, com o esclarecimento de suas conseqüências independentemente da probabilidade.

⊖ A qualidade dos resultados produzidos pela técnica do cenário é influenciada, em grande parte, pela qualificação dos especialistas responsáveis pelo conteúdo.

⊖ O mesmo vale para a seleção de cenários extremos e de tendência.

⊖ Dependendo da complexidade e da dinâmica da situação do ambiente, que são bastante altas no contexto internacional, o problema se intensifica com a desconsideração dos fatores de influência.

4.1.5 A transferência da imagem negativa

O conceito transferência de imagem está calcado na suposição de que as associações relacionadas com a marca ou com o produto influenciam o comportamento do consumidor. Nesse sentido, são comuns as tentativas de transferência das associações já relacionadas a uma marca ou a um produto e que influenciam o comportamento do consumidor de forma positiva (componentes positivos da imagem) em relação a outro produto. Esta transferência de imagem inclui as associações que precisam ser percebidas com o produto mas que não devem necessariamente ser identificadas por meio deste aspecto.

As transferências de imagem também ocorrem durante acontecimentos negativos. Os acontecimentos negativos em grande número, a menos que resultem num processo de destruição direto, duradouro e objetivo do produto, exercem tamanha influência tão-somente porque, tal como na transferência da imagem positiva, eles constroem certos valores negativos ou destroem dimensões relacionadas de modo positivo com o produto turístico. Ambas formas de transferência de imagem são baseadas no mesmo mecanismo. A única diferença está na ocorrência de efeitos reversos. Isto é também confirmado por Romeo (1991), que examinou a retransferência de informação negativa a famílias de marcas. Ele descobriu que esta situação é amparada pelos mesmos fatores que do contrário influenciam apenas a transferência de imagem positiva. As circunstâncias que favorecem ou impedem a transferência de imagem podem ser divididas em quatro áreas de influência (Mayerhofer, 1995):

- Os conceitos de imagem
- O tipo de produto ou de acontecimento
- As empresas
- Os consumidores

Na discussão sobre as esferas de atividade relativas ao consumidor e ao produto, as duas últimas circunstâncias foram exploradas em detalhe. Portanto, os conceitos de imagem e os tipos de produtos e acontecimentos tornam-se o foco das considerações a seguir.

4.1.5.1 Os conceitos de imagem

Os conceitos de marcas simbólicos e situacionais são distinguidos para a explicação das influências do conceito de imagem. Ao passo que os conceitos de marca são baseados no compartilhamento das características físicas semelhantes ou das funções de desempenho idênticas, os conceitos situacionais de marca são baseados no compartilhamento do mesmo contexto de uso, como no caso do equipamento para *camping*. Em ambos, a imagem do consumidor é marcada por certas características individuais do produto. Por outro lado, os conceitos de marca simbólicos são caracterizados por uma imagem abstrata e holística. As pesquisas relacionam esta caracterização às diferentes estruturas mnemônicas que formam a base para estes conceitos.

Park, Lawson e Milberg (1989) conseguiram verificar que os produtos de conceitos funcionais e situacionais são percebidos como semelhantes e equivalentes, mesmo na ausência de um conceito de marca. Esta descoberta pode ser relacionada às mesmas características e situações de uso que formam a base de cada uma delas. Por outro lado, a semelhança não é vista em produtos com conceitos simbólicos, nas mesmas circunstâncias. Neste caso, apenas uma marca presente foi capaz de aumentar a percepção do produto como sendo adequado. A avaliação desta semelhança, contudo, permanece inalterada.

Este potencial para a transferência de imagem também é interessante do ponto de vista dos acontecimentos negativos. Eles tornam pública a posição essencialmente diferente — e arriscada — que os produtos com conceitos de imagem funcional e situacional têm em comparação com produtos simbólicos. A amplitude da transferência de imagem para conceitos de imagem funcionais e situacionais, inicialmente tida como pequena, limita também a quantidade de acontecimentos negativos. Eles podem ser encontrados principalmente onde existe uma referência de uso ou de função para o produto. Ao mesmo tempo, este conhecimento também esclarece a maior susceptibilidade aos conceitos simbólicos.

4.1.5.2 Os tipos de produto e de acontecimento

> **Semelhanças**
>
> Os especialistas percebem as semelhanças, tanto as superficiais quanto as mais arraigadas, melhor do que o leigo. Contudo, aqueles atribuem a estas semelhanças uma importância menor se forem superficiais. Com isso, é reforçada a hipótese feita anteriormente, de que uma envolvimento altamente pessoal e específico ao produto por parte dos turistas acaba encorajando uma avaliação mais abrangente e completa do incidente.
>
> Fonte: Muthukrishnan e Weitz (1991).

O segundo grupo de fatores de influência aborda o tipo de produto e de acontecimento, e a relação entre os dois. Se considerarmos o tipo de produto, o efeito da transferência de imagem é consideravelmente influenciado pela possibilidade de avaliar o produto. Os bens de experiência, examináveis apenas por meio do uso, são muito mais suscetíveis à transferência de imagem do que os bens de pesquisa, para os quais uma avaliação prévia é exeqüível (para mais informações sobre influências tais como a idade do produto, força da marca, etc., consulte Chakravarti, MacInnis e Nakamoto, 1990; Smith e Park, 1992). Se isto for aplicado à gestão de crises no turismo, tem-se que o produto turístico como bem de experiência é mais suscetível, de modo geral, à transferência de imagem no período que se segue a um acontecimento negativo.

O acontecimento, por outro lado, é avaliado diferentemente, dependendo do grau em que é lembrado. Um acontecimento típico, facilmente rememorado exerce um efeito claro e limitado, o que é também confirmado pela pesquisa sobre riscos. Por outro lado, já se sabe que incidentes que não podem ser facilmente integrados ao padrão de explicação têm conseqüências mais difíceis de estimar, e causam uma incerteza bem maior nos consumidores.

A variável essencial à explicação das possibilidades de transferência, que ora sabemos ser o indício da probabilidade de transferência, faz parte do relacionamento de proximidade entre o produto e o acontecimento. Os constructos semelhança e adequação explicam melhor este relacionamento.

A semelhança, que neste caso é relevante apenas em termos da percepção do consumidor, faz referência ao grau de transferência de imagem entre os atributos do produto, à satisfação das necessidades ou ao possível uso, no caso da transferência de imagem positiva. Isto precisa ser aplicado à situação de um acontecimento negativo, uma vez que não tem relação com dois produtos, mas com um acontecimento negativo que é semelhante aos benefícios do produto, com a satisfação das necessidades que propicia, ou com seu uso. Não resta dúvida que as possibilidades para a transferência de imagem são maiores quanto maior o grau de semelhança entre produto e acontecimento (Boush e Loken, 1991; Muthukrishnan e Weitz, 1991; Smith e Park, 1992).

Na prática, o constructo semelhança tem grande influência na análise dos efeitos. Se considerarmos a relação com o uso, ele explica por que os acontecimentos têm significados diferentes nos destinos em relação àqueles que afetam os turistas em seus países de origem. Ao passo em que os turistas interpretam um acidente de ônibus num local de férias como relacionado ao produto turístico, eles vêem o mesmo acontecimento ocorrido na cidade em que vivem, a caminho do trabalho, por exemplo, como relacionado ao trabalho, e não à cidade. Por esta razão, as estratégias que ignoram estas circunstâncias podem ser classificadas como inadequadas. Contudo, ainda é bastante comum a comparação do baixo índice de criminalidade no destino com aquela dos países de origem dos turistas vítimas de crimes.

O segundo constructo, a "adequação", descreve o grau em que o produto e o acontecimento se adaptam um ao outro e como são percebidos pelo consumidor como estando relacionados. As inter-relações óbvias, geradas pelos benefícios básicos e pelas vantagens competitivas, distinguem-se daquelas não tão óbvias assim. Uma vez que as associações óbvias aumentam a possibilidade da transferência de imagem negativa, os acontecimentos negativos são mais danosos se as associações específicas ao turismo os acompanham nesta transferência ou se a área afetada pelo incidente é associada ao turismo em geral. Além disso, as descobertas feitas por Chakravarti, MacInnis e Nakamoto (1990), que dão conta de que a possibilidade de transferência aumenta com a diminuição da relação especifica à função, podem ser confirmadas também para o turismo, em que os acontecimentos percebidos como não-limitados a certas áreas são rapidamente transferidos a regiões inteiras.

4.1.5.3 A medição da semelhança

Vários sistemas para a medição da proximidade entre produto e acontecimento estão disponíveis. Esta proximidade é chamada de semelhança, e inclui as associações do que anteriormente se chamou de "adequação".

O sistema concebido por Mayerhofer (1995) para a medição da semelhança da transferência de imagem, em um sentido mais amplo, faz uso do conceito "esfera da experiência". Esta oferece a possibilidade de empregar o retrato mais abrangente das imagens mais complexas que o consumidor tem, com o registro concomitante dos componentes de avaliação objetivos e subjetivos (ver Seção 3.2.2). Os problemas surgidos anteriormente e que foram causados pela avaliação em separado podem portanto ser eliminados, em sua maioria. Além do mais, a inclusão de fotografias no registro da imagem facilita a descrição de sentimentos mais difíceis de descrever (para o registro de sentimentos com o uso de fotografias, consulte Weinberg e Konert, 1985). A vantagem do uso de fotografias está, por um lado, não apenas em favor do produto turístico avaliado de forma subjetiva, como também dos acontecimentos negativos. A menos que sejam vivenciados de forma direta, estes acontecimentos são comunicados principalmente por meio de imagens.

> **Análise da correspondência**
>
> O objetivo da análise da correspondência é retratar a conexão entre o objetos a avaliar e os estímulos inerentes, com recursos multidimensionais. A vantagem da análise da correspondência sobre outros procedimentos resulta da descrição visual combinada dos objetos a avaliar e dos critérios empregados.
>
> Fonte: Backhaus *et al.* (1996).

Além disso, o registro das semelhanças é melhorado pela medição indireta destas. São excluídos tanto a seleção das características preliminares dos produtos — o que acarreta problemas quando se trata de conceitos simbólicos — quanto o fato das expectativas serem muito altas para os assuntos testados (Mayerhofer, 1995).

Na primeira etapa da medição das semelhanças, as esferas relevantes da experiência são estimuladas por meio de imagens e de palavras. Isto é efetuado em separado para marcas, grupos de produtos e regiões. O emprego destas três áreas é recomendável também no caso do turismo. Conforme já discutido na seção sobre a imagem de um país, na maioria dos casos esta imagem depende em grande parte dos produtos, e vice-versa.

Na etapa seguinte, os valores registrados das avaliações são convertidos em esferas da experiência multidimensional, com o auxílio da análise da correspondência. Numa primeira análise entre a imagem de grupo da marca e do produto, é possível descobrir se as imagens da marca têm uma esfera da experiência independente. Isto é observado se estas imagens estiverem localizadas distantes uma da outra, em relação à posição da imagem de grupo do produto.

A posição no interior da esfera da experiência permite então efetuar uma avaliação da extensão em que se relaciona com esferas semelhantes da experiência, bem como da identificação das principais dimensões responsáveis por esta posição. Quanto mais distante um objeto estiver do centro da ilustração, mais distinta é a imagem correspondente. Por outro lado, nenhuma esfera da experiência distinta pode ser atribuída a um objeto de avaliação posicionado mais próximo do centro da ilustração.

Exemplo 22: A medição da semelhança

Como já foi discutido, para registrar as esferas da experiência no turismo, o emprego simultâneo de marcas, linhas de produtos e regiões é recomendável, uma vez que a imagem do país é influenciada pelo produto, e vice-versa.

O diagrama a seguir permite, por meio da posição dos objetos, avaliar MARCAS, LINHAS DE PRODUTO e REGIÕES nas duas dimensões essenciais (o eixo horizontal retrata a primeira dimensão e o vertical representa a segunda), uma primeira impressão da proximidade espacial destes objetos em relação um ao outro, e também os critérios empregados. Estas duas dimensões explicam 57% da variação total no caso examinado (ao todo, 33 dimensões contribuem para a explicação da variação total). Por um lado, o efeito multifacetado da imagem é esclarecido; por outro, as relações de influência se tornam visíveis.

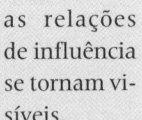

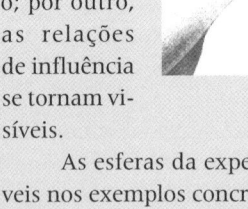

As esferas da experiência são reconhecíveis nos exemplos concretos dados por Viena e Salzburgo, cidades caracterizadas por termos como exclusividade, promoção perceptível e diversão, bem como por imagens que mostram um camarote de teatro e um casal se abraçando. Estas esferas da experiência também têm relação com os grupos de produto, como vinhos espumantes, chocolate e cristal, e marcas como Darbo, Riedel e Römerquelle.

Métodos de análise e prognóstico **125**

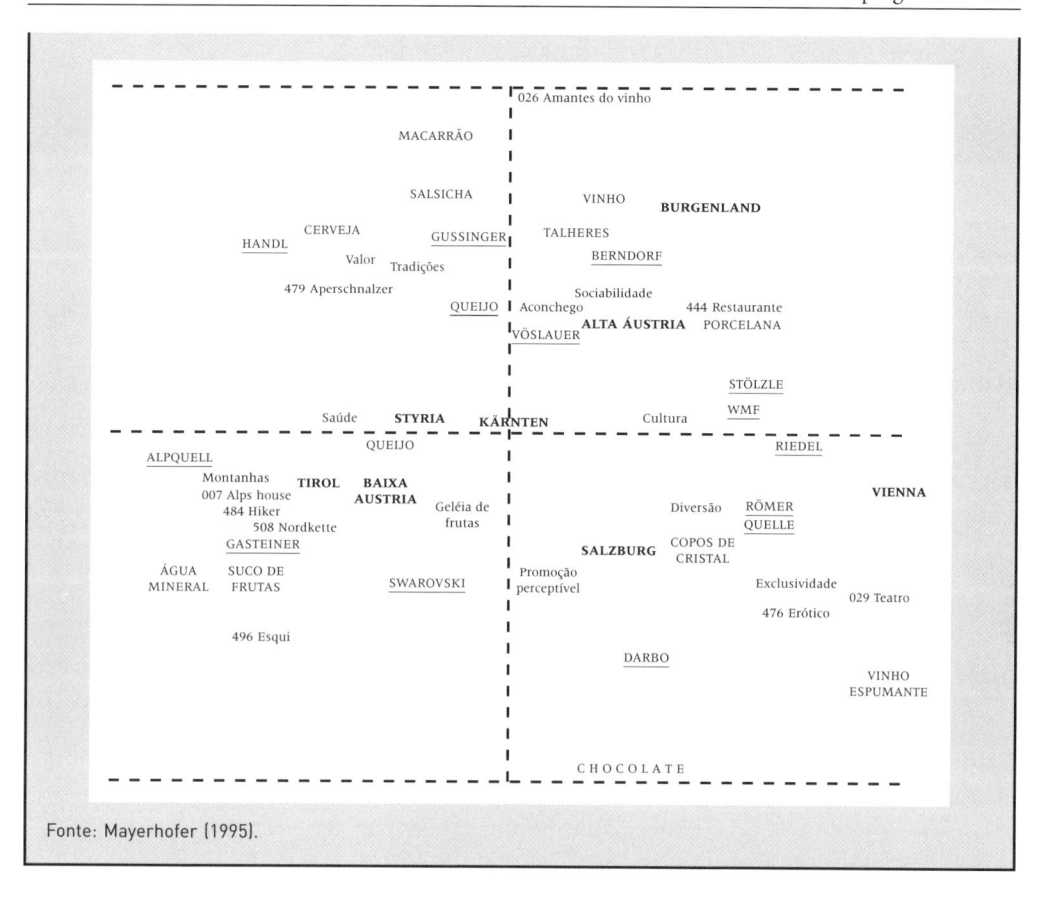

```
                              026 Amantes do vinho
              MACARRÃO

                    SALSICHA          VINHO
          CERVEJA          GUSSINGER  TALHERES    BURGENLAND
     HANDL       Valor  Tradições          BERNDORF
         479 Aperschnalzer                Sociabilidade
                              QUEIJO  Aconchego        444 Restaurante
                                    VÖSLAUER  ALTA ÁUSTRIA  PORCELANA

                                                           STÖLZLE
                Saúde   STYRIA   KÄRNTEN      Cultura       WMF
                          QUEIJO                            RIEDEL
     ALPQUELL
              Montanhas   TIROL   BAIXA
              007 Alps house     ÁUSTRIA   Geléia de    Diversão  RÖMER        VIENNA
                484 Hiker                  frutas                QUELLE
                508 Nordkette                     SALZBURG  COPOS DE
                 GASTEINER                                  CRISTAL
      ÁGUA    SUCO DE                     Promoção
     MINERAL  FRUTAS     SWAROVSKI        perceptível        Exclusividade
                                                                      029 Teatro
                                                             476 Erótico
              496 Esqui
                                          DARBO                      VINHO
                                                                     ESPUMANTE

                                       CHOCOLATE
```

Fonte: Mayerhofer (1995).

Estes resultados são melhorados pela quantificação da semelhança e pela proximidade espacial em relação aos objetos avaliados. Isto é especialmente interessante na identificação dos eixos de transferência. Os dados de posição obtidos na análise de correspondência são também examinados em uma análise de agrupamento. Tanto a apresentação visual no dendrograma quanto a matriz construída com os quadrados dos coeficientes de dissimilaridade Euclidiana indicam de forma clara as dimensões da definição da imagem, a posição com relação aos outros produtos e marcas, bem como a associação com o país.

Exemplo 23: Não envolvido, mas subitamente afetado

A importância de se entender as transferências de imagem negativa, mas em especial a observação do surpreendente grau com que terceiros são afetados, é ilustrada pelo acidente aéreo da empresa de vôos fretados BIRGENAIR, em 1996.

Um vôo fretado com 164 turistas alemães a bordo caiu no mar logo após a decolagem da República Dominicana. As investigações indicaram o piloto, de origem turca, como responsável pelo acidente. O proprietário da BIRGENAIR, uma típica empresa transportadora modesta até então contratada pelas operadoras, também era turca, bem como o CEO da operadora

> que organizou a viagem. As empresas envolvidas no acidente não foram as únicas a sofrer as
> conseqüências da falta de turistas. Para surpresa geral, a indústria do turismo da Turquia e da
> República Dominicana também foram afetadas, bem como a maioria das empresas controla-
> das pelas companhias de vôos fretados.
>
> Estas conseqüências foram observadas, mesmo sem razões objetivas. Contudo, elas po-
> dem ser explicadas por meio da transferência de imagem negativa.

4.1.5.4 As novas oportunidades abertas com o uso da transferência de imagem

O uso da transferência de imagem oferece novas oportunidades para identificar as relações e os mecanismos entre os acontecimentos negativos e os produtos turísticos. O fato
de que esta ferramenta pode prescindir das avaliações de especialistas e que considera a
necessidade de empregar a perspectiva do cliente é especialmente interessante. Isto auxilia, em particular, na análise de novos acontecimentos.

O entendimento dos conceitos de imagem facilita a fundamental estimativa das
ameaças em potencial, vistas como o resultado de acontecimentos negativos. Isto ocorre
devido aos diferentes potenciais de transferência, e também auxilia a limitar e priorizar
a análise e a proteção de áreas importantes, e os acontecimentos que podem afetá-las.
Além disso, este entendimento oferece um retrato das diferenças, por meio da análise da
correspondência que se segue. Além disso, ele oferece a possibilidade de não apenas
analisar os produtos de forma abrangente nas esferas da experiência e em relação a seus
competidores, e permite apontar as áreas importantes que influenciam esta percepção.

As influências negativas que emergem destes fatores de imagem identificados precisam ser classificadas como particularmente críticas, da mesma maneira que são as
interferências nestas áreas. As possibilidades de transferência e as probabilidades de um
acontecimento negativo podem ser classificadas como maiores, quanto mais próximas
estiverem da esfera da experiência do respectivo produto turístico.

Contudo, a identificação dos fatores que influenciam a imagem não é, em geral,
tarefa da gestão preventiva da crise. O conhecimento do posicionamento do produto e
dos fatores que influenciam este produto são escopo da administração de empresas.
Porém, no turismo — e em especial em nível de destinos — persistem algumas deficiências consideráveis.

> **Avaliação**
>
> ⊕ Identifica as relações e os mecanismos existentes entre acontecimentos negativos e os produtos turísticos, e considera o aspecto do crescente número de importantes valores da experiência.
>
> ⊕ Raramente requer avaliação de especialistas, e anui por completo com a necessidade de empregar a perspectiva do consumidor.
>
> ⊕ Adequada para a análise de novos acontecimentos e de áreas importantes.
>
> ⊖ Requer um bom conhecimento do posicionamento do produto e dos fatores que o influenciam, que contudo muitas vezes não existem.

4.2 OS SISTEMAS E MÉTODOS DE ALERTAS INICIAIS

Além da análise de acontecimentos em potencial e de áreas importantes, a gestão preventiva da crise precisa identificar os acontecimentos importantes latentes num prazo adequado. Este processo se caracteriza pela geração antecipada da informação, diante dos primeiros acontecimentos no ambiente da organização, ou seja, de forma a possibilitar a análise dos efeitos na organização. Três gerações destes sistemas de informação são empregadas para atingir estes objetivos.

Com os sistemas de alerta inicial da primeira geração, os valores abaixo ou acima do patamar precisam ser determinados, com a subseqüente emissão dos alertas. Estes sistemas se baseiam em indicadores de resultado e de liquidez já existentes. Por meio de uma extrapolação calculada com dados passados, a verdadeira situação esperada deverá ser avaliada em relação a objetivos predefinidos. Este procedimento possibilita a introdução de certas medidas de reação ou de correção planejadas, mas não é indicado para a identificação de crises latentes, o que significa que a companhia está limitada a reagir contra elas. Nesse sentido, os sistemas de alerta inicial de primeira geração revelam as falhas que limitam, em grau considerável, o campo de ação da gestão preventiva da crise. Apesar das desvantagens, estes sistemas ainda são empregados em sistemas de informação de curto prazo.

Os sistemas de segunda geração são baseados na convicção de que as áreas internas à organização e as áreas externas relativas aos riscos e às oportunidades podem ser cobertas por uma série de indicadores, e de que informações que servem de base para os alertas podem ser geradas em tempo hábil, por meio da observação e medição destes indicadores. Como resultado, os esforços ficam concentrados na determinação das áreas de observação relevantes e na escolha de indicadores adequados. Esta última precisa ser precoce o bastante na cadeia de causa e efeito de forma que o intervalo de tempo disponível permita a adoção de medidas em tempo hábil. Na hipótese da existência de condições estáveis no ambiente, estes sistemas formam uma base adequada para a gestão da crise na hora certa.

> Os sistemas de informação

Os sistemas de aviso inicial do terceiro grau de desenvolvimento são uma nova geração de sistemas que emergiu baseada na descoberta de que é difícil desvendar os complexos acontecimentos no ambiente a partir de sistemas de segunda geração (baseados em relacionamentos causais). O principal foco dos sistemas de terceira geração é a surpresa estratégica, ou seja, as importantes diferenças futuras nas informações que influenciam o planejamento estratégico. A surpresa estratégica está baseada principalmente nas descontinuidades, que são difíceis de prever, mas que ainda assim têm a qualidade de se apresentarem por meio dos assim chamados sinais incipientes. Os sistemas de terceira geração portanto se concentram na detecção e avaliação em tempo hábil destes sinais.

A comparação destes três tipos de sistemas revela que o objetivo é sempre o mesmo: fornecer à organização as informações sobre as mudanças observadas no ambiente, o mais rápido possível, em auxílio à previsão das conseqüências. Apesar de já estar claro que os sistemas de alerta inicial de primeira geração não são capazes de oferecer um apoio adequado à gestão preventiva da crise, não resta dúvida de que os sistemas de segunda e de terceira geração têm de fato esta capacidade. Sua aplicação na gestão da crise precisa ser esclarecida com a ajuda da matriz situacional, ilustrada no diagrama a seguir.

		Acontecimentos	
		Conhecidos	Desconhecidos
Áreas	Conhecidos como sistemas importantes	1. Sistemas de segunda geração	2. Sistemas de segunda e de terceira geração
	Não conhecidos como importantes	3. Sistemas de segunda e de terceira geração	4. Sistemas de terceira geração

DIAGRAMA 4.4 A adequabilidade dos sistemas de alerta inicial na matriz situacional.

Para as situações enquadradas na primeira célula do Diagrama 4.4, os sistemas de alerta inicial baseados em indicadores são a ferramenta mais adequada. A escolha de indicadores utilizáveis é relativamente fácil, tal como a indicação oportuna de um acontecimento negativo é também relativamente garantida.

Para os casos enquadrados nos segundo e terceiro quadrantes do Diagrama 4.4, os sistemas baseados em indicadores precisam ser considerados como parcialmente adequados. No caso em que a importância da área é conhecida, mas em que não é possível colocar os acontecimentos ameaçadores em termos concretos, a possibilidade de uma solução baseada em indicadores ou a necessidade de se empregar sistemas de terceira geração dependerão, antes de mais nada, do tipo de área e do ambiente em questão.

A situação é parecida quando se trata de acontecimentos conhecidos, os quais, via de regra, podem ser detectados por meio de indicadores. Neste caso, o desafio especial reside muito mais na correta interpretação das possíveis conseqüências. Sendo assim, os métodos exclusivamente baseados em indicadores seriam insuficientes.

Para o quarto quadrante no Diagrama 4.4, devido ao elevado número de componentes desconhecidos, apenas os sistemas de terceira geração podem ser empregados.

Estas considerações sublinham o fato de que tanto os sistemas baseados em indicadores quanto os alertas iniciais definidos pela identificação de sinais incipientes oferecem a preparação adequada para uma promissora gestão preventiva da crise.

4.2.1 Os alertas iniciais baseados em indicadores

Os sistemas de alerta inicial baseados em indicadores empregam indicadores mensuráveis por meio dos quais as mudanças observáveis levam a suposições feitas em tempo hábil que, do contrário, poderiam ser detectadas apenas em estágios mais avançados do processo. Estes sistemas são construídos por meio de uma abordagem passo a passo.

4.2.1.1 A determinação das áreas de observação

Na imensa gama de possíveis áreas de observação, é preciso escolher aquelas que são importantes ou críticas aos objetivos e mercados específicos da organização. A determi-

```
┌─────────────────────────────────────────────────────────┐
│  1. A determinação das áreas de observação para a       │
│     identificação das ameaças e oportunidades           │
└─────────────────────────────────────────────────────────┘
                            ▼
┌─────────────────────────────────────────────────────────┐
│  2. A determinação dos indicadores para o alerta        │
│     inicial, para cada área de observação.              │
└─────────────────────────────────────────────────────────┘
                            ▼
    ┌───────────────────────────────────────────────┐
    │         ┌───────────────────────────┐         │
    │         │  A pesquisa de indicadores│◄──┐     │
    │         └───────────────────────────┘   │     │
    │                      ▼                  │     │
    │              ╱ Relevância? ╲            │     │
    │             ╱ Exeqüibilidade?╲           │     │
    │            ╱    Clareza?      ╲──Não────┘     │
    │             ╲ Comparabilidade?╱               │
    │              ╲               ╱                │
    │                     │Sim                      │
    └─────────────────────┼─────────────────────────┘
                          ▼
┌─────────────────────────────────────────────────────────┐
│  3. A determinação do valor-alvo e da tolerância para   │
│     cada indicador                                      │
└─────────────────────────────────────────────────────────┘
                            ▼
┌─────────────────────────────────────────────────────────┐
│  4. A determinação das tarefas dos escritórios de       │
│     processamento de informação.                        │
│     – Receber e verificar os sinais de alerta           │
│     – Processar                                         │
│     – Encaminhar as informações sobre os alertas iniciais│
└─────────────────────────────────────────────────────────┘
                            ▼
┌─────────────────────────────────────────────────────────┐
│  5. A disposição dos canais de informação               │
└─────────────────────────────────────────────────────────┘
Fonte: adaptado de Hahn (1979).
```

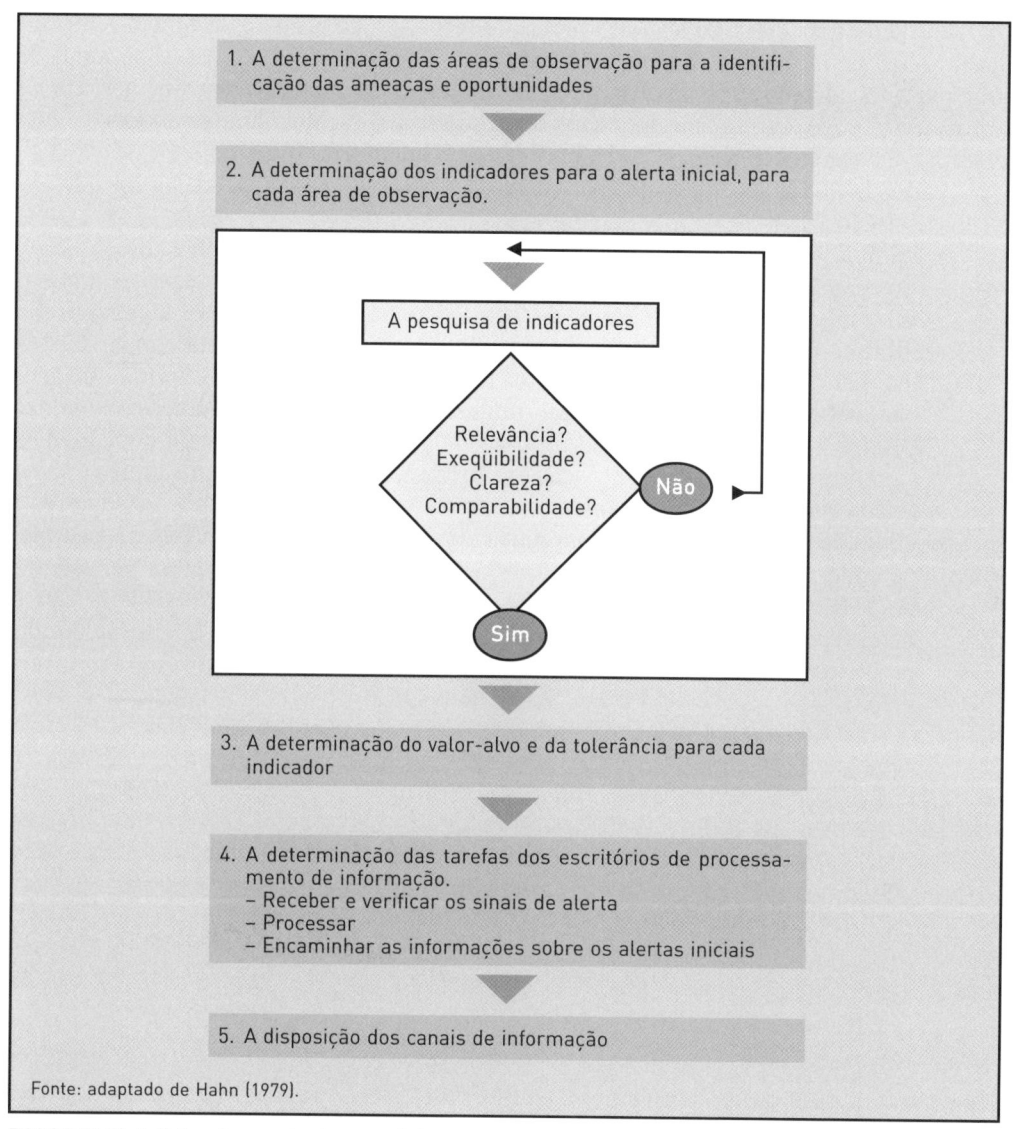

DIAGRAMA 4.5 As etapas do desenvolvimento de um sistema de alerta inicial baseado em indicadores.

nação destas áreas já foi bastante estudada, tal como o fato destas áreas de observação poderem estar tanto dentro quanto fora da organização (consulte também a Seção 4.1).

4.2.1.2 A determinação dos indicadores de alerta inicial

De forma a garantir que os indicadores ofereçam boa qualidade preditiva, é necessário escolher aqueles que sinalizem, em tempo hábil, as principais alterações no meio ambiente. Além disso, estes indicadores precisam facilitar a geração de declarações inequívocas sobre as implicações e conseqüências para a organização, quando o patamar de tolerância for ultrapassado, e conservar sua importância preditiva por um período de tempo mais longo. Outro aspecto a considerar durante a escolha de indicadores é a justificativa, na esfera econômica, da coleta regular de dados no futuro.

Vários métodos são sugeridos para a escolha dos indicadores de alerta inicial:

- Pümpin (1980) sugere a identificação de cadeias indicadoras de causa e efeito. Ao examinarmos os fatores que precedem um acontecimento negativo, é possível trabalhar de volta no tempo de forma sistemática, para termos alguma noção sobre os indicadores futuros. Uma análise suplementar em cada etapa da escolha, por meio do exame do impacto cruzado, é recomendada de forma que apenas os fatores iniciais mais importantes sejam incluídos. A complexidade das situações de crise e o grande número de possíveis elementos de dependência significam que uma determinação exclusivamente causal dos indicadores é apropriada somente até certo ponto.
- Um outro método é deduzido a partir dos diagramas de *feedback*. Este método, baseado numa abordagem da teoria geral dos sistemas conduzida por Gomez (1981), observa os sintomas como sendo parte de um complexo sistema, que é determinado por diversas influências. De forma a identificar as causas de um problema em particular, este problema é primeiramente colocado em relação aos

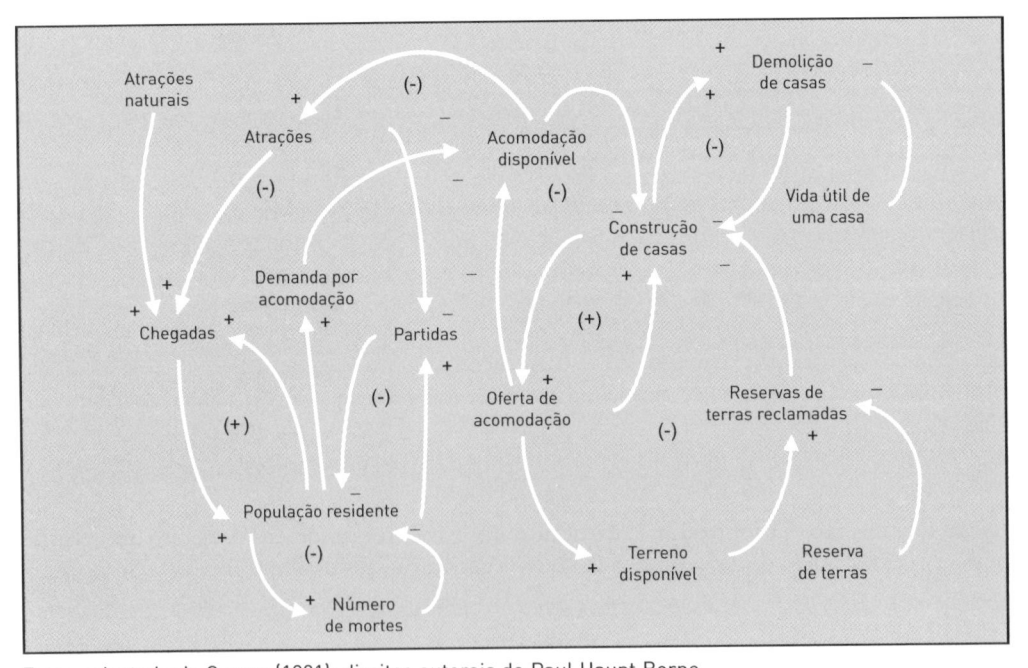

Fonte: adaptado de Gomez (1981); direitos autorais de Paul Haupt Berne.

DIAGRAMA 4.6 A estrutura de um modelo de *feedback* para a análise do crescimento da população em uma região de férias.

fatores essenciais de influência, para então se definir o tipo de relacionamento com os termos corretos. Além dos relacionamentos positivos e negativos, outros aspectos importantes podem ser considerados, tais como força, características de longo prazo, ou área de origem da influência.

O que importa é que os relacionamentos entre os efeitos descrevam uma situação cíclica, por meio da qual as repercussões são igualmente incluídas na análise. A melhoria da estrutura de *feedback* com a inclusão de mais etapas por meio da integração de ciclos adicionais leva a um modelo completo para a estrutura do problema. Com isso, o assunto relevante é melhor estruturado, facilitando o entendimento de como certos fatores exercem um efeito estabilizador ou fortalecedor sobre o sistema como um todo.
Na etapa final da determinação dos indicadores, as diversas variáveis de influência identificadas para o modelo de *feedback* são examinadas e avaliadas na matriz de interação já definida. As variáveis identificadas como ativas e críticas são especialmente adequadas como indicadores de alerta inicial.

4.2.1.3 Os indicadores do risco país

As pessoas interessadas em comércio internacional têm um interesse especial na avaliação dos riscos existentes em outros países e que influenciam suas atividades comerciais e de investimento. Portanto, as situações econômica, jurídica, social e política são analisadas e avaliadas, via de regra, por meio de critérios quantitativos e qualitativos. Vários institutos especializados, tanto públicos quanto privados, vêm trabalhando neste campo registrando, avaliando e divulgando regularmente os riscos classificados como risco país.
Estes serviços foram recentemente estendidos para incluir informações específicas e relevantes para o setor do turismo. A base para esta estratégia está em vários aspectos de influência. O comércio internacional tem consistentes laços com o setor de viagens como elo de ligação na manutenção de contatos e negociações. A atuação em nível global não é privilégio de poucos, e está se tornando mais corriqueira, até mesmo para empresas pequenas. Assim, os executivos em viagem vêm buscando informações para melhor se prepararem para suas viagens, reduzindo assim os riscos inerentes.

Uma seleção dos serviços de informação mais importantes, seus modos de atuação e a utilidade dos indicadores é discutida a seguir.

4.2.1.3.1 Country@ratings – Coface

A Companhia Francesa de Seguros para o Comércio Exterior (Coface), uma subsidiaria do Bancos Populares Natexis e do Grupo Banco Popu-

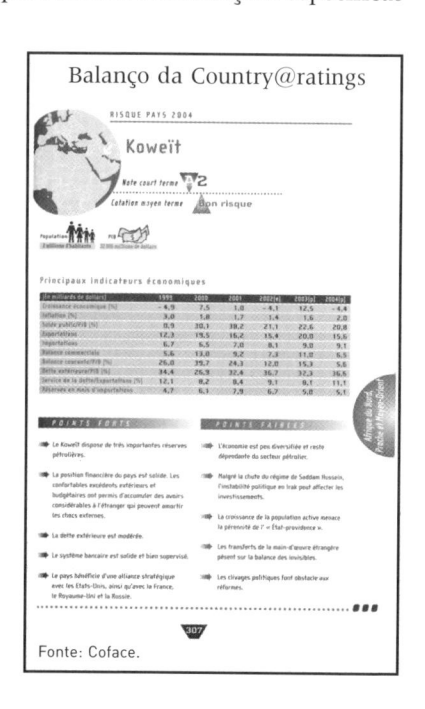

Balanço da Country@ratings

Fonte: Coface.

lar, prepara e divulga diversos índices. A Country@ratings monitora e publica anualmente os riscos em 150 países. Criada para ser um índice clássico para os riscos no comércio internacional, ela avalia a extensão em que os cenários locais no âmbito empresarial, financeiro e político afetam os compromissos financeiros de uma dada empresa.

A Coutry@ratings se baseia na informação das missões comerciais das embaixadas francesas. Com um quadro de pessoal lotado em 168 missões, 120 países estão diretamente cobertos pela avaliação e assumem suas responsabilidades regionais. Outros 36 países são cobertos de forma indireta. Uma outra fonte de informação é a rede Oxford Analytica. Esta última é uma empresa de consultoria que, de acordo com informações próprias, é apoiada por uma rede de mil pesquisadores e acadêmicos da Universidade de Oxford e de outras instituições de pesquisa.

Os indicadores dados pela Country@ratings são organizados em sete categorias:

1. fatores políticos que podem interromper o pagamento ou a consecução de contratos vigentes;
2. os riscos de escassez de moeda corrente resultantes de uma crise na balança de pagamentos, que podem levar a uma transferência da crise e/ou renegociação da dívida contraída pelos setores público ou privado;
3. a capacidade do governo de honrar compromissos assumidos no exterior;
4. o risco de desvalorização que acompanha uma súbita fuga de capitais;
5. crises avaliadas no sistema bancário considerando tanto a liquidez do setor quanto a probabilidade das bolhas de crescimento se romperem;
6. o risco econômico, que reflete a probabilidade de uma desaceleração no crescimento de longo prazo, independentemente de crises econômicas externas geradas por um dos fatores de risco mencionados anteriormente;
7. o comportamento em termos de pagamento de transações resgatáveis no curto prazo.

Os três primeiros indicadores cobrem áreas que vêm sendo caracteristicamente representadas nos índices de riscos ao comércio exterior. As categorias 4 a 6 da lista monitoram os acontecimentos que causaram as crises vistas mais recentemente. O sétimo indicador é baseado nas informações que a Coface e seus parceiros da rede Credit Alliance reúnem por meio de suas atividades operacionais.

O risco país global de curto prazo é resumido em duas categorias principais de risco:

- As classificações entre A1 e A4 (com A1 sendo o valor mais alto) representam uma classificação de risco entre muito baixo e aceitável.
- As classificações entre B, C e D, descrevem um ambiente político altamente incerto, com risco entre médio e elevado.

Além disso, os riscos de médio prazo são avaliados numa escala de 6 pontos. Os fatores de risco de importância especial para um país também são informados.

A Coutry@ratings dá um exemplo de índice de risco de um país. Os índices deste tipo são gerados também por outros países e instituições que dão garantias de exportação.

Métodos de análise e prognóstico **133**

> **Avaliação**
>
> ⊕ Instrumento adequado para a avaliação dos riscos políticos para o turismo.
>
> ⊕ Uma vez que outros países com interesse no comércio exterior também produzem estas avaliações, os indicadores específicos para um país estão disponíveis. As avaliações independentes do risco país são interessantes para as empresas ou destinos turísticos de atuação internacional que desejam atrair mercados diferentes.
>
> ⊕ As informações são recuperadas a partir de uma ampla gama de fontes.
>
> ⊕ Econômico
>
> ⊕⊖ Apesar do índice não ser composto com o objetivo de auxiliar a indústria do turismo, as avaliações propiciadas dão uma perspectiva neutra e não-específica ao turismo.

4.2.1.3.2 Business Risk Service

O Business Risk Service (BRS) é um índice bastante conhecido no comércio internacional. Ele é baseado num conceito multidimensional. (Existem sistemas uni e multidimensionais de avaliação por pontos. Nos primeiros, a avaliação diz respeito a apenas um critério, enquanto que os métodos multidimensionais abordam componentes individuais que são normalmente julgados por painéis de especialistas sobre um dado país. Estes componentes são avaliados de acordo com a gravidade do problema e resumidos como valor total.) O BSR prevê e avalia a atmosfera dos negócios e a estabilidade política em mais de 100 países. Um grupo principal, composto por 50 países, tem seus dados coletados, avaliados e publicados no dia primeiro dos meses de abril, agosto e dezembro. Outro grupo, formado também por 50 países, é avaliado uma vez por ano. O BRS tem três componentes: O Índice de Risco para Operações (ORI), o Índice de Risco Político (PRI) e o Fator de Remessa e Repatriação de Capital (o Fator R).

O ORI é útil para avaliar a atmosfera política, concentrando-se em 15 fatores que impedem a realização do lucro no exterior, isto é, ele indica a percepção para investimentos. O índice se baseia na avaliação de mais de 100 balanços de bancos, indústrias e instâncias governamentais, por meio dos quais um país é avaliado com a adoção de critérios predefinidos por um grupo de entre cinco e 10 especialistas, a qualquer hora e com o au-

Fonte: BERI. Os dados para cada país são mostrados num relatório de duas páginas.

xílio de listas abrangentes de informações. A avaliação dos fatores varia entre 0 (condições inaceitáveis) a 4 (condições muito favoráveis). O ORI para cada país é composto da soma das médias aritméticas das notas conseguidas com os critérios avaliados pelos especialistas.

O PRI avalia a estabilidade política em um país. Ele aborda 10 critérios, oito dos quais descrevem as causas da instabilidade, e dois os sintomas. Cientistas políticos e sociólogos são os principais integrantes da lista de especialistas para a avaliação, enquanto que empresários são deliberadamente evitados. Neste caso, as notas possíveis variam entre 0 (problemas extraordinários) e 7 (nenhum problema). Critérios de importância especial podem ainda receber 30 pontos extras.

O Fator R julga a habilidade e a obrigação de um país de honrar compromissos financeiros assumidos, e avalia as possibilidades para a conversão de capital e lucros em outras moedas, com vistas a sua transferência. Contrastando com os outros subíndices, o Fator R é baseado em dados predominantemente quantitativos.

Os resultados individuais do ORI, PRI e Fator R são somados e então divididos por três, resultando na Recomendação para as Oportunidades de Lucro (POR), que classifica um país para o ano corrente em uma das seguintes categorias:

1. Transações comerciais não-recomendadas. Aconselha não manter qualquer relacionamento comercial.
2. Adequado apenas para comércio. A situação no país não permite investimentos. Apenas as transações de curto prazo e sem a movimentação de capital é que são recomendadas.
3. Adequado apenas para pagamentos independentes de lucro. Apenas a realização do lucro pela transferência de *know-how* ou por licenças é recomendada.
4. Adequado para investimentos; o investimento de capital é recomendado. Não estão previstos problemas com relação à conversão de moeda ou transferência de dividendos.

Uma forma simplificada do POR é também preparada para cada país, formando um prognóstico para o ano seguinte e para a situação para os próximos 5 anos.

Avaliação

⊕ Instrumento adequado para a avaliação de riscos políticos para o turismo.

⊕ As informações são recuperadas a partir de uma ampla gama de fontes.

⊕ Os pedidos individuais para a avaliação de aspectos específicos de um país podem ser feitos.

⊕ Não há qualquer distorção atribuível a interesses governamentais.

⊕⊖ Apesar do índice não ser composto tendo a indústria do turismo como alvo, a avaliação disponibilizada fornece uma perspectiva que é neutra e não-específica para o setor do turismo.

⊖ O número de países incluídos no grupo principal de avaliações.

4.2.1.3.3 Risk Map – Control Risks Group

O Risk Map, publicado anualmente pela Control Risks, é outro produto na área de índices do comércio internacional. Mais de 130 países são avaliados com relação a dois critérios:

1. Para a avaliação do risco político, os atores da esfera estatal e não-estatal são examinados. A avaliação é feita acerca das atividades que podem ocorrer e que poderiam afetar uma empresa de forma negativa. A extensão em que o Estado está disposto e é capaz de garantir os contratos vigentes é examinada com atenção especial.
2. Para a avaliação do risco de segurança, é analisada a probabilidade com que os atores da esfera estatal e da não-estatal estão causando danos aos ativos financeiros, físicos ou humanos de uma empresa.

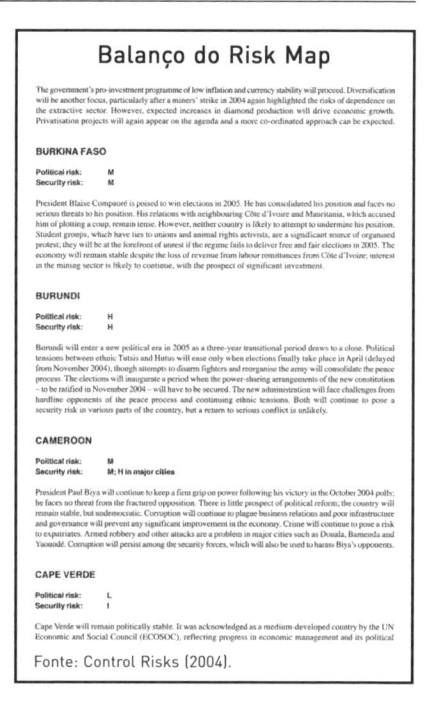

Balanço do Risk Map

Fonte: Control Risks (2004).

As fontes de informação para o Risk Map são muitas. De acordo com a Control Risks, a companhia tem muitas fontes primárias nos países (estas são chamadas de "correspondentes"; elas conduzem estas tarefas em complementação à sua profissão principal, como por exemplo a advocacia, a carreira policial ou o jornalismo). Essas fontes são complementadas com fontes abertas secundárias, tal como as agências de notícias.

A avaliação é feita exclusivamente pelos analistas da Control Risks. Tanto o risco político quanto o de segurança são avaliados numa escala de 5 pontos, que vai de insignificante, baixo, médio, alto e extremo. Esta classificação é válida para o país como um todo. Contudo, muitas vezes diferentes avaliações são também preparadas para regiões e até mesmo cidades. A avaliação geral com base nesta escala é complementada por uma descrição individual e por uma avaliação dos diferentes riscos.

Uma forma mais atualizada e completa do Risk Map é preparada por meio da "Previsão do Risco País". Este serviço *on-line* disponibiliza continuamente as notas atualizadas para os riscos político, de segurança, de terrorismo e também de viagem. A escala de 5 pontos já mencionada

Previsão do Risco Nacional

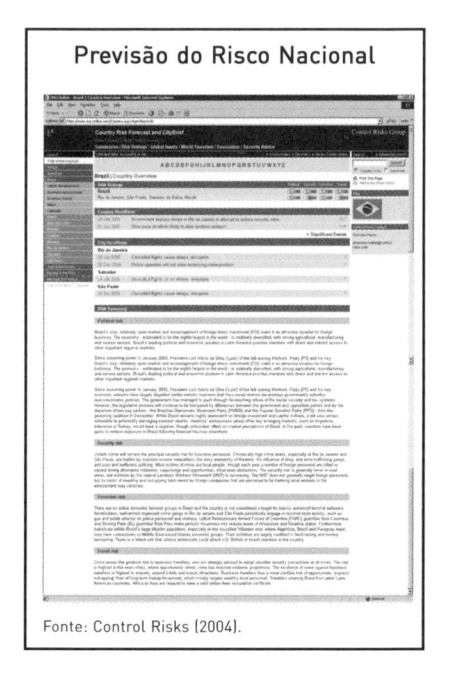

Fonte: Control Risks (2004).

também é aplicada às duas categorias adicionais, isto é, o risco de terrorismo e de viagem. Este serviço está muito mais adaptado às necessidades dos viajantes a negócios que também têm de viajar a regiões em crise ou com um elevado risco de crise. Nesse sentido, estas avaliações têm uma ligação direta com o turismo, uma vez que com estas notas são feitas avaliações do risco pessoal para o viajante que de outro modo são encontradas apenas nas orientações de viagem.

Avaliação

➕➖ Ao passo que a configuração do Risk Map é mais direcionada às atividades de médio e de longo prazos, os serviços *on-line* mais completos também consideram os acontecimentos no curto prazo.

➕ Ambos os produtos são adequados para a avaliação do risco país.

➕ As avaliações do risco de terrorismo e do risco de viagem têm importância direta para a indústria do turismo.

➕ Não há qualquer distorção atribuível a interesses governamentais.

➕ Os pedidos individuais para a avaliação específica de um país podem ser atendidos.

4.2.1.3.4 Orientações de viagem

As orientações de viagem constituem um sistema de informação específico para o turismo. Via de regra, as instâncias divulgadoras de orientações de viagem são ministérios das relações exteriores dos países de origem dos turistas. As informações geradas são direcionadas, em um primeiro momento, aos turistas e, num segundo, às organizações turísticas.

Nos EUA, as informações turísticas sobre outros países são divulgadas pelo Programa de Informações Diplomáticas do Departamento de Estado. A princípio, os chamados

País	Informações emitidas pelos órgãos diplomáticos	Anúncios públicos				Alertas de viagem
EUA	Informações emitidas pelos órgãos diplomáticos	Anúncios públicos				Alertas de viagem
Reino Unido	Orientação de viagem não-específica	Orientações contra todo tipo de viagem, menos as essenciais				Orientações contra todo tipo de viagem
Alemanha	Orientação de viagem não-específica	Orientação sobre segurança				Alertas de viagem
Áustria	Bom padrão de segurança	Risco contra a segurança				Alertas de viagem
Áustria	Bom padrão de segurança	Baixo risco contra a segurança	Alto risco contra a segurança	Risco contra a segurança muito alto		Alertas de viagem
França		Orientação contra viagens, exceto no caso de negócios inadiáveis				Orientação contra viagens

DIAGRAMA 4.7 O sistema de aconselhamento de viagem nos principais mercados de origem de turistas.

Boletins de Informações Diplomáticas são emitidos contendo informações sobre todos os países do mundo. Eles são publicados a intervalos regulares e contêm uma descrição abrangente dos tópicos essenciais que têm alguma relação com o país em questão, como instabilidade política, criminalidade, terrorismo, assistência médica, etc. O caráter de mera recomendação das informações fornecidas é continuamente enfatizado, e assim a decisão final cabe aos turistas.

> **Os Boletins de Informações Diplomáticas**
>
> Os Boletins de Informação Diplomática não incluem orientações, mas apresentam informações de maneira factual, de forma a possibilitar o viajante a tomar suas decisões relativas à viagem a um país em particular.
>
> Fonte: www.travel.state.gov

Os Alertas de Viagem e Anúncios Públicos complementam os Boletins de Informação Diplomática. Se, com base nas informações disponíveis, o Departamento de Justiça julgar a viagem a um país específico arriscada demais para cidadãos norte-americanos, os alertas de viagem são emitidos avisando sobre o perigo geral de viajar àquele país.

Os anúncios públicos dependem da ocorrência de acontecimentos e são emitidos quando uma ameaça significativa à segurança dos viajantes norte-americanos for desencadeada por acontecimentos imprevisíveis.

O Ministério do Exterior da Grã-Bretanha e da Commonwealth efetuou uma revisão profunda nos procedimentos do ano 2004 e nas diretrizes para a preparação das orientações de viagem.

As publicações de orientações de viagem informam sobre a segurança pessoal e geral, leis e costumes locais, exigências de entrada e saúde, e também incluem conselhos gerais. Em condições normais, esta informação não é combinada com uma classificação geral. Estas publicações são preparadas: "... para auxiliar os viajantes a evitar problemas, fornecendo informações sobre ameaças à segurança pessoal oriundas de atividades terroristas, agitação política, ilegalidade, violência, desastres naturais, epidemias, demonstrações antibritânicas e segurança em navios e em aviões" (http//www.fco.gov.uk [9.9.2005]).

> **O Sistema de Orientação sobre a Segurança Doméstica**
>
> Como ilustra o caso norte-americano, as publicações contendo orientações sobre viagem deixaram de se concentrar nos territórios de outros países. A Secretaria de Segurança Interna, que foi fundada após os ataques de 11 de setembro de 2001, emite alertas regulares para áreas de segurança dentro de seu próprio território.

Estas publicações com orientações são atualizadas regularmente a cada três meses, ou em seqüência a um incidente de grandes proporções. Neste último caso, elas podem ser emitidas várias vezes ao dia.

Duas formas de alertas de viagem são emitidas: elas aconselham os cidadãos britânicos tanto sobre "... toda e qualquer viagem ..." ou "... todas as viagens, exceto as essenciais ...". Nos dois casos, a situação geral é descrita e o alerta explicado em detalhe.

O Ministério do Exterior da Alemanha avalia a situação com a ajuda de suas representações diplomáticas e de fontes governamentais de informação. O ministério também trabalha em íntima cooperação com a indústria do turismo.

As publicações com orientações de viagem informam sobre as peculiaridades das leis penal e cível, sobre questões de saúde e exigências de entrada no país, bem como de outros importantes fatos sobre os países avaliados. Elas são complementadas por meio de orientações sobre a segurança e alertas de viagem.

Os conselhos sobre a segurança são preparados individualmente e relatam os riscos dignos de atenção nos respectivos países. Estas orientações são preparadas apenas se tidas como necessárias, e conseqüentemente não estão disponíveis a outros países. Elas são revisadas com regularidade, atualizadas várias vezes ao dia, se necessário, e podem incluir recomendações para evitar viagens ou a limitar a extensão da viagem. Uma das formas especiais das orientações sobre segurança é o "Worldwide Advice" com a qual, desde os ataques de 11 de setembro de 2001 nos EUA, a Secretaria de Assuntos Externos enfatiza o crescente risco global causado pelo terrorismo. Estes conselhos também buscam evitar a repetição desta informação de caráter geral para cada país. Contudo, a menção de certos países objetiva indicar ao usuário quais as regiões particularmente sujeitas ao risco do terrorismo. Em alguns casos, o "Orientações Regionais" vem sendo adotado para alertar sobre os furacões no Caribe, por exemplo.

Os alertas de viagem são emitidos mais raramente, a menos que eles precisem alertar contra viagens de caráter geral a um país e/ou se for necessário alertar seus próprios cidadãos residentes naquele país para que o deixem.

A Secretaria de Assuntos Externos enfatiza, de forma clara, que as informações são fornecidas apenas para auxiliar os viajantes a avaliar a situação; nenhuma decisão de caráter pessoal é tomada no lugar viajantes. É importante frisar que nenhuma responsabilidade é aceita para qualquer conseqüência relacionada às orientações de viagem.

Exemplo 24: Os ataques a Bali em 2002 mencionados nas orientações de viagem

No dia 12 de outubro de 2002, uma bomba explodiu no popular bairro de Kuta, em Bali. O atentado matou 202 pessoas, entre elas 88 australianos, 38 indonésios, 26 britânicos, sete norte-americanos, seis alemães, cinco suecos e quatro franceses. Centenas de pessoas ficaram feridas, a maioria estrangeiros. A tabela abaixo mostra como estes ataques foram interpretados e classificados como perigosos pelos respectivos ministros dos principais mercados de origem de turistas.

A classificação de Bali nas publicações de orientações de viagens de diferentes países em 17 de outubro de 2002:

	Informações emitidas pelos órgãos diplomáticos	Anúncios públicos			Alertas de viagem	
EUA						
Reino Unido	Orientação de viagem não-específica	Orientações contra todo tipo de viagem, menos as essenciais			Orientações contra todo tipo de viagem	
Alemanha	Orientação de viagem não-específica	Orientação sobre segurança			Alertas de viagem	
Áustria		Risco contra a segurança				
	Bom padrão de segurança	Baixo risco contra a segurança	Alto risco contra a segurança	Risco contra a segurança muito alto	Alertas de viagem	
França		Orientação contra viagens, exceto no caso de negócios inadiáveis			Orientação contra viagens	

O número e a categoria das orientações de viagens em relação a diferentes países em 17 de outubro de 2002:

USA	Alerta de viagem / Alerta de viagem
Grã-Bretanha	Contra todo tipo de viagem, menos as essenciais / Orientação contra todo tipo de viagem
Alemanha	Orientação de segurança / Alerta de viagem
Áustria	* Alerta de viagem *Alto risco contra a segurança
França	Orientação contra viagens, exceto no caso de negócios inadiáveis / Orientação contra todo tipo de viagem

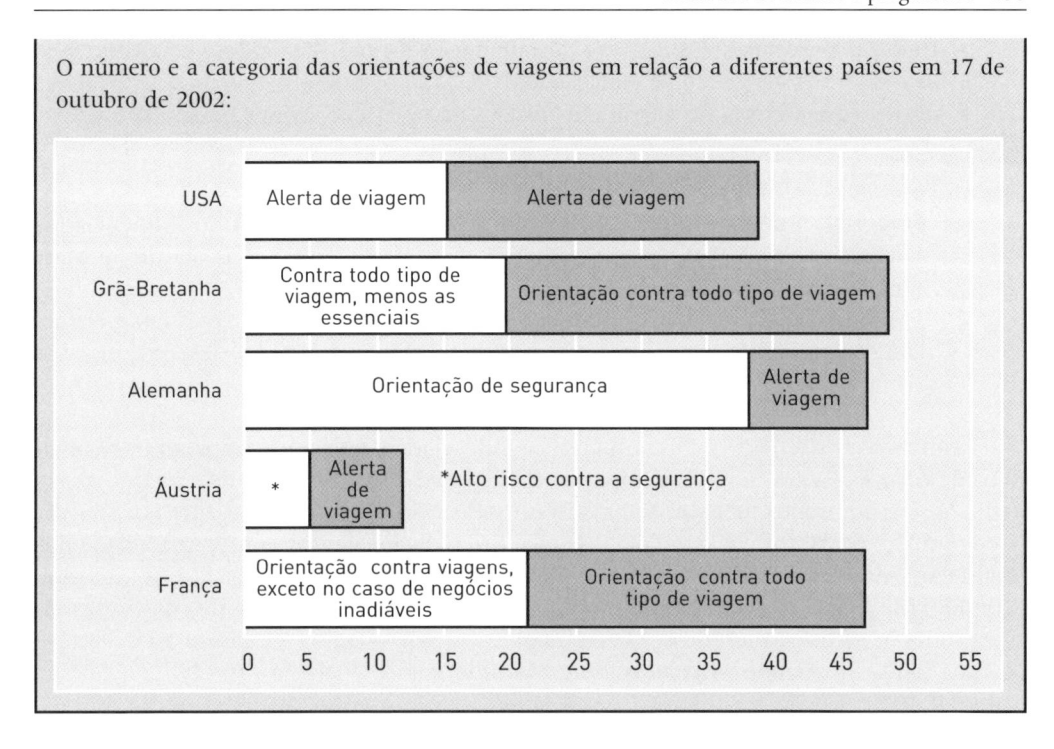

Escala: 0 5 10 15 20 25 30 35 40 45 50 55

As informações dadas pelos ministérios das relações exteriores oferecem diferentes vantagens. Em primeiro lugar, tendo relações diretas com o turismo, elas estão muito melhor sintonizadas com as necessidades dos viajantes. Além disso, estas instâncias consideram todos os componentes domésticos do país de origem dos turistas, baseando os julgamentos feitos nestes pontos. Em termos da emissão de alertas contra o terrorismo analisada antes, esta interpretação tem valor especial se as atividades terroristas estiverem direcionadas ao país de origem dos turistas e, portanto, carregam um componente de nacionalidade. Além disso, os países mencionados têm uma rede de representantes diplomáticos que nenhuma outra organização ou empresa é capaz de mobilizar.

O aspecto negativo está nas avaliações. A despeito da amplitude e relevância das informações fornecidas, estas avaliações estão sujeitas a restrições políticas e geográficas. Não há dúvida que a avaliação está sujeita ao controle político, uma vez que as conseqüências econômicas de um alerta podem ser consideráveis. Entre os muitos fatores de influência estão:

- O país é amigável?
- As empresas do país de origem têm um interesse pronunciado no país de destino?

> **Distorções**
>
> Uma das abordagens para evitar estas distorções na avaliação consiste em evitar classificações, a todo custo. Uma descrição puramente verbal para as circunstâncias evita consideravelmente as influências desfavoráveis, sobretudo no caso dos baixos níveis de risco. Contudo, esta descrição ainda seria capaz de gerar informações ao turista de forma ampla, evitando o problema da "classificação objetiva".

- Existem parcelas significativas da população do país avaliado vivendo no país avaliador? O período é de eleições?
- As restrições vistas no passado aconselham a proceder com cautela especial?

Isto pode levar a dois tipos de distorções (Sharpley e Sharpley, 1995).

1. De forma a punir um país por suas ações, os turistas são muito influenciados por uma representação excessivamente negativa que intenciona mantê-los afastados daquela nação.
2. Por outro lado, para não pôr em perigo as boas relações com o país em questão, classificações comparativamente positivas são fornecidas a despeito de uma situação desfavorável no aspecto segurança.

Ambas as situações são desvantajosas e indesejadas, pois não traduzem fatos objetivos de forma correta. Isto tem importância especial se, em função do nível do alerta dado, ocorre um efeito mais pronunciado causado pelo alerta emitido, que por sua vez pode também acarretar conseqüências legais. Em outras palavras, a próxima versão das orientações de fato descreverá as circunstâncias, mas a classe do alerta é muito alta. Contudo, muitos países vêm se comprometendo com a divulgação objetiva das informações, como os estados-membros da OMT, por exemplo, os quais adotaram a Declaração de Haia para o Turismo, a Declaração de Manilha para o Turismo Mundial e o Código Mundial de Ética para o Turismo.

As Orientações de Viagem no Código Mundial de Ética para o Turismo

Em 1999, os estados-membros da Organização Mundial do Turismo adotaram o Código Mundial de Ética para o Turismo, durante a Assembléia Geral da instituição em Santiago do Chile. Posteriormente, o Código foi também adotado pela Assembléia Geral das Nações Unidas. O preponderante papel dos governos na questão das orientações de viagem em tempos de crise e a necessidade de que a mídia desempenhe sua tarefa de divulgação o mais objetivamente possível são dados nos parágrafos 5 e 6 do Artigo 6.

5. Os Governos têm o direito — e o dever — especialmente durante uma crise, de informar seus cidadãos acerca das circunstâncias difíceis, ou mesmo sobre os perigos que possam encontrar durante as viagens ao exterior. É também da responsabilidade destes Governos a divulgação destas informações sem contudo qualquer prejuízo injustificado ou exagerado à indústria do turismo dos países-destino, ou aos interesses de suas próprias operadoras. Os conteúdos das orientações de viagem devem portanto ser discutidos de antemão com as autoridades dos países-destino e com os profissionais envolvidos. As recomendações formuladas devem ser estritamente proporcionais à gravidade das situações vivenciadas, e restritas às áreas geográficas em que a insegurança é visível. Estas orientações precisam ser qualificadas ou canceladas tão logo o retorno à normalidade permitir.
6. A imprensa, em particular seus setores especializados em viagens, e as outras mídias, incluindo os modernos meios de comunicação, têm a incumbência de emitir informações

equilibradas e verdadeiras sobre acontecimentos e situações que possam influenciar o fluxo de turistas. Estes órgãos também precisam fornecer informações precisas e detalhadas aos consumidores dos serviços turísticos. As tecnologias dos novos meios de comunicação e do comércio eletrônico também precisam ser desenvolvidas e empregadas para esta finalidade. No caso da mídia, estas tecnologias não podem, em hipótese alguma, serem empregadas na promoção do turismo sexual.

Exemplo 25: A revisão dos procedimentos das orientações de viagem no Reino Unido

As orientações de viagem são buscadas com freqüência pelos cidadãos britânicos em viagem ao exterior. A cada semana, as páginas contendo estas orientações e publicadas pelo Ministério do Exterior da Commonwealth (FCO) são visitadas em média 280 mil vezes, e 1.600 pessoas recebem as orientações por intermédio do *Call Center* da instituição. As orientações de viagem do FCO são preparados com a ajuda de 259 embaixadas e consulados em todo o mundo, e de 231 cônsules honorários.

Em 2003, diante do recrudescimento das críticas contra o FCO, o governo britânico decidiu revisar e analisar os procedimentos da instituição com vistas à melhoria do serviço prestado.

O primeiro resultado desta análise confirmou a maneira em que estas orientações de viagem ganharam importância como ferramenta de informação para um número cada vez maior de turistas: em 2003, o número de cidadãos britânicos vivendo ou trabalhando em outros países foi estimado em 15 milhões, e o número de viagens internacionais dos cidadãos do país ultrapassou os 60 milhões.

A segunda conclusão foi de que importantes mudanças ocorreram nas viagens internacionais: viagens aéreas de baixo custo, a abertura de novas rotas, mais viagens a locais exóticos, mais pessoas viajando de forma independente, mais viagens dos "grupos de risco" (isto é, menores de idade, mochileiros, viajantes de aventura ou idosos).

A terceira conclusão a que se chegou se relaciona à incipiente preocupação com a segurança: crescentes ameaças de redes terroristas mundiais, maior risco de ser apanhado em outras formas de crimes internacionais (tráfico de drogas, de pessoas, crimes cibernéticos, etc).

Contudo, foi também observado que a gravidade dos riscos mais comuns a que estão expostos os viajantes ao exterior é menor do que aquela com que são costumeiramente percebidos, tal como ilustra a tabela abaixo, com os números de cidadãos britânicos mortos em outros países, em 2002:

Causa	Mortes
Causas naturais	1.111
Causas não-naturais	316
Total	1.427

O número de mortes de cidadãos britânicos por causas não-naturais no ano de 2002 está ilustrado na tabela abaixo:

Causa	Mortes
Acidentes em rodovias	158
Suicídios	57
Afogamentos	21
Acidentes aéreos	14
Assassinatos (violência sem fundo terrorista)	10
Assassinatos (violência de motivação terrorista – entre as quais 26 foram no atentado em Bali)	29
Acidentes ocorridos em sacadas	14
Acidentes ocorridos na prática do alpinismo e esqui	12
Acidentes ferroviários	1

Todos estes elementos foram considerados pelo FCO em uma investigação minuciosa das avaliações dos processos e ameaças que outros países disponibilizam a seus cidadãos (Austrália, Canadá, França, Alemanha e Nova Zelândia). Ao mesmo tempo, uma consulta abrangente foi efetuada com os diferentes *stakeholders* afetados pelas conseqüências das publicações contendo orientações de viagem. Estas consultas incluíram as indústrias de viagem e de seguros do Reino Unido e seus clientes, viajantes britânicos independentes, empresas britânicas com negócios no exterior e destinos turísticos fora daquele país.

Apesar das opiniões terem sido muito diferentes, o FCO conseguiu chegar a duas conclusões principais:

a) Os diferentes grupos de *stakeholders* têm objetivos contraditórios, e portanto não há uma abordagem particular que agrade a todas as partes.
b) O que a maioria dos *stakeholders* deseja é uma recomendação definitiva de que as viagens são seguras.

Conseqüentemente, as orientações de viagem impunham uma situação complexa, com uma abundância de direitos e com *stakeholders* competindo entre si. Seis alternativas foram consideradas pelo FCO para responder a estes desafios:

1) Absolutamente nenhuma orientação de viagem.
2) Informações genéricas e não-específicas a um dado país (isto é, as principais mensagens sobre seguros e assuntos de saúde).
3) Apenas *informação* (isto é, a apresentação de fatos sem a prescrição de ações, deixando aos usuários a decisão).
4) A indicação de ações sobre ameaças sem fundo terrorista (golpes, agitação, desastres naturais) e de informações relativas apenas a ameaças sobre as quais exista inteligência comprovada (terrorismo internacional).

5) A continuação da prescrição contra viagens baseada em ameaças sem fundo terrorista (golpes, agitação, desastres naturais), mas mantendo estas prescrições no caso de ameaças sobre as quais exista inteligência e situações de perigo extremo e imediato. Espera-se que os cidadãos britânicos decidam por si só, em todos estes casos, baseados em informações sobre os riscos.
6) O estado atual da emissão de orientações.

Depois de uma análise mais completa, a quinta opção foi aquela escolhida como a mais adequada para a emissão de orientações de viagem no Reino Unido: as diretrizes emitidas pelo FCO continuam a oferecer orientações de viagem, incluindo as indicações contra viagens em situações extremas, de forma a manter os cidadãos britânicos informados, o tanto quanto possível, sobre as condições de um país antes e durante a viagem. Porém, o FCO também considerou que a decisão final acerca de viajar ou não (ou continuar com a viagem) cabe ao indivíduo em questão. Neste caso, o FCO não aceita qualquer responsabilidade pela decisão tomada.

Hoje, além desta nova diretiva para orientações atualizadas de viagens, o FCO vem encorajando os viajantes a consultarem o boletim de comunicação *Know Before You Go* (Saiba Antes de Ir). A inclusão de informações mais gerais sobre países neste boletim, que são retiradas das publicações com orientações de viagem, não somente auxiliou na clareza das mensagens, como também almejou aumentar a conscientização dos viajantes e o grau de seu envolvimento na indústria do turismo. Esta última vantagem é obtida por meio da cooperação com uma rede de parceiros formada por cerca de 200 países com ligações com a indústria do turismo.

Este caso não se limita a ilustrar como as expectativas dos viajantes mudaram. Ele também revela uma importante lição aprendida: a importância da transparência na preparação das orientações de viagem, bem como a necessidade de prepará-las em cooperação com os diferentes *stakeholders*, tanto dentro da indústria do turismo quanto nos destinos.

Por fim, estas orientações não evitam um alerta, quando este é tido como necessário, mas controlam as emoções e o impacto no médio e longo prazos para os turistas, para a indústria do turismo, para os países e para os *stakeholders*.

Outro ponto que não pode ser negligenciado é que a indústria do turismo não pode ser amplamente julgada a partir da capital de cada país, em que estão baseadas as representações diplomáticas. Esta restrição geográfica pode, contudo, ser remediada por meio das informações suplementares disponibilizadas por uma rede própria de representantes das companhias, guias turísticos e agências responsáveis pela chegada de turistas.

Os sistemas de informação que desenvolvem produtos voltados diretamente para as empresas com negócios no exterior também merecem ser considerados. O exemplo dado pela Grã-Bretanha é o Security Information Service for Businesses Overseas, ou Sisbo, fornecido pelo FCO e que disponibiliza informações sobre segurança. É importante frisar que as informações dadas têm caráter complementar às orientações de viagem, que continuam sendo as principais fontes de informação.

Sisbo

Uma abordagem mais abrangente é a do OSAC (Overseas Security Advisory Council), cujo objetivo também é a proteção de

OSAC

City Brief

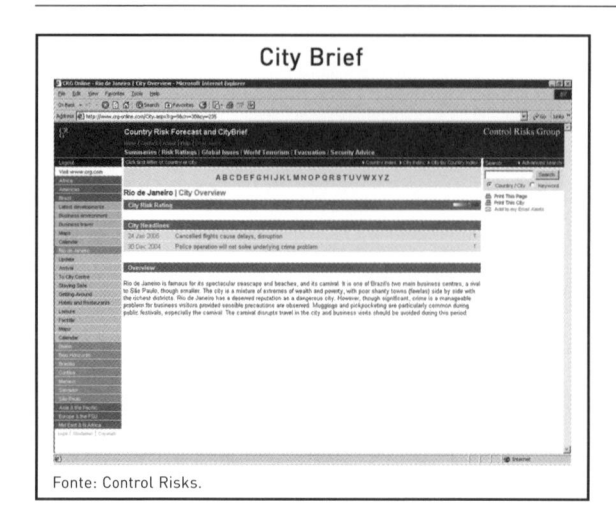

Fonte: Control Risks.

investimentos, instalações, funcionários e de outros interesses das empresas norte-americanas em operação no exterior. Fundado em 1985 em reação às crescentes ameaças contra empresas norte-americanas com negócios em outros países, o OSAC objetiva fornecer informações relativas à segurança para empresas, com a maior rapidez possível. As informações geradas são divulgadas por meio de e-mails (OSAC Daily News), ou para cada país, na ocorrência de acontecimentos dignos de nota (OSAC Consular Affairs Bulletin). Estas informações são bastante completas e atualizadas. A forte participação no Conselho de companhias com interesses no turismo e os relatórios especiais para o setor hoteleiro são também especialmente interessantes.

Além dos serviços de informações públicas e semipúblicas para as orientações de viagem, há um crescente número de companhias privadas que geram este tipo de informação. Os serviços disponibilizados incluem orientações de viagem semelhantes àquelas preparadas pelos ministérios as relações exteriores, as avaliações de risco em itinerários predefinidos, e até a assistência personalizada.

Control Risks

Os serviços da Control Risks já foram discutidos. Além do Risk Map, os serviços da Country Risks Forecast também já foram descritos. Assim, apenas o serviço *on-line*, chamado de City Briefs, será examinado. Estes *briefs* oferecem uma análise detalhada do risco em mais de 300 cidades. Estas cidades foram escolhidas com base na sua importância para viajantes a negócios. A avaliação é efetuada em uma escala de 1 (baixas taxas de criminalidade, sem qualquer área na cidade a ser evitada pelos visitantes) a 7 (alta taxa de criminalidade e/ou violência devida a terrorismo ou guerrilha exigem precauções extremas com a segurança; o governo não consegue manter a lei e a ordem). Além disso, o risco típico para os viajantes da cidade é listado de forma concisa e atualizada.

iJet

O iJet é mais um provedor de informações para viajantes. Um dos serviços principais oferecidos pela companhia é a lista de orientações de viagem chamada Travel Watch. Estas listas são continuamente atualizadas para mais de 180 países e 260 cidades. Os riscos envolvendo segurança são avaliados por meio de um sistema de pontuação que vai de 1 (muito baixo) a 5 (muito alto). Além disso, cada uma das seis subcategorias (criminalidade, serviços de segurança, agitação, terrorismo, seqüestros e riscos geográficos) é avaliada individualmente pela mesma escala. Questões importantes sobre segurança são descritas em detalhe ao lado de aspectos relacionados a saúde, de exigências de entrada no país e de outras informações relevantes aos viajantes. Como um todo, as orientações de viagem têm 10 áreas de informação padronizadas. De acordo com o iJet, as informações são baseadas no trabalho de mais de 260 fontes primárias localizadas nos países (chamadas "correspondentes"), bem como nas agências de notícias abertas de cobertura global e local. As orientações da iJet são amplamente usadas pelo setor turístico. As agências de viagem têm acesso àquelas orientações por intermédio da Global Distribution Systems Wordspan, da Amadeus e da Abacus/SABRE. Outros usuários são a Expedia e Orbitz ou PATA, esta última usou o serviço durante a crise desencadeada pela SARS na Ásia, como fonte alternativa de informação para os consumidores finais (veja o Exemplo 56).

Os serviços do iJet e do Control Risks têm a vantagem de serem independentes das instituições governamentais. Isto possibilita avaliações via de regra mais objetivas, o que não necessariamente é seguido por tensões nas relações exteriores. Também é possível adequar o serviço às necessidades dos usuários. Contudo, a difícil avaliação das fontes empregadas pelas companhias é uma das desvantagens do sistema.

Extraído da Travel Watch

Fonte: iJet.

Avaliação

⊕ Como um todo, as orientações de viagem oferecem um indicador do risco político.

⊕ As informações estão diretamente relacionadas ao turismo.

⊕ A crescente atenção pública dedicada às orientações de viagem também significa que estas orientações são um indicador da opinião pública e das reações dos consumidores.

⊖ As influências políticas têm de ser equilibradas pela comparação das orientações de diferentes ministérios das relações exteriores e empresas privadas.

⊖ Está sujeita a restrições geográficas.

⊖ As fontes são difíceis de avaliar.

4.2.1.4 Os indicadores de riscos de fundo ecológico e à saúde

Os riscos de fundo ecológico e relativos à saúde são causas comuns de críticas feitas à indústria do turismo. Em sua maioria, estes riscos são previsíveis. Apesar da freqüente complexidade dos contextos científicos, os fatores de dependência causal que permitem a dedução de indicadores mensuráveis são conhecidos, o que indica a possibilidade de mudança em tempo hábil.

Além disso, o progresso tecnológico se encarrega da medição contínua e abrangente dos indicadores ambientais possíveis. Os seres humanos vêm desempenhando o papel de fatores limitantes e ao mesmo tempo de um dos instrumentos mais eficientes de medição desta classe de riscos. Portanto, os indicadores úteis estiveram limitados à capacidade pessoal de cada indivíduo, e às suas habilidades relativas ao reconhecimento destes riscos. Mas esta situação mudou nos últimos anos. Hoje, a automatização viabiliza o uso de indicadores que do contrário não teriam sido mensuráveis há alguns anos, em função do enorme volume de dados gerados.

Os diferentes sensores usados podem ser classificados de acordo com sua localização por meio de sensores em satélites, no solo, no mar ou no ar. Os exemplos práticos de seus empregos são muitos: é bem conhecido o uso de sensores de terra e de mar para a coleta de dados típicos, como temperatura, a velocidade dos ventos, das correntes marítimas ou dos índices pluviométricos.

Os incêndios em Portugal em 2003

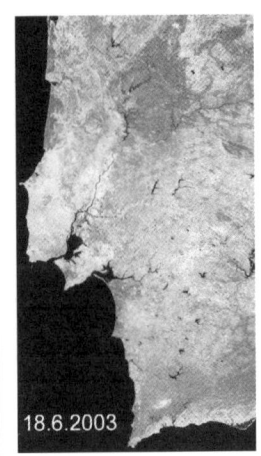

18.6.2003   15.9.2003

Imagens: AEE. Estas imagens mostram a devastação causada pelos incêndios em Portugal em 2003. As imagens tiradas com o uso das bandas próximas ao infravermelho (NIR) permitem visualizar o espectro completo dos incêndios na região de Algarve e no nordeste de Lisboa.

Contudo, os sensores para a medição da poluição das águas, das ondas de pressão (para a detecção de terremotos) ou os sistemas de sensores baseados no ar ou em satélites são menos conhecidos. Este último sistema ganhou enorme importância recentemente. Estes sistemas são empregados, mais especificamente, para monitorar e coletar os dados de áreas extensas.

Na concepção do projeto Earth Watching desenvolvido pela Agência Espacial Européia (ESA), iniciado no final de 1993 como reação às enchentes na Alemanha, vários satélites são usados para monitorar catástrofes naturais. Os satélites que operam com radares são empregados principalmente para a detecção de enchentes e de derramamentos de petróleo, uma vez que estes equipamentos são capazes de gerar uma imagem clara da situação, mesmo à noite ou com tempo encoberto. Os sensores óticos, por outro lado, são usados para detectar e monitorar incêndios florestais.

Mais concentrado nos alertas iniciais do que o Earth Watching é o projeto Epidemio que a ESA vem desenvolvendo em conjunto com a Organização Mundial da Saúde (OMS). A parceria está concentrada na detecção antecipada do vírus Ebola e de outros agentes biológicos responsáveis por epidemias. Os satélites também são usados no mundo inteiro na identificação de atividades vulcânicas e de furacões, e para a emissão dos alertas sobre o câncer de pele na Austrália.

Entre os indicadores de riscos relativos à saúde, outros dois sistemas que emitem alertas para estes riscos merecem consideração: O Centro para o Controle e Prevenção de Doenças (CDC) e a Organização Mundial da Saúde (OMS). Além das orientações de viagem do Departamento de Estado dos EUA, o CDC — outra instância governamental norte-americana — emite um grande número de alertas específicos para diferentes destinos sobre os verdadeiros riscos à saúde, explicando as medidas a serem tomadas para proteger e prevenir os turistas contra eles.

De modo semelhante, a OMS, uma agência especializada das Nações Unidas, mantém comunicações regulares sobre riscos à saúde e medidas de proteção para viajantes. Além disso, alertas de viagem também podem ser emitidos. Até recentemente, este instrumento vinha sendo empregado por países para informar seus cidadãos. Estes alertas foram emitidos pela primeira vez quando da crise com a SARS. Um papel mais ativo para a OMS é esperado para o futuro. Este se basearia no fato da OMS estar plenamente convencida de que doenças contagiosas vêm se disseminando no mundo todo, por meio do turismo, em poucos dias. Com isso, o enfrentamento antecipado e decidido da situação se torna indispensável.

Exemplo 26: O uso do *scanner* a *laser*

St. Anton é um pequeno vilarejo nos Alpes Austríacos, com uma população de cerca de 2.500 habitantes permanentes. A cada ano, em especial durante o inverno, muitos turistas chegam ao lugar para a prática de esportes de inverno. Com mais de 1 milhão de noites de estada, os hóspedes são uma das fontes mais importantes de receita e de bem-estar econômico.

No ano de 1969 foram tomadas as primeiras medidas de proteção para os habitantes e turistas. Desde 1988, 17 milhões de euros (em valores atuais) foram gastos na proteção contra avalanches, que atingiu seu auge durante o campeonato de esqui de 2001. As devastadoras avalanches na Áustria durante o inverno de 1999 chocaram a população de St. Anton a ponto de medidas adicionais terem sido tomadas para melhorar a proteção contra estes desastres.

Um dos resultados destas melhorias foi o uso do *scanner* a *laser*. Até sua implementação, somente era possível medir, de forma pontual, o indicador mais importante para a ocorrência de avalanches: a espessura da camada de neve. Este

Mais proteção contra avalanches com o uso do *scanner* a *laser*

Imagem: Dibit Geoscanner System.

quadro foi profundamente alterado com o emprego deste equiamento. O progresso tecnológico disponibilizou um instrumento que não apenas mede a profundidade da neve de forma pontual, como também o faz sem interrupção por uma distância de até 2.300 metros.

Outras melhorias estão a caminho. Numa tentativa de controlar ainda mais a situação e permitir que os alertas sejam gerados em momentos em que a visibilidade é ruim, uma vez que estes deslizamentos ocorrem quando há neblina e queda de neve, os primeiros testes com radares de terra já forma conduzidos.

Fonte: Sailer (2001).

No caso dos riscos ecológicos e à saúde, tem especial importância a análise em tempo hábil de acontecimentos e áreas importantes. Para a área sob risco ecológico, o uso de indicadores é especialmente indicado se acontecimentos negativos como avalanches, erupções vulcânicas, entre outros, precisam ser monitorados. Os alertas possibilitam a adoção de medidas de enfrentamento ou de outros meios para proteger a população e os turistas. Os riscos à saúde podem, em geral, serem observados apenas por meio de indicadores indiretos, tais como os alertas emitidos pelo CDC ou pela OMS. Contudo, é preciso lembrar que um dos problemas de saúde mais comuns que afetam os viajantes tradicionais é a diarréia, que pode ser observada por meio de indicadores aplicados em áreas críticas como restaurantes e hotéis (ver também OMS, 1992).

No entanto, é preciso observar que alguns riscos ecológicos, quais sejam, aqueles causados por seres humanos, como por exemplo os acidentes com navios, não são previsíveis — nem por meio de sistemas baseados em indicadores, nem por sistemas de terceira geração. Contudo, uma vez que as conseqüências, neste caso, são mais fáceis de julgar, a observação direta dos acontecimentos é menos importante do que a percepção desta área como crítica e da introdução de medidas de planejamento adequadas na forma de planos emergenciais (ver Seção 6.2).

4.2.1.5 A coleta e análise de informações

Uma vez que os indicadores tenham sido escolhidos, a coleta e análise regulares de dados precisa ser garantida.

Basicamente, há dois métodos possíveis de coleta de dados. No primeiro, os dados podem ser obtidos com outra pessoa. Este método é adequado em especial no caso dos dados já terem sido coletados com outra finalidade. Uma vez que esta forma de coleta de dados é, em princípio, melhor do que a coleta pessoal, a única coisa a verificar é se o intervalo entre coletas satisfaz as necessidades dos sistemas de alerta inicial.

Se não for possível encontrar alguém para a coleta de dados ou se os intervalos de coleta forem muito grandes, a coleta pessoal de dados é a única opção disponível. Este método é mais caro, e é possibilitado pela definição inicial e aprendizado dos procedimentos necessários, treinamento de pessoal e a manutenção do equipamento no futuro. Além disso, as pessoas encarregadas da coleta de dados precisam ter as habilidades adequadas para garantir a validade e confiabilidade dos dados.

Independentemente da forma de coleta de dados, os valores-alvo e os patamares de tolerância para cada indicador precisam sempre ser designados antes da primeira coleta de dados. As medições podem se deslocar entre estes limites sem que um alerta seja emitido (Hahn, 1979; OMT, 1996b; OMT, 1996c; OMT, 2004a). Se estes limites forem ultrapassados, os relatórios são encaminhados ao nível administrativo apropriado, de modo previamente combinado entre as partes.

É preciso recomendar que os alertas sejam classificados em termos da extensão em que estes limites são excedidos, de forma que as gerências possam interpretar e encaminhar os alertas com mais rapidez. Tanto os valores-alvo quanto a classificação destes alertas precisam ser decididos quando o indicador for escolhido.

4.2.2 A identificação antecipada dos sinais incipientes

Um dos pré-requisitos essenciais ao uso dos sistemas baseados em indicadores é a presença de relacionamentos causais entre os indicadores observados e os acontecimentos.

Se esta lógica causal não estiver presente, os sistemas de segunda geração poderão falhar. Com isso, os acontecimentos são classificados como surpreendentes e imprevisíveis. Esta situação é observada cada vez mais em um ambiente que aumenta em complexidade e turbulência, obstando o início das medidas de enfrentamento.

A maioria destas surpresas pode ser relacionada às chamadas descontinuidades. Estas são alterações na direção, isto é, fenômenos novos, para os quais não existe um corpo de experiências. Esta situação atrapalha a detecção e avaliação destas descontinuidades, mas não as tornam etapas impossíveis de se conduzir. O caráter repentino das descontinuidades afeta menos a freqüência destes acontecimentos do que sua percepção e avaliação.

Em princípio, supõe-se que as descontinuidades estejam inseridas num processo mais amplo de desenvolvimento e que sejam influenciadas pelas ações e interesses das pessoas envolvidas. É nisto que se baseiam os sistemas de identificação antecipada de terceira geração.

Neste contexto, o conceito de sinal incipiente desenvolvido por Ansoff (1981) tem importância especial. O objetivo foi mostrar que, mesmo em uma etapa inicial, existem oportunidades para a gestão proativa de uma empresa. Portanto, é necessário interpretar e manusear as informações em tempo hábil, num processo constante de construção que considere as peculiaridades e os efeitos. Para a introdução de estratégias exitosas de reação, é imperativo que não se espere até a informação ter sido bem definida, com seu significado avaliado acima de qualquer dúvida. Neste instante, a organização afetada freqüentemente fica limitada em termos das possibilidades para a reação.

Ansoff (1981) esclarece o problema da surpresa para a organização com a diferenciação entre informação disponível e utilizada, que ele apresenta dividida em três níveis:

- O primeiro nível de informação se relaciona com todas as informações disponíveis — o "conhecimento geral" no ambiente da organização.
- O segundo nível se refere à informação disponível dentro da organização. Este pode ser idêntico ao primeiro nível em termos de quantidade, mas diferente em termos qualitativos, pois a organização não dá atenção a uma parcela das informações apenas. A diferença entre estas informações e as classificadas no primeiro nível está nas abstrações, incertezas e na falta de contexto das informações recebidas, o que não permite a avaliação consistente e lógica destas. O chamado "vazio de reação" resulta do fato de que as informações são processadas mas não corretamente classificadas como relevantes à organização.
- O terceiro nível descreve as informações que são empregadas apenas pelas gerências da companhia. Apesar da disponibilidade, as informações ainda podem ser descartadas, por serem tidas como abstratas demais e sem correlação com as experiências, ou ainda por não terem a relevância necessária para o tipo de problema em questão. Esta diferença entre a informação disponível e a utilizada é chamada de "vazio de decisão".

De acordo com Ansoff (1981), a análise e redução destes dois tipos de vazios informacionais precisa ser um objetivo constante da gestão. O conceito de sinal incipiente, contudo, se concentra mais especificamente nas deficiências existentes entre os dois primeiros níveis de informação, isto é, no aumento das informações sobre os setores do ambiente corporativo que são importantes para a organização.

Contudo, este conceito vem sendo alvo de importantes críticas. Estas se concentram, mais intensamente, na realização prática do reconhecimento dos sinais incipientes. Por um lado, os conhecimentos da psicologia da solução de problemas é mencionado, de acordo com o qual os sinais incipientes não podem ser reconhecidos em função da estratégias reducionistas que uma pessoa emprega diante de suas capacidades limitadas para processar informações (Konrad, 1991). Por outro lado, o conceito é criticado em relação aos conhecimentos da psicologia da percepção, que sustentam que uma pessoa observa apenas aqueles estímulos cujo conteúdo e relevância ela consegue julgar.

As duas vertentes críticas são explicadas em termos do comportamento humano normal. No entanto, os sistemas avaliados a seguir tentam superar estas deficiências humanas. Isto significa que até mesmo as maneiras de pensar e as interpretações, que parecem irrelevantes, distantes dos padrões usais na ocasião da análise, precisam receber atenção constante e sistemática (o que concorda com o objetivo das técnicas de criatividade, isto é, com o desenvolvimento de novas técnicas, pensamentos e soluções para os problemas encontrados, para assim superar as barreiras do pensamento impostas às informações não-estruturadas).

4.2.2.1 O levantamento das descontinuidades

Em um levantamento das descontinuidades, os especialistas são questionados sobre a probabilidade da ocorrência e dos efeitos de acontecimentos específicos por meio de um questionário. O objetivo é avaliar e classificar estes incidentes como ameaças ou oportunidades para a companhia. Ao passo que a probabilidade de ocorrência é coletada como percentual, os especialistas classificam o efeito usando uma escala que vai de –4 (muito desfavorável) a +4 (muito favorável). As duas avaliações precisam ser conduzidas de forma independente.

Concluído o levantamento, os resultados são apresentados na forma bidimensional, e "elipses e retângulos de 95% de probabilidade" são inseridos. Desta maneira, as possíveis opções "descontroladas" podem ser identificadas. São estas opções que são de interesse especial à análise. A discussão que segue tenta descobrir se estes desvios em relação à maioria destas estimativas devem ser postos em termos de uma interpretação, original e construída de forma consciente, das circunstâncias — um possível sinal incipiente — ou em termos de uma outra fonte de erro, tal como a falta de entendimento ou de conhecimento especializado. Para isso, os motivos dos elementos externos precisam ser examinados em mais detalhe por meio de uma profunda análise individualizada.

Outro resultado desta análise é a interpretação da disseminação das opiniões apresentadas. Se esta disseminação for intensa, então as opiniões variam muito, e há grande incerteza sobre os possíveis efeitos dos acontecimentos. Também neste caso as análises precisam ser usadas para um melhor esclarecimento da situação.

> **Avaliação**
>
> ⊕ O valor individual do levantamento das descontinuidades reside na transmissão de informações de agentes externos, que deixa seu rastro em um valor condensado.
>
> ⊖ São exigidos no mínimo entre 20 e 30 especialistas qualificados.
>
> ⊖ A seleção dos acontecimentos por meio da pré-formulação de questões torna a qualidade dos resultados dependente da seleção específica dos acontecimentos incluídos.
>
> ⊖ A separação da opinião dos elementos externos é praticamente impossível, se a disseminação das declarações for considerável.

4.2.2.2 A análise do portfólio

Na prática, a análise do portfólio ganhou significativa popularidade quando de seu desenvolvimento para a análise de sinais incipientes. Todas as variações desta análise foram baseadas no conhecimento teórico sobre sistemas, que diz que o desenvolvimento de uma organização depende do inter-relacionamento de diferentes fatores internos com o ambiente corporativo. Outro nível de desenvolvimento foi observado sob a convicção de que nenhum subsistema novo precisa ser introduzido de forma a localizar os sinais incipientes.

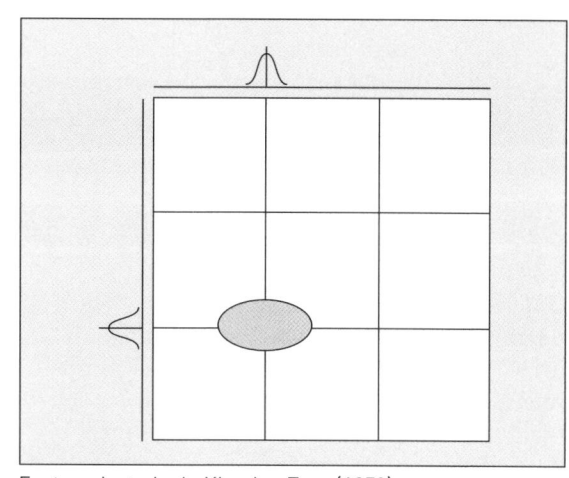

Fonte: adaptado de Kirsch e Trux (1979).

DIAGRAMA 4.8 O posicionamento da área na análise do portfólio.

O objetivo geral da análise do portfólio é avaliar, de forma comparativa, as "unidades estratégicas ao negócio" de uma empresa, em diversas situações com relação às oportunidades e ameaças. As avaliações feitas pelos especialistas são então exibidas em uma matriz do portfólio. Porém, uma vez que a determinação correta da posição prevê o consenso entre os participantes do processo de avaliação, as incertezas e opiniões divergentes geralmente acabam se perdendo.

Neste ponto, é iniciada outra etapa de desenvolvimento. No lugar de um determinação exata e precisa, os desvios na avaliação são enfatizados de forma consciente com a execução de um processo de localização da área. Desta forma, as discrepâncias na avaliação se revelam aos gestores, que podem processá-las de forma muito mais direcionada.

A dimensão das áreas difusas mas relevantes permite que sejam traçadas conclusões acerca do grau de incerteza nestas estimativas. Estas áreas difusas podem ser interpretadas como sinais incipientes. Com o objetivo de analisá-las em mais detalhe, as instâncias gestoras precisam discutir as causas das afirmações dissonantes. Somente esta análise profunda é que pode fornecer as informações sobre o que está causando os sinais incipientes, sobre a maneira em que eles devem ser avaliados e os efeitos esperados.

Avaliação

⊕ Contrastando com os levantamentos das descontinuidades, a análise do portfólio oferece a vantagem de impedir a pré-seleção de acontecimentos. Desta maneira, evita-se qualquer restrição inicial às alternativas consideradas.

⊕ Uma avaliação das probabilidades, bastante problemática sobretudo com relação aos acontecimentos que dependem do muitas influências, deixa de ser necessária.

⊕ Na prática, a aplicação mais ampla da análise do portfólio e, portanto, o conhecimento disponibilizado, ganham utilidade especial.

> Uma desvantagem que se sobressai é a necessidade de encontrar especialistas qualificados. Este problema é amenizado, pelo menos no caso das análises de portfólio já praticadas. No entanto, as análises detalhadas ainda são necessárias, e estas requerem um conhecimento mais completo sobre a companhia, da parte do pesquisador.

4.2.2.3 As curvas das tendências estruturais

O desenvolvimento das curvas das tendências estruturais, como instrumento útil à detecção antecipada dos sinais incipientes, data das descobertas feitas sobre a teoria da difusão e o paradigma da mudança (Krampe e Müller, 1981). De acordo com estes conhecimentos, as novas descobertas e modelos de comportamento se disseminam nos moldes de um processo infeccioso, no início do qual existe uma inovação ou um acontecimento, e em cujo fim observa-se um impacto abrangente. O ponto decisivo é a suposição, sobre a qual as considerações são baseadas, de que os processos de difusão obedecem a um padrão específico, mostrado como uma função da difusão ou das tendências estruturais. Estes padrões, que não são universalmente aplicáveis e sim bastante específicos às áreas, são o ponto de partida para a geração dos alertas iniciais na esfera empreendedora.

Por intermédio do exame e da análise das diferentes esferas de observação da companhia, são desenvolvidas as funções de dis-

> **Exemplo da legislação social**
>
> Normalmente os países escandinavos estão na dianteira da legislação do bem-estar social. Estes países, em especial a Suécia, ocupam a primeira posição nas curvas de tendência para esta área. Se algum projeto de lei for formulado nestes países, é sinal que processos semelhantes estão a caminho em outros. No entanto é preciso observar que no turismo, este papel de liderança na proteção ao consumidor pertence à Alemanha.

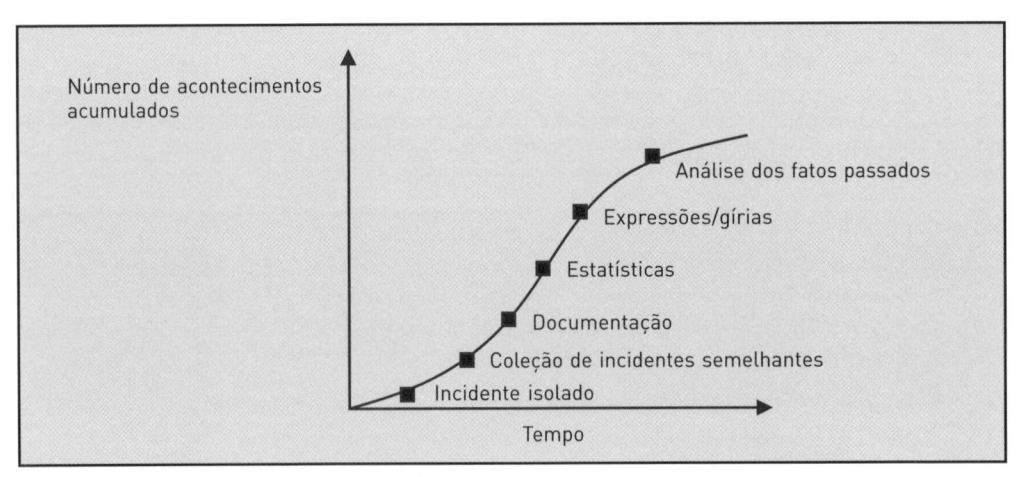

Fonte: adaptado de Krampe e Müller (1981).

DIAGRAMA 4.9 As tendências estruturais dos acontecimentos desencadeadores.

tribuição com valor representacional. Elas podem ser improvisadas no início do processo, em que a experiência disponível ainda é pequena. O Diagrama 4.9 mostra uma curva da tendência para o efeito de acidentes, neste caso, com petroleiros.

Uma sistema de observação pode ser operacionalizado com o uso de elementos precursores de eventos e acontecimentos de interesse e que são revelados pela curva de tendência. Este sistema reconhece, com maior antecipação, os eventos ou acontecimentos que são semelhantes ou que têm uma mesma área de origem. O objetivo é detectar a mudança de fase: de incidentes isolados a incidentes acumulados. Devido à natureza puramente qualitativa das informações neste estágio, esta detecção não é fácil; mas, em um estágio mais avançado, qualquer identificação dificilmente levaria à possibilidade de adotar medidas mais promissoras.

Avaliação

⊕ As curvas das tendências estruturais auxiliam na identificação em tempo hábil de um grande número de acontecimentos no ambiente, por meio da observação de elementos precursores.

⊕ ⊖ A qualidade e confiabilidade deste sistema depende, em grande parte, da extensão do ajuste das linhas de tendência às peculiaridades específicas à organização.

⊖ A execução do sistema é demorada, e as observações feitas sobre as alterações requerem pessoal experiente e treinado.

4.2.2.4 A definição do contexto dos assuntos de interesse social

O ambiente social de uma empresa é, em grande parte, responsável pela determinação de quais os acontecimentos que desencadeiam uma crise na organização afetada. Esta influência é intensificada pelo fato de as empresas, com freqüência cada vez maior, precisarem se explicar em que pese a ocorrência de problemas na esfera social. Isto significa que elas próprias acabam se tornando o assunto de debates.

De forma a ter um melhor entendimento dos processos subjacentes e a desenvolver linhas de ações facilitadoras para as companhias afetadas, vários modelos de análise de assuntos de interesse social vêm sendo desenvolvidos. Estes modelos não estão verdadeiramente dirigidos à previsão de acontecimentos, mas à classificação destes em termos da possibilidade de trazerem alguma ameaça à organização.

As diversas abordagens científicas que lidam com os assuntos de interesse social são todas componentes de um processo de desenvolvimento que se divide em duas fases. Durante estas fases é feito um exame para determinar quais os fatores de influência que são benéficos ou prejudiciais ao desenvolvimento. O desenvolvimento de um assunto de interesse social será descrito usando o conceito do ciclo de vida de cinco fases descrito por Dyllick (1992).

Uma vez desencadeado por um acontecimento discrepante em relação às expectativas predominantes, um assunto de interesse social (a necessidade de ação) é definido na fase de latência. Em geral, entende-se que os assuntos de interesse social existem quando "... há uma diferença entre as expectativas acerca do real estado da realidade e da realidade percebida de uma área social, realidade esta considerada intolerável" (Dyllick, 1992). Na fase seguinte, a de manifestação, os acontecimentos ocorrem com freqüência cada vez maior e, em função disto, a discussão científica por certo se intensifica. Esta discussão permanece limitada aos especialistas. É apenas na fase de melhora que o assunto é abordado por grupos interessados que ora se tornam *stakeholders*, trazendo o assunto a público. Estes grupos perseguem o objetivo de gerar um conscientização generalizada sobre o assunto, influenciando com isso a opinião pública. Nesta fase, os políticos se juntam ao processo formador de opinião, e a grande mídia também se torna mais ativa. Além da definição dos objetivos definidos, a discussão gira em torno da "versão politicamente válida do assunto". Na fase de amadurecimento, o objetivo é a regulamentação político-normativa do assunto, pela qual a opinião especializada é mais uma vez trazida para o foco da discussão. Ao mesmo tempo, o interesse da mídia diminui e a conscientização pública se estagna. Por fim, na fase de queda, a conclusão das regulamentações se dirige para o centro das atenções, e o interesse geral diminui.

O modelo do ciclo de vida é, nesta forma de apresentação, uma ferramenta para a determinação do status atual de um assunto de interesse social e da estimativa de sua dinâmica. O estado do desenvolvimento, isto é, a fase em que um assunto se encontra, pode ser determinado apenas por intermédio de critérios indiretos tais como o tipo e o tamanho dos grupos participantes, o status social e político destes grupos, ou a disseminação e a freqüência das reportagens da mídia que influenciam o grau de conscientização do público. As condições em que uma organização deve reagir são definidas pelas descobertas assim conduzidas. Em geral, tem-se como verdadeiro que, quanto mais importante e urgente for um assunto, maior o grau de conscientização pública atingido.

> **Os termos de referência positivos**
>
> Esta abordagem foi útil no acidente ocorrido numa mina, em 1988, na Alemanha. Os termos de referência positivos para o carvão como fonte de energia explicaram porque o acidente e os riscos foram classificados como inevitáveis e aceitáveis. As demandas que de outro modo seriam tidas como normais, isto é, a melhoria na segurança ou mesmo o abandono da mina de carvão, foram omitidas.
>
> Fonte: Mathes, Gärtner e Czaplicki (1991).

Está claro que, com este procedimento, o foco é posto na análise das condições contextuais e não na previsão dos acontecimentos. A convicção básica é que um acontecimento ocorrendo no momento não pode ser considerado isoladamente de suas variáveis geradoras, quando se tenta estimar a possibilidade de seu desenrolar. As condições contextuais básicas, que resultam de uma combinação entre posição do valor social, sensibilidade pública e a agenda dos *stakeholders* relevantes, precisam ser consideradas com mais profundidade.

Neste contexto, Mathes, Gärtner e Czaplicki (1991) mencionam os termos de referência de acordo com os quais um acontecimento é classificado. Em termos concretos, os autores recomendam que a cobertura geral para todas as áreas importantes da empresa sejam examinadas utilizando uma análise quantitativa de conteúdo de forma a definir estes termos de referência. Deste modo, por meio de uma codificação individualizada, as notícias, as reportagens e observações na forma de comentários são examinadas quanto às avaliações geradas serem positivas ou negativas, quanto às características ou conseqüências a elas atribuídas serem também positivas ou negativas, quanto à possibilidade dos acontecimentos serem influenciados por pessoas e quanto à credibilidade dos especialistas envolvidos. Os levantamentos, as técnicas de definição de cenário, bem como o contato regular e a observação dos grupos de interesse também são métodos úteis na determinação dos termos de referência.

Exemplo 27: Termos de referência

A importância dos termos de referência é assinalada também pelos acontecimentos relativos ao afundamento da plataforma de petróleo Brent Spar em 1995.

Apesar da Shell, proprietária da plataforma, trabalhar com vários sistemas de alerta inicial naquela época, nenhum deles indicou ou foi capaz de emitir um alerta sobre o conflito com o Greenpeace que estava a caminho. Nem mesmo as análises complementares feitas em um estágio posterior alteraram esta avaliação.

Isto pode ser explicado principalmente pelo fato de que o assunto envolvia uma ação planejada por seres humanos como uma surpresa, que, tal como ações terroristas, são identificadas com muita dificuldade, mas que ainda assim são previstas como possíveis, na teoria.

Contudo, por intermédio da interrupção dos acontecimentos em seus termos de referência, em que o Mar do Norte — visto como área poluída — foi com freqüência o assunto de discussões políticas e ambientais, chegou-se a uma outra conclusão após o início da ação. Os chamados termos de referência foram claramente reconhecíveis e classificados como negativos; com isso, os efeitos ulteriores dos acontecimentos passaram a ser previsíveis.

Nisto reside um problema bem específico para a maioria das organizações, pois para as pessoas diretamente envolvidas é difícil reconhecer estes termos de referência que evoluem tão lentamente, ou avaliá-los de forma correta.

Avaliação

⊕ A análise das condições contextuais difere dos modelos anteriores porque a abordagem adotada é direcionada para os acontecimentos observados. Este procedimento tem relevância prática uma vez que, para a maioria das crises, ele diz respeito menos à percepção no momento oportuno dos acontecimentos como sendo incidentes desfavoráveis do que à correta previsão do desenrolar dos efeitos futuros.

⊕ O sistema é demorado, e a observação em tempo real das alterações exige pessoal experiente e qualificado.

4.2.2.5 Os sistemas informatizados de alertas iniciais

Os sistemas automáticos de alertas iniciais passaram por consideráveis avanços no passado recente. Especialmente desde os ataques de 11 de setembro nos EUA, muitas instituições públicas e semipúblicas foram encorajadas e apoiadas com um substancial aporte de recursos financeiros para melhor desenvolver sistemas de alertas iniciais. Tanto as antigas quanto as novas abordagens foram examinadas e aprimoradas, e é possível diferenciá-las.

Algumas destas abordagens tentaram automatizar as técnicas para a identificação dos sinais incipientes já descritos (ver Schulten, 1995; Kelders, 1996; ou Jossé, 2004, por exemplo). Hoje, elas recorrem às vantagens da informática para solucionar o problema da complexidade de observação e análise, que juntas são constantemente monitoradas. Estes sistemas requerem uma interface humana para fornecer as informações necessárias sobre o ambiente social ou para tentar importá-las por meio de fontes baseadas em textos de agências de notícias ou de jornais. Apesar do processo de importação e coleta de informações estar resolvido, o "entendimento" das informações permanece como o maior problema para estes sistemas.

Os modelos simuladores

Os modelos simuladores para a modelagem de sistemas sociais e econômicos tentam, baseados em dados passados, verdadeiros ou hipotéticos, prever os acontecimentos futuros. Apesar dos modelos simuladores para os sistemas sociais ainda não serem capazes de reproduzir as condições da vida humana em todos os seus detalhes, resultados úteis podem ser obtidos por meio do emprego de modelos matemáticos para o comportamento coletivo em vez do comportamento individual. Para chegar a estes resultados, é necessário ter um conhecimento geral sobre o que precisa ser observado como um acontecimento. Assim, os modelos simuladores são empregados em parte para prever catástrofes naturais tais como furacões ou enchentes. Porém, o principal campo de aplicação dos modelos simuladores está na identificação das linhas de ação complementares, como por exemplo no caso da otimização de rotas de fuga, ou da identificação de áreas importantes, vista quando áreas particularmente ameaçadas são identificadas ou quando locais para sensores são determinados para sistemas de alerta inicial baseado em indicadores.

> O comércio na Bolsa de Valores de Hollywood é um termômetro confiável para as indicações ao Oscar. Em 2004, 29 das 39 indicações foram de acordo com o previsto. Os anos anteriores apresentaram resultados semelhantes:
> 33 de 40 em 2003
> 25 de 40 em 2002
> 33 de 39 em 2001
> 31 de 39 em 2000
> 32 de 38 em 1999
> Os resultados deste tipo são também observados em outros mercados. Acredita-se que o comércio de futuros na produção e comercialização de suco de laranja oferece uma previsão melhor sobre o tempo na Florida do que a previsão dos meteorologistas.

Os mercados artificiais

Os mercados artificiais também ganharam importância quando se trata da previsão de acontecimentos. Em operação desde a década de 1980, o Mercado de Eletrônicos de Iowa foi empregado para a previsão do resultado das eleições presidenciais de 1988 nos EUA. Os mercados artificiais não são projetados para a troca de bens reais ou de serviços. Eles existem com a finalidade única de gerar informação. Eles são empregados para prever os resultados de eleições, para prever o tempo, a demanda e os ganhadores do Oscar.

Em 2003, a Agência Norte-americana de Projetos de Pesquisa Avançada em Sistemas de Defesa (DARPA) apresentou um mercado artificial (FutureMAP) para o prognóstico de acontecimentos futuros de importância para a administração norte-americana. O problema central da análise dos sinais incipientes, a identificação destes sinais em meio a uma enorme quantidade de informação foram os aspectos que se buscava resolver com os mecanismos de mercado de uma bolsa de valores. Tal como os acontecimentos políticos, planejados ou influenciados por seres humanos e que estão passando por um processo de desenvolvimento, as pessoas e os especialistas informados de antemão têm a chance, por meio dos mecanismos de mercado, de comercializar estas informações em benefício próprio. As alterações no mercado que se seguem servem como sinal incipiente e indicam as mudanças que estão por vir. Apesar da comunidade científica ter reconhecido a utilidade da abordagem, o projeto teve de ser cancelado devido à apreensão política antes de seu lançamento oficial.

Um significativo progresso foi alcançado no campo da triagem e interpretação da informação. Com esta finalidade, a companhia anglo-americana Autonomy vem usando a Inferência Bayesiana e a Teoria da Informação de Shannon para desenvolver o *software* IDOL Server. Baseado na suposição de que 80% da informação digital presente no ambiente e dentro da própria organização está disponível exclusivamente em um formato não-estruturado, o sistema almeja se tornar tão independente quanto possível dos processos manuais clássicos.

As informações podem ser importadas pelo sistema na forma de texto, áudio ou audiovisual. As informações disponíveis em língua estrangeira são interpretadas em seu próprio contexto e não em termos de sua estrutura gramatical — a barreira lingüística não passa de um problema de importância menor.

Os dados são analisados em seu contexto pelo Dynamic Reasoning Engine (Mecanismo de Raciocínio Dinâmico) de forma a possibilitar as relações com os tópicos. Isto acontece mesmo que o tópico não seja mencionado como uma palavra dentro da informação dada. Isto é possível em função do molde das probabilidades estatísticas. O programa analisa as informações existentes que já pertencem a uma dada categoria; a nova informação é então adicionada à categoria baseada nas semelhanças dos contextos em que já é empregada. Uma vez que a designação em uma categoria não exclui a designação em outra categoria ou mes-

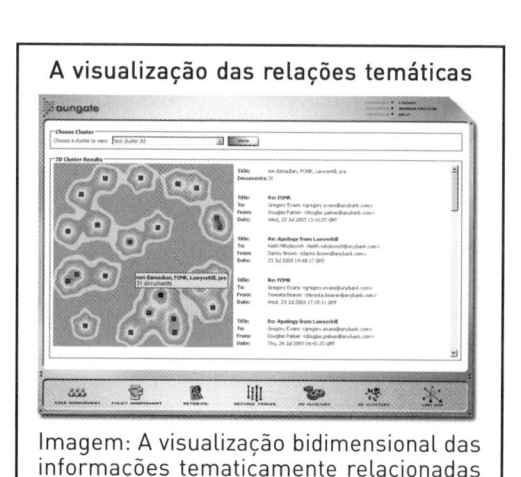

Fonte: Autonomy (2005).

Imagem: A visualização bidimensional das informações tematicamente relacionadas (Autonomy).

mo em várias, uma abordagem mais abrangente se torna possível. Esta é a principal diferença em comparação com os outros *softwares* que ainda exigem a categorização manual ou o uso de meta-dados, o que limita as possibilidades de solucionar o problema central dos sinais incipientes, do excesso de informação e dos recursos limitados.

O *software* oferece diferentes interfaces e permite uma ampla gama de aplicações. Em *call centers*, por exemplo, o *software* consegue identificar os tópicos que são discutidos entre os clientes e o pessoal do atendimento com maior freqüência, apesar das partes estarem atuando independentemente umas das outras. Desta forma, os problemas que aparecem podem ser identificados em um estágio mais adiantado, o que de outro modo seria possível apenas por meio de levantamentos complexos. Uma vez que o *software* também examina o tom de voz daquele que faz a chamada telefônica (por exemplo, se tensa ou calma), uma análise, até então impossível até mesmo na análise de conteúdo, ganha exeqüibilidade.

O uso amplo e disseminado deste sistema pelas administrações governamentais com a intenção de gerar sinais de alerta iniciais confirma que este procedimento de análise da informação é promissor. Com sua aplicação nos alertas contra os acontecimentos relativos a segurança nas Olimpíadas de Atenas de 2004, o programa vivenciou a primeira oportunidade de uso significativo no setor turístico.

Em geral, espera-se que no campo dos alertas iniciais outros progressos importantes serão feitos. O progresso tecnológico nos possibilita estas abordagens, que até pouco tempo atrás eram impensáveis. Contudo, o elemento surpresa ainda existe. De forma semelhante ao surpreendente e rápido sucesso vivenciado por algumas empresas neste campo, é inevitável que alguns acontecimentos negativos sejam descobertos apenas uma vez que um certo efeito já esteja se manifestando.

> **Avaliação**
>
> ⊕ A única maneira de coletar e processar uma grande quantidade de informações sem limitações anteriores.
>
> ⊕ As deficiências humanas típicas diante da percepção da informação, que na verdade atrapalham a detecção de sinais incipientes, são quase que completamente eliminadas.
>
> ⊖ Seu desenvolvimento está em seus primeiros estágios, apesar do grande progresso visto no passado recente.
>
> ⊖ Os seres humanos ainda precisam fazer a avaliação final baseados no conhecimento, intuição e experiência próprias.

4.2.3 As limitações e as possibilidades dos alertas iniciais

Um dos pré-requisitos para o sucesso da gestão de crises é o reconhecimento em tempo hábil dos acontecimentos negativos. Isto exige a existência de um sistema de alertas iniciais operado de forma sistemática e confiável.

A análise de várias possibilidades para os sistemas de alerta inicial revela que tanto os sistemas baseados em indicadores quanto aqueles baseados nos sinais incipientes são apropriados. Já em 1992, Krystek e Müller-Stewens afirmaram que certos acontecimentos ambientais são, portanto, representados apenas como sinais incipientes, uma vez que nenhum indicador foi determinado para esta área de alertas iniciais. Esta observação permanece válida nos dias de hoje.

A vantagem especial dos sistemas baseados em indicadores está no fato de serem simples de empregar e de manter. Além disso, eles oferecem a possibilidade, até certo ponto, de determinar as medições informatizadas. Esta forma de alerta inicial parece adequada para a área dos riscos relativos ao meio ambiente e à saúde. Para o ambiente social e político, o uso de indicadores é determinado pelo horizonte de tempo do alerta inicial. Se este tende ao curto prazo — o que é verdadeiro para as operadoras de turismo que não tem investimentos diretos em outros países — os indicadores oferecem informações de alerta inicial que são plenamente utilizáveis.

A observação dos sinais incipientes é particularmente importante para o ambiente social. É preciso observar que, para os destinos e operadoras de turismo internacionais, estes sinais estão nos mercados de origem dos turistas. O reduzido emprego de sistemas de terceira geração se deve basicamente ao longo período de tempo necessário e à sua complexa operação. Além disso, já está provado que os métodos clássicos são deficientes na avaliação das mudanças rápidas ocorridas no ambiente social. Uma vez que a maioria dos métodos foi desenvolvida para o planejamento estratégico da organização, o emprego destes métodos nos processos com ciclos de desenvolvimento mais curtos é mais limitado. Em especial, as alterações rápidas no ambiente social, que são responsáveis por muitas crises no turismo, são registradas com muita dificuldade. Certamente, esta é a razão pela qual, na prática, estes processos de alertas iniciais têm também seu uso limitado. Um dos instrumentos mais antigos para a geração de alertas iniciais envolve a consulta dos próprios funcionários que trabalham à frente dos principais setores da organização.

Os sistemas informatizados são, na prática diária, considerados como os melhores para a identificação dos sinais incipientes. Eles oferecem a única maneira de coletar e processar um grande volume de informação sem limitação prévia. Além disso, as deficiências humanas típicas na percepção da informação, que na verdade obstruem a detecção dos sinais incipientes, é quase que completamente eliminada. Os mercados artificiais e os progressos na área de *softwares,* como os da Autonomy são relativamente recentes. Eles também constituem excelentes exemplos das possibilidades existentes na atualidade e, principalmente, são indicativos de quais os acontecimentos que devem ser esperados.

Contudo, é preciso observar que no futuro próximo todos estes sistemas continuarão a ter de desempenhar as tarefas preliminares para os seres humanos, que, com o conhecimento que têm, deixam a decisão final a cargo da experiência e da intuição.

Questões para revisão e discussão

- Como funciona uma análise de cenário?
- Quais são as áreas adequadas para o uso de indicadores?
- O que é preciso considerar na seleção de indicadores?
- Quais são os problemas encontrados quando da formulação das orientações para viagem?
- Qual é a importância das condições contextuais dos assuntos de interesse social?
- Explique os efeitos da transferência de imagem negativa.
- Por que os sinais incipientes são tão difíceis de detectar?
- O que são mercados artificiais?
- Cite as técnicas promissoras para a detecção de sinais incipientes.

Sugestões para leitura

Ansoff, H.I. (1981) "Managing Surprise and Discontinuity — Strategic Response to Weak Signals", *Zeitschrift für betriebwirtshaftliches Forshung*, 28(1), p. 129-152.
Autonomy (2005), *Understanding the Hidden 80%*, Autonomy, Cambridge.
Coface (2004), *Risque Pays 2005*, Sedec, Paris.
Control Risks (2004), *Risk Map 2004*, Control Risks Group, Londres.
Mayerhofer, W. (1995), *Imagetransfer*, Service Fachverlag, Viena.
Sharpley, R. e Sharpley, J. (1995) "Travel advice — security or politics?", em: *Security and Risks in Travel and Tourism (Proceedings of the International Conference at Mid Sweden University)*, Mid Sweden University, Östersund, p. 168-182.
VisitScotland (2005), *Avian Flu: A Pandemic Waiting to Happen (A Brief Paper)*, VisitScotland, Edimburgo.
Organização Mundial do Turismo (2002), *Global Code of Ethics for Tourism*, OMT, Madri.
Organização Mundial do Turismo (2004), *Indicators of Sustainable Development of Tourism Destinations*, OMT, Madri.
Organização Mundial do Turismo (2005), *Document A/16/22 — Recommendations on Travel Advisories*, OMT, Madri.
Yeoman, I., Galt, M. e McMahon-Beattie, U. (2005), "A Case Study of How VisitScotland Prepared for War", *Journal of Travel Research*, 44(1), p 6-20.

Websites úteis

Orientações de viagem

Austrália: www.dfat.gov.au
Áustria: www.bmaa.gv.at
Bélgica: www.diplomatie.be
Canadá: www.voyage.gc.ca
Centro de Controle e Prevenção de Doenças: www.cdc.gov/travel
França: www.france.diplomatie.fr
Alemanha: www.auswaertiges-amt.de
Itália (apenas na língua italiana, publicado pelo clube do automóvel da Itália):
    www.viaggiaresicuri.mae.aci.it
Japão (apenas na língua japonesa): www.pubanzen.mofa.go.jp
Nova Zelândia: www.mft.govt.nz
África do Sul: www.dfa.gov.za
Espanha: www.mae.es
    www.travel.state.gov
USA: www.travel.state.gov
Reino Unido: www.fco.gov.uk
OMS: www.oms.int

Mercados artificiais

Bolsa de valores de Hollywood: www.hsx.com
Tradesports: www.tradesports.com
Wahlstreet: www.wahlstreet.de

Outros

www.autonomy.com
www.beri.com
www.coface.com
www.esa.int
www.ijet.com

5
Medidas estratégicas para a gestão de crises

Objetivos
- Entender as possibilidades da gestão preventiva da crise tanto no interior da estrutura da estratégia corporativa, quanto por meio de ações estratégicas.
- Reconhecer as vantagens e desvantagens das ações estratégicas.
- Ter consciência da necessidade de um exame crítico e antecipado das estratégias de enfrentamento da crise.

Termos-chave e conceitos
- Estratégia corporativa
- Vantagem competitiva
- Ações estratégicas
- Estratégias de enfrentamento da crise

5.1 A GESTÃO PREVENTIVA DA CRISE NO INTERIOR DA ESTRUTURA DA ESTRATÉGIA CORPORATIVA

Todos aqueles que são responsáveis pelo sucesso ou pelo fracasso das organizações precisam enfrentar os diferentes aspectos das respectivas estratégias corporativas, se desejam manter o sucesso atingido no mercado. Isso inclui a análise em tempo hábil das possíveis conseqüências que os acontecimentos negativos têm nessas estratégias.

O objetivo da estratégia genérica é lançar os alicerces para o sucesso de longo prazo de uma organização. A vantagem competitiva, que precisa ser considerada do ponto de vista do cliente, envolve um benefício importante para ele e garante que a empresa ou produto se diferencie clara e permanentemente de seus concorrentes. As vantagens competitivas têm, no sentido de serem estrategicamente importantes, que satisfazer três critérios básicos:

- fornecer para o consumidor uma característica importante envolvendo o quesito performance;
- ser percebidas de fato por ele;
- ser sustentáveis, isto é, difíceis de ser imitadas pelos concorrentes.

Na sua forma básica, há dois tipos de vantagem competitiva: a vantagem no custo e a vantagem na diferenciação. A primeira gera vantagem por meio de preços menores para produtos com benefícios equivalentes em comparação com a concorrência; a vantagem na diferenciação requer que a empresa gere um benefício exclusivo que justifique o preço do produto aos olhos do consumidor (Porter, 1998a).

Tomando as vantagens competitivas como base, a vantagem no custo e a vantagem na diferenciação, e considerando o escopo de atividades, três estratégias genéricas podem ser diferenciadas:

- Liderança no custo
- Diferenciação
- Estratégia de foco

Porter (1998a) afirma que uma empresa pode usar estratégias de liderança no custo e da diferenciação ao mesmo tempo e obter sucesso total se estiver em condição de manter suas unidades em estrita separação. O principal critério para essa separação é a percepção do cliente.

5.1.1 A liderança no custo

Com a estratégia de liderança no custo, a companhia oferece um produto com padrão semelhante ao da concorrência e a um preço menor. É importante que os atributos do produto sejam percebidos pelos clientes como idênticos ou equivalentes aos dos produtos dos concorrentes.

A base dessa estratégia está na habilidade da companhia em entregar seus produtos a um custo mais baixo do que o dos concorrentes. As causas por trás desta estratégia são muitas e podem ser avaliadas no efeito da curva do aprendizado, nas condições da preferência particular ou na tecnologia exclusiva da empresa. Quando essa estratégia é posta em prática, a empresa precisa estar consciente de que só pode haver um líder em custos no setor, a menos que uma estratégia de foco seja adotada para um segmento de mercado específico.

Como resultado da necessária comparabilidade entre os produtos, aparece o conceito de possibilidade de troca. Essa possibilidade de alterar a preferência pode se tornar um problema sério se ocorrer algum acontecimento negativo. Se uma das características básicas do produto for prejudicada por esse acontecimento, a base para a vantagem no custo — a comparabilidade — é perdida. Os produtos de substituição passam então a ocupar o lugar do produto afetado. O mesmo efeito ocorre quando a segurança pessoal é ameaçada por um acontecimento negativo. Neste caso, a percepção do risco aumenta e — com a transposição de um certo patamar — o produto turístico em questão deixa de ser interpretado como comparável ao da concorrência.

Se a exigência fundamental quanto ao padrão de comparabilidade do produto deixa de ser satisfeita, em ambos os casos, o efeito da vantagem no custo deixa de existir. A única maneira de manter essa estratégia viva no longo prazo e de conservar as vendas do produto consiste na adoção de uma política de preços. Esse instrumento tem a capacidade de equilibrar a maior suscetibilidade com a redução do custo ao consumidor. Contudo, o espaço de manobra é pequeno, em função da estrutura de custos específica para o caso. As conseqüências da redução do preço são o colapso nos lucros a curto e médio prazos (há também outras conseqüências que limitam o uso dos instrumentos de definição do preço. Ver a discussão na Seção 7.3).

O problema no longo prazo está na manutenção da vantagem no custo, dado que ela é construída sobre fatias de mercado maiores. Uma alteração na ordem das circunstâncias poderá causar um círculo vicioso: a diminuição das fatias de mercado e o desaparecimento da vantagem no custo, o que, por sua vez, acarreta uma limitação na política de preço. Por fim, este efeito pode conduzir a um estágio em que a estratégia da liderança no custo deixe de ser sustentável, obrigando a empresa a adotar uma estratégia completamente diferente.

A grande suscetibilidade e as limitadas possibilidades de ação na estrutura da gestão de enfrentamento da crise ilustram, nesse caso, a importância das precauções tomadas contra a crise. Elas precisam ser empregadas para evitar o início desses acontecimentos ou para interrompê-los em tempo hábil.

5.1.2 A diferenciação

O objetivo da estratégia de diferenciação é diferenciar a empresa das concorrentes por meio do uso das características do produto que permitem à empresa cobrar um preço maior por elas. As estratégias de diferenciação são muito importantes para o turismo, pois, em sua maioria, os produtos turísticos são intercambiáveis, e há pouco espaço para a melhoria em termos de diferenças objetivas. Em contraste com uma estratégia da liderança no preço, várias empresas de um mesmo setor são capazes de adotar uma estratégia diferente com bastante êxito.

Essa diferenciação pode ser alcançada por meio de mudanças no produto, tanto concretas, quanto abstratas. O aspecto decisivo está na necessidade de o maior número possível de consumidores do setor perceberem a diferenciação como exclusiva e importante. Somente com isso é que a organização poderá atingir lucros acima da média, no longo prazo, que excedam as despesas adicionais com essa diferenciação.

Enquanto o aspecto da diferenciação concreta ocupa uma posição importante no setor de viagens, a diferenciação abstrata é verificada pelo desenvolvimento e implementação de uma estratégia de experiência do valor. Essa estratégia confere uma imagem que oferece vantagens únicas ao produto, distintas e sustentáveis em relação aos produtos da concorrência. Uma linha divisória clara precisa ser traçada entre esta estratégia, que normalmente é acompanhada de uma estratégia de gestão para a qualidade total, e a publicidade ativa que, contrastando com a estratégia do valor da experiência, não constrói "preferências específicas a uma empresa" (Konert, 1986; Kroeber-Riel, 1992).

Para ser relevantes, as estratégias do valor da experiência precisam considerar os valores, o estilo de vida e as experiências do grupo-alvo. De acordo com Kroeber-Riel (1993a), é preciso verificar se o perfil da experiência:

- Tem relevância psicológica.
- Não está em conflito com a filosofia da empresa.
- Atrai o grupo-alvo no longo prazo e, portanto, acompanha as tendências de estilo de vida.
- Torna possível um posicionamento eficaz em comparação com a concorrência.

- É capaz de ser introduzido não apenas por meio da propaganda, como também com estratégias ostensivas.

Uma vez que os perfis de imagem podem ser gerados e estabelecidos apenas por meio de um condicionamento constante e de longo prazo, as estratégias do valor da experiência precisam ao mesmo tempo ter sua validade verificada no longo prazo e apresentar uma linha de desenvolvimento voltada para as tendências sociais futuras.

Um ponto ainda não considerado é a demanda por consistência e isenção das contradições inerentes ao posicionamento que preconiza a experiência, também do ponto de vista de acontecimentos negativos futuros. Mesmo durante a concepção e avaliação dos possíveis perfis da experiência, é importante refletir acerca de certos acontecimentos que são mais prováveis ou mais ameaçadores do que outros. Isso pode contribuir consideravelmente para a gestão preventiva da crise.

Exemplo 28: A estratégia da experiência do valor em Liechtenstein

Com apenas 34 mil habitantes distribuídos em 160 km² de área, a imagem de Liechtenstein vem sofrendo com o fato de que o país está espremido entre seus dois grandes vizinhos, a Suíça e a Áustria. Apenas o setor financeiro é que contribui com a mudança da imagem do pequeno principado, cuja população tirava sua subsistência principalmente da agricultura, há cerca de 80 anos. O setor financeiro auxiliou a tornar Liechtenstein conhecido além das fronteiras européias. Mas em Liechtenstein essa fama foi de qualidade duvidosa, uma vez que veio acompanhada da reputação de ser um paraíso fiscal e lar para empresas de fachada. Por fim, em 2000, a OECD levantou suspeitas de que o país havia se tornado um centro de lavagem de dinheiro. A acusação foi contra-producente não apenas para o setor do turismo, como também para todas as atividades econômicas e para a auto-imagem dos habitantes de Liechtenstein. O ponto alto foi um confronto acalorado quando o Príncipe obteve o direito a veto e a indicar juízes.

Fonte: Fundação para a Imagem de Liechtenstein

A necessidade por mudanças tornou-se óbvia. Em 2001, o governo decidiu não apenas se concentrar nestas alegações, como também preparar o terreno para atrair mais investimentos, empresas e turistas estrangeiros. Em março de 2002, foi fundada a Fundação para a Imagem de Liechtenstein. Presidido pelo primeiro-ministro, o grupo foi composto por representantes do governo, das agências de estado e das principais associações comerciais. Os membros passaram a avaliar a percepção nacional e internacional do país, e em maio de 2003 submeteram suas recomendações dirigidas à superação das fraquezas identificadas.

Uma das principais propostas foi a melhoria da presença de Liechtenstein na Internet, seguida da sugestão de aumentar o número de missões internacionais de duas para oito, além de Berna e Viena, também em Bruxelas, Berlim, Nova York e Washington. Uma recomendação especial foi feita para desenvolver um novo posicionamento para Liechtenstein e lançar o país como marca.

Para isso, em novembro de 2003 foi promovido um concurso internacional, e a vencedora foi a consultoria de marcas com atuação internacional, Wolff Olins. Esta empresa, que também produziu a conhecida campanha *I Love New York* (Eu Amo Nova York), desenvolveu de forma sistemática os elementos que deverão moldar a imagem de Liechtenstein no futuro. Com o ineditismo desta abordagem, o país desenvolveu a estratégia e os símbolos de diferenciação que, sem substituir os emblemas oficiais, os complementaram.

O primeiro-ministro lançou oficialmente a campanha mundial em Londres, em 20 de setembro de 2004.

Liechtenstein é o notável exemplo de que os destinos não apenas zelam pela própria imagem, como também avaliam seus posicionamentos a partir da base, planejando e construindo a nova imagem por meio de estratégias do valor e da experiência.

Um outro ponto a considerar é baseado na descoberta de que os destinos são fortemente influenciados pelos clichês típicos e pelas generalizações exageradas. Esse aspecto também precisa ser considerado durante o desenvolvimento conceitual do perfil da imagem. Os efeitos da disseminação de uma imagem regional em destinos que não foram afetados por um dado acontecimento fazem com que eles sofram indiretamente com isto. De fato, em condições normais, esse esforço é compensado por meio de um certo grau de resistência à crise. Na prática, essas dimensões de imagem, que são responsáveis por toda a imagem da região nos mercados de origem, precisam ser incluídas, analisadas e, por fim, alteradas de forma a atingir um posicionamento independente e sustentável.

Exemplo 29: O Egito e seus destinos litorâneos

Apesar do Egito não ter considerado o produto destinos litorâneos explicitamente sob a ótica da gestão estratégica da crise durante seu desenvolvimento como nova área de produtos, as conseqüências futuras desta atitude provaram ao país que estas decisões tinham resultados positivos.

Os vários ataques terroristas de 1992/1993 geraram uma imagem negativa generalizada para o Egito. Contudo, os consumidores nos diversos mercados de origem não perceberam os destinos litorâneos "Sinai" e "Mar Vermelho" como estando relacionados a esta imagem. Essa diferenciação dos dois produtos, que não fora estrategicamente planejada e que os mostra como independentes um do outro em termos de imagem, foi reconhecida com rapidez e empregada tanto pelos destinos em si quanto pelas operadoras.

Desde então, os destinos no Sinai e no Mar Vermelho vêm sendo oferecidos sem qualquer referência ao Egito. Toda e qualquer informação textual ou visual foi removida da propaganda, de forma a evitar uma conexão entre o Egito e os destinos litorâneos.

Isto significa que os perfis e as estratégias do valor da experiência precisam ser designados desde o início, para que, se for o caso, sejam afetados negativamente apenas pela dificuldade dos acontecimentos em potencial. Mesmo que, como resultado de acontecimentos negativos as circunstâncias das crises não possam ser totalmente excluídas, existe a possibilidade de eliminar certos conceitos suscetíveis em tempo hábil.

Também é preciso enfatizar que é o longo prazo, antes de tudo, que demanda um planejamento cauteloso e ponderado da estratégia do valor da experiência, do ponto de vista dos acontecimentos negativos. Os investimentos no desenvolvimento da diferenciação abstrata são consideráveis, e a empresa terá retorno de capital apenas no médio e no longo prazo na forma de lucros maiores. As estratégias do valor da experiência e os perfis de imagem acumulados não são substituíveis no curto prazo. Perfis de imagem destruídos ou influenciados significam a perda de consideráveis investimentos. Para o mercado do turismo, em que o número de produtos com benefícios intercambiáveis está aumentando e que, portanto, está mais e mais dependente da diferenciação abstrata, esse tipo de prevenção vem ganhando importância crescente.

5.1.3 A estratégia de foco

A estratégia de foco se concentra em um segmento estreito, e nele tenta atingir tanto a vantagem no custo quanto na diferenciação. Enquanto que a base para a primeira, a variação na estratégia, é obtida com um comportamento diferente com relação aos custos, a segunda requer a existência de necessidades especiais do cliente. Quando a atratividade estrutural do segmento dentro do setor é insuficiente, várias empresas podem, com a estratégia da diferenciação, adotar uma estratégia de concentração, desde que os segmentos-alvo sejam diferentes.

A concentração em segmentos do mercado fornecedor — os destinos — ou em segmentos dos mercados de venda é típica das operadoras de turismo. Do ponto de vista do destino, a estratégia da concentração se refere à escolha de certos segmentos de clientes.

Uma vez que as estratégias de concentração relacionam vantagens no custo e na diferenciação, as observações já colocadas são válidas aqui também. Contudo, neste caso também existe o fato de que a concentração em um segmento específico ocorre como resultado. A dependência da escolha deste segmento limita o espaço de manobra para ações necessárias de forma apreciável.

Exemplo 30: O risco de uma estratégia de foco

Os riscos de uma estratégia de foco são demonstrados com o exemplo dado pela operadora de turismo alemã OFT Reisen. Esta operadora se concentrava em viagens de estudo ao Egito. Portanto, havia uma considerável dependência do desenvolvimento deste segmento consumidor e do destino.

    Como conseqüência dos ataques terroristas de 1997, o número de participantes caiu de mais de 30 mil a apenas 10 mil ao ano. Durante o mesmo período, o volume de vendas caiu de 31,6 para 10,6 milhões de euros. Esse efeito foi amenizado pelo redirecionamento da ênfase para outros segmentos consumidores. Os turistas de verão, cuja fatia aumentou de 20 para 82%, substituíram a cota de 80% dos estudantes.

> Contudo, como resultado destes acontecimentos, a operadora de turismo teve de desistir de uma boa parcela de seu grau de independência.

Apesar do risco que acompanha a estratégia de foco em termos de acontecimentos negativos, essa estratégia vem se tornando cada vez mais importante como uma resposta à individualização do consumo. Com vistas à introdução de medidas na estrutura da gestão da crise, é recomendável empregar a dimensão internacional desse desenvolvimento. Como a fragmentação em segmentos também acontece em nível internacional, verifica-se a existência de grupos-alvo interculturais que demonstram estruturas semelhantes em suas necessidades, e que podem ser atraídos de maneira idêntica. Se for considerado que os acontecimentos negativos são também julgados diferentemente devido às diferenças nacionais e culturais, fica claro que há possibilidades de reação. Estas exigem uma capacidade adequada de ação na esfera internacional, que, se ainda não tiver sido desenvolvida, pode tornar-se uma medida da gestão preventiva da crise.

Por fim, é preciso enfatizar que, no caso específico desta troca de estratégia, a extensão das precauções tomadas precisa ser aumentada em proporção inversa ao tamanho do mercado. Se isso não for efetuado no turismo, área de atividade bastante sensível, os acontecimentos negativos imprevisíveis acarretam uma maior probabilidade de abandono da atividade empresarial.

5.2 AS MEDIDAS PREVENTIVAS DA GESTÃO DE CRISES POR MEIO DE AÇÕES ESTRATÉGICAS

Sabe-se que na gestão do risco há possibilidades de limitar-se os riscos por meio de ações estratégicas.

O objetivo das ações estratégicas, tais como a configuração de uma empresa, as relações contratuais com outras companhias e a própria aparência, é contribuir com a limitação ou ao menos amenizar os efeitos de acontecimentos negativos. Além disso, essas medidas têm a intenção de, no mínimo, responsabilizar de forma conjunta as áreas causadoras de acontecimentos negativos, pelo menos na esfera econômica ou jurídica, já que isso limitará as fontes de acontecimentos negativos.

A seguir, várias abordagens serão examinadas para esclarecer as diferentes direções das medidas possíveis. Essas abordagens não excluem as diferentes direções dessas medidas: elas as esclarecem. Uma vez que o verdadeiro sucesso é determinado, em essência e com intensidade, pelo tipo de acontecimento e pela situação específica, as discussões a seguir contribuem para uma decisão entre opções, mas não são universalmente válidas. As variações são:

- A diversificação
- A transferência
- A cooperação
- O seguro
- O custeio próprio

5.2.1 A diversificação

A diversificação é entendida como a medida preventiva que atende à distribuição das atividades da organização com o objetivo de desconcentrar e minimizar as conseqüências de acontecimentos negativos. Por meio da distribuição das atividades em várias fontes de lucro, gera-se um equilíbrio capaz de compensar os prejuízos causados a uma das fontes. A intensidade desse equilíbrio é determinada, acima de tudo, pela complementaridade percebida em relação ao acontecimento, em termos de suscetibilidade à crise.

Exemplo 31: O caso de Gâmbia

Gâmbia é um país da África Ocidental com 1,2 milhão de habitantes. Antiga colônia britânica, o país tornou-se estado independente e integrante da Commonwealth em 1995. A economia de Gâmbia é pobre e depende quase que exclusivamente do cultivo e exportação de amendoim em forma de grão, de óleo e de farelo animal.

O turismo no país cresceu rapidamente e ultrapassou a marca de 78 mil chegadas em 1994, o que fez do setor uma importante fonte de receitas em moeda estrangeira. Contudo, a distribuição desse turismo se revelou bastante heterogênea.

Desde o início, Gâmbia dependia consideravelmente dos turistas britânicos. Nessa época, mais de 60% de todos os vôos fretados vinham do Reino Unido, contabilizando 52 mil das 78 mil chegadas anuais em 1994.

Essa dependência especial provou ser fatal à economia do país. Em novembro de 1994, a Unidade de Orientações para o Turismo da Secretaria para Assuntos Externos de Commonwealth emitiu o terceiro alerta em seis meses relativo a Gâmbia. Devido a um golpe militar ocorrido cinco meses antes, a situação política foi tida como instável, e os viajantes recebiam a recomendação de adiar, se possível, seus planos de viagem àquele país.

Com isso, todas as operadoras britânicas, exceto uma, cancelaram suas operações imediatamente e interromperam as viagens agendadas para aquele inverno. As operadoras escandinavas seguiram o exemplo e também abandonaram o país. No final, apenas as operadoras de turismo da Holanda e da Alemanha continuavam a atuar normalmente. O número de turistas britânicos caiu para 14 mil, 73% a menos.

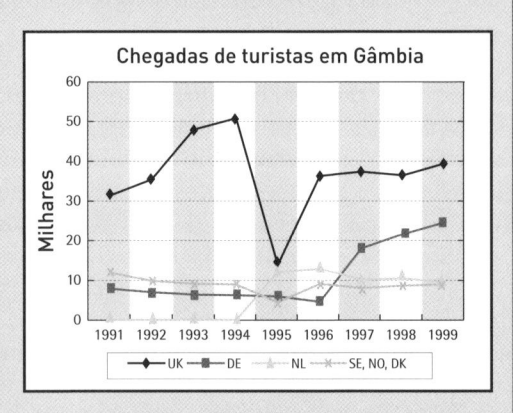

Essa perda teve impacto fulminante não apenas nos setores relativos ao turismo, como também na economia de Gâmbia como um todo. Mais de 1.000 postos de trabalho foram extintos na indústria hoteleira, e pelo menos oito hotéis fecharam suas portas. As pessoas que dependiam indiretamente do turismo, como motoristas de táxi e vendedores de souvenires também perderam sua principal fonte de renda. A súbita queda na receita de fontes relacionadas ao turismo como os impostos sobre a venda, as taxas de embarque em aeroportos e as tarifas de importação sofreram com a grave diminuição da entrada de moeda estrangeira. Além disso, com o abandono dos vôos fretados, que também eram empregados para o transporte de carga, vários artigos da produção interna do país não puderam mais ser retirados do país, e outros mil empregos foram perdidos na maior empresa de hortifrutigranjeiros do país. Outros setores, como o da agricultura e da cervejaria também sofreram graves perdas econômicas.

Essas graves conseqüências dos alertas de viagem emitidos contra Gâmbia podem ser relacionadas ao foco particularmente concentrado que o país deu à indústria do turismo, em que pese o mercado britânico e sua dependência de um número muito pequeno de operadoras. Ao passo que em tempos de crescimento turístico esta estratégia tem bastante sucesso, na hora da crise os problemas aparecem de forma desproporcional e geram uma situação bastante grave. De forma a prevenir isso, uma diversificação maior em termos de mercados e produtos é recomendável. Como mostra o gráfico, as chegadas de turistas alemães e holandeses permaneceram estáveis durante a vigência daqueles alertas, mas a parcela destes turistas era pequena demais para compensar a debandada dos turistas britânicos.

Fonte: Sharpley e Sharpley (1995).

No caso da diversificação horizontal, isto é, da substituição de um programa de vendas por meio de produtos que complementem as atividades correntes da empresa, o ponto de vista dos turistas precisa ser considerado nesta avaliação do equilíbrio. O que já foi considerado um equilíbrio do ponto de vista do risco político hoje é determinado pelo acontecimento, ou melhor, pela maneira em que o acontecimento é percebido. Se a referência for regional, um outro destino gera este equilíbrio e, se a referência for funcional, então o equilíbrio é atingido pelo tipo de produto. Se o acontecimento negativo revelar uma referência típica da organização, a troca para outra companhia pode ocorrer. Diversificação significa, no caso mais extremo, a compra das partes da empresa ou a abertura de um novo empreendimento.

A diversificação horizontal

Exemplo 32: A diversificação do portfólio de hotéis

O setor hoteleiro típico está exposto a intensa competição. Isso também se aplica ao Kempinski Hotel Group, cuja origem data do ano de 1896, e que hoje se especializa na administração hoteleira.

Tradicionalmente, o grupo sempre dependeu, em grande escala, do mercado alemão, que até recentemente contribuía com 90% dos lucros de suas empresas. Para reduzir essa dependência e minimizar a exposição a crises, a companhia tomou a decisão estratégica de diversificar de forma sistemática.

Em primeiro lugar, hoje a empresa tenta distribuir suas atividades geograficamente. É interessante observar que isso nem sempre leva a destinos tradicionais, mas também a áreas que já foram classificadas como de risco. A companhia vem buscando um bom *mix* de riscos e receitas. Ao mesmo tempo que os hotéis em destinos tradicionais como Londres, Madri e Paris sofrem constantemente com baixas margens de lucro, os hotéis em Mali e no Chade gozam de altas receitas e taxas de ocupação. O objetivo continua sendo abrir quatro entre cinco hotéis em áreas de baixo risco. Contudo, o quinto

> hotel aberto tem a permissão de ser um risco na esfera financeira se as receitas que gerar estiverem acima da média.
>
> A diversificação entre as diferentes crises possíveis no futuro é efetuada também por meio de diferentes tipos de hotéis. Os hotéis localizados nas cidades provaram ser mais resistentes às crises do que os *resorts* de férias. Conseqüentemente, um *mix* de 60% de hotéis em cidades e de 10% de hotéis em aeroportos, e voltados para a realização de congressos, constitui o objetivo da companhia.

A diversificação vertical

A diversificação vertical, que se refere aos estágios anteriores ou posteriores no processo de produção da organização, é recomendável quando a dependência de fornecedores externos, de fundamental importância durante uma crise, ganha visibilidade. Por meio da transferência vertical, chega-se à auto-suficiência (a independência econômica, principalmente das importações), que por sua vez auxilia a evitar as crises. Os relacionamentos consolidados não devem levar a um controle total da outra empresa. Esses relacionamentos também precisam ser efetuados na forma de alianças estratégicas. Por meio dessa interconexão, são alcançadas as dependências econômicas, com a mesma finalidade.

O lado negativo da estratégia de diversificação é que os recursos da empresa não são empregados com eficiência numa situação normal. Além disso, há o perigo de que uma imagem pessoal construída por meio da especialização se dilua. Acima de tudo, é importante observar que a diversificação, em particular quando ela deve gerar um equilíbrio na forma de diversificação horizontal, é um processo dinâmico e permanente, e precisa ser conduzida em íntima correspondência com os sistemas de alerta inicial.

5.2.2 A transferência

As atividades de transferência objetivam, mesmo antes do início de um acontecimento negativo, transferir as conseqüências para outro sujeito econômico. Em síntese, isso requer que haja um objeto que possa ser o alvo para o desvencilhamento do risco. Esse objeto pode, por um lado, fazer parte do grupo de empresas. Assim, o risco é transferido por meio da segregação parcial da sociedade. Por outro lado, essas conseqüências também podem ser externalizadas, sendo transferidas para um objeto econômica e legalmente independente.

5.2.2.1 A segregação parcial

O objetivo da segregação parcial de certas áreas de risco previamente identificadas dentro da própria empresa é transferir esse risco a uma empresa subsidiária. Se essa atividade já foi executada dentro da companhia, isso ocorre na forma de independência legal. Se a atividade for nova, ocorre uma nova definição. Essas segregações são consideradas no caso particular em que as atividades são tidas como de alto risco, mas que ainda assim são importantes para o grupo de empresas.

Ao manter a função da propriedade, a empresa principal conserva as funções de controle essenciais sobre a subsidiária. Ao mesmo tempo, os riscos econômicos advindos de acontecimentos negativos ficam limitados principalmente aos ativos desta subsidiária.

Uma outra vantagem é que, por meio da transferência de conseqüências, chega-se a um nível de responsabilidade pessoal bem maior na gestão da empresa subsidiária. Isso se justifica, sobretudo, quando os efeitos são influenciados pela reação a esta área. Com isso, a empresa subsidiária disponibiliza uma gestão mais flexível para a crise dentro dessa área, a partir da qual todo o grupo poderá colher benefícios.

Porém, não se recomenda recorrer a essa estratégia com o intuito de se livrar de áreas problemáticas reconhecidas e de fácil solução. Nesse caso, a medida pode ser identificada e julgada como um artifício para driblar o adversário, o que a tornaria objeto de apreensão social. Como resultado, as conseqüências legais e financeiras permanecem limitadas à empresa subsidiária, mas o dano à imagem da empresa principal não pode ser descartado.

5.2.2.2 A externalização

A externalização possibilita a transferência de conseqüências dos acontecimentos negativos para uma área que não pertence ao grupo, ou então a uma das áreas de influência da companhia.

Isso se verifica por meio de medidas do compartilhamento do risco e da limitação no risco contratual. O compartilhamento do risco envolve as opções de repartir o risco ou de unir-se em torno dele. Em ambos, várias empresas compartilham as conseqüências financeiras. Ao mesmo tempo em que esse compartilhamento se relaciona apenas com o afastamento prejudicial em relação aos objetivos da divisão do risco, o sucesso financeiro também é compartilhado.

Na estrutura da limitação contratual do risco, são feitas tentativas para transferir as conseqüências de um acontecimento negativo, sem qualquer menção a estas intenções, com a adoção de condições contratuais adicionais ou com contratos especiais. Ao passo que nenhuma referência contratual explícita existe para a transferência discreta das conseqüências, as outras duas formas abordam os riscos em detalhe.

Com relação às clausulas contratuais básicas para a adoção do risco no turismo, os diferentes aspectos dos efeitos dos acontecimentos negativos precisam ser considerados. Antes de mais nada, é preciso considerar que, quando estão envolvidos benefícios básicos que podem ser substituídos, os acontecimentos negativos fazem com que os clientes adquiram produtos de substituição com relativa rapidez. Portanto, o objetivo é a adoção de contratos não-vinculantes, isto é, contratos finitos no curto prazo. As condições contratuais favoráveis e possíveis daí resultantes são preferidas à provável perda total de receita futura. É preciso prever a ocorrência desta segunda situação, uma vez que a possibilidade de troca de produtos leva a uma decisão de "eliminar, sem adiar" a escolha concreta do produto.

<u>Eliminar, sem adiar</u>

As conseqüências para os produtos turísticos que definem suas vantagens competitivas em termos de benefícios básicos serão diferentes e não podem, portanto, ser reproduzidas. Neste caso, um patamar de risco mais alto pode ser observado, tal como a existência de um padrão

<u>Adiar, sem eliminar</u>

de comportamento baseado em "adiar, sem eliminar". Este último garante que o desejo de viajar se constrói em tempos mais favoráveis, o que explica a "possibilidade de recuperação" mais rápida. O patamar de risco mais alto também implica conseqüências iniciais menos graves. Neste caso, os contratos de longo prazo são uma possibilidade, o que é compensador, acima de tudo quando condições mais favoráveis acerca do período contratual podem ser atingidas.

A real extensão em que a externalização tem êxito na transferência de riscos a um mercado parceiro é determinada pelas condições gerais de competição, mas também, sobretudo, pelo poder do mercado e pela força das negociações da empresa interessada nesta externalização. Além das vantagens na transferência dos riscos econômicos, neste caso também é verdade que, com a adoção total ou parcial do risco, os interesses e esforços do parceiro fortalecem a possibilidade inicial e limitam as conseqüências dos acontecimentos negativos. Nesse sentido, essa ação é justificada e sensata, sobretudo quando o parceiro no contrato exerce influência nos acontecimentos.

5.2.3 A cooperação

A cooperação pode ser estabelecida com o único objetivo de formar um escudo contra os riscos entre os membros de um grupo. Se essa cooperação for feita de acordo com os padrões corporativos mais exigentes, é constituída uma companhia de seguros mútuos. Essas formas de cooperação ainda não existem no turismo. Contudo, muitas empresas de turismo decidiram formar cooperativas para melhorar a capacidade competitiva e se beneficiar dos efeitos de escala, por exemplo, no lado do fornecimento ou para aumentar a eficiência do marketing.

As cooperações existentes

Esses tipos de cooperação também são úteis em termos da gestão de crises. Muitas medidas preventivas não têm características específicas a uma empresa. Portanto, as cooperações existentes são capazes de oferecer medidas de gestão de crises aos parceiros que fazem parte delas, sem risco de enfraquecer as próprias posições. Um exemplo desse tipo de cooperativa é a Associação Internacional do Transporte Aéreo (IATA), grupo ao qual pertence a maioria das companhias aéreas em atividade. Seus membros, tradicionalmente expostos a altos riscos, têm acesso a uma ampla gama de ferramentas de treinamento relacionadas à segurança e à comunicação durante uma crise. Outro exemplo é dado pela Associação Caribenha de Hotéis que produziu, em conjunto com a Organização Caribenha do Turismo, o "Manual de Procedimentos em Caso de Furacões". Uma vez que os furacões são um fenômeno freqüente no Caribe, especialmente durante a estação que inicia em julho e vai até setembro, a Associação decidiu elaborar um manual para seus integrantes, depois da passagem do furacão Hugo em 1990. Com esse plano, todas as fases e medidas importantes relacionadas à prevenção e ao enfrentamento de furacões foram ilustradas. Baseados nesse manual, todos os hotéis integrantes da associação finalmente desenvolveram seus próprios planos em detalhe.

As cooperações formadas apenas sob a força dos aspectos da gestão de crises estão no *call center*, que será examinado minuciosamente mais tarde. Uma vez que a formação e manutenção destes *call centers* requer um significativo aporte de recursos e que as necessidades individuais durante uma emergência vão muito além das possibilidades da organização afetada, a cooperação nesse campo é uma conseqüência lógica. Um desses tipos de *call centers* é o GAST/EPIC, que funciona no aeroporto municipal de Munique (ver Exemplo 40). Até pouco tempo atrás, esse *call center* era o produto exclusivo da cooperação entre companhias aéreas, mas, recentemente, juntaram-se a ele duas das principais operadoras de turismo, a TUI e a FTI.

5.2.4 O seguro

O seguro contra as possíveis conseqüências de um acontecimento negativo é uma forma especial de transferência de riscos. A consideração básica acerca do seguro é o compartilhamento de riscos que ameaçam o indivíduo ou a empresa, em solidariedade contratual mútua, na qual esse compartilhamento está baseado.

Na assinatura da apólice, a seguradora se obriga a assumir as conseqüências financeiras de um risco particular. Para tal, o detentor da apólice paga um prêmio regularmente. Do ponto de vista do detentor, isso significa que um risco que é difícil de calcular e evitar pode ser transformado em custos calculados de forma clara e definida. Uma forma especial de cobertura pode ser verificada, repetidamente, na prática com a intervenção do Estado. Os destinos ou as grandes empresas podem quase sempre contar com o fato de que danos consideráveis ou acontecimentos extraordinários sejam ao menos

1.	Todas as instalações a serem cobertas pela apólice estão listadas? (*software*, *hardware*, quadras de tênis, piscinas, etc.)
2.	Todas as instalações foram descritas corretamente ? (número de quartos, pavimentos, limites da propriedade, etc.)
3.	Os valores cotados são precisos e atualizados? (do contrário, os prejuízos serão cobertos parcialmente)
4.	A remoção das instalações danificadas também está coberta?
5.	A interrupção da atividade econômica está coberta?
6.	Determine os níveis de responsabilidade e verifique se cláusulas de jurisdição local ou internacional são necessárias.
7.	O número da apólice, o número do telefone e do fax da seguradora são de fácil acesso?
8.	Os registros relativos ao seguro estão armazenados em local seguro e não serão atingidos pelo acontecimento negativo?
9.	As questões em litígio e as cláusulas obscuras com relação à apólice de seguros constam por escrito?
10.	Existem fotografias ou filmagens das instalações de antes da ocorrência dos danos?
11.	Mantenha relacionamento próximo com o corretor de seguros e com a seguradora para registrar e consolidar a indenização.
12.	Garanta a contratação com uma seguradora idônea. O que conta não é o preço, mas a relação custo/benefício.

Fonte: Baseado em informações do CHA/CTO.

DIAGRAMA 5.1 *Checklist* da cobertura do seguro.

em parte cobertos pelo Estado. Esse comportamento do Estado — um tipo de seguro para a organização — é difícil de prever, uma vez que está baseado em considerações políticas e no sentimento de solidariedade. Mesmo que essa forma de seguro não possa ser firmada de antemão, é possível observar que a probabilidade é determinada pelo perfil da organização ou do destino, pelo tipo de acontecimentos e pela situação político-econômica.

Se um comitê de solidariedade mútua é capaz de arcar com as conseqüências de um acontecimento negativo, o risco envolvido precisa satisfazer várias exigências, como por exemplo a aleatoriedade do início, a extensão dos danos e sua mensurabilidade, suficiência em número e em independência em relação ao acontecimento que acarreta danos (o que garante que o equilíbrio de riscos dentro do grupo seja possível) e a definição clara e objetiva da obrigação de ressarcimento.

Além do tradicional seguro da propriedade, as apólices contra interrupções na atividade comercial também vêm sendo adotadas. Estas são adquiridas por empresas que desejam proteger-se contra o risco financeiro inerente ao colapso das operações e à perda de receitas em função de acontecimentos negativos. Normalmente, a compensação para esse tipo de seguro é sempre paga se as instalações da empresa são afetadas diretamente.

Exemplo 33: Garanta a cobertura de seu seguro de eventos

Furacões não são novidade no Caribe e na costa do Golfo do México nos EUA. Mas o impacto da força dos furacões que assolaram a região recentemente foi muito maior e mais intenso do que jamais visto, na infra-estrutura e na percepção dos turistas.

Por essa razão, e para encorajar as empresas a continuarem suas atividades no estado, em 2005 a Visit Florida, o órgão oficial para o marketing do estado norte-americano, apresentou pela primeira vez, uma apólice de seguro grátis para acontecimentos que estivessem acontecendo no estado durante a temporada dos furacões. O objetivo foi minimizar o risco para os organizadores de eventos e garantir que o lucrativo ramo de convenções não deixasse o destino, sobretudo durante a temporada, entre agosto e outubro.

A cobertura para os cancelamentos de eventos é um tipo de seguro que vem sendo disponibilizado para a indústria de convenções e congressos já há algum tempo. Ela cobre riscos como redução, cancelamento, ou adiamento causados por qualquer tipo de condições climáticas adversas, por greves, terrorismo, falta de energia e danos materiais às instalações. Contudo, a oferta desse tipo de seguro como incentivo, por uma organização de marketing de um destino, ainda é novidade.

A Visit Florida introduziu esse programa em cooperação com a Marsh Affinity Group Services, uma empresa especializada no seguro para a indústria de eventos e encontros. Para garantir a cobertura de seu seguro para eventos, os organizadores precisam se candidatar e satisfazer critérios como datas (entre agosto e setembro), número mínimo de 100 quartos ocupados por noite de hospedagem em no mínimo duas noites, etc. Com um limite de US$ 10 milhões de cobertura total para um mês, a aprovação desses benefícios é dada pela Visit Florida. No caso de um encontro precisar ser adiado em virtude de um furacão, os gastos extras desse adiamento para a mesma instalação (ou outra dentro da Flórida) no espaço de 12 meses, além das diferenças em diárias, estão cobertos pela apólice.

Devido ao sucesso inicial do programa, a Visit Florida o estendeu até o ano de 2007.

Com os ataques de 11 de Setembro de 2001 nos EUA, o seguro contra atividades terroristas se tornou uma das tarefas mais difíceis na indústria do turismo. Em muitos casos, esse tipo de seguro deixou de ser oferecido em contratos novos, ou, como visto em muitos deles, a soma máxima oferecida deixou de ser suficiente. Apesar da situação ter sido amenizada especialmente em função da intervenção do estado, o prêmio a ser pago aumentou tanto que muitas companhias decidiram assumir esses riscos sozinhas, novamente.

Um dos novos instrumentos de seguro, no sentido mais amplo, são os *weather derivatives*. A idéia de uma apólice contra as influências do clima não é nova ao turismo. As companhias de seguro vêm oferecendo suas apólices a viajantes que são indenizados com um valor predefinido para cada dia de chuva durante as férias há várias décadas. Hoje, os *weather derivatives* vão muito além desta abordagem inicial, sendo também usados pelas concessionárias de energia na agricultura. Nesses casos, os *weather derivatives* oferecem proteção primeiramente contra a ocorrência do acontecimento, que é medida em relação a um mecanismo paramétrico de detecção de seu início. Diferentemente da apólice de seguros clássica, danos materiais não são necessários. O pagamento da indenização firmada em contrato se deve à ocorrência do acontecimento por si só. Os tipos de acontecimentos cobertos são vários e podem ser baseados em uma dada velocidade do vento, volume de chuvas, temperatura, espessura da camada de neve ou magnitude de terremotos.

Os *weather derivatives* também são um interessante instrumento para a indústria do turismo, pois garantem, de forma inteligente, a cobertura contra alterações bruscas no clima e contra a perda de receita. Por exemplo, eles são úteis aos destinos que têm como produto os esportes de inverno e para empresas que adotaram uma estratégia específica a um país ou segmento. Contudo, é preciso considerar que o seguro contra acontecimentos que não se enquadrem na categoria de situação extrema continua a exercer forte impacto na rentabilidade.

> **Os *weather derivatives***
>
> A Bolsa de Valores de Chicago (CME) vem negociando *weather derivatives* desde 1999.
>
> Os futuros e opções negociados nos *Heating Degree Days* (dias de tempo quente) e nos *Cooling Degree Days* (dias de tempo frio) protegem o comprador contra mudanças na temperatura com base na temperatura básica de 65°F (18°C).

Exemplo 34: A cobertura contra riscos políticos

Em muitos casos, a cobertura de um seguro é difícil de se concretizar. Isso é válido, sobretudo, no caso de riscos políticos (o risco país), em que a cobertura é via de regra oferecida apenas por instituições que forneçam garantias de exportação nos países exportadores.

De forma a cobrir investimentos também em seus países, várias nações africanas fundaram a Agência de Seguros Comerciais para a África (ATIA), com a ajuda do Banco Mundial. Por meio dessa agência de seguros, os investidores são capazes de se proteger contra os riscos políticos nos países participantes.

O funcionamento desse tipo de seguro é bastante simples. Os países-membros fazem seus pagamentos ao fundo criado pela ATIA, administrado em Londres. Em conjunto com o Lloyds London, o CEO da ATIA decide se um pedido é justificado. Os países não têm qualquer

> influência no processo de decisão. Se um estado-membro não arcar com o prejuízo, o pagamento à parte afetada é feito com valores oriundos do fundo. Além disso, a recusa em fazê-lo resulta na cessação de empréstimos pelo Banco Mundial.
> Além desse mecanismo, o prêmio e a duração dos contratos são bastante atraentes. Os investidores têm à disposição um instrumento útil para a garantia de seus investimentos na região.

Acima de tudo, é preciso levar em consideração que os chamados riscos especulativos, que também incluem o risco do empreendimento, não podem ser o sujeito de um contrato de seguros. Portanto, a perda de um possível mercado futuro não é assegurável. Além disso, é preciso lembrar que o fato de que alguns acontecimentos negativos devidos a restrições legais ou à limitada distribuição dos riscos igualmente não são asseguráveis.

É importante observar que uma apólice de seguros não reduz nem a probabilidade da ocorrência, nem a magnitude dos danos de um acontecimento negativo. Ademais, é fundamental frisar que uma cobertura ampla contra todos os riscos possíveis a uma atividade bate de frente com os interesses de uma seguradora, em que pese o aspecto lucro. Nesse sentido, são os risco de pouca ocorrência, mas de sérias conseqüências, antes de qualquer outra coisa, que precisam ser cobertos por uma apólice, conquanto a possibilidade de tal cobertura seja verificada.

5.2.5 O custeio próprio

As reservas de curtíssimo prazo

A despeito de todas as precauções que a companhia pode tomar, resta uma área com a qual — devido à novidade do acontecimento — somente a companhia pode arcar. Da parte desta companhia, as medidas de segurança podem ser implementadas pela formação de reservas de curtíssimo prazo. Contudo, é preciso considerar que isso se refere exclusivamente a medidas passivas, que também são dispendiosas.

Além disso, o custeio próprio sempre tem vantagens a oferecer, se houver a flexibilidade necessária. Nesse sentido os meios de transporte aéreo são de grande relevância ao turismo internacional. Vistas da perspectiva do destino, as companhias aéreas oferecem a chance de reagir rapidamente aos problemas que aparecem nos mercados de origem e de firmar conexões com outros destinos. Da perspectiva da operadora de turismo, esses meios de transporte permitem que turistas sejam levados a outros destinos no caso de ocorrerem problemas em certas regiões. A flexibilidade também é uma questão de interesse para o setor hoteleiro, até hoje visto como uma atividade relacionada principalmente a um local fixo. A crescente popularidade dos cruzeiros para a realização de mega acontecimentos, como as Olimpíadas de Atenas, é interessante não apenas do ponto de vista da sustentabilidade, como também da perspectiva da gestão de crises. Com isso, diante de tal flexibilidade na oferta, o turismo é capaz de se tornar uma oportunidade nas regiões que não conseguiram despertar o interesse dos investidores em hotéis e *resorts*, visto que o retorno sobre o investimento é via de regra realizado apenas depois de 10 a 15 anos. Muitas vezes, tal prazo é longo demais para um investimento seguro.

A flexibilidade

Além disso, a ação proativa também é responsável em termos de uma estratégia de aceitação. O objetivo dessa estratégia, originada da gestão dos *stakeholders*, é propiciar a adequada antevisão de possíveis acontecimentos e a posição que a organização ocupará na esfera social. Para isso, o ambiente da organização é examinado para detectar acontecimentos em potencial e os temas de importância para a companhia. Mesmo antes do início das discussões sobre estes assuntos, eles são eleitos como tema central pela empresa, ao mesmo tempo em que se estabelece o contato com os principais *stakeholders*. A importância, a classificação e a escolha das possibilidades para esse acontecimento são discutidas na forma de um "diálogo real", em que as diferentes opiniões dos *stakeholders* são consideradas legítimas ou não. Essa forma de discussão dos possíveis acontecimentos negativos deve, uma vez concluída, consolidar o entendimento, e com este a aceitação na esfera social. Ao mesmo tempo, é preciso mostrar que para certos acontecimentos, as possibilidades de solução conhecidas, ou que ainda podem ser descobertas, são limitadas. Mas a companhia interessada enfatiza, como por muitos anos fez a TUI na esfera ambiental, seu interesse em cooperar com os *stakeholders* na melhoria da situação.

A estratégia da aceitação

É igualmente importante considerar que não se trata meramente da adoção de um conceito de comunicação. A estratégia da aceitação precisa ser entendida muito mais como uma tarefa gerencial de total abrangência, que ultrapassa as definições dadas por diferentes pontos de vista. A abordagem tem como alvo principal a eliminação das deficiências na credibilidade, e não na informação. Isso deixa claro que essa tarefa central da organização não pode ser delegada ao departamento de relações públicas que seja ineficiente e inoperante. Por um lado, é responsabilidade da companhia representar esses acontecimentos em contextos relevantes. Por outro, a companhia também precisa estar preparada para dispor de seus recursos de forma ativa, para chegar a soluções práticas. Em princípio, essa linha de ação não deixa de ter seus riscos, uma vez que iniciados, os processos de comunicação não mais estão sob o controle da companhia, principalmente em seus estágios mais avançados. No entanto, a função da iniciativa, com a contribuição das abordagens envolvendo soluções funcionais, contribui de forma considerável na prevenção de uma discussão norteada pelos aspectos emocionais, permitindo que a empresa mantenha a iniciativa. Desse modo, chega-se a uma apreciável contribuição no intuito de limitar os efeitos de acontecimentos negativos, o que é vantajoso tanto para a companhia quanto para o público.

5.3 AS FORMAS BÁSICAS DAS ESTRATÉGIAS DE ENFRENTAMENTO DA CRISE

Outra área de consideração estratégica envolve a determinação das linhas básicas de ação ao enfrentamento da crise. O objetivo de uma estratégia de enfrentamento da crise consiste em influenciar o desenrolar dos efeitos de um acontecimento negativo, neutralizando-os. No mesmo intervalo de tempo, ou tão logo possível, a crise geradora dos problemas precisa ser resolvida de forma gradual. A área-alvo da estratégia é ampla e inclui todas as esferas de atividade.

A literatura técnica menciona diversas abordagens para as estratégias de enfrentamento. Um dos principais atributos diferenciadores para essas estratégias é a conduta no enfrentamento, que influencia a escolha dos instrumentos, a orientação da solução dos problemas e o ponto no tempo em que a atividade se inicia. As formas assumidas pelas estratégias de enfrentamento da crise podem estar entre dois extremos: o proativo (ofensivo, orientado ao encontro de soluções) e o reativo (defensivo, orientado à resistência).

Além disso, é preciso lembrar que as estratégias de enfrentamento incorporam o posicionamento ético e moral da organização. Uma vez que essas estratégias estão sujeitas a uma atenção particular numa situação de crises, seu projeto precisa ser considerado com atenção e cautela. Independentemente da posição que finalmente será escolhida, a determinação da estratégia precisa ser vista como importante o suficiente para ser implementada em um momento de calma e com a ponderação de todas as conseqüências possíveis.

É preciso também avaliar se a estratégia de enfrentamento da crise, apenas como uma variação temporária na estratégia, é compatível com a estratégia corporativa de longo prazo dentro dos critérios de razoabilidade. Apesar da necessidade de realizar as vantagens de curto prazo dentro da estrutura do enfrentamento da crise, qualquer afastamento deve ser o menor possível. Um limite claro pode ser visto quando a função orientadora da estratégia competitiva escolhida for afetada.

5.3.1 A abordagem proativa

O objetivo da estratégia de enfrentamento da crise é a implementação em tempo hábil das medidas que eliminam e restringem as causas e os efeitos de uma área-problema identificada. Isso requer um sistema de alerta inicial em perfeita capacidade operacional e que auxilie, mesmo com informações vagas e imprecisas, na implementação da reação. Além disso, a organização precisa estar preparada, voluntária e independentemente, para admitir que algo não funcionou conforme esperado, diante de todas as esferas de atividade, principalmente os clientes, *stakeholders* e o estado.

> **Mea Culpa?**
>
> A estratégia proativa de enfrentamento precisa ser claramente diferenciada de uma abordagem do tipo *mea culpa*.
>
> Uma abordagem proativa inclui a confissão de que algo não ocorreu conforme planejado. Contudo, isso não significa necessariamente que é responsabilidade total ou parcial da organização envolvida.

Em primeiro lugar, é preciso observar que uma imagem influenciada de forma negativa não implica obrigatoriamente uma perda de credibilidade.

A credibilidade se torna importante quando os fatos são confusos e complexos. Assim, o receptor da informação pode, em função da credibilidade existente, prosseguir sem as informações completas, isto é, superar a incerteza. Uma vez que a credibilidade é o primeiro passo para a confiança (credibilidade significa a comunicação do conteúdo puro e simples, enquanto que confiança significa a concordância em termos de conteúdo), a comunicação sempre confiável de uma empresa tem importância considerável na consolidação da confiança durante uma crise. Estas duas áreas, imagem e credibilidade, precisam ser consideradas separadamente. A credibilidade de uma organização de atuação proativa aumenta, ou no mínimo se conserva, em grandes parcelas do público, sobretudo nos clientes e na mídia, em função dessa atuação. Essa é a base para o emprego das ferra-

A credibilidade

mentas de marketing no futuro, cuja eficiência é influenciada pela credibilidade em toda sua essência.

Em segundo lugar, é preciso ter em mente que, apesar da intensificação no curto prazo da situação de crise, a empresa ainda tem forte domínio sobre a comunicação. Os fatos fornecidos pela empresa são usados extensivamente, e qualquer forma de especulação é evitada.

> O controle na comunicação

Em terceiro lugar, esse tipo de estratégia contribui de modo fundamental para diminuir a duração da crise, uma vez que não se verifica uma sucessão de "novas revelações" divulgadas pela mídia, o que, quando acontece, estimula o interesse do público.

> Como diminuir a duração da crise

Visando a implementar uma estratégia proativa de enfrentamento da crise em tempo hábil, a distinção entre as influências na imagem e a perda de credibilidade, como o valor futuro desta credibilidade, precisa ser reconhecida. Somente assim será possível superar a resistência dentro da organização, que é baseada na seguinte consideração: "por que razão deveríamos nós mesmos, em plena consciência, causar a intensificação da crise, levando a uma influência negativa na imagem, quando existe a possibilidade dos incidentes passarem despercebidos?".

Exemplo 35: Air Berlin

Em 18 de novembro de 2003, uma aeronave de passageiros da Air Berlin foi forçada a fazer um pouso de emergência no setor militar do aeroporto Ciampino de Roma. O motivo: uma suspeita de seqüestro. Quando o avião aterrissou, uma guarnição especial das Forças Armadas invadiu o aparelho. Nenhum seqüestrador foi encontrado, nem mesmo o menor indício de seqüestro. Em vez de esperar, a Air Berlin — em atenção ao público — emitiu um *press release* sobre o incidente.

A empresa se valeu de sua abordagem proativa para evitar qualquer especulação, mas também esteve totalmente convencida de que nada de errado havia sido feito. Mesmo assim, os holofotes da imprensa imediatamente pairaram sobre a companhia, e a crise se intensificou. Os resultados confirmaram que essa "espetacular intervenção", mais tarde explicada pelas autoridades italianas como "uma falha na comunicação" com o piloto, não se justificou.

A Air Berlin decidiu tomar a iniciativa e cobrir o custo da guarda e da análise dos registros de voz da cabine a cargo do Bureau Federal de Investigações de Acidentes Aéreos da Alemanha (BFU). O órgão normalmente atua apenas no caso de um acidente aéreo. A análise da conversa gravada confirmou a posição inicial da Air Berlin: não houvera qualquer mal-entendido na comunicação, nem qualquer indício de seqüestro a bordo.

Com essa abordagem proativa, a Air Berlin contribuiu de forma ativa, em estágio inicial, na divulgação das notícias sobre o incidente. Apesar do ocorrido ter causado uma intensificação da crise, a companhia garantiu o relato preciso dos acontecimentos e foi capaz de preservar, e até mesmo estender, sua credibilidade.

Uma estratégia proativa para o enfrentamento da crise tem um momento específico para ser iniciada. Normalmente este ponto no tempo está relacionado à "natureza espontânea da decisão", isto é, a decisão de informar o público é tomada de forma voluntá-

> A natureza espontânea da decisão

ria pela organização afetada. Contudo, uma vez que as instâncias do estado interferem, o ambiente social deixa de deliberar sobre os benefícios dessa estratégia para a organização.

Uma parte essencial da estratégia do enfrentamento proativo da crise é o esforço para eliminar as causas dos problemas. Mesmo com imensos esforços, sempre haverá algumas áreas-problema para as quais isso não será possível, como nas catástrofes naturais, por exemplo. Nesses casos, uma estratégia proativa organizada no longo prazo pode ser adotada para reconhecer, capitalizar e tirar alguma vantagem do acontecimento. O objetivo é transformar aspectos negativos em positivos.

> **Exemplo 36: Transformando acontecimentos negativos em positivos — os incêndios florestais nos Parques Nacionais de Yellowstone e de Glacier**
>
> Em 1988, irromperam os mais graves incêndios florestais em toda a história do Parque Nacional de Yellowstone. No total, 50 focos de incêndio iniciaram dentro dos limites do Parque, junto com outros 198 focos na área circundante. Os mais de 25 mil bombeiros despachados para o combate não foram capazes de evitar a queima de mais de 1,2 milhão de acres de vegetação e de 36% da área do parque. Centenas de animais pereceram, as instalações e a infra-estrutura do parque, como estradas, acampamentos e cabanas foram destruídas.
>
> Uma vez que a temporada dos incêndios e os picos no número de visitantes aos parques nacionais coincidem nos meses de junho, julho e agosto, os visitantes geralmente sofrem com pesadas restrições, como o fechamento de estradas e de acampamentos. Essas limitações e a intensa cobertura dada pela mídia aos incêndios acabaram levando a uma retração na duração da temporada de visitas.
>
> Hoje, parques nacionais afetados por incêndios florestais como Yellowstone ou Glacier despendem grandes esforços para alterar a percepção que os visitantes têm desses acontecimentos. As pessoas consideram os incêndios uma força destrutiva e poderosa, um inimigo imprevisível da vegetação, dos animais e do homem. Para muitos, o amanhecer que se segue a um incêndio revela uma paisagem pretejada pelo fogo, cenário de morte e destruição. Contudo, os incêndios florestais vêm ocorrendo na região norte das Montanhas Rochosas a intervalos regulares desde a última era glacial. Esses incêndios moldaram a maior parte das belezas naturais daquelas paisagens, definindo a diversidade da vegetação e da vida selvagem. Eles são muito importantes para o funcionamento de um ecossistema equilibrado, e exercem impacto muito positivo na evolução e estimulação natural de florestas e animais. Muitas plantas e animais não conseguem sobreviver sem os ciclos do fogo, para os quais a natureza os adaptou. Esses incêndios decompõem a matéria orgânica em nutrientes minerais e rejuvenescem o solo com o nitrogênio liberado pelas cinzas, assim gerando um novo e fértil leito para a germinação de sementes. Com menos competição e mais luz do sol, as plântulas crescem com rapidez e a vegetação como um todo se recupera ativamente.
>
> A interpretação do fenômeno e o entendimento do impacto e da importância dos incêndios dentro de um ecossistema se tornaram objetivos centrais dos parques nacionais. Com

efeito, os administradores lograram sucesso ao transformar a imagem negativa de uma paisagem destruída e o medo dos incêndios em uma nova atração para os visitantes.

O Parque Nacional de Glacier, por exemplo, estabeleceu um programa educacional para os visitantes. Ele inclui exposições detalhadas sobre o papel do fogo no ecossistema organizadas no Centro dos Visitantes do Parque Glacier, exibições ao longo das estradas em áreas que foram afetadas por incêndios, além de palestras com ou sem a exibição de slides em anfiteatros nos acampamentos. Os guardas florestais discutem o impacto dos incêndios nas caminhadas e indicam trilhas especiais em meio às áreas queimadas, de forma que os turistas possam ver e entrar em contato direto com as conseqüências de um incêndio florestal. No caso de haver um incêndio, atividades especiais e informações específicas são preparadas. Várias publicações descrevendo os prós e os contras dos incêndios em ecossistemas são vendidas nos centros para os visitantes. Anúncios curtos de rádio e televisão informam e geram a conscientização sobre o tópico, mesmo para pessoas que não estejam visitando o parque.

Esses segmentos educacionais não apenas geram uma nova consciência, como também levam a uma maior aceitação das restrições impostas pelo fogo. Em 2000, quando brotaram novos e intensos focos de incêndio, os visitantes puderam entender com facilidade os regulamentos da administração e, de acordo com as estatísticas do Parque Glacier, não houve redução real no número de visitantes. Apesar de alguns terem cancelado suas viagens ao parque devido aos incêndios, outros se sentiram encorajados a visitar as áreas afetadas, ansiosos por aprender mais sobre o assunto.

Levantamentos detalhados comprovam os padrões geralmente consistentes de uso dos parques pelos visitantes antes e depois dos incêndios de 1988 em Yellowstone. Com um total de 2,7 milhões de visitas a Yellowstone e com 1,6 milhão de visitantes em Glacier em 2001, essas pessoas com finalidade de recreação trouxeram uma receita econômica garantida para as comunidades no entorno das reservas, para as empresas da região e seus funcionários. Portanto, os parques não se limitam a continuar trabalhando para moldar uma nova consciência sobre o fogo: eles também têm o interesse de estabelecer um relacionamento de logo prazo com seus visitantes, como prova o *slogan* do Parque Nacional de Glacier:

> Venha para cá! Há muito a descobrir numa área atingida por um incêndio. Venha novamente ano que vem, e daqui a cinco, dez anos, em estações diferentes — e testemunhe as transições, a crescente diversidade da natureza.

Essa idéia de capitalizar e explorar um acontecimento negativo de forma positiva é bastante plausível e é ilustrada pelo desenvolvimento e pela importância atual de destinos como Pompéia, Waterloo e Verdun, que hoje são sítios de interesse histórico. Em casos desse tipo, os acontecimentos negativos geraram uma vantagem competitiva cujos benefícios básicos não foram intercambiáveis com outro destino.

A questão relativa a essa possibilidade envolve o tempo de transição entre uma espécie de voyeurismo, por assim dizer, e uma apreciação da história, entre o sentimento de horror e a manifestação de interesse na cultura. As excursões ao porto de partida do

Titanic ou aos campos de batalha da Coréia e do Vietnã mostram que esses intervalos de tempo estão ficando cada vez mais curtos.

> **Exemplo 37: Os passeios ao cais de onde zarpou o Titanic, em Southampton**
>
> O naufrágio do transatlântico de luxo Titanic em 1912 pode ser considerado como um dos primeiros e mais conhecidos desastres na história do turismo. Três dias depois de zarpar do porto de Southampton em sua viagem inaugural, o transatlântico bateu num iceberg e afundou nas águas geladas do Atlântico. Cerca de 1.500 pessoas perderam a vida.
>
> A tragédia continua sendo lembrada, sem ter perdido o misticismo e o fascínio que a cercam. O acidente inspirou inúmeros romances, histórias e filmes. O sucesso do longa-metragem "Titanic" de 1997, estrelado por Leonardo Di Caprio e Kate Winslet, revelou o interesse mundial sobre o naufrágio. Com mais de 17 milhões de espectadores no Reino Unido, 18 milhões na Alemanha e cerca de 104 milhões nos EUA, somente em 1998, o filme tornou-se o maior sucesso cinematográfico na história do cinema.
>
> Southampton, cidade do sul da Inglaterra com cerca de 211 mil habitantes, foi o porto de partida do Titanic. Como perdeu mais de 500 de seus habitantes no naufrágio, a maioria membros da tripulação, a cidade sentiu e continua sentindo uma forte relação com o desastre. Inúmeros memoriais dedicados àqueles que pereceram foram construídos em toda a cidade, mas nem os turistas nem as operadoras pensaram em converter o incidente em atração turística. A tristeza, o choque e a proximidade temporal com o acontecimento impediam a concretização de todas as idéias a respeito. Além disso, os destinos e objetivos turísticos da época diferiam muito dos de hoje.
>
> Hoje em dia, os hábitos e perspectivas dos turistas mudaram. Southampton descobriu os benefícios e os potenciais dessa tragédia do passado e usa com sucesso as vantagens da fama mundial do acidente para atrair mais e mais turistas à cidade. Os visitantes são encorajados a vivenciar o cenário original e reviver o início da famosa jornada. A prefeitura da cidade projetou o Passeio do Titanic, que leva visitantes a todos os principais memoriais e monumentos relacionados ao triste destino do transatlântico. Em uma caminhada de uma hora, os turistas conhecem mais de 10 pontos de interesse, entre eles um hotel cinco estrelas, em que alguns dos passageiros do Titanic passaram sua última noite antes de embarcar, ou o *pub* em que muitos beberam seu último copo de cerveja antes da viagem.
>
> A brochura do Passeio do Titanic da prefeitura de Southampton.

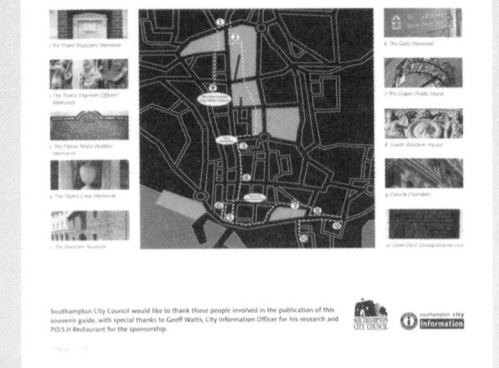

5.3.2 A abordagem reativa

Com uma estratégia reativa de enfrentamento, tenta-se, a despeito do conhecimento das circunstâncias, não agir contra elas, mas esperar para agir de forma a controlar a situação. O objetivo é livrar-se da crise o mais rápido possível, sem piorar a situação com as próprias ações.

Livre-se da crise

As atividades da organização afetada são postergadas até o ponto pós-ativo na crise. Essas atividades conseguem, por exemplo, envolver modificações no produto que eliminam os problemas posteriores ou deixam o produto irreconhecível. O *lobby* tem particular importância nesse contexto e auxilia, sobretudo, a amenizar as conseqüências na esfera política. No caso extremo, a situação é resolvida de forma completa e abrangente com a saída do mercado. Sair do mercado é recomendado especialmente no caso em que o desenvolvimento dos negócios não foi satisfatório, em que não se pôde contar com qualquer tipo de melhoria futura ou em que a posição no mercado é muito frágil.

> **Os pontos no tempo**
>
> O ponto pós-ativo é definido como o momento em que o acontecimento deixou de conflitar com o interesse geral.
>
> Ver também a Seção 7.1.1

A principal vantagem de uma estratégia reativa de enfrentamento é que ela evita uma intensificação da crise a partir das ações da própria empresa. A desvantagem é que ela pode resultar não apenas na perda de imagem, como também — o que contrasta com a estratégia proativa — na perda de credibilidade. A razão para isso está no fato de que, se uma empresa reagir de forma relutante e apenas quando forçada pelas circunstâncias, ela não consegue passar a crença de que está de fato interessada em encontrar uma solução para o problema. Com isso, a influência negativa na imagem e a perda de credibilidade, além das peculiaridades dos acontecimentos, são determinados pelo comportamento dos *stakeholders*. Se derem a entender que, apesar do conhecimento das circunstâncias e da possibilidade de agir em relação a elas, a companhia permaneceu na inatividade (e, neste caso, meras suposições são o bastante), então o prejuízo será considerável.

Perda de credibilidade

Além disso, é importante compreender que com a adoção de uma estratégia reativa para o enfrentamento da crise a empresa abdica de seu papel natural de principal provedora das informações (ver também a Seção 7.6.2). Dessa maneira, a companhia perde uma vantagem essencial e acaba alimentando a importância de outras fontes de informação. Não se pode também deixar de considerar que a duração da crise tende a aumentar com esta situação, sobretudo com os sucessivos vazamentos de informação que continuamente nutrem a atenção do público.

A estratégia reativa de enfrentamento é bastante observada na prática. Sem dúvida, essa freqüência é afetada também pelo fato de que a estratégia proativa de enfrentamento da crise e a oferta de informação ocorrem com incomum atenção em suas fases iniciais. Assim, o comportamento é, de fato, um reflexo natural que valoriza a influência inicial negativa na imagem com intensidade maior do que a perda de credibilidade a longo prazo, que provavelmente não foi considerada. No entanto, a freqüência de uso da estratégia reativa não corresponde diretamente ao grau de seu sucesso. Portanto, ela é recomendada apenas em alguns casos, como nas situações em que não há prova conclusiva da ocorrência de um acontecimento negativo que, contudo, não pode ser explicado ou eliminado, e em que a empresa tem certeza de que as críticas serão superadas.

A abrangência do enfrentamento e da estruturação e a sensatez em assumir a responsabilidade social de forma espontânea indicam que a estratégia proativa de enfrentamento gerará grandes expectativas. Ela não apenas promete maiores oportunidades, como também apresenta maiores compensações no longo prazo (Berger, Gärtner e Mathers, 1989; Wiedemann, 1994, OMT, 1998b). Se a crise for vista com essa ótica, oferece a chance de desenvolver a organização e de influenciar as várias esferas de atividade.

Questões para revisão e discussão

- Explique o que uma estratégia de diferenciação precisa considerar do ponto de vista da gestão de crises.
- Explique as circunstâncias que apóiam o emprego de uma estratégia reativa de enfrentamento.
- Qual é o último instante no tempo para escolher uma estratégia proativa de enfrentamento?
- Como funciona a transferência de risco por meio de uma "segregação parcial" ou da "externalização"?

Sugestões para leitura

Kroeber-Riel, W. (1993), *Bildkommunikation*, Vahlen, Stuttgart.
Porter, M. E. (1998), *Competitive Advantage*, Free Press, New York.
Porter, M. E. (1998), *Competitive Strategy*, Free Press, New York.
Smith, V. (1998), "War and tourism", *Annals of Tourism Research*, 25 (1), p. 202-227.

Websites úteis

www.visitflorida.com
www.expoplus.net

6
Planejamento da crise e medidas organizacionais

Objetivos
- Aprender a identificar as áreas importantes no planejamento para a crise.
- Distinguir as diferentes fases do processo de planejamento.
- Entender as medidas organizacionais da gestão de crises.
- Tomar as decisões com relação a especialistas externos.

Termos-chave e conceitos
- Planejamento
- Planejamento genérico
- Planejamento de contingência
- Planejamento preventivo
- Comitê da crise
- Especialistas
- Central de informação, central de gestão
- Equipes de assistência

O planejamento descreve um processo de estruturação que define o tipo de desenvolvimento que os tomadores de decisão desejam para um processo futuro. O planejamento é, portanto, o oposto da improvisação, de decisões tomadas *ad hoc* e que dependem das oportunidades. O principal objetivo do planejamento corporativo é garantir a existência da empresa, constantemente ameaçada pela incerteza de acontecimentos futuros, pelo maior tempo possível. Este tipo de planejamento permite que acontecimentos negativos e suas conseqüências sejam consideradas de forma sensata. O resultado é uma configuração estratégica da empresa que reduz a predisposição a crises. Ainda que este aspecto já tenha sido considerado (ver Capítulo 5), o foco agora está nas possibilidades adicionais da gestão preventiva da crise. Para isso, é usado um processo de planejamento e implementação suplementar, o chamado "planejamento para a crise".

O planejamento

Uma vez que o número de acontecimentos negativos concebíveis pode ser alto, é necessário limitar as eventualidades consideradas no planejamento para a crise. O planejamento precisa se concentrar nos acontecimentos que são singularmente destrutivos, ainda que pouco prováveis, e naqueles que dependem sobretudo do aspecto tempo. O objetivo é reduzir o elemento surpresa e sair em vantagem com a adoção de medidas prévias. A consideração antecipada das crises precisa também incorporar uma análise fundamental e uma avaliação dos passos escolhidos com relação à estratégia genérica e a outras possíveis conseqüências. (Acima de tudo, a interação entre liquidez, sucesso e fatores de sucesso não pode ser subestimada. As medidas de liquidez no curto prazo precisam sempre considerar as conseqüências de longo prazo para o sucesso de qualquer estratégia.) Raramente esta análise é possível em uma situação de crise, mas continua sendo importante devido às influências no longo prazo.

Há três estágios distintos no processo de planejamento e implementação: planejamento genérico, planejamento de contingência e planejamento preventivo.

6.1 O PLANEJAMENTO GENÉRICO

O planejamento genérico lança a base de planejamento para as possíveis situações. Seu objetivo é determinar as principais exigências e potenciais. Visa também a simplificar e acelerar a execução das etapas subseqüentes do planejamento. Nesse sentido, o planejamento genérico consiste no planejamento de contingência no estado mais elementar, em que, nem os cenários específicos para as situações de crise estão totalmente definidos, nem os determinantes estão completamente identificado. Além disso, em muitos casos é impossível prever todos os determinantes envolvidos (União Européia, 1995). As questões relacionadas à estrutura organizacional da companhia bem como a seu organograma são os objetos do planejamento do processo, uma vez que seus resultados são influenciados e determinados por ele.

6.1.1. A determinação das estruturas e da responsabilidade

Uma parcela fundamental do planejamento genérico é a determinação da responsabilidade e da autoridade. Os subsistemas para planejamento e funções executivas futuras na gestão de crises são, via de regra, definidos dentro da organização. Uma vez que estes subsistemas planejam os processos importantes, e em caso de crises também os gerenciam, eles geralmente estão localizados na esfera gerencial mais alta ou são diretamente atribuídos a elas.

Em geral, é unânime a convicção de que os projetos organizados conseguem enfrentar de forma mais eficiente desafios limitados, irregulares e que ocorrem num momento definido. Na prática, estes desafios são impostos ou por "grupos de trabalho", subunidades orgânicas que não têm autoridade para dar instruções, ou por comitês da crise, compostos por representantes de vários departamentos que contudo não formam um departamento autônomo.

O grupo de orientação

Há muitas vantagens em manter um grupo de orientação que faça o trabalho de base para a gerência quando da elaboração de diferentes medidas de planejamento de contingência. Se este grupo for composto por integrantes da alta gerência, ficando assim livre de quaisquer interesses específicos de diferentes setores da organização, os excessos no exercício da influência serão evitados. A partir do início do acontecimento negativo, senão antes, o limite na legitimização ao pôr idéias em prática pode se tornar um problema. Portanto, é comum apelar para o aumento da autoridade desses grupos de orientação, para que possam impor sua vontade. Contudo, isto pode fazer com que este grupo se transforme em um comitê da crise.

Além dos integrantes da gerência, um comitê da crise também é composto de outros tomadores de decisão relevantes, como o gerente de marketing, o consultor legal, o porta-voz, entre outros. A composição deste comitê pode variar, dependendo do tipo de acontecimento. Desta forma, não se trata de empregar o conhecimento especializado de seus integrantes. Neste caso, existe a garantia adicional de que as decisões tomadas serão implementadas pelas pessoas responsáveis, em circunstâncias normais. Esta forma de semelhança funcional em casos de crise e em situações normais já foi confirmada como fator importante no sucesso da gestão da crise (Höhn, 1974; Mileti e Sorensen, 1987).

O comitê da crise

Exemplo 38: A gestão da crise na Lufthansa

Elas podem ter experiência ou estar bem preparadas, mas as companhias aéreas, como empresas de qualquer outro setor, têm muito a fazer diante da pequena probabilidade de um acidente com uma aeronave. A intensidade das emoções que permeiam um julgamento quando o assunto é voar, como também o seu interesse das companhias em demonstrar o compromisso com a qualidade do serviço, mesmo em situações excepcionais, foram as principais forças que levaram a um conceito bem-definido de gestão da crise e do que significa uma equipe encarregada desta tarefa.

A organização da gestão da crise na Lufthansa

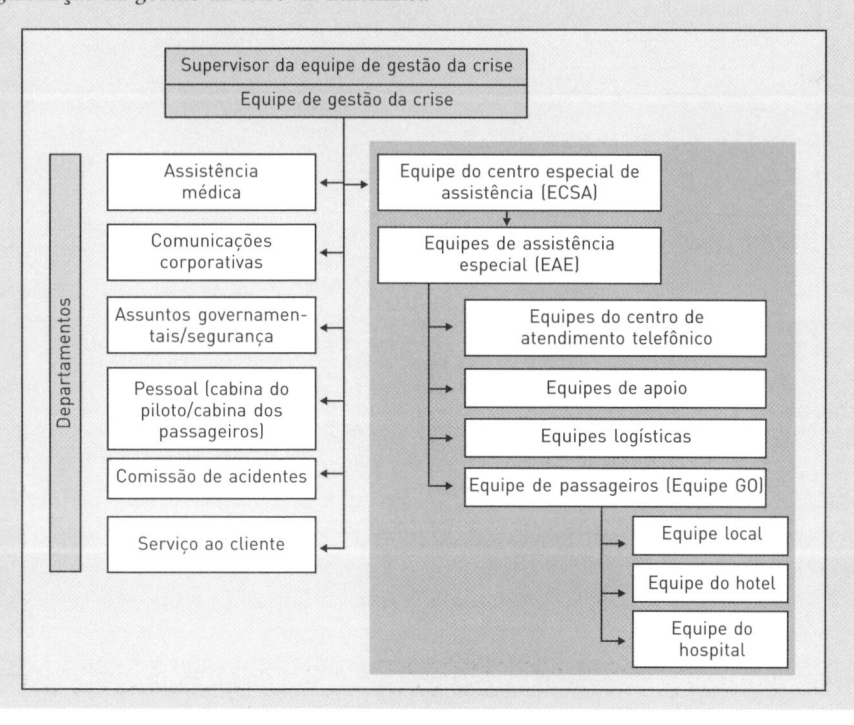

No caso da Star Alliance Partner Lufthansa, a gestão de crises vem desempenhando um importante papel por muitos anos. Esta companhia é vista como um exemplo do funcionamento de um sistema de responsabilidades estratégicas e funcionais.

A Lufthansa define as responsabilidades e a estrutura organizacional em seu Plano de Resposta e Ação Emergencial (ERAP). Este plano é preparado e atualizado com a supervisão do Gerente para Planejamento da Crise, um cargo permanente, que na ocorrência de uma crise se torna o Supervisor da Central de Assistência Especial. Sob seu comando, os diferentes departamentos de importância em tempos de crise, como por exemplo a assistência médica, as comunicações, o departamento pessoal, os assuntos governamentais e segurança etc., fornecem as informações específicas para o ERAP.

Numa situação de crise, é formada a Equipe de Gestão da Crise (CMT). Esta Equipe é comandada por um integrante da alta gerência que representa o Conselho Diretor e que é responsável pela gestão geral da crise. Ele é assistido pelos diferentes departamentos que participam no ERAP, que enviam um representante previamente indicado às reuniões da Equipe de Gestão da Crise, situada no Aeroporto Rhein-Main de Frankfurt. Os Conselheiros Especiais, selecionados de acordo com as necessidades da situação, se unem à Equipe de Gestão da Crise. As principais funções da Equipe de Gestão da Crise são a combinação das informações, a análise da situação e as decisões estratégicas.

A Equipe da Central Especial de Assistência (SAT-C) dá apoio à CMT (como grupo de trabalho) e é formada simultaneamente em salas separadas no Aeroporto Rhein-Main de Frankfurt. A SAT-C gerencia e coordena as diferentes Equipes de Assistência Especial.

As tarefas e responsabilidades das Equipes de Assistência Especial:

Centro de atendimento telefônico (CAT) Equipes de serviços	**Informações completas e verdadeiras para investigações externas** • Tratamento das informações • Serviço telefônico para famílias, amigos e parentes das vítimas
Equipe de passageiros (Equipe GO)	**Atenção aos passageiros, parentes e pessoas no local, e às pessoas afetadas** • Ouvir • Informar • Ajudar
Equipes de apoio	**Apoio ao local envolvido** • Atividades rotineiras • Manutenção do serviço no local • Administração das tarefas delegadas pelo supervisor do local
Equipe de logística	**Operacionalização das tarefas administrativas** • Passagens aéreas para os parentes • Reservas em hotéis • Auxílio financeiro • Solução de problemas administrativos em geral

As Equipes de Assistência Especial (SAT) são o braço operacional da gestão da crise e refletem as operações típicas que se impõem a uma companhia aérea em tempos de crise. Estas equipes, disponíveis no mundo todo, são ativadas apenas no caso de uma crise, mas podem ser facilmente deslocadas ao local da emergência. Os membros da SAT são voluntários recrutados de diferentes departamentos dentro da companhia, treinados

Planejamento da crise e medidas organizacionais **189**

para funções emergenciais e acionados quando solicitados. As responsabilidades das Equipes de Assistência Especial (SAT) são definidas no manual da Equipe da Central Especial de Assistência (SAT-C).

Exemplo 39: A gestão de crises na TUI

Para algumas operadoras, a gestão de crises tornou-se parte de suas estratégias globais de qualidade. Isso inclui a formação de departamentos responsáveis exclusivamente pela gestão da crise e solicitados a atuar nessas ocasiões. Contudo, a gestão de situações extremas não é um campo de atividade novo para a maioria das operadoras de turismo, e é, muitas vezes, a razão pela qual os viajantes em férias escolhem um pacote de viagem. A operadora européia TUI, por exemplo, a cada ano administra cerca de 200 casos de morte e 1000 casos de complicação de saúde, como acidentes vasculares cerebrais, entre seus clientes.

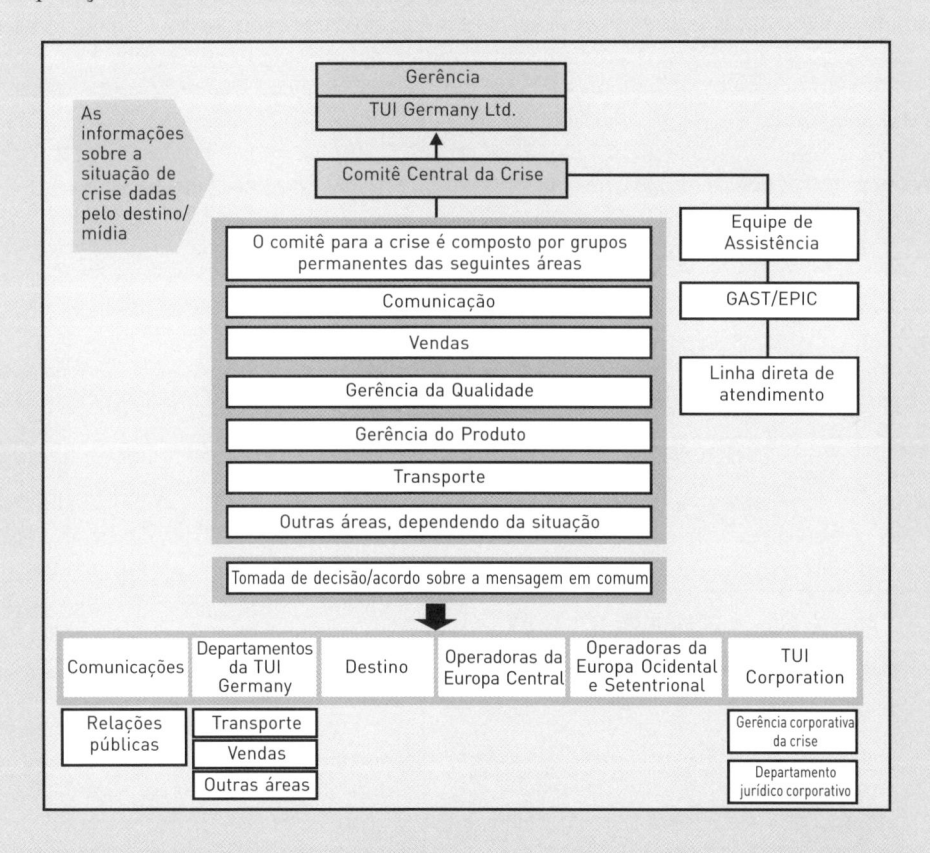

```
                          Gerência
                       TUI Germany Ltd.
                              ↑
As informações      Comitê Central da Crise
sobre a
situação de         ┌──────────────────────────┐   Equipe de
crise dadas         │ O comitê para a crise é   │   Assistência
pelo destino/       │ composto por grupos       │
mídia               │ permanentes das seguintes │   GAST/EPIC
                    │ áreas                     │
                    │      Comunicação          │   Linha direta de
                    │        Vendas             │   atendimento
                    │   Gerência da Qualidade   │
                    │    Gerência do Produto    │
                    │       Transporte          │
                    │ Outras áreas, dependendo  │
                    │      da situação          │
                    └──────────────────────────┘
              Tomada de decisão/acordo sobre a mensagem em comum
                              ↓
  Comunicações | Departamentos | Destino | Operadoras da | Operadoras da      | TUI
               | da TUI        |         | Europa Central| Europa Ocidental   | Corporation
               | Germany       |         |               | e Setentrional     |
  Relações     | Transporte                                                   | Gerência corporativa
  públicas     | Vendas                                                       | da crise
               | Outras áreas                                                 | Departamento
                                                                              | jurídico corporativo
```

A TUI tem um departamento permanente liderado pelo Gerente de Gestão para a Crise e Acontecimentos. Ele é responsável pelo planejamento corporativo e atividades operacionais da gestão para a crise e emergências da TUI. Também se encarrega de estabelecer e manter uma ampla rede com áreas relevantes dentro da empresa, bem como com instituições e associações, e de responder diretamente à Gerência da TUI Germany Ltd.

O Comitê para a Crise se reúne no acontecimento de uma crise. Além dos membros já designados pelo departamento de comunicações, vendas, gestão da qualidade, gestão do produto e transporte, outros membros são solicitados a se unir ao grupo, dependendo das necessidades da situação.

Foto: Manual para a crise da TUI disponível em todos os principais departamentos e destinos.

As atividades da gestão da crise estão centralizadas e são administradas da matriz da TUI em Hanover (Alemanha). As ações são sempre coordenadas por meio de um processo de consulta nas áreas afetadas e nos destinos, mas apenas os membros da Gerência para a Crise e Acontecimentos têm a visão de mercado e a competência necessárias para decidir sobre vôos especiais de evacuação, serviços de ambulância, etc.

A gestão de crises na TUI compreende diversas atividades centrais. Em primeiro lugar, ela desenvolve planos de contingência para situações típicas que resultam de acontecimentos negativos. Nestes planos, os campos de responsabilidades e regras de conduta são definidos e as informações e processos de decisão são determinados. Os planos de contingência são atualizados continuamente. Além disso, importantes dados tradicionais como os nomes dos principais integrantes dos grupos, números de fax e de telefone são permanentemente atualizados. Outro resultado importante deste planejamento é a preparação de *checklists* para evacuações e acidentes aéreos. Estas listas são padronizadas e não se concentram nos detalhes específicos de um destino.

Além disso, salas especiais estão disponíveis. Estas incluem o centro de controle de tráfego aéreo, aberto 24 horas por dia, o ano inteiro e que monitora e coordena todo o tráfego aéreo da companhia. Existe um centro de gestão de crises equipado e preparado para administrar uma situação de crise. Os contatos com o cliente, fator vital nessa situação, podem ser feitos com recursos próprios para situações da dimensão de um acidente aéreo. A TUI, como membro das centrais GAST/EPIC (ver Exemplo 40), tem permissão para usar as instalações desta central no aeroporto de Munique (Alemanha).

Equipes de assistência também estão disponíveis. Essas equipes são conhecidas da indústria do transporte aéreo há muitos anos pelo auxílio àqueles afetados por um incidente e a seus parentes. Desde o início de 2002, a TUI conta com cerca de 230 funcionários voluntários que entram em operação numa situação de crise. Depois da seleção de um quadro de pessoal dedicado à definição da atitude mental correta, com tato e com o entendimento e talento da organização, estes integrantes são treinados por meio de um curso de três dias de duração que preconiza a psicologia das situações de crise. Cursos anuais de um dia objetivam conservar o estado de alta prontidão.

O centro para a gestão de crises da TUI

Foto: TUI.

As equipes de assistência da TUI podem ser deslocadas e enviadas a destinos como já ocorreu no passado, sendo freqüentemente em forma de missões de uma pessoa. Contudo, os integrantes treinados destas equipes de assistência já se encontram desempenhando outras funções em diversos destinos. E para melhorar ainda mais a situação, a TUI almeja empregar estas equipes, em outras funções, em todos os destinos em que opera.

Durante a determinação das estruturas da gestão de crises, são preparadas descrições de cargo detalhadas para todas as pessoas envolvidas. Desta maneira, as responsabilidades são definidas com clareza numa primeira etapa. As substituições são facilmente realizadas por meio de uma definição objetiva dos encargos e responsabilidades, e ficam estabelecidas as necessidades relativas a treinamento. Isto não apenas ajuda a preencher os postos, como também auxilia a encontrar a substituição adequada se a pessoa incumbida for temporária ou permanentemente afastada. Por exemplo, a descrição do posto de supervisor de comunicações deve abordar os seguintes pontos:

1.	Garante a designação de um único porta-voz.
2.	Coordenam as comunicações com as autoridades do poder público, associações etc.
3.	Monitora a opinião pública.
4.	Prepara coletivas de imprensa.
5.	Prepara *press releases* para discussão com o supervisor do comitê para a crise.
6.	Organiza e comanda conferências por telefone depois da ocorrência de um acontecimento negativo.
7.	Participa das reuniões de monitoramento do comitê da crise (se possível, às 7:30 da manhã, para pequenos avisos).
8.	Participa da reunião dos chefes de departamento (8:00 a 8:30 da manhã).
9.	Coordena coletivas de imprensa diariamente (junto com o supervisor do comitê para a crise) às 11:00 da manhã.
10.	Participa de reuniões do centro de reação à crise (se possível, à 1:00 da tarde).
11.	Fornece informações rápidas da imprensa à gerência.
12.	Participa de reuniões dos *stakeholders* ou envia um representante (pelo menos uma vez na semana).
13.	É responsável pelas comunicações internas.
14.	Indica um representante.

DIAGRAMA 6.1 Descrição de trabalho do supervisor de comunicações.

Como indica a descrição de cargo acima, as diferentes reuniões precisam ser agendadas com data, hora e participantes definidos. A definição deste ritmo básico de trabalho em uma etapa inicial também configura a estrutura das comunicações internas e externas e os mecanismos de controle. Isto permite que as atividades sejam iniciadas de imediato, definindo o fluxo do trabalho e os sistemas de coordenação com o emprego das "lições aprendidas", especificamente para as pessoas novas ao processo.

Título:	Reunião diária para a comunicação de orientações.
Finalidade:	Reunião diária para o exame dos fatos e informações sobre o acontecimento. Determinação dos objetivos essenciais e da elaboração de um texto uniforme para as comunicações internas e externas.
Início:	Logo que possível, após o supervisor do comitê para a crise ter dado a instrução.
	O supervisor do departamento de comunicações informa os participantes.
	Hora: 8:00 a 8:30 da manhã (após a apresentação do comitê para a crise).
Relatar a:	Comitê para a crise.
Membros permanentes:	Supervisor das comunicações, supervisor para a região afetada, supervisor da gestão para a qualidade, supervisor do *call center*, supervisor do setor de arquivo.
Outros membros:	Com convite do supervisor para as comunicações.
Informação recebida de:	Relatórios diários do departamento de atendimento à imprensa, relatórios sobre acontecimentos excepcionais do *call center*, reuniões dos *stakeholders*, arquivo.
Instrumentos:	Recortes dos jornais da manhã, reportagens veiculadas durante a noite pela sala de avaliação da situação.
Objetivos:	Encaminhar as informações encontradas ao supervisor do comitê para a crise.
	Identificação e determinação dos objetivos essenciais à comunicação e uniformização da linguagem para a coletiva de imprensa às 11:30 da manhã.
Geração de resultados:	Acordo acerca de uma mensagem em comum para a coletiva de imprensa (pelo supervisor das comunicações).
	Relatório das notícias importantes ao supervisor do comitê para a crise.
Local da reunião:	Sala 2005, departamento de comunicações.

DIAGRAMA 6.2 A reunião diária para a comunicação de orientações.

6.1.2 O emprego de especialistas externos

Outro aspecto do planejamento genérico precisa lidar com a disposição essencial de quando e com que freqüência a companhia deve recorrer a especialistas externos em situações de crise. Esta consideração se baseia no fato de que o enfrentamento da crise é uma situação excepcional, e que o sucesso nesta tarefa exige experiência e conhecimentos especializados. Este conhecimento está disponível, porém, como seu acesso ainda é bastante difícil, a opção preferida é o acesso ao conhecimento personalizado de especialistas. Estes especialistas podem fazer parte da organização ou serem contratados especialmente para a função.

O número de companhias que oferece serviços de gestão para a crise vem aumentando constantemente nos últimos anos. A maioria destas empresas oferece estes serviços para executivos em viagem durante uma crise ou auxiliam os destinos, as operadoras ou outros provedores de serviços nos esforços feitos nestas situações.

A consulta a especialistas externos oferece a vantagem de que eles precisam estar presentes apenas em situações excepcionais. Portanto, a organização incorre em custos apenas durante o fornecimento do serviço. Além disso, devido à grande experiência em lidar com essas situações, os especialistas externos vêm desenvolvendo a capacidade de

1.	Analise quais as áreas que devem ser reforçadas em tempos de crise e quais não estão cobertas por especialistas externos.
2.	Quais as estratégias de enfrentamento a adotar?
3.	A preferência é por um generalista ou por um especialista?
4.	Examine se este especialista está disponível por meio de parcerias existentes, como companhias de seguros, bancos e associações, instituições nacionais ou internacionais de turismo.
5.	a) Avalie os especialistas por meio de qualificação ou pontuação (1, 2, ou 3).
	b) Considere em especial as referências prévias para estas atividades. No caso de especialistas desconhecidos, há o risco adicional de que eles possam ganhar uma reputação e se promover por conta das partes envolvidas.
6.	Peça ao especialista para que o convença que é a pessoa indicada para o trabalho. Se ele falhar neste instante, será ainda mais difícil para ele em estágios posteriores.
7.	Certifique-se de que a cultura corporativa do especialista não seja diferente da de sua empresa ou destino.

DIAGRAMA 6.3 Checklist para utilização de especilistas externos.

atenuar complexidades, o que os capacita a chegar a decisões com mais certeza e rapidez. Há também o fato de que eles não são diretamente afetados pelos acontecimentos negativos, e assim conseguem trabalhar de forma mais racional.

Porém, o uso de especialistas externos impõe desvantagens. Isto sobretudo em acontecimentos negativos que afetam os fatores de sucesso ou as áreas importantes do negócio. De forma a trabalhar com eficiência e a evitar prejuízos de longo prazo à estratégia competitiva adotada, os inter-relacionamentos e os fatos que não estão óbvios precisam ser identificados. Os especialistas externos não têm este conhecimento, dado que as especificações da respectiva cultura corporativa não estão completamente definidas, ou não estão definidas de modo algum. Além disso, cabe lembrar que os especialistas externos não estão disponíveis de imediato. Esta condição impõe riscos consideráveis, em especial no caso do rápido desenrolar de uma crise.

Está claro que, por um lado, os especialistas externos oferecem a oportunidade, para certas áreas especiais, de recorrer à experiência específica para a crise. Ao mesmo tempo, conferir responsabilidades exclusivas a eles não é uma atitude sensata e traz riscos à garantia do sucesso da gestão da crise. Por esta razão, as decisões em hora oportuna precisam ser tomadas com respeito a quais áreas devem receber mais atenção dos especialistas externos, se necessário. Isto inclui a análise da disponibilidade, estabelecendo o contato e as negociações pre-

---

O especialista oculto

Apesar desta função existir em muitas companhias e destinos, raramente se recorre ao supervisor do setor de arquivo. Tampouco ele é considerado como agente útil à gestão da crise.

Os arquivistas, cada vez mais chamados de gestores da informação, estão perfeitamente preparados para pesquisar fatos, relatórios e outras informações, eles conhecem as fontes em que as informações são encontradas e as maneiras mais rápidas de recuperá-las.

liminares sobre remuneração e desempenho. As considerações com respeito ao maior uso de sistemas computadorizados de informação parecem sensatas, pois podem auxiliar a reduzir o grau de complexidade e a pressão do tempo com o preparo de um conjunto de informações internas e externas para o usuário.

6.1.3 As medidas na área da infra-estrutura

Existe também um importante componente de infra-estrutura envolvido, resultado do quão inusitadas são as circunstâncias. Este componente envolve exigências espaciais específicas que aparecem em uma situação de crise, mas que também alteram as necessidades de tecnologia da informação.

Sala de reuniões do centro de reação à crise do Ministério das Relações Exteriore da Alemanha

Foto: Ministério das Relações Exteriores da Alemanha. Presentes o Chanceler Schröder, o Ministro das Relações Exteriores Fischer e outros representantes do governo e da indústria do turismo durante a crise da *tsunami* em 2004/5.

Em primeiro lugar, a organização afetada ou responsável precisa considerar as exigências espaciais, que precisam satisfazer a duas necessidades distintas. A respectiva equipe gestora precisa ser capaz de coletar informações trabalhando em conjunto, em um local adequado, isto é, que possa administrar a crise a partir de um único centro.

As salas precisam estar equipadas com todos os meios de comunicação, comando e controle. Além disso, são necessárias salas de reunião, onde o grupo de orientação ou comitê para a crise possa conduzir discussões e tomar decisões. Mais especificamente, as demandas diferem das circunstâncias normais em termos do número de pessoas envolvidas, da necessidade de trabalhar dia e noite e de se tomar medidas adicionais de segurança.

Fotografia tirada no interior do Ministério durante a crise da *tsunami*

Foto: Ministério das Relações Exteriores da Alemanha. Centro de Gestão de Crises.

Outro aspecto a considerar é que o centro de informações precisa lidar com um grande volume de contatos externos com grupos de consumidores afetados, não-afetados e com a mídia. As dimensões necessárias para esta unidade podem ser muito grandes para a organização, e muitas vezes este fato é subestimado. Tal como o centro de gestão, o centro de informações precisa estar preparado para trabalhar dia e noite, o que reflete as necessidades espaciais envolvidas ao mesmo tempo em que define o número de pessoas para o trabalho. Os conceitos empregados na prática estão voltados para um tipo de "conceito de reserva", pelo qual o quadro de pessoal básico, bem como psicólogos, oficiais de polícia, religiosos etc. são treinados e preparados para suas funções, sendo chamados apenas na ocorrência de um acontecimento negativo.

Central de gestão
Salas de reunião
Central de informações

As medidas de infra-estrutura também podem ser implementadas em nível industrial. Os centros para a solução da crise EPIC e GAST são bons exemplos desta abordagem.

Exemplo 40: Central GAST/EPIC – Exemplo do Centro de Informação e Gestão

O EPIC (Central de Informações para Procedimentos de Emergência) em Londres e o GAST (Central Geral de Informações) são dois dos centros de comunicação e informações sobre acidentes mais bem-equipados e especializados da Europa.

O EPIC, localizado no Aeroporto de Heathrow em Londres, foi fundado na década de 1970 e atende a mais de 70 companhias aéreas como centro compartilhado para a crise. Sua principal função é a gestão da comunicação direta com o público em geral, tanto afetados ou não por acidentes aéreos. A principal prova para a competência do centro foi o acidente de Lockerbie, em que mais de 100 mil telefonemas precisaram ser atendidos no espaço de 72 horas.

Foto: GAST/EPIC.

O GAST foi fundado em 1995 por iniciativa da Administração do Aeroporto de Munique, pela chefatura de polícia do mesmo aeroporto e pela British Airways, como organização sem fins lucrativos e financiada por diversos aeroportos e companhias aéreas alemãs. O principal objetivo do GAST é, como no modelo preconizado pelo EPIC, a rápida distribuição de informações confiáveis ao público. Ele serve como central de informações inserida em uma rede, em que os dados dos passageiros obtidos de instituições apropriadas (por exemplo, companhias aéreas) e as informações relativas a investigações policiais, equipes de resgate, hospitais e público em geral são coletadas e avaliadas.

O GAST opera apenas no caso de um acontecimento negativo. Contudo, este acontecimento não precisa necessariamente ser um acidente aéreo envolvendo uma aeronave civil ou ocorrer no território alemão. Em caso de emergência, o GAST passa a operar dentro de 10 a 15 minutos, convocando mais de 500 voluntários treinados e recrutados do quadro de pessoal das companhias aéreas e da polícia. Com sua ajuda e com os mais modernos equipamentos em um escritório permanentemente preparado e seguro, o GAST oferece uma linha telefônica exclusiva, 24 horas, pelo tempo necessário e em até 20 idiomas.

Alguns exemplos de situações em que o GAST entrou em operação:

- O acidente com o trem de Eschede, Alemanha (3 de junho de 1998, mil telefonemas)
- O acidente aéreo com o Concorde em Paris, França (25 de julho de 2000, 800 telefonemas)
- O incêndio do Glacierexpress em Kaprun, Áustria (11 de novembro de 2000, 2.700 telefonemas)
- O acidente aéreo na região de Überlingen, fronteira entre Alemanha e Suíça (1º de julho de 2002, 350 telefonemas)

A central telefônica

Foto: GAST/EPIC.

As centrais de gestão e informação não têm de estar relacionadas a algum local específico. Dependendo do tipo de acontecimento ou de seu desenvolvimento, às vezes é aconselhável estar presente no local. Nestes casos, a companhia aérea British Airways, por exemplo, prepara uma aeronave de assistência que é usada para transportar não apenas o pessoal necessário, como também todo tipo de infra-estrutura e recursos de comunicação.

As necessidades relativas à tecnologia da informação também precisam ser consideradas, pois diferem daquelas observadas em situações normais em termos da obtenção e divulgação de informações. Um suprimento prontamente disponível de informações é o pré-requisito para o seu rápido processamento.

A obtenção de informações

Ao obter informações, um retrato confiável e abrangente da situação precisa ser rapidamente preparado e apresentado aos tomadores de decisão. Os canais de informação precisam portanto estabelecer uma conexão o mais direta possível entre o local dos acontecimentos e os tomadores de decisão. Numa situação ideal, eles favorecem a comunicação visual que possibilita os tomadores de decisão receber até mesmo as informações mais complexas com maior rapidez do que com os meios tradicionais de comunicação. Contudo, as linhas telefônicas tradicionais ainda desempenham papel bastante relevante. Os números de telefones importantes precisam estar disponíveis e designados por função, mas sua divulgação ao público pode ocorrer somente no caso de emergência. Uma vez que a informação trocada é bastante sensível, a questão da

A divulgação de informações

segurança precisa também ser levada em consideração. Organizações maiores mantêm equipamentos de criptografia prontos para essa tarefa.

1.	A quantidade de telefones e ramais disponível é suficiente? a) Os números de telefone não podem ser destinados a assuntos regulares. b) A quantidade de números de reserva é suficiente no caso de sobrecarga de ramais? Isto se refere especialmente a ramais destinados às equipes principais nas crises que duram mais do que o esperado.
2.	As preparações para chamadas em conferência são conhecidas e implementadas?
3.	a) A quantidade disponível de conexões estáveis à Internet é adequada? b) As informações de acesso para o servidor próprio estão disponíveis e incluem o direito de alterar arquivos e páginas (direitos de redação)? c) Existem endereços de e-mails especiais predefinidos?
4.	Há aparelhos de fax disponíveis? (para outras questões ver pontos 1a e 1b)
5.	a) A quantidade de computadores disponíveis é suficiente? b) Eles estão conectados em rede? c) Os *softwares* e *hardwares* estão atualizados? Eles são compatíveis com os novos padrões (por exemplo, USB)? d) Existem computadores portáteis disponíveis para o quadro de pessoal temporário?
6.	a) A quantidade de telefones celulares disponíveis é adequada? b) Há números de reserva disponíveis para os principais integrantes das equipes? (ver ponto 1b) c) A quantidade de baterias carregadas e de reserva é adequada? d) Considere que durante o processo de planejamento os sistemas de telefonia celular estejam sobrecarregados com freqüência nas situações de crise. Portanto, se possível, garanta o acesso preferencial aos sistemas de telefonia móvel ou a canais alternativos de comunicação tais como as comunicações por rádio de curto alcance (*walkie-talkies*). e) Se necessário, disponibilize telefones via satélite para os principais integrantes das equipes.
7.	a) Há câmeras digitais disponíveis? (para comunicação interna ou por Internet) b) Há *webcams* disponíveis? (para videoconferências) c) Há câmeras de vídeo disponíveis? (para a transmissão de relatórios da situação enviados ao centro de controle e comando para fins de documentação)
8.	a) Garanta a oferta de energia b) Mantenha baterias disponíveis c) Prepare-se para a falta de energia (geradores)

9.	a) Os manuais estão atualizados e disponíveis em quantidade suficiente?
	b) As listas telefônicas estão atualizadas?
	   i. Elas incluem todos os números internos?
	   ii. Elas incluem todos os números ativos para emergências (fixos e celulares)?
	   iii. Os números externos importantes estão disponíveis (autoridades, associações)?
	   iv. Estes números podem ser atualizados e utilizados durante toda a crise (o ideal é que estes números estejam disponíveis via Internet)?
	c) A lista para o pessoal encarregado dos alertas está preparada e atualizada (o ideal é que seja enviada por SMS)?
	d) Há listas de endereços de e-mail preparadas e atualizadas (recomenda-se definir os grupos de antemão)?

10.	Disponibilize mensagens criptografadas para telefone, fax e celulares, quando necessário e útil.
11.	O acesso ao departamento de finanças e de contabilidade está garantido (especialmente para crises longas)?

DIAGRAMA 6.4 *Checklist* para o equipamento de TI.

A habilidade de divulgar informações, não apenas fora mas também dentro da empresa, demanda medidas adicionais relativas à infra-estrutura. A falta de conhecimento é crítica, uma vez que abre espaço para informações incorretas e, com isso, para a perda de confiança. Além dos números de emergência que permitem o contato direto entre a pessoa envolvida e a organização, a Internet já se tornou ferramenta de grande importância (ver Seção 7.5.6.1 e Exemplo 54).

A gestão e os centros de informações precisam se manter constantemente equipados com tecnologia da informação de ampla capacidade de operação. Para o centro de informação, em especial, a proporção de comunicação direta tem de ser considerada. Isto significa que a quantidade de equipamentos de comunicação necessária (telefones, etc.) está disponível e que as linhas telefônicas adicionais também podem ser obtidas com rapidez. A grande importância da Internet na divulgação da informação deixa clara a necessidade de fornecer acesso direto à rede mundial na área, de forma a fornecer estas informações no tempo mais curto possível.

6.2 O PLANEJAMENTO DE CONTINGÊNCIA

O planejamento genérico é seguido das análises preditivas de certos cenários da crise. O objetivo é avaliar o trabalho e as diferentes opções de forma a mantê-las disponíveis como planos de ação. Esta forma de planejamento também é conhecida como "planejamento alternativo" ou "planejamento emergencial". Em princípio, o planejamento de contingência de acontecimentos previstos possibilita à organização obter uma considerável vantagem acerca das decisões em situações complexas e quando sob pressão. O processo de planejamento, especialmente em seus detalhes, é limitado por restrições financeiras e humanas, bem como de imaginação.

Portanto, é recomendável executar os esforços básicos entre as entidades com um grau de envolvimento semelhante, e continuar o processo de sintonia fina dos planos básicos em termos das necessidades individuais. Isto pode ser obtido, por exemplo, por meio de associações, tais como a Associação dos Hotéis do Caribe, já mencionada, que em conjunto com a Organização Caribenha do Turismo produz o Manual para Procedimentos em Caso de Furacão para os membros da Associação.

O curto espaço de tempo

Situações-padrão

Por outro lado, é importante dar bastante atenção aos detalhes nas situações para as quais o tempo de reação é bastante curto. Também para as situações mais comuns, é importante procurar grande número de detalhes. Desta maneira, o foco se instala mais na reação à situação do que no acontecimento. Além disso, as situações em que se exige a estrita observância de certos passos precisam ser abordadas em detalhe, pois assim evita-se qualquer prejuízo à organização. Para estes dois últimos casos, os resultados são módulos de planejamento. Eles podem ser usados numa situação de crise, com a necessidade de se concentrar apenas nas adaptações menores.

Se os módulos das situações-padrão não forem considerados, o planejamento precisa ser interpretado novamente como sendo dependente da situação, o que requer ajustes ao longo do tempo. Contudo, a atualização do planejamento em curso não pode levar a um processo permanente de planejamento que possa exaurir os recursos rápido demais, obstruindo assim a conscientização sobre quais deles são de fato essenciais. É

Desastres naturais como tempestades tropicais deixam pouco ou nenhum tempo para preparação. O uso de listas de verificação é muito importante e não pode ser desprezado por resorts em áreas que estão mais propensas a serem afetadas. O exemplo de checklilst dado a seguir dá uma idéia de dos itens a adotar:

I. Acionamento da gestão

Identifique uma pessoa que aceite cada uma das oito principais atribuições ao lado.	• Construção (*resort*). • Coordenação do abrigo de emergência e suprimentos. • Comunicações • Coordenação dos funcionários. • Manutenção da lista de hóspedes. • Coordenação da evacuação. • Assistência à viagem e coordenação do transporte. • Coordenação da segurança.

II. Preparação do *resort*

(a) Verifique o status de	• Equipamento de comunicação de emergência, incluindo *walkie-talkies* e telefones celulares. • Sistemas de proteção contra incêndio. • Sistemas de proteção contra relâmpagos. • Sistemas de monitoramento do nível da água. • Dispositivos de detecção de alagamentos. • Fechamentos automáticos. • Baterias (recarregáveis), sistemas de geração de energia de emergência. • Reserva de combustíveis (cheia, se possível). • Armazenamento de materiais perigosos.
(b) Defina as condições de desligamento	• Determine quem pode ordenar o fechamento das unidades principais do *resort* (deve incluir a evacuação). • Determine como um fechamento de algumas unidades pode afetar a operação de outras instalações. • Verifique o período de tempo exigido para o fechamento e o reinício. • Especifique as condições que possam requerer o fechamento e forneça estas informações para o tomador de decisão em conjunto com as informações sobre quais as partes da instalação que podem executar os procedimentos de fechamento. • Determine quem poderá executar os procedimentos de fechamento.
(c) Mantenha registros importantes	• Garanta as condições de armazenamento dos registros importantes que não são essenciais durante a emergência. Armazene disquetes de computador em recipientes à prova d'água. • Faça *back-ups* dos sistemas operacionais dos computadores. • Garanta que seus serviços de rede estejam disponíveis a servidores fora da área atingida pela tempestade. • Prepare o transporte destes registros a outras instalações.
(d) Garanta as condições das instalações fora da área atingida	• Transfira equipamentos para áreas seguras. • Transfira a mobília¨ • Remova *banners*, bandeiras, vasos de jardim e obras de arte. • Transfira animais de criação e de estimação para o interior das instalações. • Garanta a obtenção de materiais para a construção de tapumes de proteção de janelas.
(e) Prepare abrigos (se necessário)	Limpe e organize o interior de salas para: • A ocupação por hóspedes e funcionários. • O armazenamento de alimentos, combustível e bagagens. • A distribuição de alimentos. • Necessidades sanitárias. • Comunicações. • Providencie aquecimento, iluminação e cozinha de emergência.

III. Coordenação dos abrigos e fornecimentos de emergência

Determine por quem a instalação precisa ser usada como abrigo de emergência (hóspedes, funcionários, funcionários encarregados das operações essenciais). Baseie-se suas ações por estes itens nas seguintes decisões:	• Se a instalação NÃO deve ser usada como abrigo, identifique os abrigos oficiais e os locais de destino das evacuações. Prepare as orientações necessárias. • Se a instalação OFERECE abrigos, verifique a acessibilidade e a adequada provisão de combustível, cobertores e travesseiros, água, alimentos e material de primeiros socorros para os diferentes setores das instalações. Verifique as linhas de comunicação telefônica de reserva para o contato com a defesa civil e equipes de ajuda de emergência.

DIAGRAMA 6.5 *Checklist* de preparação contra tempestades tropicais *(continua).*

IV. Comunicações

- Transfira os equipamentos de comunicação para o espaço do abrigo e teste o funcionamento. O procedimento precisa incluir rádios e, sempre que possível, os telefones e televisões.
- Distribua rádios de comunicação de curto alcance para gerentes, coordenadores, encarregados das instalações do local e equipes de segurança.
- Estabeleça procedimentos de comunicação de emergência que incluam mensageiros.
- Ative um sistema de "siga-me" para transferir telefonemas para um *call center* no caso de interrupção do serviço telefônico (importante para a comunicação com familiares).
- Coordene, em cooperação com a defesa civil, as condições das instalações.
- Defina um quadro de avisos para mensagens sobre a tempestade, alertas, avisos de evacuação, orientações para viagem, números de telefone de ajuda de emergência.
- Garanta que seus serviços de rede estejam disponíveis para servidores fora da área atingida pela tempestade (servidores paralelos).
- Garanta a manutenção do serviço de rede durante e depois da tempestade para divulgar informações importantes a familiares e *stakeholders* (transmita as informações importantes de acesso à matriz e a outros *resorts* da companhia fora da área da tempestade).
- Copie e distribua listas de verificação e avisos de orientação para turistas e hóspedes.

V. Coordenação dos funcionários

- Identifique e notifique os funcionários de atuação crítica necessários às instalações para a preparação ou manutenção e operação durante a tempestade.
- Forneça listas de verificação e avisos de orientação os funcionários e seus familiares.
- Determine a necessidade de abrigo para os funcionários e informe os coordenadores dos abrigos.

VI. Lista de hóspedes e de funcionários

- Providencie um registro de entrada e de saída de hóspedes e de funcionários.
- Prepare e mantenha uma lista dos atuais hóspedes e funcionários.
- Defina um arquivo com dados fornecidos pelos hóspedes sobre endereços, pessoas a contatar em caso de emergência e planos de viagem.
- Terminada a evacuação, atualize a lista com as informações sobre as intenções de partidas e destinos.

VII. Coordenação de evacuação

- Determine as condições de evacuação para as várias categorias de turistas, hóspedes, funcionários não-essenciais e essenciais.
- Verifique quem toma a decisão de evacuar as instalações.
- Determine e divulgue as rotas de evacuação e pontos de destino.
- Estabeleça procedimentos de notificação para o anúncio da evacuação.
- Uma vez tomada a decisão de evacuar, entre em contato com a defesa civil sobre a finalidade das instalações e o progresso da evacuação.

VIII. Assistência na viagem e coordenação do transporte

- Identifique os coordenadores comerciais e de emergência para as companhias aéreas, trens e linhas de ônibus.
- Anuncie a disponibilidade de ajuda emergencial para viagens.
- Entre em contato com os supervisores de excursões, determinando as necessidades relativas ao transporte e a disponibilidade de assentos extras, se estes dispuserem de transporte próprio. Divulgue estas oportunidades.

IX. Coordenação da segurança

- Determine as exigências sobre segurança durante as preparações de emergência, o início da tempestade e imediatamente após sua passagem.
- Estabeleça quando os recursos de segurança precisam ser trazidos à instalação e quando eles precisam ser postos em prontidão.
- Identifique um centro de coordenação para os recursos de segurança e forneça o equipamento de segurança adequado.
- Utilize os sistemas de comunicação no caso de problemas de segurança e na necessidade de deslocar a defesa civil.

Fonte: Baseado em OMT (1998b).

DIAGRAMA 6.5 *Checklist* de preparação contra tempestades tropicais.

muito mais aconselhável efetuar uma revisão a intervalos regulares. A avaliação da ameaça real, resultado do ambiente real, é que determina o ritmo apropriado.

Uma vez preparadas, as principais equipes precisarão se familiarizar com os planos de contingência, especialmente em relação às etapas sob sua responsabilidade. No caso de eventos com grande probabilidade de ocorrência, é também do interesse dos hóspedes adotar uma abordagem ativa para a comunicação do risco (ver Seção 7.5.1.1). No caso de tempestades tropicais, os hóspedes precisam ser informados, quando da chegada, acerca destes fenômenos e sobre os procedimentos básicos de emergência. Contudo, os detalhes dos planos de contingência precisam ser tratados com mais cautela e fornecidos apenas àqueles que estão envolvidos nas atividades de emergência.

Os resultados do planejamento de contingência são planos de ação, compostos na forma de arquivos, elaborados para diferentes situações de acordo com um determinado esquema (apesar das vantagens oferecidas pelos sistemas computadorizados, na prática prevalece a forma impressa de instruções para situações de crise). Estes planos contêm todas as informações necessárias à situação, as *checklists* e os dados de contratos para uso dos tomadores de decisão internos e externos e do quadro de pessoal incumbido de lidar com situações críticas.

A necessidade de uma visão mais ampla

Na preparação de um plano de contingência, é importante não subestimar que a maioria das situações é uma ameaça não apenas para os turistas. Os habitantes destes destinos também são afetados. Como mostrou o furacão Katrina em setembro de 2005 nos EUA, ambos os grupos foram afetados, e a enorme ameaça à vidas e às propriedades dos habitantes locais levou à priorização das necessidades destes. Foram relatados incidentes em que os assentos em vôos originalmente fretados por gerentes de hotéis para os respectivos hóspedes foram confiscados pelas autoridades locais para atender a "necessidades maiores".

Exemplo 41: O Manual de Serviços da TUI

O Manual de Serviços da TUI tem cerca de 200 páginas. Ele complementa o manual para a crise descrito no Exemplo 39 e está à disposição de todos os guias da TUI em todo o mundo.

Neste manual, estão listados os principais acontecimentos negativos importantes para as operadoras de turismo. Entre outras coisas, ele oferece instruções obrigatórias dadas em detalhe ao guia de turismo sobre como lidar com uma situação, quais as prioridades, o que precisa ser considerado e a quem contatar. A responsabilidade da confecção do manual é do Departamento do Serviços de Apoio (DSA), que também o atualiza periodicamente.

6.3 TREINAMENTO

Na prática, muitas vezes os resultados do grupo de planejamento para a crise são desconsiderados ou intencionalmente ignorados durante a crise. Isto pode ser explicado pelo fato dos tomadores de decisão precisarem atenuar a complexidade da situação, num processo em que a experiência pessoal tem preferência sobre outras formas de conhecimento. Esta situação sublinha a obrigação de envolver esta esfera dos tomadores de decisão já envolvidos durante a fase do planejamento para a crise. A gestão que participa deste planejamento para a crise antes de se envolver com ela tem uma tendência menor a rejeitar aqueles planos do que aqueles que os utilizam pela primeira vez.

Além disso, a aceitação e a internalização iniciais dos procedimentos envolvidos no planejamento para a crise precisam ser garantidas por meio de treinamentos regulares. Por um lado, isto evita a persistência da crença na invulnerabilidade, visto que esta pode levar a situações extremamente danosas durante a crise. Por outro, o sentimento de percepção da crise cresce gradualmente, auxiliando as pessoas responsáveis, por meio da experiência acumulada, a reagir com mais êxito nessa situação.

> **As habilidades em tempos de crise**
>
> Uma das habilidades que precisam ser treinadas especificamente para situações de crise é a priorização. A maioria dos incidentes excede significativamente as limitações conhecidas em situações normais. Os recursos disponíveis não são suficientes para possibilitar a concentração em todas as pessoas afetadas ou em todas as conseqüências ao mesmo tempo. Por exemplo, dentro da esfera do tratamento médico de emergência, a abordagem necessária é descrita com o termo "triagem". Este termo, originado da língua francesa, foi inicialmente empregado por comerciantes de algodão para distinguir as diferentes classificações de qualidade do produto. Mais tarde, o médico de Napoleão, o doutor Larrey, o usou para definir as prioridades de tratamento quando do manejo de soldados feridos em batalha.

Em geral, a disposição das equipes em participar no treinamento aumenta com a percepção pessoal de que este acontecimento poderá se repetir. Por esta razão, o grau de preparação de uma organização precisa aumentar com o uso de cenários desenvolvidos especialmente para as circunstâncias em que ela se encontra (ver também o Exemplo 21). Por meio desta reflexão sobre os possíveis acontecimentos negativos e as conseqüências para a própria organização, a vulnerabilidade se torna algo real, pouco inverossímil. O foco nos gastos reais e nos prejuízos financeiros deixa claro tanto às equipes quanto aos gestores o que está em jogo e o que acontece se eles não se prepararem.

Uma vez que as habilidades têm relação com o treinamento, dois grupos diferentes precisam ser distinguidos. Um grupo grande de pessoas precisa ser preparado para as atividades consideradas tarefas de exceção. Estas habilidades específicas precisam ser aprendidas e regularmente atualizadas. O objetivo da primeira seção de treinamento é aprender sobre a "atividade desconhecida" de forma a que a pessoa possa conduzir esta atividade de modo racional e sem demora. Este tipo de treinamento é útil às equipes de assistência, aos operadores de máquinas, telefonistas, etc. A gestão não faz parte deste tipo de treinamento, exceto no caso do treinamento para a mídia, isto é, o aprendizado sobre a maneira correta de interagir com seus representantes.

> **Exemplo 42: As equipes de assistência**
>
> As equipes de assistência em tempos de crise atendem às pessoas afetadas e a seus familiares. Elas precisam receber treinamentos regularmente e muitas vezes são compostas por funcionários da organização. Portanto, estas funções são desempenhadas como atribuições secundárias.
>
> Após cuidadosa seleção baseada na disposição mental, tato, capacidade de entendimento, talento organizacional e capacidades decisórias, estas pessoas seguem um rígido treinamento em que os princípios fundamentais ao processo são ensinados. Estes incluem questões de ordem jurídica, financeira, médica e de caráter prático, além de noções de psicologia para situações de crise. Por meio de sessões regulares de treinamento, estas habilidades são praticadas e atualizadas para garantir o nível adequado de preparação para os integrantes das unidades de tratamento intensivo.
>
> As equipes de assistência desempenham algumas das mais importantes funções no enfrentamento da crise em uma organização. Elas propiciam a interface entre os turistas e seus familiares, e portanto desempenham uma das funções-chave no processo; esta interface também determina se os esforços para a gestão da crise serão vistos como bem-sucedidos.

Outro grupo de pessoas reúne-se em torno da administração da organização, ficando responsável pela gestão da crise. O treinamento destes tomadores de decisão oferece a oportunidade de conhecer mais profundamente os planos existentes para a crise, para que possam se familiarizar com seus objetivos e procedimentos, além de encorajá-los a sugerir melhorias para o mesmo. O principal objetivo desse treinamento é a introdução passo a passo das peculiaridades de uma situação de crise. Estas incluem o trabalho com decisões complexas, com fatores pouco importantes em situações normais, com a pressão do tempo e o grande estresse envolvidos. Estes fatores e conseqüências podem ser simulados por meio de situações que são tratadas apenas na esfera da gestão. A prática comprova que estas situações são especialmente úteis no treinamento do controle dos procedimentos de decisão, nos canais de informações e na interação entre os tomadores de decisão. Elas também ajudam a identificar os possíveis problemas de competência e responsabilidade, e assim a resolvê-los o mais cedo possível. Esta questão da responsabilidade é um dos principais problemas para o enfrentamento da crise.

6.4 O PLANEJAMENTO PREVENTIVO

Quando um acontecimento negativo emerge no horizonte, quando as informações iniciais apontam para uma maior probabilidade deste ocorrer, então adota-se o planejamento preventivo. Dependendo da urgência com que a tarefa precisa ser realizada, isto é, dependendo da velocidade em que a crise se desenrola, isto pode acontecer por meio da formulação de várias opções de planos. Estes planos consideram — em contraste com o planejamento de contingência — a ocorrência provável e imediata do acontecimento negativo. O objetivo destas opções de planos, estruturados como planejamento preventivo, é a formulação e a preparação de soluções reais e possíveis para a superação da situação de crise em desenvolvimento. É preciso um esforço para ter o maior nível possível de detalhes, por meio dos quais os prós e os contras destas opções são verificados.

Além disso, para aumentar a certeza do planejamento e o sucesso das ações futuras é preciso examinar se os dados que serviram de base para os planos existentes ainda são válidos. Isto é feito também com o planejamento existente, que precisa ser constantemente atualizado com base no monitoramento da situação de ameaça. Para todas as medidas do planejamento preventivo, as descobertas e os resultados dos passos anteriores, principalmente o planejamento de contingência, são empregados como ponto de partida. Mesmo que isto raramente resulte no uso por completo do planejamento de contingência, a probabilidade da adoção de, pelo menos, algumas de suas partes diminui de forma apreciável o processo do planejamento preventivo.

Questões para revisão e discussão

- Explique a finalidade do planejamento genérico.
- O que são planos de contingência?
- Quais são as funções típicas das Equipes de Assistência?
- Por que o treinamento é importante para a gestão da crise?
- Quais os pontos a favor e quais os contra do uso de especialistas externos?

Sugestões para leitura

Sexton, J. B. (ed.) (2004), *The Better the Team, the Safer the World: Golden Rules for Group Interaction in High Risk Environment: Evidence based suggestions for improving performance*. Gottlieb Daimler and Karl Benz Foundation and Swiss Re Centre for Global Dialogue, Ladenburg and Rüschlikon.

Organização Mundial do Turismo (1998), *Handbook on Natural Disaster Reduction in Tourist Areas*, OMT, Madri.

Organização Mundial do Turismo (1998), *Guide for Local Authorization on Developing Sustainable Tourism*, OMT, Madri.

Websites úteis

GAST/EPIC: www.gast-epic.de

7
As ferramentas para a gestão de crises

As ferramentas de marketing empregadas na gestão de crises não requerem qualquer inovação ou alteração. Estas ferramentas e as decisões fundamentais permanecem as mesmas. Apenas a diferente estrutura gerada pelo acontecimento negativo é que precisa ser considerada.

As considerações feitas a seguir utilizam a diferenciação das ferramentas predominantes na literatura nos seguintes níveis: produto, preço, comunicação e política de distribuição. Estas ferramentas são sempre empregadas em conjunto, nunca isoladamente. Esta é a razão pela qual uma atenção especial precisa ser dada a esta interação.

O efeito destas ferramentas é determinado pela estratégia competitiva selecionada que, reciprocamente, influencia também a seleção destas ferramentas em tempo de crise. Antes de os diferentes instrumentos serem considerados em profundidade, algumas questões importantes sobre seleção de ferramentas, determinação do *mix* de marketing e emprego das ferramentas precisam ser esclarecidas. Em tempos de crise, a questão precisa ser respondida, mais uma vez, com relação à esfera das pessoas "interessadas" e à alteração nas atividades inerentes. Além disso, o aspecto tempo também precisa ser avaliado, isto é, a implementação agendada destas ferramentas que inclui não apenas sua seqüência e sua duração, como também a relação que cada uma mantém com o acontecimento.

7.1 DECISÕES BÁSICAS

Objetivos

- Aprender a distinguir entre os diferentes pontos no tempo disponíveis para a adoção das ferramentas.
- Reconhecer os diferentes fatores que influenciam a determinação do orçamento em situações de crise.
- Entender os prós e os contras de uma estratégia padronizada ou diferenciada do emprego destas ferramentas.

> **Termos-chave e conceitos**
> - Aspectos temporais
> - Orçamento de marketing
> - Estratégias de adoção

7.1.1 Os diferentes pontos no tempo

A dimensão temporal do uso das ferramentas desempenha importante função. Mesmo em circunstâncias normais, os efeitos das ferramentas de marketing são diferentes, dependendo do fator tempo.

O início de um acontecimento negativo exerce forte influência em diferentes pontos do tempo quando as ferramentas de marketing são empregadas. Esta influência externa é uma diferença importante, em comparação com uma situação normal, quando o tempo desempenha papel menos importante.

Numa primeira etapa, a crise precisa ser identificada. Este processo de identificação é acompanhado pelos problemas anteriormente discutidos sobre percepção e avaliação. A partir do ponto no tempo em que o acontecimento é percebido, o emprego de cada ferramenta precisa ser interpretado como o resultado da tomada de decisão consciente. Ao mesmo tempo, contudo, fica claro que o ponto em que as ferramentas são utilizadas na gestão da crise se divide, no mínimo, em dois instantes. O primeiro, ou o ponto pré-ativo, é visto quando são tomadas decisões sobre a interrupção das medidas de marketing iniciadas em condições normais. Inicialmente, isto envolve a avaliação da utilidade factual destas ferramentas. Portanto, as variáveis importantes na política de comunicação — a propaganda, o tipo de participação na divulgação — e também a política do produto — como por exemplo, a introdução de novos produtos — precisam ser verificadas à luz da ocorrência do acontecimento negativo a fim de detectar qualquer contradição.

O ponto ativo

Um segundo instante, ou o ponto ativo no tempo, ocorre quando as ferramentas são selecionadas e intencionalmente utilizadas em conseqüência de um acontecimento negativo. A determinação deste instante é influenciada, de modo especial, pela estratégia de reação escolhida. Nesta fase ativa da utilização da ferramenta, as condições do mercado e do ambiente alteram-se ininterruptamente e em grau muito maior do que o habitual. Por esta razão, as ferramentas precisam ser colocadas no lugar certo, por assim dizer, o que permite o constante monitoramento destas mudanças e indica se as alterações e/ou correções na estratégia precisam ser implementadas (ver as explicações na Seção 7.5.6.4).

O ponto pós-ativo

O ponto pós-ativo no tempo pode ser observado onde o acontecimento deixou de despertar o interesse público. Porém, o acontecimento negativo permanece, pois ainda pode ser lembrado. O emprego das ferramentas nesta fase pode desencadear lembranças desagradáveis e com isso intensificar os efeitos negativos, como contradições. Também neste caso, a estratégia de reação determina o grau de seriedade do problema que será enfrentado ou se é preferível que os acontecimentos sejam enterrados no esquecimento.

O aspecto sazonal

O aspecto sazonal do produto afetado exerce a maior influência no tempo transcorrido entre o acontecimento negativo e os diferentes pontos no tempo. O período total de tempo disponível para a adoção de ferramentas para a gestão da crise tem de ser definido em relação aos picos tradicionais da curva de demanda do produto. Dentro deste espaço de tempo, os pontos individuais no tempo precisam ser determinados. É plenamente possível que o ponto pós-ativo no tempo seja definido dentro de uma fase em que a irritação possa ser evitada, isto é, em que a apresentação do produto está em contradição com o acontecimento negativo. Este emprego de ferramentas necessita considerar esta inconsistência e tentar minimizá-la.

Outra peculiaridade do marketing em tempos de acontecimentos negativos é o micronível do ponto no tempo. Este micronível descreve a determinação do emprego da ferramenta ao longo do dia. A alteração das atenções do consumidor e as peculiaridades técnicas do produto da grande mídia mostram, por exemplo, que este micronível é mais importante em tempos de acontecimentos negativos do que sob circunstâncias normais.

Os microníveis do ponto no tempo

Pontos	Circunstâncias normais	Ponto pré-ativo	Ponto ativo	Ponto pós-ativo
Macronível		Afetado pelo aspecto sazonal		
Micronível		Afetado pelas atenções do consumidor em mudança ao longo do dia e pelas peculiaridades do produto		

O momento em que o acontecimento negativo é percebido ▼

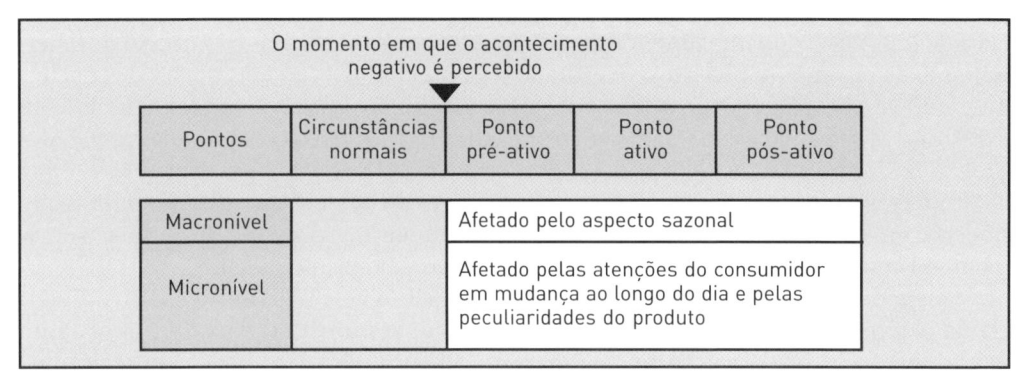

DIAGRAMA 5.1 Pontos no tempo.

7.1.2 A duração do emprego e as determinações orçamentárias

Além da determinação do ponto no tempo em uma atividade do marketing em particular, a duração é outro importante fator de influência para o marketing *mix*. Em condições normais, a duração da atividade de marketing é marcada pela melhoria da real situação e a consolidação de novos objetivos, tais como maiores vendas, etc. Em uma situação de crise, o principal objetivo é a reconquista das posições existentes antes da crise. Em função da maioria das atividades de marketing estarem relacionadas a custos, o orçamento disponível impõe uma restrição essencial quando da determinação da duração do emprego da ferramenta.

Devido à situação de crise, a determinação do orçamento do marketing não pode prescindir de considerar custos e lucros a partir de um ponto de vista alterado. Nesse caso, nenhum lucro é obtido pelo investimento de uma quantia em particular, mas a perda de lucro também é evitada. Isto significa que a estimativa das perdas futuras é um critério importante para a determinação do orçamento. Portanto, a administração da companhia precisa ter como principal objetivo a análise das conseqüências de médio e de longo prazo o mais rápido possível. Esta análise descreve o prejuízo que se esperaria se ferramentas neutralizadoras não fossem empregadas.

Na prática, a estimativa das perdas de receita, a definição orçamentária e a real alocação de recursos financeiros são alguns dos maiores desafios a enfrentar em tempos de crise. Por um lado, uma vez que os recursos e as posições do orçamento geralmente são determinados para o médio e curto prazos, e mesmo que as posições demarcadas no orçamento de marketing sejam transferidas, eles durariam apenas por um período curto. Por outro lado, eles requerem um conhecimento profundo da gestão de crises, visto que, sem este conhecimento a estimativa dos prejuízos, a definição de uma estratégia de seleção e a determinação adequada das ferramentas e de seus custos de implementação dificilmente serão possíveis. O processo de determinação do orçamento precisa se executado com rapidez, pois apenas depois de concluído é que se poderá garantir que a estratégia escolhida possa ser implementada com êxito, que as ferramentas possam ser empregadas com consistência e que as atividades futuras possam ser financiadas com receitas estáveis. Na prática, é possível observar que os destinos e as empresas que já passaram por este processo e que acumularam experiência com a gestão da crise estão conseguindo completar o processo de definição orçamentária com mais rapidez do que aqueles afetados pela primeira vez.

> A análise das conseqüências no médio e longo prazos

Estimativa da perda de receita

$PR = (EAT \times DME \times GMD) - CM$

$PR =$ perda de receita do destino
$EAT =$ estimativa para a alteração na chegada de turistas
$DME =$ duração média da estada
$GMD =$ gasto médio diário
$CM =$ custo material

Além disso, o momento em que um acontecimento negativo ocorre exerce influência na determinação da duração total do emprego da ferramenta. Esta duração é tanto maior quanto mais distante o início do acontecimento negativo estiver em relação ao momento em que a reserva foi feita. Uma vez que há mais tempo disponível, a ênfase do emprego da ferramenta de gestão de crises pode ser transferida para a fase pós-ativa. Assim, os potenciais problemas de consistência podem ser evitados. Em contrapartida, a duração do emprego da ferramenta diminui se o acontecimento negativo ocorre em proximidade temporal à decisão de viajar consolidada, e, portanto, exige reação imediata.

7.1.3 A padronização dos aspectos de diferenciação

A decisão padronizada ou diferenciada de almejar ou não um mercado é tomada pela empresa sob circunstâncias normais em vista das transações com seus clientes atuais e futuros. Ao passo que uma abordagem padronizada almeja todas as esferas de atividade, de modo semelhante a diferenciação se dedica às diferenças entre os segmentos. Em tempos de crise, esta questão precisa ser respondida novamente. Isto ocorre em função das diferentes reações ao acontecimento negativo e das atividades de marketing serem testemunhadas por um grupo muito maior de observadores.

Os baixos custos são um argumento em favor da padronização, mesmo em tempos de crise. Uma vez que as ferramentas são usadas da mesma maneira em todas as esferas de atividade, não é possível obter qualquer planejamento adicional, qualquer custo relativo a ajustes ou qualquer vantagem na qualidade. Há também o fato de que a vantagem no tempo é menos complicada, pois os segmentos não podem ser abordados individualmente. A satisfação parcial das necessidades das diferentes esferas de atividade é uma desvantagem. Desta forma, uma importante oportunidade, baseada na diferenciação entre as reações a um acontecimento negativo, é desperdiçada para a gestão da crise.

A necessidade de diferenciação aparece primeiro na área da atividade operacional. Aqui, é importante garantir a proteção da esfera individual. Em termos concretos, isto significa que aqueles diretamente afetados pelo acontecimento negativo e seus familiares, especialmente se isto for desejado, são mantidos separados daqueles que não foram afetados. Por esta razão é feita uma distinção entre os afetados (aqueles que não sofreram lesões), os feridos, os familiares e os representantes da mídia. Este aspecto operacional da diferenciação vem na seqüência do aspecto estratégico. Com relação aos segmentos do mercado de venda, as características da segmentação usadas em circunstâncias normais precisam ser ampliadas como características comportamentais relevantes ao risco. Vários fatores individuais com influência sobre diferentes reações precisam ser determinados.

O fator da participação em círculos culturais, por meio do qual as diferentes reações a um mesmo acontecimento podem ser explicados, é bastante visível. Ele sugere que os segmentos precisam ser almejados de forma diferenciada, dependendo da percepção do risco envolvido. Isto significa que, na fase inicial, aqueles mercados que reagem com menor sensibilidade e que têm uma imagem mais estável do serviço precisam estar no foco das atenções. Em outros segmentos, o emprego de ferramentas de marketing não pode prescindir de planejamento e necessita ser conduzido numa perspectiva de médio e de longo prazos. Ao mesmo tempo, outros fatores de influência já discutidos, como o receio de um grupo de cidadãos de uma dada nacionalidade, podem ser úteis como características diferenciadoras.

Outro ponto a considerar é que as fases da decisão de viajar foram identificadas como critérios importantes. Dentro destes períodos no tempo, o turista passa por vários estágios de envolvimento e, portanto, tem diferentes necessidades de informação. Em consequência disto, parece sensato diferenciar o emprego das ferramentas ao longo destas fases. Isto traz um desafio adicional, pois é preciso garantir que nenhuma contradição apareça.

Além deste aspecto da diferenciação em segmentos dentro da esfera de atividade do consumidor, é preciso avaliar se as outras esferas de atividade precisam ser abordadas de formas diferentes. Em primeiro lugar, é preciso ter certeza de que a classificação das outras esferas de atividade esteja confirmada e de que as necessidades específicas de cada uma estejam definidas. A diferenciação resultante refere-se predominantemente ao escopo de informações disponibilizadas, e menos à diferenciação entre as ferramentas em si.

Em geral, tanto para circunstâncias normais quanto para a gestão da crise, é válida a obrigação de praticar o grau mínimo de diferenciação necessária e o grau máximo de padronização possível. Isto ocorre não apenas devido aos altos custos resultantes da diferenciação, como também ao risco da interação entre as diferentes estratégias. Esta última razão significa que a diferenciação, em especial quando usada na gestão de crises, precisa ser cuidadosamente planejada e aplicada. Na prática, o emprego de ferramentas personalizadas, o que oferece certas possibilidades de diferenciação, precisa ser considerado com mais freqüência do que em situações normais. Não se pode esquecer que a diferenciação, fator essencial de influência na gestão da crise, leva mais tempo para ser implementada. Portanto, recomenda-se o a padronização do comportamento já no início de uma situação.

Exemplo 43: O plano de marketing do Egito

Em 1991, o orçamento de marketing do Egito foi de US$ 586 mil, ou US$ 0,28 para cada visitante estrangeiro. Mesmo antes dos primeiros acontecimentos negativos ocorrerem, o Ministro do Turismo daquele país havia solicitado que este orçamento fosse majorado entre 1 e 3% das receitas oriundas do turismo.

O orçamento, que foi ajustado aos poucos até US$ 815 mil, foi mais tarde elevado a US$ 21 milhões para 1994 e 1995 devido aos acontecimentos de 1992/93. Este orçamento se voltou para os seguintes mercados de origem: EUA, Grã-Bretanha, Alemanha, França, Itália e Japão.

Este aumento no orçamento não alterou a participação destes países, uma vez que estes mercados de origem já faziam parte do orçamento na seleção feita em 1991, antes dos primeiros acontecimentos negativos. As alterações foram observadas, no entanto, na definição das diferentes áreas de produtos do Egito. Em 1994 e 1995, as atividades se concentraram nos destinos litorâneos percebidos como independentes, o Sinai e o Mar Vermelho. Dos US$ 42 milhões de dólares do orçamento de marketing para o setor do turismo, estes dois destinos receberam US$ 25 milhões.

A tabela abaixo mostra a distribuição dos recursos financeiros:

Campanhas publicitárias na grande mídia e na mídia especializada para os seis mercados principais	US$ 7 milhões
Anúncios avulsos nos seis mercados principais	US$ 22,4 milhões
Publicidade convencional nos outros mercados de origem	US$ 2,6 milhões
Shows para divulgação comercial, conferências, festas noturnas típicas do Egito e recepções	US$ 3 milhões
Shows itinerantes	US$ 1,2 milhão

O aumento no orçamento foi mantido, tal como o foco dado à mídia eletrônica. Este marketing voltado para o consumidor final voltaria a alimentar as então recentes estratégias de propaganda dos novos *resorts* no Mar Vermelho. Além disso, o interesse no reduzido turismo cultural ao longo do rio Nilo voltou a crescer. As operadoras de turismo acolheram muito bem esta nova forma de marketing, que estimulava a demanda por estes serviços.

O período de tempo que passou até a disponibilização dos recursos financeiros e que definiu o ponto de partida para uma nova ofensiva de marketing, diminuiu progressivamente depois dos acontecimentos negativos que abalaram a indústria do turismo do Egito.

Se forem considerados os acontecimentos ocorridos em Luxor em 1997, as estimativas dos custos foram disponibilizadas no menor espaço de tempo possível. O Fundo Monetário Internacional (FMI) estipulou estes custos em US$ 500 a 700 milhões no máximo, e que foi bastante preciso. Nestas circunstâncias, é possível supor que a decisão de se adotar um ponto pós-ativo para a implementação de ferramentas de marketing recebeu uma injeção de ânimo pouco depois de três meses e meio do acontecimento. Sem dúvida, isso também foi influenciado pelo período tradicional de aquisição de viagens ao Egito nos principais mercados de origem, que inicia em março e termina em maio.

Com as atividades de marketing desde 1994 orientadas mais diretamente para os consumidores, aspecto este em que o Egito percebeu que cometeu seu maior erro no passado, objetivou-se a maior padronização do mercado. Uma diferenciação ocorreu apenas entre os mercados norte-americano e o europeu, por um lado, e no árabe, por outro.

Fontes: Sayed (1997), Wanab (1995), Peymani e Felger (1997), OMT (1996a).

Questões para revisão e discussão

- Quais são os fatores que influenciam a determinação do orçamento em tempos de crise?
- Explique o conceito "ponto pré-ativo"
- Cite as vantagens do direcionamento padronizado ao mercado.
- O que precisa ser considerado quando uma abordagem diferenciada é adotada?

Sugestões para leitura

Organização Mundial do Turismo (1994), *Marketing Plans & Strategies of National Tourism Administrations*, OMT, Madri.
Organização Mundial do Turismo (1996), *Budgets of National Tourist Administrations*, OMT, Madri.
Organização Mundial do Turismo (2003), *Evaluating Marketing Activities*, OMT, Madri.

7.2 A POLÍTICA DE PRODUTO

> **Objetivos**
> - Familiarizar-se com as possibilidades de curto, médio e longo prazos para a política de produto para a gestão de crises.
> - Conscientizar-se da importância da disponibilidade do produto.
> - Reconhecer a importância do quadro de pessoal.
> - Entender o potencial das garantias.

> **Termos-chave e conceitos**
> - Desenvolvimento de produto
> - Posicionamento de produto
> - Variação de produto
> - Combinação de efeitos
> - Acessibilidade de produto
> - Vôos programados e fretados
> - Garantias
> - Quadro de pessoal

A tarefa da política de produto como ferramenta para a gestão de crises é a de formar ou ajustar o produto de acordo com a estratégia de reação, de forma a amenizar as conseqüências de acontecimentos negativos. Contudo, em geral a esfera de atividade do consumidor recebe atenção muito maior devido à sua função de garantir a existência da organização.

7.2.1 O desenvolvimento de produto

A primeira tarefa do desenvolvimento de produto é a neutralização dos efeitos do acontecimento negativo sobre os serviços ofertados. Neste cenário, as medidas do desenvolvimento de produto objetivam restabelecer a condição original e os benefícios em questão. No caso de um acontecimento negativo que traz perigo à segurança pessoal de um turista, é preciso introduzir os passos que previnam ou que impeçam a concretização desta ameaça. Quando se trata de poluição de uma praia, a limpeza do local ou a prontidão no oferecimento de alternativas, como piscinas, podem ser interpretadas como ações voltadas para o desenvolvimento de produto. Este comportamento voltado para a causa e para o acontecimento precisa ser adotado imediatamente, pois os consumidores acompanham estas ações com muito interesse em todas as etapas da viagem. Os turistas em férias se interessam de imediato na velocidade com que estas medidas são introduzidas.

O posicionamento do produto

É na fase ativa, mas principalmente na fase pós-ativa do emprego da ferramenta, que é preciso responder à questão envolvendo a possibilidade de se manter o posicionamento do produto, apesar do acontecimento negativo. Se esta possibilidade estiver assegurada para o longo prazo, então podem ser tomadas medidas de desenvolvimento de produto para minimizar as conseqüências.

Os efeitos combinados

Uma das possibilidades é o emprego temporário ou prolongado da combinação de efeitos. Com a vinculação do produto afetado negativamente aos outros serviços importantes, ele ainda pode ser vendido. Por exemplo, é possível conceber que o destino se torne um local para concertos musicais ou outros acontecimentos. Isto tira a atenção direcionada ao produto afetado, que deixa de ser o principal objeto de interesse de compra. Com o passar do tempo, o acontecimento assume a função de motivador de viagens. Além disso, se uma seleção adequada for feita, estes acontecimentos podem se tornar úteis à comunicação de certos conteúdos. Em função da realização de muitos eventos ser acompanhada de reportagens da mídia, forma-se um elo entre o acontecimento e o local de sua realização (ver Seção 7.5.9).

A variação dos produtos ofertados também é uma alternativa. É possível empregar de forma eficiente a real atenção especial dada pela mídia para lançamentos de novos produtos – por exemplo, novos destinos no país afetado – para alcançar um número maior de espectadores. Esta abordagem é recomendada sempre que os produtos recém-lançados diferem significativamente daqueles afetados pelo acontecimento negativo.

A variação dos produtos ofertados

As variações temporárias dos produtos

As variações temporárias dos produtos foram recomendadas pela OMT (1991a) para os países afetados pela Guerra do Golfo. O objetivo foi atingir os segmentos intra-regionais e domésticos do turismo que reagiram com menos sensibilidade aos acontecimentos, por meio das alterações temporárias no produto. O sucesso da variação temporária dos produtos depende sobretudo da prontidão dos segmentos afetados de honrar seus compromissos financeiros. Se isto não se verificar, esta variação não apenas diminui o lucro, como também traz à tona o "efeito do cenário", com conseqüências no longo prazo (ver Seção 7.3.1).

As variações que objetivam aumentar a qualidade do produto são melhor observadas na prática. Elas são, via de regra, o resultado de um período de menor ocupação, e são empregadas nos planos de modernização ou no treinamento adicional do quadro de pessoal. Muitos hotéis da Indonésia escolheram esta abordagem depois do ataque em Bali, em 2002. Porém, sempre que estas medidas forem iniciadas é preciso lembrar que elas exigem liquidez em tempos de ocupação dos hotéis, o que diminui as receitas regulares consideravelmente. Portanto, uma abordagem mais prudente precisa ser considerada.

Exemplo 44: H.I.S. — Uma operadora de turismo japonesa que comprovou o impensável

Os turistas japoneses são normalmente conhecidos e desejados devido a seus hábito de gastar bastante. Contudo, quando se trata de acontecimentos negativos, os turistas do Japão são considerados o segmento mais sensível em termos de nacionalidade. Eles desaparecem rápido depois de um acontecimento negativo, e os destinos levam um tempo longo para se recuperarem e convencerem os turistas japoneses a retornar, quando as atrações oferecidas voltam a oferecer segurança. Normalmente, esse segmento de turistas só retorna depois de todos os outros terem retornado.

Por isso, é extremamente importante entender que nem todos os acontecimentos naturais são insuperáveis. A H.I.S., uma operadora de turismo do Japão, com sua matriz em Tóquio e 171 escritórios em todo país, encarou os desafios depois dos ataques de 11 de setembro de uma maneira até então inédita. Em vez de cancelar todas suas atividades nos EUA, a H.I.S. lançou, logo após os ataques, um produto que pode ser descrito como *Solidarity Trips* (Viagens Solidárias), e o batizou de *We Love New York* (Nós Amamos Nova York). Este novo produto foi projetado inteiramente para apoiar a indústria do turismo da cidade de Nova York, motivando a continuação das viagens em vez de cancelá-las. Além disso, a H.I.S. demonstrou sua solidariedade às famílias das vítimas e informou a seus clientes que 5% de toda a renda gerada por estas Viagens Solidárias seria revertida para o Fundo das Torres Gêmeas criado pelo ex-prefeito Giuliani. Com estas Viagens Solidárias, a H.I.S. foi capaz de encorajar os turistas japoneses a viajar em tempos de medo e insegurança, de uma maneira que nenhum outro produto fora capaz de fazer antes.

No total, 1.600 reservas foram geradas depois do período promocional, entre 2 de outubro e 19 de dezembro de 2001, provando o sucesso da iniciativa não apenas em termos comerciais, como também na revelação do turismo como forma de manifestar emoções. Estas emoções não necessariamente têm origem agradável, como várias vezes se supõe.

Tradução

A recuperação da cidade de Nova York
Projeto especial: Nós Amamos Nova York

O *press release* da H.I.S.

A companhia H.I.S. (matriz em Tóquio, Shibuya-ku, Gerente Executivo: Sr. Hideo Sawada) organizará um projeto especial "Nós Amamos Nova York" de forma a colaborar com a recuperação da cidade de Nova York com a doação de parte das receitas angariadas.

Os ataques terroristas de 11 de setembro trouxeram pesar ao mundo inteiro. Em primeiro lugar, queremos expressar nossas condolências às famílias e aos amigos das vítimas deste ato terrorista.

Os povo norte-americano é muito benquisto pelo povo japonês, e em nível nacional os EUA é um dos países que desenvolveu uma relação bastante íntima com o Japão. A queda no turismo depois dos ataques terroristas prejudicou a economia de Nova York, começando pelo turismo da cidade.

Conseqüentemente, com o desejo de auxiliar na rápida recuperação da cidade, a H.I.S. organizou um programa especial chamado "Nós Amamos Nova York". Em nossa opinião, o mais importante é que as pessoas percebam que a cidade e os Estados Unidos estão tentando recuperar o brilho próprio e receber a energia do turismo para renovar o dinamismo que marca a cidade e o país. A H.I.S. deseja que as visitas de turistas encorajem os cidadãos norte-americanos, com o apoio total e contínuo como primeiro passo para a paz.

A H.I.S. doará 5% das receitas do projeto para o Fundo das Torres Gêmeas criado pelo ex-prefeito Giuliani em benefício das famílias

> que perderam seus entes queridos. Os detalhes do programa podem ser obtidos em nossa página na Internet (www.his-j.com) e em nossos 171 escritórios de representação em todo o país.
> Os produtos relacionados ao programa "Nós Amamos Nova York" são identificados com esta marca.

As operadoras de turismo podem, por meio de uma mudança nas quantidades contratadas, equilibrar as flutuações temporárias e alterar o fardo trazido pelo acontecimento negativo. Esta oportunidade está limitada pelos acontecimentos definidos em contrato e pelos relacionamentos econômicos. Deste ponto de vista, a crescente integração vertical dos serviços, tais como vôos ou acomodações antes contratados pela operadora de turismo, tem um efeito restritivo nas possíveis ações. Ao mesmo tempo, fica clara a importância das medidas preventivas que precisam ser introduzidas para garantir a segurança destes investimentos. Além da perspectiva puramente contratual, o aspecto da cooperação futura não pode ser negligenciado, pois, apesar das necessidades no curto prazo, o sucesso no longo prazo é o fator decisivo.

<small>As quantidades contratadas</small>

Contudo, se a análise indicar que o posicionamento do produto não tem possibilidades de ser mantido, outras iniciativas precisam ser tomadas. O destino pode iniciar um difícil processo de reposicionamento, mas neste caso é a operadora de turismo que executa um ajuste mais amplo, pelo qual o produto afetado é removido do programa ofertado. Mas a situação do provedor do serviço principal é mais complexa. Ele é capaz de garantir um certo grau de sucesso com a simples troca de nome. Isto é recomendável no caso de um acontecimento negativo que não teve sua origem na esfera de atuação da própria organização. Esta troca de nome é empregada na prática por empresas de navegação mas pode também ser aplicada em alguns casos do setor hoteleiro. Porém, em conjunto com a troca do nome da marca, no caso do destino é preciso adotar uma nova estratégia de experiência de valor, o que já provou ser um processo de difícil reposicionamento.

<small>O reposicionamento</small>

7.2.2 A acessibilidade do produto

A acessibilidade do produto é um problema encontrado sobretudo no setor do turismo. Ele aparece na área de destinos de média e de longa distância. Estes tipos de destino são alcançados principalmente por meio do transporte aéreo (ver também o Diagrama 3.3). Se estes acessos não podem ser oferecidos, os produtos turísticos do destino não podem ser alcançados e portanto deixarão de ser solicitados, com muita probabilidade. Este é um dos problemas mais comuns observados após acontecimentos negativos.

Em geral, os destinos de férias sofrem com a grande dependência que têm dos vôos fretados. Mas as companhias que vendem este tipo de transporte também dependem dos turistas em viagem de férias. Diferentemente dos vôos comerciais regulares, a "demanda estimada de clientes" é a base para os preparativos sazonais, e são poucas as oportunidades de compensar a demanda por parte desta classe de viajantes com aqueles que viajam a negócios. Como resultado, vôos fretados que se dirigem a destinos em que algum acontecimento negativo ocorreu são cancelados com freqüência ou redirecionados.

<small>As empresas de vôos fretados</small>

Nesse sentido, já em outro estágio, a decisão é tomada com base nas possibilidades de recuperação que o destino tem no curto prazo.

Do ponto de vista do destino, este problema pode ser resolvido com a mobilização de aeronaves de empresas do mesmo país, o que garante o acesso ao destino, ou que são capazes de voar até novos mercados de origem. Porém, esta forma de manutenção do acesso é muito dispendiosa e pouco exeqüível em mercados liberalizados. Mas, por meio de ações estratégicas é possível estabelecer relacionamentos no longo prazo com os provedores de serviços necessários, sobretudo as operadoras de turismo. O exemplo a seguir dá alguns detalhes sobre os incentivos que podem ser adotados para garantir que o produto turístico se mantenha acessível.

Exemplo 45: O programa egípcio de apoio aos vôos fretados

Os vôos fretados são o tradicional símbolo de um pacote de férias. Com eles, as operadoras de turismo conseguem desenvolver programas que trazem os turistas aos destinos raramente cobertos por vôos tradicionais, com eficiência e com um confortável grau de flexibilidade. Os destinos turísticos podem sofrer bastante com a ausência de conexões aéreas quando as companhias de vôos fretados decidem interromper seus serviços. Muitas vezes, uma decisão deste tipo é tomada em seqüência a um acontecimento negativo, diante da incerteza que paira sobre a demanda para o destino em questão.

Depois dos ataques de 11 de setembro de 2001 nos EUA, o Egito entendeu, com rapidez, que esses ataques teriam um forte impacto negativo na sua indústria do turismo. Conforme previsto, o turismo do país africano foi de súbito atingido por uma onda de cancelamentos por parte dos países europeus. O Ministério do Turismo do Egito, em parceria com a Federação Egípcia do Turismo, projetou e implementou um plano de recuperação em 10 etapas, que incluiu, entre outras medidas, um plano especialmente inovador chamado Programa de Apoio aos Vôos Fretados. Não demorou para que este programa fosse considerado o principal fator na rápida recuperação do Egito.

O programa foi implementado em 15 de novembro de 2001. Ele foi planejado para subsidiar as operadoras de vôos fretados de forma a protegê-las contra qualquer risco de prejuízo, mesmo na eventualidade de seus vôos permanecerem abertos com vagas até o último minuto, desde que 50% da capacidade (65% para alguns mercados de origem) estivesse ocupada.

O programa de apoio foi fornecido por meio do pagamento de uma quantia fixa de dinheiro para cada poltrona vazia, dependendo da hora do vôo e de uma faixa específica de capacidade de passageiros, conforme abaixo:

Tempo de vôo	Menos de 2 horas	2 a 4 horas	Mais de 4 horas
Quantia de apoio por poltrona vazia	80 Euros	150 Euros	200 Euros

A faixa elegível de ocupação em vôos foi a seguinte:

	Todos os aeroportos egípcios	Aeroporto de Taba
Vôos oriundos de todos os países, menos do Reino Unido e da Escandinávia	Mínimo 50% – máximo 79%	35% – 79%
Vôos oriundos do Reino Unido e da Escandinávia	Mínimo 65% – máximo 94%	50% – 94%

> Os efeitos do programa foram observados de imediato. As chegadas de excursões oriundas de mercados tradicionais e não-resilientes cresceram a uma taxa razoável, em resposta direta ao Programa de Apoio aos Vôos Fretados: Reino Unido (9,5%), Alemanha (2,1%) e Espanha (28%). No espaço de um ano, o Egito recobrou os números anteriores de chegadas de turistas. Com isso, o país foi capaz de manter as rotas de acesso a seus destinos, apesar das circunstâncias difíceis no mercado internacional. As quantias de fato despendidas na compensação pelas poltronas vazias foram muito menores do que o previsto. Isto também demonstrou que o temor inicial dos turistas fora superestimado. Porém se a disponibilidade de poltronas não tivesse sido assegurada dessa maneira, os turistas não teriam a chance de chegar ao produto turístico, isto é, ao destino Egito.
>
> O Programa de Apoio aos Vôos Fretados revela como uma abordagem inovadora na esfera da política de produto, além de uma boa dose de imaginação, tem valor em tempos de crise.

No caso dos destinos que eram dependentes sobretudo dos vôos comerciais, o problema do acesso não existia no passado. Porém, a questão da reputação sempre existiu. Para o destino, as aeronaves do país de origem e também a presença de uma companhia aérea reconhecida baseada no mercado de origem e que opera na rota em questão também são importantes. Assim, a marca da companhia aérea conhecida pôde ser usada para atrair os turistas em potencial do mercado de origem. Isso não apenas representou um sinal da qualidade do vôo, como também deu prova de que o destino tinha um valor especial que justificava o serviço com vôos regulares.

Os vôos comerciais

Esta situação foi alterada pela crise da SARS na Ásia. A Austrália foi um dos primeiros países a se dar conta de que dependia enormemente dos vôos com escalas nas principais cidades daquele continente, como Cingapura, Hong-Kong ou Bangkok, e que devido à SARS essas cidades eram evitadas o máximo possível pelos turistas. O governo da Austrália encarou este problema de forma sistemática, com a identificação e a avaliação das alternativas para escalas e vôos diretos oriundos dos principais mercados de origem para o país, no caso de um novo surto da doença.

7.2.3 O quadro de pessoal

Em condições normais, os funcionários da organização afetada são os "embaixadores" da organização. Na ocorrência de um acontecimento negativo, eles também contribuem para o sucesso das medidas tomadas. Isto se dá de duas maneiras. Por um lado, há o envolvimento dos próprios clientes, já que o produto turístico é marcado, em grande parte, pelo contato humano entre o provedor e o consumidor do serviço. Por outro, o ambiente social mais amplo é afetado, em que o quadro de pessoal desempenha importante papel de elemento de contato.

Em ambas situações, as declarações e o comportamento dos funcionários são os alvos de atenção na ocorrência de acontecimentos negativos, e inconsistências nos pronunciamentos são percebidas imediatamente. Uma vez que existe o envolvimento dos funcionários, o comportamento e os comentários destes são classificados como estando ou não de acordo com os fatos. Por esta razão, é importante gerar e divulgar orientações no caso destas situações inusitadas. Desta maneira, as ações que não estão em conformidade com os objetivos corporativos, se não forem de todo evitadas, pelo menos serão menos prováveis. Uma cultura corporativa desenvolvida de modo mais adequado e que possa ser empregada como orientação para situações imprevisíveis pode igualmente ser vantajosa. Esta cultura garante que os princípios e valores básicos da organização sejam internalizados. Uma cultura corporativa bem desenvolvida fortalece a conformidade entre as reações de um dado funcionário e as da companhia.

A cultura corporativa

Exemplo 46: Poderia ter acontecido em qualquer lugar, mas estou contente que tenha acontecido no Havaí.

O impacto de um acontecimento negativo na impressão de um destino pode ser substancialmente alterado se ele receber o apoio e a assistência adequados.

Roy Stanton, de Sydney, Austrália, foi agredido em setembro de 2003 durante suas férias no Havaí. Três indivíduos o atacaram com golpes na testa que de tão fortes o deixaram inconsciente. Os ferimentos incluíam uma grave lesão na testa, uma fratura no nariz, um dente quebrado e dois machucados. Depois do ocorrido, ele não foi capaz de lembrar os detalhes do ataque ou dos agressores.

Quando Roy saiu da UTI e foi transferido para um quarto, ele imediatamente recebeu um pedido de desculpas de parte do Estado do Havaí, nas pessoas do vice-governador do estado e do representante do Ministério Público daquele estado. Mas o que acabou se tornando mais importante para Roy foi a imediata assistência que recebeu da Sociedade Aloha do Havaí para o Auxílio a Visitantes (VASH): dois voluntários foram imediatamente enviados para auxiliá-lo em qualquer assunto relativo a sua viagem e a fazer de sua "estada prolongada" (aumentada de 5 dias para três semanas) o mais agradável possível, diante das condições em que se encontrava. Esses voluntários o ajudaram com os documentos, providenciaram sua hospedagem, refeições, transporte, e até mesmo sua diversão, neste momento tão difícil de sua vida. Roy Stanton sentiu-se bem cuidado desde o princípio. Além da imediata reação do governo, ele percebeu que a VASH lhe propiciara, desde o início, todo o conforto, a companhia e o apoio que um turista precisa em terra estrangeira.

De volta à Austrália e a despeito das tristes circunstâncias, Roy Stanton tornou-se um dos melhores embaixadores da hospitalidade havaiana. Apesar de ter sido agredido e de ter de encarar outras dificuldades com seu retorno, ele declarou que "poderia ter acontecido em qualquer lugar, mas estou contente que tenha acontecido no Havaí". Ele se sentiu aliviado e grato pela voluntariosa dedicação e pela constante atenção dadas pela VASH.

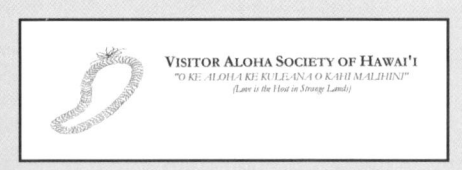

VISITOR ALOHA SOCIETY OF HAWAI'I
"O KE ALOHA KE KULEANA O KAHI MALIHINI"
(Love is the Host in Strange Lands)

Desde sua fundação em 1997, a VASH ofereceu assistência a 6 mil visitantes vítimas de crimes ou de adversidades. A instituição é tida como referência pela chefatura de polícia, hospitais e outras instituições e instâncias administrativas. As pessoas que trabalham para a VASH são voluntárias. Seu treinamento e as missões de que participam são possibilitadas pelo apoio financeiro do governo e pelas doações de empresas, organizações e particulares.

Contudo, as informações dadas aos funcionários também são importantes. É preciso garantir que estes sejam informados constantemente sobre as circunstâncias importantes durante a fase ativa e pós-ativa. Este aspecto é muitas vezes negligenciado e as informações são obtidas predominantemente de fora da organização. Desta maneira, a companhia diminui suas chances de sucesso. A experiência confirma que, via de regra, os funcionários desenvolvem uma relação forte e positiva com a companhia em tempos de crise. Esta relação os prepara para uma função multiplicadora de credibilidade.

Contudo, os funcionários encarregados da comunicação telefônica e os seguranças, que recebem muita atenção devido à exposição e que auxiliam na geração das primeiras impressões, não podem ser negligenciados. Durante uma crise, é preciso observar também que é importante entender, antes de mais nada, as implicações das ações de cada um, e ser capaz de estimar os efeitos dessas ações no sistema como um todo. Este aspecto do pensamento e da atuação da empresa ganha mais importância quanto maior a distância espacial, uma vez que esta pode complicar a troca de informações e a coordenação das atividades. Empresas como a McKinsey, que valorizam o entendimento entre seus funcionários e que têm várias filiais no mundo todo, organizam acontecimentos esportivos regularmente, por exemplo, para reunir os funcionários de um dado país. Isto é observado com bastante freqüência no turismo. Portanto, as sessões especiais de treinamento, que divulgam esta ampla perspectiva corporativa e a transferência regular de funcionários, oferecem possibilidades para melhorar a situação. Além destas medidas, que não devem ser entendidas como tarefa exclusiva da gestão de crises mas como parte dos exercícios normais de gestão, precisam ser empregadas na preparação para uma situação de crise (ver também a Seção 6.3).

> **As interações em grupos em tempos de estresse**
>
> O trabalho em equipe e a comunicação das intenções são fatores importantes para o sucesso das interações em tempos de estresse. Esta constatação foi feita pelo projeto GIHRE, iniciado em conseqüência do acidente aéreo na República Dominicana.
>
> Fonte: Sexton (2004).

Em suma, não há dúvida que os funcionários da organização constituem uma das ferramentas mais importantes na gestão da crise. Com eles, as esferas de atividade podem se tornar, como com nenhuma outra ferramenta, o objeto de atuação de maneiras diferenciadas, confiáveis e orientadas para o diálogo. Uma vez que oferecem importante contribuição para o sucesso da gestão da crise, o treinamento e as medidas práticas precisam ser abrangentes, na mesma medida.

7.2.4 Os serviços garantidos

Uma das principais características de uma situação de crise é a reduzida habilidade do consumidor em avaliar os serviços ofertados. Isso fica ainda mais relevante em função do produto turístico ser, tal como repetidas vezes demonstrado, um produto dependente da crença e da confiança do consumidor. Além dos problemas fundamentais que cercam a avaliação do serviço ofertado, existe também a dificuldade em estimar as reais conseqüências de um acontecimento negativo no produto.

Todos os consumidores, independentemente da experiência que têm de produto, são afetados por esta restrição na habilidade de avaliação. Por esta razão, é preciso tomar medidas que diminuam o risco do turista cometer um erro. O compromisso da organização, na forma de serviços garantidos, por exemplo, pertence a esta categoria de medidas. Em geral, este compromisso é entendido como promessas e obrigações que o fornecedor oferece em um serviço, e por meio das quais a perfeita condição dos bens ofertados fica garantida. Este método permite a veiculação de duas mensagens ao consumidor:

1. O consumidor tem a garantia de que qualquer provável prejuízo será reembolsado.
2. O fornecedor está convencido da qualidade do serviço que oferece, que é garantida por escrito.

Por estas razões, o uso de serviços com a proteção de uma garantia, antes de mais nada, serve aos propósitos dos consumidores durante as fases de orientação e decisão de viagem. As garantias precisam ser implementadas com maior rapidez, em especial para os produtos para os quais a vantagem competitiva não é gerada por seus benefícios básicos. Devido ao grande número de opções disponíveis, é preciso prever uma reação alternativa rápida por parte do consumidor. O serviço garantido não pode ser recuperável ou documentado meramente com o objetivo de deixar isto claro ao consumidor. A principal reação na forma de uma estratégia proativa de abordagem ou a presença duradoura em um mercado difícil constituem, por si só, sinal de garantia para este consumidor. O projeto final dos serviços garantidos e a força da obrigação dependem muito do tipo de acontecimento e das circunstâncias que o acompanham.

Em comparação com a maioria das ferramentas, a garantia tem a vantagem de ser uma ferramenta rapidamente disponibilizada e que pode ser negociada tão logo ocorra um acontecimento negativo. Contudo, as pessoas responsáveis não devem se deixar dominar pela tentação de empregar a ferramenta com muita antecedência. Antes de ser adotado, a companhia precisa estar plenamente convencida da qualidade do serviço de garantia. Uma garantia que não possa ser consumada não apenas desencadearia conseqüências econômicas e legais no sentido de pagar a compensação prometida, como também levaria a uma grave perda de reputação.

> **Exemplos de garantias**
>
> - A rede de hotéis Sandal, do Caribe, oferece a seus hóspedes a Garantia de Primeira Linha para Furacões. Se as férias forem afetadas por um furacão, o hóspede recebe diárias grátis em qualquer hotel Sandal ou Beaches Resort como indenização, pela mesma duração da reserva original, não importando o número de dias perdidos.
> - A Air China ofereceu a seus clientes, em 2003, o pagamento de indenização no caso de infecção por SARS em um dos vôos da companhia. Esta garantia esteve coberta por resseguro.
> - O governo da Tailândia ofereceu, em 2003, a soma de US$ 100 mil a cada turista que fosse infectado pela SARS em seu território. Esta garantia também esteve coberta por resseguro.

Exemplo 47: A Declaração de Garantia da TUI — a confiança do cliente nas companhias aéreas de vôos fretados

As operadoras de turismo alemãs costumavam ter várias companhias aéreas sob contrato, e muitas vezes não garantiam o emprego de uma companhia aérea específica para um vôo específico a um destino. Esta circunstância fez parte de cada contrato entre as operadoras e seus clientes, e foi também publicada em seus catálogos. O direito a mudar a companhia aérea sem a aprovação e o conhecimento dos clientes dava mais flexibilidade de operação para as operadoras. Se, por qualquer razão súbita, a aeronave escalada para o vôo não pudesse ser usada, as operadoras tinham a possibilidade de recorrer a outra companhia aérea ou aeronave, e assim evitar o cancelamento do vôo. No caso de vôos de longa distância, em especial, este procedimento constituiu a única alternativa prática para preencher uma das principais demandas dos clientes, que era a de chegar a seu destino de férias na hora planejada.

Contudo, este sistema de subfretagem foi dramaticamente afetado em 1996, quando um vôo fretado caiu na costa da República Dominicana, deixando 189 mortos (a maioria alemães). Um Boeing 767 da Alas Nacionales, originalmente escalado para o vôo mas que não estava pronto para partir, fora substituído por um Boeing 757 da Birgenair, que caiu logo após a decolagem. Uma acalorada discussão se seguiu ao acidente. Os turistas alemães se sentiram inseguros com relação às companhias de vôos fretados de empresas desconhecidas, e tentaram evitar usá-las.

A operadora de turismo TUI entendeu o problema e imediatamente emitiu um Certificado de Garantia, apenas dois dias depois do desastre, que foi distribuído às agências de viagem. Neste certificado, a TUI listava todas as companhias de vôos fretados com as quais operava, e garantia o emprego destas, mesmo no caso de substituições. Esta rápida reação auxiliou a empresa a reconquistar a confiança do consumidor.

Tradução:

O Certificado de Qualidade da TUI

A TUI garante o emprego das companhias aéreas selecionadas

Qualidade em alto nível. Quando escolhemos nossas companhias aéreas, fazemos grandes exigências para os padrões de segurança e manutenção das aeronaves. Portanto, empregamos apenas as companhias aéreas listadas abaixo. Se, em função de qualquer razão imprevista, a troca de aeronave for necessária, garantimos que selecionaremos apenas aquelas pertencentes às companhias aéreas listadas ou de outras companhias de vôos comerciais de renome.

> TOURISTIK UNION INTERNATIONAL
>
> | | |
> |---|---|
> | Karl Born | Norbert Munsch |
> | Comitê Executivo, Serviço ao Turista | Comitê Excutivo, Distribuição |
> | Operadoras de Turismo Especiais | |
>
> A TUI emprega companhias aéreas que também estão citadas nos catálogos:
>
> Aero Loyd, Air Berlin, Air Europa, Austrian Airlines, Britannia, Condor, Cross Air, Deutsche BA, Eurowings, Futura, Germania, Hamburg Airlines, Hapag-Lloyd, Lauda Air, LTU, Luxair, Martinair, Sobelair, Spanair, Sun Express, Transavia, Virgin Express, Viva Air.
>
> Companhias aéreas com as quais a TUI opera em destinos selecionados
>
> Air Malta, Air Transat, Air Via, Arkia, Croatia Airlines, Eurocypria, LOT, Novelair, Portugalia, Royal Air Maroc, Tunis Air.
>
> Outras companhias aéreas de renome também são empregadas.

Questões para revisão e discussão

- Para quais destinos a questão de acessibilidade do produto tem importância especial?
- Como e por que as garantias são úteis?
- Qual é o papel dos funcionários nas ferramentas para a gestão de crises?
- Qual é a primeira tarefa do desenvolvimento de produto?
- Quais são as possibilidades oferecidas por meio dos efeitos combinados?

Sugestões para leitura

Organização Mundial do Turismo (1994), *Aviation and tourism policies: balancing the benefits*, Routledge, Londres.

Organização Mundial do Turismo (1997), *Tourist Safety and* Security, OMT, Madri.

7.3 A POLÍTICA DE PREÇOS

Objetivos

- Conscientizar-se sobre as peculiaridades da política de preços.
- Entender a importância da estrutura da política de preços.
- Avaliar as diferentes possibilidades para a política de progressão de preços em relação às vantagens e utilidades.
- Avaliar os incentivos para os canais de distribuição.

Termos-chave e conceitos

- Política de estruturação de preços
- Política de progressão de preços
- Efeito do cenário
- Discriminação de preços
- Ofertas especiais, ofertas relâmpago
- Descontos
- Comissões
- Cancelamentos e alterações em reservas

O objeto da política de preços é a fixação dos preços de venda. Esta política inclui as decisões sobre a política de preços no sentido mais estrito, bem como as medidas da política das condições. Desta maneira, é possível traçar as distinções entre a estrutura do preço e as políticas de progressão do preço.

7.3.1 A política de estruturação de preço

A tarefa da política de estruturação do preço é a definição de estruturas para as áreas do produto e da companhia. Esta definição tem papel estratégico e considera que o preço influencia de forma essencial a posição do produto na percepção do consumidor. As decisões sobre a política de estruturação de preços, portanto, não são consideradas levianamente. Por isso, estas decisões devem inicialmente ser vistas como dentro da estrutura da gestão da crise. Sob condições normais de marketing, todas as medidas relativas à política e ao preço praticado precisam ser coordenadas dentro do espectro defendido pelas políticas de estruturação de preços. Somente assim as repercussões e as irritações dos consumidores podem ser evitadas.

Se a questão for investigada detalhadamente quanto ao escopo das políticas de preço, pode-se dizer que a definição do preço é uma ferramenta sustentável para a amenização das conseqüências da maior conscientização do risco. Em princípio, ela oferece a oportunidade para estimular e manter a demanda constante. Conquanto as decisões sobre o preço praticado sejam tomadas dentro dos espectros conhecidos da política de estruturação de preços, nenhum problema surgirá. Contudo, permanece a dúvida acerca de se o abandono temporário deste caminho é compreendido pelos consumidores, no caso de um acontecimento negativo, e se não há de fato qualquer efeito negativo no longo prazo que prejudique a posição do produto.

A experiência confirma que uma ruptura temporária e limitada da estrutura da política de preço é possível. Por exemplo, a venda de bens de renome e preço superior que tenham sido danificados em um acidente — se este dano for constatado na embalagem, e não no produto em si — não afeta a posição do produto de forma perceptível. Por um lado, isto é influenciado pelo fato de que os canais de distribuição separam os consumidores do produto "com defeito" daqueles que adquirem o produto normal. Por outro, os grupos-alvo potencialmente inconsistentes não causam problemas, uma vez que na maioria dos casos o consumo ocorre num ambiente privado e isolado.

Contudo, no turismo isto não funciona assim. Ao passo que parece possível separar os clientes no ato da compra, muitos problemas são encontrados na última etapa, no ato do consumo. Em função do turista normalmente estar em contato com outros turistas durante a viagem, ou pelo menos ter uma percepção da presença destes, ele avalia esta presença simultânea como sendo consistente com suas idéias e expectativas. Este efeito interativo entre turistas pode ser descrito como o "efeito do cenário". Se o cenário não corresponde às expectativas, o bem-estar do hóspede é afetado. Isto ocorre tanto mais quanto mais alto for o *ranking* do produto na escala de posicionamento, isto é, quanto mais alto for seu valor social.

<small>O efeito do cenário</small>

Apesar disso, a real conseqüência é observada não no bem-estar do cliente afetado, mas na propaganda boca a boca negativa. Em casos extremos, esta pode ser observada até mesmo nas reportagens da mídia que descrevem o destino como estando num processo de decadência. Portanto, no turismo — em comparação com o exemplo das mercadorias danificadas — é aconselhável adotar cautela na operação com as ferramentas de definição de preços. Do ponto de vista estratégico, uma perda de lucro no curto prazo é preferível a uma perturbação ou destruição no logo prazo na estratégia adotada para o valor da experiência. Isto ganha importância ainda maior diante da constatação de que o turismo está se tornando mais e mais dependente dos valores da experiência, e de que é difícil corrigir uma imagem anteriormente vulgarizada. Assim, se forem praticadas políticas de preço que excedam um dado espectro, é preciso garantir o convencimento dos grupos-alvo e a exclusão das inconsistências.

7.3.2 A política de progressão de preço

<small>Elementos com maior atenção do consumidor</small>

As políticas de progressão de preço incorporam as decisões de formação do preço que em condições normais precisam se deslocar dentro da estrutura dada pela política de estruturação de preço. A tarefa prática de definir o preço praticado na gestão de crises consiste na minimização do efeito que os acontecimentos negativos têm sobre a demanda. A variação relevante é definida, pelo menos no médio prazo, pelos aspectos do equilíbrio entre receita e despesa. Para uma estratégia de liderança no custo, esta variação é menor do que para uma estratégia de diferenciação. Por outro lado, a necessidade de se manter a consistência com a estratégia impõe um número menor de restrições sobre a liderança no custo do que a estratégia de diferenciação. Qualquer que seja a estratégia competitiva procurada, o interesse da organização afetada é a manutenção dos custos no menor patamar possível. Numa primeira etapa, portanto, é preciso tentar variar os elementos do preço final que mais atraem a atenção do consumidor. Para o setor do turismo, é possível supor que impostos, taxas de embarque, taxas de segurança, etc. sejam os elementos do preço final de menor peso, ao passo que as tarifas aéreas e as diárias de hotel em geral recebem mais atenção.

Todas as alterações no preço são interpretadas como um sinal da companhia, não apenas pelos consumidores como também por todas as esferas de atividade. Dependendo do acontecimento e das circunstâncias, a alteração no preço pode ser classificada como uma confissão de culpa. Esta interpretação desfavorável deixa claro que, nos casos de dúvida, as ações tomadas na definição do preço precisam do acompanhamento de outras ferramentas.

A confissão de culpa

7.3.2.1 A discriminação do preço

A discriminação do preço descreve as medidas dentro da política de progressão de preço que requer diferentes preços para produtos que são exatamente idênticos. As diferenças entre os preços praticados são maiores do que as diferenças entre os custos, se existirem. As diferentes possibilidades para a discriminação do preço estão relacionadas a condições que podem ser de natureza espacial, temporal, ou ainda definida pelo cliente.

As oportunidades para a discriminação do preço estão limitadas fundamentalmente pelo fato de que os clientes atendidos de forma diferenciada quando da aquisição do serviço podem se encontrar durante as férias. Em geral, comparações para preços e serviços são feitas quando tal encontro acontece. Se as diferenças entre preços ficarem aparentes para um mesmo serviço, a comparação levará a uma perda de confiança no provedor, o que acarreta insatisfação. Apesar desta limitação, a adoção de uma discriminação de preço é possível porque viagens de férias não podem ser sempre comparadas entre si, devido ao grande número de diferentes características em cada uma.

> **A discriminação temporal do preço**
>
> Na prática, são poucas as inovações disponíveis para a discriminação temporal do preço. Um exemplo interessante é dado pela operadora de turismo Neckermann Reisen, que em 2004 adotou duas listas de preços. O preço para os diferentes serviços foi fixado em uma lista com validade até 31 de março. Durante a validade da lista, foi dada garantia de que o consumidor receberia a diferença se os preços fossem menores na segunda lista. Os clientes que se adiantassem ao fazerem suas reservas sairiam ganhando o melhor preço sempre.
>
> Contudo, no caso de incertezas maiores relacionadas com o produto turístico, até mesmo esta abordagem precisa ser combinada com outras ferramentas para ter sua eficiência garantida.

Do ponto de vista temporal, a discriminação do preço pode ser considerada em duas partes. Por um lado, vários preços podem ser exigidos, dependendo do ponto no tempo em que o produto é consumido (tempo de viagem). Esta forma de discriminação de preço não oferece grandes problemas, porque é justificada pela variação na demanda e não é praticada com turistas que pagaram preços diferentes pelo mesmo serviço e que podem se encontrar durante suas férias no destino. Por outro lado, o preço pode ser diferenciado em relação à data da reserva. É comum a oferta de incentivos para encorajar as pessoas a fazerem suas reservas com antecedência. Portanto, o comportamento de efetuar reservas mais tardiamente, observado durante uma crise, pode em parte ser compensado. Contudo, esta abordagem é problemática, uma vez que o emprego das ferramentas relativas ao preço avança no

Hora da viagem

Hora da reserva

tempo. Além disso, a maioria dos clientes faz especulações em épocas de demanda baixa, contando com concessões no preço a pagar, sobretudo com as ofertas relâmpago. Por fim, a insegurança com relação às conseqüências do acontecimento negativo permanece. Porém, ainda mais problemático é o fato de que o emprego simultâneo de um serviço oferecido com preços diferentes não pode ser garantido, o que leva a um "efeito do cenário". Por esta razão, indica-se combinar as ferramentas de preço com outras ferramentas de marketing.

A discriminação espacial do preço oferece produtos a preços diferentes em mercados geográficos diferentes. Estas variantes são disponibilizadas se o acontecimento for percebido de maneiras distintas pelos diferentes mercados de origem. A barreira lingüística frustra uma comparação direta para preços e serviços. Mas mesmo a freqüente separação espacial no destino destes grupos de consumidores permite que esta forma de discriminação de preço pareça ter sucesso, desde que os comportamentos de cada um destes grupos não sejam percebidos como contraditórios demais, e que os "cenários" deixem de ser classificados como consistentes.

> **As barreiras lingüísticas**
>
> As barreiras lingüísticas entre hóspedes espanhóis e hóspedes oriundos da Europa Central foram os motivos por trás da decisão da rede de hotéis RIU em adotar a discriminação espacial do preço para seus hotéis em 2003 — um ano em que a demanda no turismo foi fortemente influenciada pelo terror e pela guerra no Iraque.

A discriminação do preço voltada para o cliente é orientada na direção das diferentes funções e características pessoais do consumidor. Até certo ponto, esta diferenciação pode ser classificada como adequada. Isto se aplica, acima de tudo, se os critérios que formam a base da diferenciação correspondem à importância da esfera de atividade. As viagens de familiarização, por exemplo, que garantem vantagens no preço para os funcionários de uma agência de viagem, podem ser interpretadas nesta perspectiva. Em que pese estes multiplicadores, estas ofertas expressam o interesse em avaliar os serviços relativos ao produto. Além disso, estas diferenças no preço são compreensíveis para os clientes que não são afetados, porque uma relação entre a razão por trás da discriminação do preço e o grupo-alvo é perceptível. Outro aspecto é que a discriminação de preço orientada para o cliente é sempre recomendável se estiver relacionada com os serviços oferecidos anteriormente ou se certas exigências forem satisfeitas, sobretudo se estas auxiliarem a evitar o "efeito do cenário". Este pode, entre outras coisas, ser o período de tempo necessário para obter o produto (a decisão de evitar serviços de orientação e oferecer apenas o auto-serviço atrai as pessoas com mais tempo), o status da pessoa (estudante ou aposentado), ou apenas a participação em uma associação como nos clubes de automobilistas. Em todos estes casos, a discriminação do preço tem mais probabilidade de ser aceita.

7.3.2.2 As ofertas especiais

As ofertas especiais descrevem a diminuição do preço de venda por um curto período de tempo. Estas ações se aplicam a certas *commodities* para as quais a demanda precisa aumentar. As ofertas especiais são muito populares no turismo. Elas são adotadas sobretudo se o produto deixa de parecer vendável e tende a perder espaço no mercado. Na gestão da crise, o acontecimento negativo é que conta como causa original da oferta especial. Isto porque os descontos têm relação com as dificuldades que aparecem durante a venda de serviços. Nestas circunstâncias o objetivo é vender serviços antes que percam seu valor. Uma indicação da extensão do desconto é dada pelos custos ocasionais. Entretanto, antes de mais nada, o desconto é definido pela grau de flexibilidade estimado para a demanda, bem como pelo tempo que ainda poderá transcorrer antes do produto deixar de inspirar interesse.

A desvantagem da adoção freqüente das ofertas especiais é que o consumidor se acostuma com elas. Isto já foi comprovado na prática, nas vezes em que a ferramenta foi aplicada inadequadamente. A situação fica ainda mais crítica se o consumidor não vê razão para estas ofertas especiais. Estas circunstâncias apontam para o emprego cauteloso desta ferramenta. Contudo, este efeito é menos intenso no caso de um acontecimento negativo, pois a oferta especial é justificada pelo incidente. Desta maneira, é menor a probabilidade de que as expectativas acerca de outras ofertas especiais "regulares" sejam encorajadas.

Nos dias que antecedem o fim da validade, as ofertas especiais freqüentemente são descritas como ofertas relâmpago. A vantagem dessas vendas de última hora é a disponibilidade de uma linha de venda em separado, prática que se consolidou nos últimos anos. O uso de pontos de venda nos aeroportos, de agências especializadas e da Internet atrai um grupo de consumidores sensíveis ao preço. Para estes consumidores, a necessidade de viajar e o preço são os aspectos mais importantes — a oferta do serviço em si não interessa tanto. Outra vantagem está na precisão com que o segmento pode ser almejado por meio destes métodos de venda. Isto evita o desperdício de cobertura e as irritações dos consumidores. Porém, não é possível descartar o impacto do "efeito do cenário", que pode ocorrer durante o uso do produto turístico. Portanto, como ferramentas de gestão da crise as ofertas especiais são também uma ferramenta eficiente para o aumento das vendas. Elas são adequadas sobretudo para a venda de serviços antes do final da validade da oferta. Se a razão para estas ofertas especiais for o acontecimento negativo, as pessoas não se acostumarão com elas. As limitações para a adoção de uma política de ofertas especiais é o efeito negativo que podem ter no posicionamento do produto.

Exemplo 48: As campanhas do "Obrigado"

As Campanhas do Obrigado são um exemplo recente de campanhas de marketing inovadoras e bem-elaboradas que combinam elementos de preço com medidas de comunicação e abordagem da esfera emocional dos clientes.

No caso da companhia aérea indonésia Garuda, a campanha do Obrigado incluiu um importante componente da política de preço. O objetivo da campanha foi propiciar a recuperação depois dos casos de SARS e dos ataques em Bali, que espantaram os turistas e os fez evitar o transporte aéreo. A companhia decidiu lançar esta campanha na Nova Zelândia, na ocasião de seu 15º aniversário. A Garuda agradeceu aos habitantes daquele país pela contínua confiança e apoio dado a ela, em especial durante os difíceis acontecimentos recentes. A Garuda expressou sua apreciação de um modo prático, que trouxe benefícios imediatos aos clientes: ela ofereceu 15% de desconto em todos os vôos saídos de Auckland a Bali, Jacarta, Cingapura e China, entre outros destinos. A campanha também foi projetada para abrir caminho para Bali como aeroporto de passagem para viagens à Ásia. Esta combinação de uma mensagem de agradecimento e tarifas reduzidas não apenas agradou aos clientes, como também evitou os impactos negativos de um preço menor e do efeito do cenário.

Na seqüência aos trágicos ataques aos trens em Madri em 11 de março de 2004, a Comunidade Madrilena também lançou uma campanha do "Obrigado". O objetivo foi mostrar o apreço pelas muitas expressões de solidariedade recebidas depois dos ataques. Esta campanha do "Obrigado" foi divulgada nos principais jornais norte-americanos e europeus, e foi dirigida especialmente à Alemanha, Reino Unido, Portugal, França, Itália e aos EUA. A mensagem era um simples e eloqüente Obrigado. Uma mensagem menor aparecia abaixo da palavra, dizendo "Madri nunca esquecerá as manifestações de solidariedade e apoio de todos (…) depois dos ataques de 11 de março". Apesar desta campanha ter sido apenas de comunicação, ela também usou o elemento emocional e foi capaz de atingir os sentimentos das pessoas nos principais mercados de origem.

GRAZIE ♥ ITALIA   THANKS ♥ USA   MERCI ♥ LA FRANCE

MADRID   MADRID   MADRID

Como pode ser visto destes exemplos, as Campanhas do Obrigado são uma ferramenta útil para conservar clientes e todos os que apóiam um destino em tempos difíceis. É possível esperar que o número destas campanhas aumente no futuro, pois elas abordam um dos sentimentos mais importantes do ser humano: a gratidão.

7.3.3 A política das condições

Como subdivisão da política de preços, a política das condições descreve o comportamento sistemático do fornecedor diante de seus clientes em todas as áreas — além da questão do preço, já discutida — que pode ser o objeto de contratos de remuneração de serviços. Em termos concretos, isto envolve a elaboração de descontos, comissões e termos de pagamento. À luz das considerações a seguir, estas ferramentas de políticas de condições podem ser empregadas para atrair tanto o consumidor final quanto os intermediários destes serviços.

7.3.3.1 Descontos e comissões

Em geral, os descontos são entendidos como reduções no preço oferecido que, de acordo com vários critérios tais como quantidades, pontos no tempo e funções, podem ser direcionados ao setor varejista e, do ponto de vista da fidelidade, aos consumidores. As comissões são a remuneração dada ao intermediário para a transação comercial, ou para efetuar o serviço. Tal como os descontos, as comissões são calculadas como percentagens sobre o valor do serviço fornecido e classificadas de acordo com critérios de comparação. As comissões são úteis se o volume final das vendas da organização não atingir os níveis de participação dos serviços oferecidos.

Em relação ao grupo de agentes de viagem, o fornecedor do serviço afetado tem, por meio do aumento temporário das comissões, a oportunidade de dar um incentivo adicional aos esforços de venda. Isto oferece vantagens em duas frentes. Por um lado, por meio da criação de um conjunto de comissões, os obstáculos concretos, que são o resultado de um acontecimento negativo, podem ser abordados. O pagamento de comissões, que compensa as despesas adicionais impostas ao agente de viagem em função do acontecimento negativo, significa que é possível dar um incentivo para a manutenção do nível de vendas. Por outro lado, este comportamento mantém o preço de venda estável para o consumidor final. Desta maneira, o "efeito do cenário" é evitado. É possível supor que estas medidas provem sua especial utilidade na fase pós-ativa. Elas garantem, de modo sutil, que o produto receberá atenção novamente mas, ao mesmo tempo, evitam o desgaste do mesmo.

Entre as possibilidades de desconto para o consumidor final, o desconto por fidelidade é interessante, sobretudo nestas circunstâncias. Esses descontos são entendidos como descontos dados pelo fornecedor e garantidos pela preferência ao adquirir seus serviços. Muitas vezes os descontos por fidelidade são adotados até mesmo em condições normais e são traduzidos como sistemas de bônus. A importância especial de que gozam estes sistemas pode ser relacionada ao fato de que a pontuação atingida deixou de ser relacionada exclusivamente aos vôos. Esta pontuação pode também ser conseguida por meio de um número de serviços turísticos e não-turísticos. Uma das vantagens dos programas de milhagem é a desvinculação das milhagens aéreas do preço. Por um lado, isto significa que ainda que o mesmo serviço seja mais caro, uma preferência sobre os produtos do competidor é gerada por esta milhagem. Por outro lado, até mesmo um serviço que não é tão bem percebido como o de um competidor mas que ainda assim tem o mesmo preço pode ser comercializado pelas companhias aéreas. Além disso, este efeito é intensificado pelo fato de que, na maioria dos casos, o custo não é assumido por aquele que recebe as milhagens aéreas. Neste caso — muito comum em viagens de executivos a negócios — a troca da milhagem é preferível à alteração no preço. Porém, ao mesmo tempo, é preciso ga-

> **A recompensa com milhagem**
>
> A companhia aérea Lufthansa usou este tipo de incentivo adicional depois dos ataques de 11 de setembro nos EUA. As milhas necessárias para receber milhagem caíram em 33%, enquanto que o preço para estes vôos foi mantido. Desta maneira, a companhia aérea foi capaz de oferecer incentivos adicionais e também de reduzir o número de milhas por conta das freqüentes viagens durante o período de menor ocupação.

rantir que o incentivo criado como bônus seja efetivamente comunicado ao consumidor que toma a decisão.

7.3.3.2 Os cancelamentos e as alterações em reservas

A oportunidade de alterar ou cancelar uma viagem de férias ou reserva de serviço turístico não é peculiar à gestão da crise. Contudo, não se pode negar que esta ferramenta, dentro da gestão da crise, é bastante importante para os clientes. As possibilidades legais que existem para o turista já foram consideradas em detalhe, com a discussão sobre as várias condições contratuais (ver Seção 3.1.5). O que é interessante neste ponto é o aspecto de ser uma ferramenta, mesmo que não possa ser relacionada a uma obrigação contratual.

O uso ativo do sistema de alteração em reservas e de cancelamentos vem sendo observado com maior freqüência na prática. A razão para isso é que a operadora de turismo ou o provedor do serviço desejam aderir ao contrato de viagem acordado entre as partes. Contudo, o objetivo no longo prazo, qual seja, o de ser reconhecido como provedor preferencial do serviço, também explica este comportamento.

Com a possibilidade de alterar reservas, a operadora de turismo oferece regularmente ao cliente uma troca de destino ou de partes dos pacotes reservados. Com a disponibilização de cancelamentos, o cliente pode cancelar toda a viagem, sem custos para ele. Tanto a alteração quanto o cancelamento de reservas estão limitados a certos períodos de tempo e às regiões afetadas.

Em que pese o cancelamento e a alteração em reservas oferecidos voluntariamente e sem custos, dois pontos são dignos de nota. Em primeiro lugar, o comportamento isolado de uma operadora de turismo tem um considerável efeito sinalizador sobre a atitude do consumidor diante dos competidores. Se uma empresa passa a oferecer a oportunidade de alterar ou cancelar reservas, os competidores começam a sentir forte pressão. Isto ocorre em função do fato de que, com a cessão desta alteração, infere-se o reconhecimento da influência que o acontecimento negativo tem no produto. Em segundo lugar, estas medidas são muito dispendiosas e rapidamente levam a uma alteração nas expectativas do consumidor. Em suma, as ferramentas de cancelamento ou alteração de reservas deve ser considerada com cautela e não devem ser adotadas ativamente.

A possibilidade de troca

Em nossa sociedade voltada para a prestação de serviços, a possibilidade de trocar os bens adquiridos é vista como um importante ponto de incremento na fidelidade do cliente, e é considerada como fator de melhoria das vendas de produtos. Isto vem sendo observado com mais freqüência, uma vez que a probabilidade de aumentar o volume de vendas é expandida na mesma medida em que o risco de uma compra inadequada é diminuído.

Contudo, a possibilidade de troca é problemática no turismo. Mais do que com qualquer outro bem, o produto turístico precisa ser vendido dentro de um certo período de tempo, pois sua validade desaparece com ele. Esta desvalorização do produto turístico tem de ser assumida por terceiros, se o produto for devolvido pelo cliente, como normalmente é o caso no cancelamento ou na alteração em reservas.

Marsans (E)		Airtours (GB)		Nouvelles Frontières (F)		TUI (A)		Thomas Cook (A)[5]	
Dias	%	Dias	%	Dias	%	Dias	%	Dias	%
>15	1	>55	Caução	>30	35€[3]	>30	20	>29	20
		55-29	50[2]	30-22	25[4]	30-23	25	29-22	25
15-11	5[1]	28-22	70[2]			22-16	35	21-15	35
10-3	15[1]	21-8	90[2]	21-8	50[4]	15-9	50	14-7	55
2-1	25[1]			7-3	75[4]	8-3	65	6-1	65
depois	100[1]	depois	100[2]	depois	100	depois	80	depois	90

A partir de novembro de 2005 e todos os dias depois da partida. (1) Taxas de serviço de pelo menos 8 euros e multas por cancelamento são acrescidas em qualquer situação, se houverem. Esta última varia com base nas condições estipuladas pelos fornecedores dos serviços contratados, e pode chegar a 100%. Assim, estas multas por cancelamento têm papel importante mas são difíceis de comparar (2) ou caução, o que for maior (3) por pessoa (4) mínimo 35 euros (5) depende do meio de transporte, neste caso entre o hotel e o aeroporto.

DIAGRAMA 7.1 Multas por cancelamento de algumas operadoras de turismo.

7.3.3.3. Os termos de pagamento

Os termos de pagamento são principalmente um meio de regulamentar as obrigações de pagamento entre consumidor e agente de viagens. Com relação ao consumidor, estes termos envolvem cauções; para a operadora de turismo, as obrigações de pagamentos são com os fornecedores dos serviços. Estes pagamentos podem variar em quantia e em data de vencimento. Da perspectiva da gestão da crise, uma alteração nos pagamentos é útil em casos limitados. Se a data para o depósito da caução ou seu valor forem alterados para o serviço reservado, a percepção de risco do consumidor é amenizada somente até certo ponto. O custo da alteração não justifica sua adoção, sobretudo porque outras ferramentas podem surtir melhores resultados. O efeito nos agentes de viagem pode ser classificado como igualmente pequeno, numa situação em que uma alteração nos termos de pagamento tem pouca valia diante dos esforços de venda. Neste caso, outras ferramentas, como comissões, por exemplo, garantem melhores resultados. Por esta razão, a ferramenta termos de pagamento tem pouca importância para a gestão de crises.

Questões para revisão e discussão

- Qual é a finalidade da política de estruturação de preços?
- Quais são os riscos da repetição de ofertas especiais?
- O que torna recomendável a adoção de um programa de milhagem?
- O que deve ser levado em consideração quando da definição das comissões para agentes de viagem depois de um acontecimento negativo?
- Cite as diferentes formas de discriminação de preço.
- Explique o efeito do cenário.

Sugestões para leitura

Dolan, R.J. e Simon, H. (1996), *Power Pricing: How Mananaging Price Transforms the Bottom Line*, The Free Press, New York.

Ritchie, B. e Crouch, G. (1997), "Quality, price and the tourism experience", em: *Quality Management in Tourism* (AIEST [ed.]), AIEST, St. Gallen, p. 117-139.

Nagle, T. e Holden, R. (2002), *The strategy and tactics for pricing: a guide to profitable decision making*, Prentice Hall, Upper Saddle River, NJ.

7.4 A POLÍTICA DE DISTRIBUIÇÃO

Objetivos

- Conscientizar-se sobre as peculiaridades dos canais de distribuição em tempos de crise.
- Definir e gerar incentivos e medidas de apoio para os canais de distribuição.
- Entender as possibilidades dos canais de distribuição fora da indústria do turismo.

Termos-chave e conceitos

- Canais de distribuição
- Distribuição direta e indireta
- Agentes de viagem
- Estratégia do empurre e puxe
- *Club travel*

Os objetos da política de distribuição são acordos e regulamentações relacionados às rotas que o produto adota para chegar ao consumidor. Uma das mais importantes peculiaridades das vendas no turismo está relacionada não com a venda de um produto tangível, mas com a venda de uma promessa de produto. Os clientes precisam viajar ao local em que o serviço é prestado para permitir ao provedor o cumprimento da promessa feita.

Vistas de uma perspectiva geral, as tarefas de uma política de distribuição têm caráter mais estratégico em comparação com as determinações de uma política de estruturação do preço. Conseqüentemente, estas decisões precisam ser aceitas como defini-

Nível de decisão	Complexidade	Informações, orientações, potencial de confirmação	
Grande envolvimento Sem experiência em viagens Muito tempo Econômico	Viagem individual Muitas partes integrantes Longa distância Dispendioso	Orientação personalizada e vendas Moderado, empatia Alta competência	Alta
	Pacote de viagem padrão Principalmente transporte e hospedagem Média distância		
Pouco envolvimento Com experiência em viagens Pouco tempo	Apenas transporte ou apenas hospedagem Relativamente barato	Sem orientações Impessoal Excessivo Competência limitada	Baixa
Cliente	Produto	Canal de distribuição	

Fonte: adaptado de Regele e Schmücker (1998).

DIAGRAMA 7.2 As influências nos métodos de distribuição.

das, sem possibilidade de alteração. Desta forma, as considerações a seguir apresentam os efeitos que estas determinações têm e o campo de atuação permitido para as medidas de gestão da crise.

A definição sobre a venda direta ou indireta do produto é uma das decisões fundamentais à política de distribuição. A venda direta ocorre entre os fornecedores do produto e os consumidores sem a interposição de um ou outro nível de negociação; as vendas indiretas utilizam intermediários. A preferência por uma ou outra destas duas formas é decidida pelas peculiaridades do cliente e do produto. O Diagrama 7.2 contrapõe uma à outra.

O projeto de um sistema de distribuição, no entanto, não é uma decisão apenas entre distribuição direta ou indireta. Ele precisa também determinar se os órgãos de distribuição primária ou secundária, de dentro ou de fora do setor do turismo, aceitam tarefas relativas a vendas. O Diagrama 7.3 oferece uma visão geral das formas de venda disponíveis para as decisões sobre a política de distribuição.

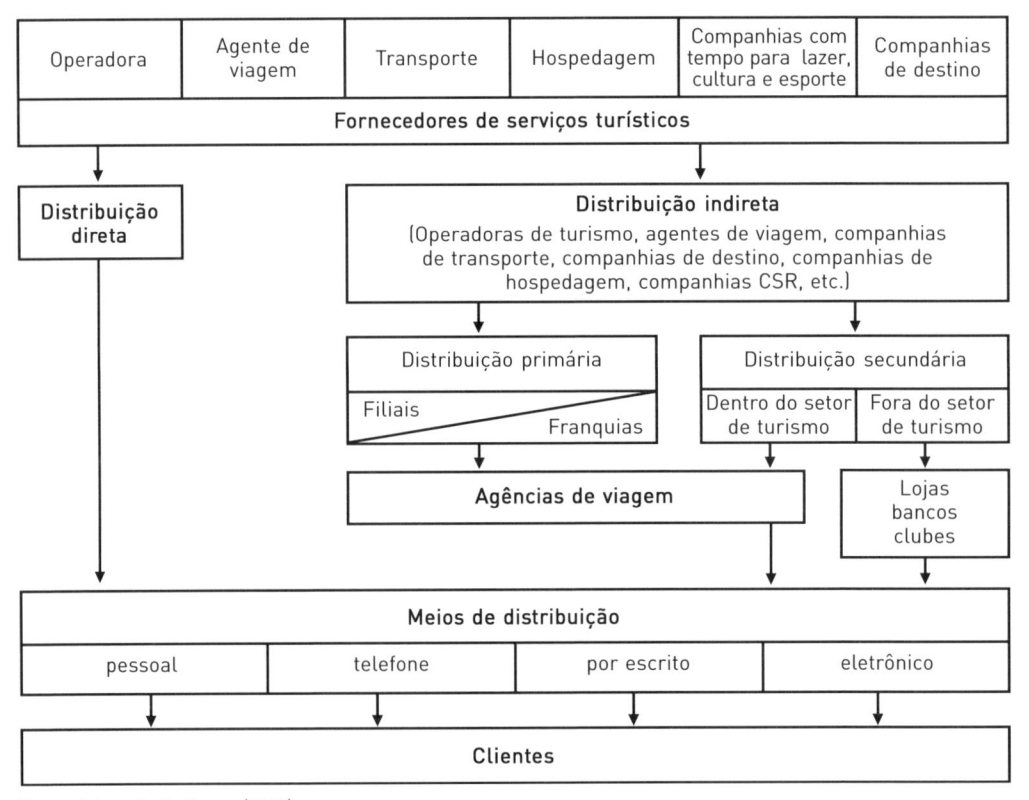

Fonte: Adaptado de Freyer (1997).

DIAGRAMA 7.3 Os canais de distribuição no turismo.

7.4.1 A distribuição direta

As vendas diretas tradicionalmente dominam o turismo doméstico em que a maioria das reservas ocorre diretamente entre os consumidores e os provedores de serviços. Um maior interesse nas vendas diretas de parte do provedor de serviços pode também ser observado. Esta situação é possível porque a experiência de viagem do turista vem crescendo de forma gradual. Outro fator positivo é que os muitos serviços turísticos são considerados como serviços padrão, e acarretam um pequeno envolvimento específico ao objeto. As considerações sobre custos também fazem parte disso. O pagamento de comissões, do contrário prática normal, é omitido devido à omissão do agente de viagem. Além disso, o contato direto com o consumidor vem se tornando mais e mais importante para muitos provedores. Este é o único caminho em que eles podem estar em posição de gerar um comportamento relevante e dados de consumo que cada vez mais são decisivos nos mercados competitivos.

Uma das descobertas mais importantes no contexto de um acontecimento negativo foi a de que os consumidores têm uma necessidade subitamente maior por informação. Esta necessidade é — conforme já ilustrado — melhor satisfeita por uma afirmação diferenciada (ver Seção 7.1.3). O método de venda direta precisa suportar estas duas exigências.

Para a área do turismo doméstico, as atividades de venda direta são acompanhadas por atendimento personalizado desde o início. Desta maneira, na real fase da crise, é possível fornecer aos consumidores as informações que desejam, no ato. Uma vez que isto ocorre por contato direto e sem a interferência de terceiros, as perguntas podem ser respondidas com competência, diferenciação e com um enfoque na solução de problemas. Como resultado, aparece a oportunidade para que o cliente desenhe uma imagem relativamente precisa das circunstâncias e de suas conseqüências. O sucesso ou o fracasso desta abordagem será decidido por um número de outros fatores, aos quais pertence a reputação, em maior grau (ver também a Seção 7.5.2).

Mas este sucesso é decidido de forma diferente no caso da venda direta de produtos padrão do turismo. A essencialmente pequena necessidade por informação de parte dos turistas bem como a pressão dos custos resultam no uso de ferramentas eletrônicas de distribuição. Estas são projetadas para o manuseio automático ou semi-automático das vendas. Portanto, fica claro que, dentro da estrutura da gestão preventiva da crise, a organização precisa tomar as precauções pertinentes, como no caso das vendas menos automatizadas do turismo doméstico. O objetivo destas ações precisa ser a geração de um potencial para a flexibilidade, normalmente sufocada pela racionalização dos canais de venda e que contudo se torna necessária para o manuseio das necessidades individuais cada vez maiores.

7.4.2 A distribuição indireta

Os varejistas ou atacadistas estão acostumados a vender serviços na forma de venda indireta. Se os intermediários são legal e economicamente independentes, esta situação é conhecida como "distribuição secundária". Se, por outro lado, a relação é com as filiais da própria companhia, esta situação é chamada de "distribuição primária". Existem vários outros níveis de integração entre estes dois extremos, que incluem a cooperação e a franquia, entre outros.

Uma das principais vantagens que a distribuição indireta tem sobre a distribuição direta é, em condições normais, uma oportunidade melhor para a venda de produtos que requer uma explicação. Os funcionários da agência de viagem podem responder de imediato às perguntas e necessidades dos clientes. Esta oportunidade de informar e orientar também é importante em tempos de crise. A função concreta do agente de viagem depende da fase da viagem em que o turista está no momento. Os clientes que já usaram os serviços de uma agência de viagem precisam ser capazes de informar e agir de maneira competente e confiável. Para isso, o provedor do serviço precisa disponibilizar informações apropriadas e o apoio necessário. A prática revela que esta fase é crítica. Por um lado, as informações oferecidas aumentam consideravelmente e assim também o custo para a agência de viagem. A comissão obtida pela venda é reduzida com estas orientações e atividades de venda adicionais. Isto indica a necessidade por ação e pela modificação da ferramenta de comissão. Um provedor de serviço que está tentando manter uma reserva pode portanto introduzir uma comissão especial para as reservas que não são canceladas e, ao mesmo tempo, gerar um incentivo adicional para a agência de viagem. Por outro lado, muitas agências de viagem estão interessadas também em manter uma boa relação com seus clientes. Com isso, a fidelidade ao provedor diminui, e se observa uma tendência a desistir em vez de contra-atacar a insegurança do cliente.

Diante disso, é possível afirmar que os aspectos a seguir são exigidos para a atuação exitosa de parte da agência de viagem:

Interesse: existe do ponto de vista pessoal e econômico. Quanto mais intensamente as vendas forem integradas ao provedor do serviço, menor a necessidade de gerar incentivos econômicos individualizados.

Habilidade: o provedor do serviço precisa oferecer a negociação com as informações adequadas, esclarecendo as dúvidas do cliente com confiabilidade.

Contudo, se o cliente ainda estiver na fase da orientação, o problema a enfrentar é diferente. Já foi afirmado que as imagens do destino podem influenciá-lo antes da visita à agência de viagem a tal ponto que a oportunidade de uma conversa dirigida para a venda seja adotada para que a alternativa já descartada seja reconsiderada. Isto requer, além dos pontos mencionados anteriormente:

Qualidade: não há um efeito negativo real no produto.

Oportunidade: a necessidade latente do cliente ainda pode ser identificada.

A estratégia do puxão

É especialmente difícil garantir o interesse das agências de viagem se as vendas são integradas em um grau mínimo. Especialmente neste caso, é importante que o provedor do serviço tente fazer contato com o cliente para desta forma exercer influência na agência de viagem. O objetivo deste comportamento, também descrito como estratégia do puxão, é a ativação dos consumidores encorajados a procurar por mais informações. Além disso, tenta-se levar a informação necessária diretamente ao consumidor, para manter ou estabelecer a preferência pelo produto. Qual dos dois objetivos é preciso alcançar em tempos de crise depende do acontecimento, do grau em que o produto é afetado e da cooperação com a agência de viagem. No primeiro caso, é de suma importância que as agências de viagem tenham as informações apropriadas prontamente disponíveis.

A estratégia do empurrão oferece o apoio adequado a estes objetivos. Neste caso, a agência de viagem é o alvo dos esforços de marketing, razão pela qual esta estratégia é também chamada de marketing de negociação. Os provedores de serviços utilizam todas as ferramentas de marketing, especialmente as promoções de venda e a política das condições para motivar a agência de viagem a adotar esforços de vendas maiores (ver também as oportunidades para maiores comissões na Seção 7.3.3.1).

A estratégia do empurrão

Como esclarecem estes comentários, a venda indireta oferece a oportunidade de orientar o consumidor extensivamente, mesmo na ocorrência de acontecimentos negativos. Contudo, a solução para o problema das informações da agência de viagem é importante da mesma maneira que a distribuição secundária. Portanto, é recomendável empregar uma combinação das estratégias do puxão e do empurrão, bem como utilizar as oportunidades que o marketing de negociação oferece durante a fase pós-ativa.

7.4.3 As áreas de venda fora da indústria do turismo

Ao lado das formas de venda anteriormente discutidas, os canais de distribuição fora da indústria do turismo vêm cada vez mais ganhando importância também na gestão de crise.

Unicidade

Uma característica freqüente dos produtos turísticos oferecidos por meio desta técnica de vendas é a unicidade do produto ofertado. Grupos de fiéis, de funcionários de bancos e de esportistas ou sócios de clubes de automóveis incluem temporariamente estas férias em suas ofertas. Na maioria dos casos, uma repetição da oferta não é almejada, e o escopo das ofertas é limitado possivelmente apenas pelo produto. Por meio do uso desta técnica de vendas, os provedores de serviços entram em contato com grupos de consumidores prontos para saírem de férias e que muitas vezes têm uma preferência por este canal de vendas. Esta preferência tem a ver, em parte, com as outras pessoas que estão na mesma viagem. Se a oferta não for aceita neste ponto, as chances de serem capazes de embarcar na mesma viagem com o mesmo grupo de pessoas são muito pequenas.

Contudo, a preferência por esta técnica de vendas pode também ser o resultado de uma grande confiança no intermediário. Conseqüentemente, uma transferência de reputação pode

Grande confiança

ser adotada durante a seleção deste canal de distribuição. Se o provedor do serviço tiver sucesso em convencer o intermediário, que é um desconhecido à indústria, sobre a condição do produto, o intermediário funciona como um elemento de garantia para sua clientela. Com isso, os esforços podem ser minimizados e concessões sobre a política de preço podem ser oferecidas. O valor especial deste canal de distribuição para a gestão da crise reside na acessibilidade dos consumidores que do contrário raras vezes são considerados como clientes em potencial, e também na confiança de que goza o provedor.

Questões para revisão e discussão

- Cite as vantagens da distribuição direta.
- O que significa a estratégia do empurrão?
- Quais pré-requisitos precisam ser satisfeitos pelas agências de viagem para o êxito da gestão em tempos de crise?
- Quais são as vantagens que resultam das vendas em áreas fora da indústria do turismo?

Sugestões para leitura

Buhalis, D. (2003), *eTourism: Information technology for strategic tourism management*, Prentice Hall, Harlow.

7.5 A POLÍTICA DA COMUNICAÇÃO

Objetivos

- Distinguir a comunicação para a crise da comunicação para o risco.
- Entender as peculiaridades e as exigências da comunicação para a crise.
- Entender as possibilidades e o risco da atenção incomum.
- Considerar as peculiaridades da comunicação para a crise com diferentes grupos-alvo.
- Entender a importância da informação visual.
- Avaliar a prontidão operacional e a utilidade das diferentes medidas da política da comunicação.

Termos-chave e conceitos

- Comunicação para o risco
- Comunicação para a crise
- Credibilidade
- Imagem
- Informação visual
- Comunicação com a mídia
- Promoção de vendas
- Viagens de familiarização
- Participação em feiras de negócios
- Patrocínio

A principal tarefa da política da comunicação é gerar informações com o objetivo de influenciar e orientar o comportamento do consumidor, as opiniões e expectativas. As interpretações tradicionais vêem os consumidores no mercado de vendas como o público-alvo da política de comunicações. Mas até mesmo sob condições normais, pode ser vislumbrado um espaço maior para a comunicação, que incorpore pelo menos parte do ambiente social mais amplo e os funcionários da organização. Enquanto que a consideração deste ambiente social mais amplo continua sendo uma escolha em condições normais — as vantagens da comunicação integrada já foram discutidas (ver também a Seção 3.1.1) — sua inclusão como esfera de comunicação é inevitável quando da ocorrência de um acontecimento negativo.

7.5.1 Comunicação para o risco *versus* comunicação para a crise

No contexto de acontecimentos negativos, dois tipos básicos de comunicação podem ser distinguidos: a comunicação para o risco e a comunicação para a crise. A comunicação para o risco busca uma abordagem de longo prazo, cujo objetivo é a construção da confiança e o entendimento dentro do contexto dos riscos. Ao mesmo tempo, ela também pode pretender chamar a atenção para os riscos que do contrário não seriam considerados. A comunicação para a crise, por outro lado, inicia de forma súbita. Ela descreve a tentativa, depois da ocorrência de um acontecimento negativo, de minimizar suas conseqüências com o uso das ferramentas da política da comunicação, redirecionando as atenções de forma que a credibilidade seja conservada para as atividades de relançamento do produto.

Se as fases de atividade de ambas as formas de comunicação forem consideradas, a comunicação para o risco ocorre na fase pré-acontecimento, ao passo que a comunicação para a crise é empregada apenas depois do início do acontecimento negativo, principalmente na fase ativa.

Fase pré-acontecimento	Fase pré-ativa	Fase ativa	Fase pós-ativa
Comunicação para o risco	Comunicação para a crise		

DIAGRAMA 7.4 Comunicação para a crise *versus* comunicação para o risco.

7.5.1.1 A comunicação para o risco

Por ocorrer na fase anterior ao acontecimento, a comunicação para o risco tem caráter preventivo. Ela é parte das considerações já feitas sobre o tratamento estratégico para acontecimentos negativos. A comunicação para o risco é empregada quando se deseja evitar acontecimentos ou minimizar suas conseqüências, e, no turismo, ganha função especial quando o próprio turista é agente desencadeador de um acontecimento negativo. Por um lado, é preciso evitar que os turistas descuidados incorram em riscos, explicando a eles quais são estes riscos e perigos. Com isso, é possível também supor que outros turistas em potencial, que não interpretam o acontecimento negativo como resultado de comportamento negligente, não serão afetados.

Exemplo 49: O risco e a diversão

Os *snowboarders*, mais do que quaisquer outros entusiastas dos esportes de inverno, gostam de montanhas em seu estado natural. Especialmente os mais jovens nutrem um desejo especial por aventura e liberdade, muitas vezes sem conhecer bem as manobras possíveis sobre a prancha. Este fato ganha mais importância quando, ao praticar o esporte, eles se deslocam em áreas montanhosas que demandam anos de experiência para avaliar os perigos inerentes.

Foto: jwiegand.

Uma vez que é impossível conscientizar todas as pessoas que praticam o *snowboard* destes perigos, o Ministério para Assuntos Sociais da Áustria, em conjunto com a associação austríaca Áustria Saudável e o Clube dos Alpinistas daquele país, iniciaram o projeto Risco e Diversão. O projeto se concentra no treinamento de formadores de opinião entre os *snowboarders*, os chamados "cobras", para que desenvolvam as capacidades necessárias

As ferramentas para a gestão da crise **241**

> à análise competente do terreno e das condições do tempo. A intenção final é influenciar o próprio comportamento de risco, e também o de outros *snowboarders*.
>
> O treinamento consiste em um curso com duração de cinco dias, ministrado por guias experientes e pelos instrutores do Risco e Diversão, que também são *snowboarders* apaixonados pelo esporte, com anos de experiência nas pistas de *free ride* e de *deep snow*. No final da temporada, todos os novos instrutores são convidados a se reunirem com o propósito de manter os vínculos atualizados.

Por outro lado, os turistas são encorajados a assumir as responsabilidades se estas estão relacionadas a riscos em geral, como no caso de infrações penais, por exemplo. Neste caso, o objetivo é explicar aos turistas os procedimentos para a tomada de medidas preventivas. Em função do pouco conhecimento que os turistas têm sobre riscos gerais no destino, enfatiza-se a responsabilidade das autoridades deste destino e dos provedores de serviços em assumir esta forma de comunicação de riscos (OMT, 2002d; OMT, 1994c; OMT, 1989).

Foto: placa de aviso indicando o risco de assalto na entrada do aeroporto de Genebra (Suíça).

> **Exemplo 50: Medidas preventivas — o livreto de proteção para o turista da Bahia**
>
> Em 1991, o estado brasileiro da Bahia fundou a Delegacia de Proteção ao Turista (DELTUR), a primeira do tipo no país a abordar o problema da criminalidade contra turistas. Além de suas funções normais como força policial, a DELTUR produz e distribui um livreto a todos os turistas em viagem ao estado. Com oito páginas, a publicação oferece informações sobre como o turista pode se proteger, o que fazer e o que não fazer em certas situações e os números de telefone e endereços de instituições de auxílio.

Brochura da DELTUR.

Outro tipo de comunicação para o risco objetiva alterar a aceitação dos riscos. Para isso, é recomendado um diálogo sobre riscos entre a organização e o público. O objetivo deste processo de comunicação é um aumento na aceitação do risco e uma redução do potencial de conflito. Esta forma de comunicação tem importância limitada no turismo, mas ao mesmo tempo, a essência de sua abordagem precisa ser examinada em detalhe. Luhmann (1993) por exemplo, sugere que a menor aceitação do risco pode estar relacionada à perda de confiança. Esta menor confiança pode ser contrabalançada não com a comunicação, mas com a autoridade. Esta autoridade, que precisa ser entendida como a habilidade de gerar um número maior de explicações, objetiva evitar a necessidade de mais comunicações em uma época de excesso de informações. Assim, ela não pode ser substituída pela comunicação.

7.5.1.2 A comunicação para a crise

A comunicação para a crise é uma forma de comunicação iniciada de súbito, e depende da ocorrência de um acontecimento negativo. A decisão de iniciar esta comunicação logo após o acontecimento ou com um pouco de atraso, isto é, quando a comunicação ativa para a crise entrar em ação, depende da estratégia de enfrentamento da crise adotada. A natureza reativa ou proativa desta comunicação já foi discutida (ver Seção 5.3). A comunicação para a crise em si, por outro lado, tem um caráter defensivo. A iniciativa para este tipo de comunicação não parte da companhia ou da organização afetada: ela é causada pelo acontecimento. O aspecto defensivo é o mesmo, e não depende do estado de preparação para a crise.

<small>O caráter defensivo</small>

A comunicação para a crise também difere da comunicação normal devido às exigências qualitativas e quantitativas. As exigências quantitativas aumentam porque, por um lado, existe uma crescente necessidade por informações por parte daqueles que estão interessados na organização, e, por outro, porque o círculo dos que exigem informações está se alargando. Deste ponto de vista, a comunicação para a crise é também a comunicação para as massas, que é muito mais do que a comunicação para a mídia. As maiores exigências qualitativas impostas à comunicação são o resultado da atenção especial dada à organização. Isto traz a necessidade de uma comunicação livre de contradições, lógica e precisa, pelo menos durante a crise.

<small>As exigências quantitativas e qualitativas</small>

Embora o caráter defensivo da comunicação para a crise não poder ser eliminado com a preparação, a familiarização com as demandas quantitativas e qualitativas específicas influenciam a classificação da comunicação como pânico ou comunicação planejada. Os objetos das discussões que seguem são as ferramentas da política para a comunicação com relação às demandas específicas da comunicação para a crise.

7.5.2 Os aspectos temporais e de conteúdo

A comunicação para a crise precisa levar em consideração as exigências específicas à situação, e são diferentes das tarefas de comunicação mais corriqueiras. Em especial, as situações envolvendo acontecimentos incomuns são julgadas pelo receptor das informações como sendo complexas. Portanto, a primeira tarefa contextual da política para a comunicação está na geração de entendimento e transparência. Esta explicação do contexto oferece uma contribuição essencial à credibilidade da organização. Se informações decisivas não forem fornecidas com sucesso, os fatos objetivos e a racionalidade se tornam menos importantes e as chances da organização em influenciar o processo informativo são diminuídas.

Do ponto de vista temporal, a seguinte seqüência aparece nas primeiras 24 horas:

Aspectos temporais

Período a partir da ocorrência	Situação	Medidas da organização
0 - 1 hora	• Todos os órgãos da imprensa querem ser os primeiros a divulgar a ocorrência do acontecimento. • Surgem reportagens contraditórias sobre o acontecimento. • Temores sobre as conseqüências do acontecimento são mencionados.	• Alertar o comitê para a crise / grupo de orientação. • Informar as autoridades. • Informar os funcionários externos sobre o contato com o público (telefonistas, porteiros, seguranças). • Divulgar mensagem dizendo que a situação está sendo avaliada, somente se necessário.
1 - 3 horas	• A situação fica mais clara. • As primeiras testemunhas falam sobre o que aconteceu. • As primeiras comparações com situações semelhantes são feitas. • As primeiras especulações sobre possíveis danos ou vítimas são feitas.	• Reunir todos os funcionários, e adotar uma intranet para comunicação futura. • Lançar um *press release* e ativar um *website* de emergência (ver Exemplo 54) e números de telefones de emergência (Seção 7.5.6.1).
3 - 6 horas	• Os motivos são discutidos. • Os especialistas são consultados para explicar estes motivos.	• Convocar a primeira coletiva de imprensa (ver Seção 7.5.6.4).
6 - 24 horas	• Reportagens que discutem o *background* do acontecimento são preparadas. • Fóruns de discussão e *blogs* são abertos na Internet. • As associações emitem pronunciados. • As autoridades emitem pronunciados. • A mídia impressa relata o acontecimento amplamente.	• Organizar as primeiras vídeo e áudioconferências com parceiros importantes no negócio, como operadoras, cadeias de agências de viagem, cooperativas de agências de viagem e associações. • Estabelecer o primeiro contato com os ministérios do exterior dos mercados de origem mais importantes.

Para o tratamento proativo da estratégia de enfrentamento, os pontos abaixo enfatizam o ponto de vista típico do conteúdo:

Aspectos de conteúdo

1. Em primeiro lugar está um retrato do acontecimento para o qual qualquer tipo de especulação precisa ser evitado. A este se segue a declaração de responsabilidade e do grau em que a organização foi afetada. Neste ponto, é preciso enfatizar que o incidente é levado a sério, a ponto da mais alta esfera da autoridade se responsabilizar e administrar a situação.

2. No passo seguinte, as decisões e medidas introduzidas para lidar com a crise são descritas. Desta forma, a própria competência da empresa é sublinhada, contribuindo para ser considerada, também no futuro, como a parte mais importante a entrevistar. É recomendável visualizar, já num primeiro estágio, os fatos e medidas (ver Seção 7.5.5). No caso dos acontecimentos de importância internacional, mapas para ilustrar as distâncias envolvidas podem ser empregados.

3. Além disso, é preciso explicar as medidas suplementares que são o resultado das experiências que estão sendo vivenciadas a cada instante e que servem para evitar repetições no futuro. Em função do acontecimento não ser necessariamente atribuível à esfera de responsabilidade da própria companhia, recomenda-se enfatizar os problemas gerais, que formam o *background* para o incidente. Desta forma, a avaliação de um acidente com um navio, por exemplo, acaba de modo diferente se vista no contexto da sobrecarga nas rotas marítimas. Pode também ser oportuno mencionar os investimentos que estão sendo feitos na área afetada para minimizar os riscos. Uma contribuição para uma avaliação mais objetiva do risco pelo público e *stakeholders* também é feita, se a organização afetada demonstra como outras instituições independentes avaliam os benefícios destes investimentos — em termos de uma diminuição do risco — em comparação com outros esforços.

4. Para a fase pós-ativa posterior, é importante relatar a implementação das medidas de recuperação e os primeiros resultados obtidos. Estas reportagens via de regra caem na categoria de anúncios comuns de produtos, raramente usados pela mídia. Contudo, uma vez que a mídia tem grande interesse em buscar reportagens do tipo "você se lembra?", este tipo de reportagem sempre tem um lugar nos noticiários e pode ser usado para comunicar aos clientes em potencial que o produto está disponível mais uma vez.

> **As comparações entre riscos**
>
> As comparações entre riscos são perigosas e muitas vezes contraproducentes. Isto vale em especial para a comparação das probabilidades dos acontecimentos ocorrerem em outras localidades.
>
> A explicação para as razões pelas quais um destino decide investir em certas medidas de prevenção do risco e não em outras, o que depende das circunstâncias, auxiliam a descrever o enfrentamento responsável dos riscos. Isto ocorre especialmente quando as avaliações do risco (as análises do custo-benefício) são feitas por instituições independentes como a Harvard Center for Risk Analysis.

Além disso, é preciso considerar que a comunicação para a crise é conclusiva, precisa e livre de contradições, a todo tempo (ver também a discussão mais detalhada na Seção 7.5.3). Uma vez que estas exigências qualitativas são especialmente difíceis de controlar, em função de seu crescente número, todas as comunicações e *press releases* precisam ser armazenadas. Somente desta maneira será possível garantir consistência por um período de tempo mais longo.

As obrigações com a informação

O conteúdo e o momento em que as informações são veiculadas também são determinados pelas obrigações com a informação que a companhia precisa satisfazer. No turismo, os relacionamentos com os clientes prevalecem. As operadoras de turismo da Alemanha, por exemplo, assumem responsabilidades especiais com seus clientes. Elas têm uma incumbência geral de informar estes clientes e precisam fornecer todas as informações importantes para a realização da viagem. Um limite pode ser observado na área do risco geral à vida. A fase entre a assinatura de um contrato de viagem e o início desta é de particular importância. Nesta fase, o turista precisa, sem restrições, ser informado de todas as ocorrências específicas do destino que possam influenciar suas férias. Estas são, por exemplo, as alterações na qualidade das praias, as catástrofes naturais e a poluição por derramamento de óleo (Strangfeld, 1993).

Por fim, é preciso também considerar que o conteúdo comunicado pode trazer conseqüências legais. É preciso verificar se estas conseqüências podem levar a ações na justiça, principalmente por meio de medidas de comunicação que admitem erros ou que expressem pedidos de desculpas (Avernarius, 1995). Por esta razão, Berger, Gärtner e Mathes (1995) são contra a adoção deste tipo de medida. Portanto, o uso deste conteúdo na comunicação precisa ser evitado na fase crítica inicial. <!-- marginalia: As conseqüências legais -->
Pedidos de desculpas devem ser feitos somente sob cuidadosa avaliação de seus efeitos nos médio e longo prazos. Por um lado, não há qualquer certeza acerca da probabilidade do receptor da informação considerar estes pedidos de desculpa como positivos. Por outro, existe o perigo de, se isso ocorrer na presença de representantes da mídia, uma versão resumida e fora de contexto produza o efeito oposto da ação em mente.

7.5.3 O aspecto da reputação

A reputação desempenha uma importante função numa companhia, mesmo sob condições normais. Dependendo da reputação desta empresa, as atividades de marketing, especialmente as ações cobertas pelas políticas de comunicação, são avaliadas diferentemente. A reputação não é imutável: ela se constrói de forma gradual. Ela é o resultado das ações e comunicações passadas da organização. Se estas ações passadas são semelhantes e críveis em sua natureza, pressupõe-se a geração de uma reputação positiva. Esta credibilidade constitui importante atributo. Contudo, seu valor exclusivo aparece apenas em situações críticas. Ela pode auxiliar, como nenhuma outra ferramenta, a reduzir a insegurança, conferindo confiabilidade aos atos de comunicação. Se considerada em mais detalhe, a credibilidade é importante para a comunicação para a crise de duas maneiras. Em primeiro lugar, ela exerce influência sobre a seleção e avaliação das fontes de informação. Em segundo, ela influencia a maneira como o receptor avalia a informação em si.

Em um momento particular depois do acontecimento negativo, a mídia passa a investigar o tópico e a exigir informações. No início do processo de informação, a companhia afetada é a primeira entre as fontes de informação a ser consultada. Somente mais tarde com o desenrolar da cobertura da mídia é que o processo de transferência ocorre, o que requer um círculo maior de fontes de informação. Este processo de transferência pode ser acelerado pela organização afetada. Tanto ações quanto afirmações implausíveis contribuem para a rápida adoção de fontes extra-oficiais de informações de parte de jornalistas. Desta forma, não é apenas perdida a oportunidade de ser o primeiro a co- <!-- marginalia: As fontes de informação a serem consultadas -->

mentar o acontecimento, como também é encorajada a cobertura sensacionalista do mesmo.

Esse tipo de cobertura é desvantajosa à empresa. Se ela perder a credibilidade perante os representantes da mídia, as reportagens geradas se concentrarão mais nas inconsistências presentes nas declarações do que no conteúdo de fato da comunicação. De forma a deixar clara esta falta de plausibilidade até mesmo perante os consumidores das mídias, as contradições são retratadas com um tom polêmico e exagerado e, provavelmente, até mesmo alterado. Em virtude desta ser uma conseqüência comum da falta de plausibilidade ou da inconsistência das políticas de informação, ela precisa receber atenção especial. Além disso, a credibilidade é importante na relação direta da organização com suas várias esferas de atuação. Deste ponto de vista, ela ganha uma perspectiva mais longa e mais ampla. Mais longa, pois é voltada tanto para as experiências passadas quanto para o efeito futuro das informações sobre o receptor. Mais ampla, pois é um resultado do espectro total da informação, a que se recorre para gerar uma imagem das circunstâncias.

Isto abre oportunidades diversas, pois nem todas as reportagens desfavoráveis são importantes. Ao mesmo tempo, a credibilidade deixa clara a necessidade da organização afetada de agir com circunspeção em termos de perspectivas futuras. Mesmo depois da fase em que o acontecimento negativo passa a ser objeto da cobertura da mídia e totalmente independente das atitudes da companhia, a credibilidade continua a influenciar o sucesso das medidas de marketing ora implementadas. Se esta credibilidade estiver ausente nas várias esferas de atividade, sugestões e alterações construtivas não terão qualquer chance de êxito. As possibilidades restantes precisam ser estimadas como pequenas. Em sua maioria, estas possibilidades acabam reduzidas à aquisição de credibilidade externa, em que instituições ou pessoas confiáveis precisam agir em nome da organização. Esta situação não apenas é demorada e cara, como também muito incerta em que pese seu sucesso (ver também a Seção 7.5.10).

Como um todo, uma reputação positiva é um tipo de seguro contra a crise. Ela diminui as conseqüências e contribui gerando interesse nos pontos de vista da companhia.

7.5.4 As possibilidades e riscos da atenção incomum

Uma conseqüência em potencial dos acontecimentos negativos é que a organização afetada involuntariamente se torna o foco da atenção generalizada. Os processos de comunicação executados são incomuns para o tipo de acontecimento negativo e podem incorporar tanto possibilidades quanto riscos. Uma das possibilidades é uma maior atenção. Se este for o caso em circunstâncias normais, em que o interesse do consumidor somente é despertado por meio de ferramentas de comunicação, e com dificuldade, então a demanda por informação aparece — sem qualquer ajuda extra da organização. Colocado em outros termos, o mercado da informação se altera de um mercado saturado pelo excesso de oferta, em que as comunicações são pagas, para um mercado com um excesso de demanda. Se, além disso, for considerado que os consumidores apenas percebem 2% do conteúdo da mídia geral e 5% do conteúdo de propaganda em função de uma sobrecarga de informação, pode-se ter a idéia do valor desta alteração sofrida pelo mercado (Kroeber-Riel, 1993a). Portanto, a possibilidade é um aumento no médio e no longo prazo do grau de recordação auxiliada e não-auxiliada, que do contrário se relaciona com um considerável custo financeiro para a organização afetada.

> **Exemplo 51: As alterações na recordação**
>
> Em 1996, a operadora Örger Tours se tornou objeto de incomum atenção da mídia quando um vôo fretado pela companhia, com 189 pessoas a bordo, a maioria seus clientes, caiu no mar logo após a decolagem da República Dominicana.
> Até então, a Örger Tours, uma operadora de porte médio, gozava de uma recordação auxiliada bastante limitada entre a população alemã. Como demonstrou uma pesquisa de mercado de antes do acidente, a companhia tinha uma recordação auxiliada de 6,8%, o que a deixava muito atrás das concorrentes mais conhecidas ao mercado alemão.
> Isto mudou depois do acidente. Já em agosto de 1996, a Örgen Tours conseguiu uma recordação auxiliada de 64%. Como mostraram os resultados do ano seguinte, o que ocorreu não foi uma alteração temporária de recordação. A recordação auxiliada da Örgen Tours permaneceu alta, com 61%.
>
> | Operadora de turismo | Recordação auxiliada (%) |
> |---|---|
> | Neckermann Reisen | 82 |
> | TUI | 70 |
> | Jahn Reisen | 45 |
> | Fischer Reisen | 40 |
> | Alltours | 37 |
> | Hetzel Reisen | 35 |
> | Dertour | 31 |
> | ITS | 31 |
> | Ameropa | 26 |
> | Transair | 20 |
> | Örger Tours | 6,8 |
>
> Fonte: Süddeutsche (1996).
>
> Fontes: Jacobs (1996), Hildebrandt (1997).

Contudo, uma vez que envolve um acontecimento negativo, a influência na imagem também está conectada com este aumento na recordação. A direção e a força desta mudança é determinada pela relação entre produto e acontecimento, antes descrita como transferência de imagem, bem como pelas ações praticadas pela empresa.

Portanto, dois casos são possíveis:

- O maior grau de recordação auxiliada é acompanhado por uma alteração negativa na imagem. Neste caso, é preciso tentar identificar e amenizar as conotações negativas relacionadas ao acontecimento. Se estas tentativas tiverem êxito, é possível lucrar no longo prazo com a recordação auxiliada e não-auxiliada. Este foi o caso, por exemplo, da queda de uma aeronave da Lauda Air na Tailândia. O comportamento responsável e circunspeto durante e depois da crise significou que os efeitos na imagem da companhia se mantiveram no patamar mínimo. Fiedler (1994) descreve como estas medidas lograram simpatia à empresa.
- Menos freqüente mas igualmente possível é a ocorrência de alterações causadas pelo acontecimento em si. Por exemplo, foi possível demonstrar que o escândalo envolvendo os vinhos da Áustria influenciaram positivamente as dimensões da imagem "tradicional país vinicultor" e "variedade de marcas" daquele país (Peschke, 1986). As alterações positivas precisam ser identificadas e observadas no

longo prazo para que se possa tirar algum benefício do incidente. Contudo, uma concentração imediata na redução das conotações relacionada ao acontecimento que acompanhe esta alteração positiva na imagem, como no primeiro caso, precisa ocorrer.

Exemplo 52: Os problemas nos pedidos por doações

As doações que ajudam as pessoas desafortunadas ou aquelas que passam por dificuldades são um hábito muito antigo da humanidade.

Estas doações foram importantes em áreas que tinham pouca relação com o turismo. Porém, no passado recente, a importância das doações para o setor do turismo aumentou. Isto surtiu efeitos secundários. Theuerkorn (2004) demonstrou, com o caso das cheias que assolaram a Europa Central em agosto de 2002, que as doações auxiliaram a população local na reconstrução da infra-estrutura, mas também surtiram efeitos negativos. As contínuas e pungentes mensagens contidas nestes pedidos por doações prolongaram o sofrimento e estiveram em contradição direta com os esforços de recuperação das empresas de turismo e organizações do destino.

Situação semelhante foi observada no caso de muitos dos países asiáticos afetados pela *tsunami* de 2004, que dependiam ainda mais do turismo. Apesar da inédita onda de doações, a maioria das organizações na região foram bastante céticas acerca de como este dinheiro poderia vir em seu auxílio. A Associação para o Turismo de Phuket (Indonésia) chegou ao ponto de dizer: "Naturalmente que estas doações a várias organizações são prova da generosidade das pessoas. Contudo, em vez de largar dinheiro em uma caixa de esmolas e ficar em casa, ajuda maior seria dada se estas pessoas viessem até aqui, com seu dinheiro, e o gastassem como qualquer turista faria".

Outros riscos estão enraizados na forma de um processo de comunicação. Os processos de comunicação multiestágios que não são iniciados pela companhia são iniciados e substituem as relações normais de comunicação. Uma vez desencadeados, estes deixam de ser controlados exclusivamente pela companhia afetada. Os processos de comunicação independente tornam difícil qualquer estimativa do efeito que o aparato de marketing consegue gerar.

Quase sempre, se os grupos sociais tomam parte neste processo de comunicação, o modelo dos três atores conhecido a partir da pesquisa do conflito é aplicável. A peculiaridade desse modelo é que a comunicação ocorre em dois níveis, um dos quais é a comunicação direta entre os participantes, o outro, é a comunicação indireta por meio da grande mídia. O segundo modelo se aplica apenas para influenciar a opinião pública no sentido do próprio ponto de vista, sem qualquer discussão objetiva. Um bom desempenho retórico constitui importante pré-requisito para a companhia afetada, pois auxilia a gerar uma influência positiva no processo.

7.5.5 A informação textual *versus* visual

Em condições normais, a determinação da proporção entre comunicação textual *versus* visual é também importante para os diferentes aspectos da comunicação para a crise.

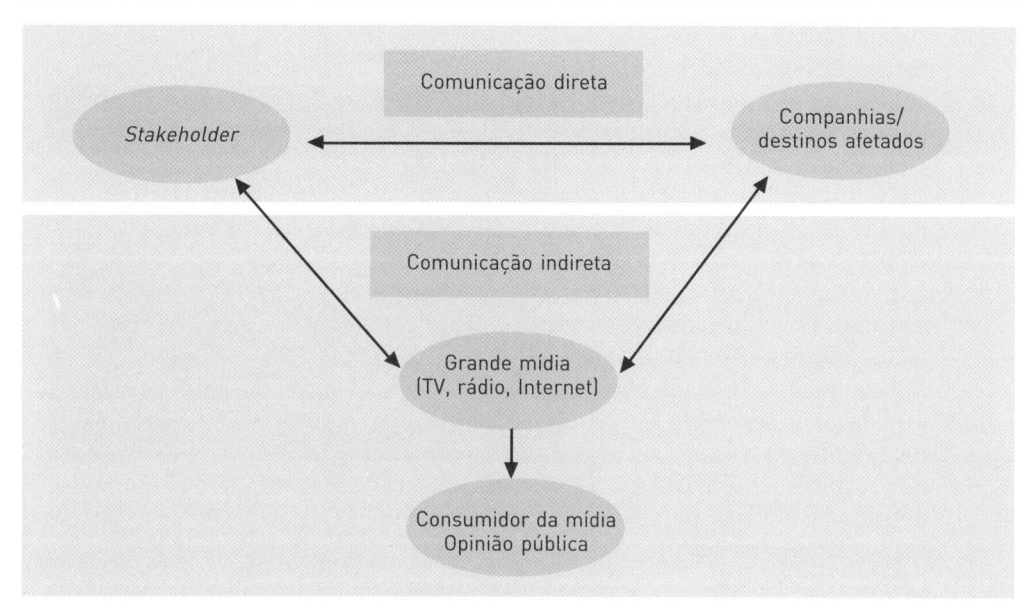

DIAGRAMA 7.5 O modelo dos três atores.

Conforme já mencionado, acontecimentos negativos somente se tornam perceptíveis pela interposição da mídia se não forem vivenciados em nível pessoal. Se vale a pena relatar um incidente, ele é divulgado pela mídia impressa, pelo rádio ou pela televisão. Ao mesmo tempo, é possível observar que a mídia audiovisual é a forma dominante, razão pela qual a televisão é descrita como meio de comunicação sensacionalista.

Esta circunstância pode ser relacionada a várias influências:

1. A grande proporção de informação visual significa que a televisão facilita a percepção. Em vez de uma percepção seqüencial da informação como na informação textual, a informação na televisão é percebida mais holisticamente por meio de informações visuais que requerem menos esforço cognitivo. Isto fica claro sobretudo se considerarmos que um receptor mediano precisa de 1,5 a 2,5 segundos para perceber uma imagem de complexidade média, enquanto que, no mesmo espaço de tempo, ele compreende 10 palavras apenas (Kroeber-Riel, 1993a).
2. O receptor desenvolve uma relação diferente com a informação textual do que com a informação visual. Ele confia mais na última, pois acredita que já viu tudo com seus próprios olhos e portanto as imagens estão sujeitas a pouco controle intelectual lógico. Isto também é confirmado por investigações empíricas, de acordo com as quais mais das metade das pessoas entrevistadas considerou a televisão como meio de comunicação com um índice de credibilidade relativamente alto. Os jornais e o rádio ficaram bem atrás, com uma credibilidade reconhecida por 1 em 6 pessoas entrevistadas (Berg e Kiefer, 1992; Berger, Gärtner e Mathes, 1989).
3. Além de serem informativas por natureza, as imagens traduzem uma grande proporção de estímulos emocionais que de outra forma seriam difíceis de tradu-

zir em palavras. É nesse ponto que está o perigo na cobertura de acontecimentos negativos, pois o efeito emocional no receptor ocorre independentemente do grau de envolvimento ser alto ou baixo. Este efeito ficou claro quando da divulgação dos maus tratos aos prisioneiros iraquianos em 2004, e no escândalo dos alimentos infantis da Nestlé, em que a mídia audiovisual desempenhou um papel extraordinário na veiculação de sentimentos.

4. Por fim, além dos aspectos da percepção mais aguçada, a credibilidade maior e uma ativação emocional mais aguçada, as imagens também facilitam a lembrança de um acontecimento. Em termos concretos, isto significa que um acontecimento negativo comunicado por meio da mídia audiovisual será lembrado por mais tempo, sobretudo se for veiculado na forma de imagens emocionantes e não-estáticas.

As impressões visuais

As imagens e impressões visuais são importantes para a mídia. Durante o acontecimento de abertura da ITB 2005, os destinos afetados pela *tsunami* foram assunto de muito interesse. Os destinos precisam saber como empregar estas oportunidades "únicas" abertas pela atenção incomum para uma apresentação mais eficiente do produto.

Se estas descobertas forem relacionadas ao uso apropriado de ferramentas, o emprego da comunicação visual fica bastante favorecido, até mesmo em tempos de crise. No passado, argumentos importantes foram empregados contra esta forma de comunicação, em especial a disponibilidade dos canais de informação e a flexibilidade das ferramentas necessárias. Na fase ativa, a comunicação se mantinha restrita à verbal, preferencialmente na forma de *press releases*. Contudo, o uso da Internet evita estas restrições. A informação visual, mesmo na forma de seqüências de vídeo, pode ser disponibilizada já nas primeiras horas da ocorrência do acontecimento, sem muita preparação. Estas possibilidades podem ser empregadas em grande escala, também no início da crise, pois constituem importante respaldo para a credibilidade da informação.

7.5.6 A comunicação com diferentes grupos-alvo

A comunicação para a crise inclui elementos de relações públicas e de comunicação com o cliente. Por um lado, ela desempenha função de relações públicas cujo objetivo é gerar uma imagem positiva e uma atmosfera favorável para a organização, em especial nas esferas de atividade mais amplas. Por outro, a comunicação para a crise também tem objetivos comerciais normalmente reservados para a propaganda ou para a promoção de vendas.

O objetivo é satisfazer, da maneira mais diversificada possível, a crescente necessidade de informação do turista durante a fase de orientação, decisão e de férias, bem como nas esferas de atividades mais gerais. Estas medidas podem ser implementadas com a ajuda da mídia, de forma direta ou indireta.

7.5.6.1 A comunicação com os clientes

A comunicação direta entre a organização afetada e as partes interessadas oferece muitas vantagens. Ela permite que as questões e necessidades individuais sejam tratadas com bastante precisão. Com isso, a comunicação direta satisfaz a necessidade de uma utilização diferenciada das ferramentas já discutidas. Além disso, esta forma de comunicação reduz a filtragem e a distorção da informação praticadas por terceiros. No passado, a abrangência que este tipo de comunicação foi capaz de alcançar o tempo necessário para fornecer a informação foram motivos para o enfoque na comunicação com a mídia, que recomendaram a preparação total para estas circunstâncias especiais, exatamente como na preparação para a mídia. A tabela abaixo lista os documentos típicos e importantes que precisam ser preparados e fornecidos pela organização para fins de comunicação direta com o cliente.

1.	Desenvolva um *website* para situações de emergência, com tradução do conteúdo, se necessário.
2.	Prepare uma lista com as regras de ouro para como lidar com clientes em situações de estresse (máximo duas páginas, para que possam ser atualizadas com facilidade).
3.	Prepare um questionário para o atendimento telefônico exclusivo ao cliente.
4.	Desenvolva orientações práticas para os telefonistas dos telefones de emergência (máximo duas páginas).
5.	Prepare questões típicas e as respectivas respostas e orientações para os telefonistas.
6.	Desenvolva orientações práticas para os atendentes da conta de e-mail (máximo duas páginas).
7.	Prepare as perguntas típicas e as respectivas respostas como textos-padrão para os atendentes da conta de e-mail.
8.	Desenvolva uma carta de informação ao cliente para os hóspedes presentes e os com reserva.

DIAGRAMA 7.6 Documentos a serem preparados (clientes).

Os números de telefone de emergência são particularmente importantes. Eles são empregados regularmente pelas organizações e pelos destinos afetados. As preparações não apenas garantem que um número suficiente de telefonistas estará disponível, como também isolam a comunicação com os clientes afetados, familiares e clientes em potencial da comunicação de rotina da organização. Dependendo do tipo e do alcance do acontecimento, outras organizações ou instâncias governamentais seguirão o exemplo de dispor telefones de emergência.

Números de telefone de emergência

Além de veicular as informações, esta forma de comunicação direta com os clientes auxilia no enfrentamento dos problemas emocionais que muitas vezes aparecem entre as pessoas afetadas direta ou indiretamente pelo acontecimento negativo. Ela também garante a acessibilidade ou a presença da organização responsável. Isto demonstra que a organização ainda está "no controle" da situação. A satisfação de ambas necessidades faz importante contribuição para evitar prejuízos no

> **Identifique as interfaces**
>
> Muitas organizações são pegas de surpresa com a maneira em que são contatadas durante uma crise. Muitas vezes as pessoas interessadas estão entrando em contato com a organização pela primeira vez, ou os canais típicos ficam congestionados. Por esta razão, é recomendável identificar sistematicamente as diferentes "interfaces" que uma organização pode oferecer para aqueles que procuram informações. O emprego de listas telefônicas, serviços de auxílio à lista, mecanismos de busca, associações etc. pode identificar as interfaces com antecedência, e, se necessário, corrigi-las.

Exemplo 53: O Questionário para a Linha de Atendimento Exclusivo

O exemplo a seguir ilustra como uma conversa telefônica pode ser estruturada. As respostas são digitadas diretamente no terminal do computador, sempre que possível.

Obrigado por telefonar. Nós agradecemos seu interesse. De que forma podemos ajudar?

1. **Identifique as preocupações da pessoa que telefona.**
   _____

2. **Se ela deseja informações gerais, forneça.**
   A situação é a seguinte:
      O (DESASTRE) ocorreu às_____
      (Hora, local, área afetada)_____
   Os danos incluem:
      Feridos:_____ Mortos:_____ Custo dos prejuízos:_____

As instalações abertas são (ofereça uma lista dos *resorts* e atrações que estão abertos).

As instalações que ainda não foram reabertas, mas que se espera o sejam em uma semana (forneça uma lista).

As instalações que serão fechadas por um período de tempo prolongado são: (forneça uma lista).

Você se importaria em responder a algumas perguntas para que possamos enviar-lhe mais informações sobre a área quando de sua recuperação?

Nome:_____

Endereço:_____

Telefone (se indicado):_____

Como você descobriu o número da Linha de Atendimento Exclusivo?_____

Você tem uma reserva confirmada na área? Você pretende viajar ao local?_____

Obrigado por telefonar.

Fonte: baseado em OMT (1998b).

longo prazo para todas as partes afetadas (Butollo, 1990; OMT, 1994d). Outra vantagem é a possibilidade de interrogar as pessoas do outro lado da linha, com isso avaliando suas preocupações quanto às medidas suplementares a serem tomadas e ao conteúdo comunicado.

Nos últimos anos, a Internet passou a desempenhar um papel tão importante na comunicação para a crise que é difícil imaginar como uma organização foi capaz de lidar com estas situações sem ela no passado. O emprego de um *website* abre a oportunidade de oferecer as informações que, devido à abrangência, não poderiam ser fornecidas diretamente. Isto se refere às informações gerais que podem situar o acontecimento em um contexto atual e às notícias atualizadas. Com a Internet, estas notícias podem ser veiculadas de forma direta e contínua, sem atraso ou a intervenção dos intermediários da mídia. Além disso, todas as vantagens da comunicação visual podem ser empregadas. Isto vale tanto para as imagens estáticas quanto para as em movimento, que podem ser visualizadas na forma de seqüências completas de vídeo. As *webcams* também oferecem uma boa oportunidade para que o cliente interessado verifique o atual status da situação no destino (ver também o Exemplo 55). Isto é verdadeiro sobretudo para a fase ativa da crise em que o produto turístico ainda não foi afetado, e para a fase pós-ativa, isto é, quando o produto recuperou sua boa condição. Sem a interferência ou a obrigação, o cliente pode assumir o controle da câmera, do *zoom* em locais de seu interesse e escolher os momentos que deseja observar. Os problemas relativos à confiança e à crença, inerentes ao produto turístico, podem assim ser significativamente reduzidos.

O *website*

As *webcams*

O uso de e-mails oferece quase as mesmas vantagens das linhas telefônicas de emergência. Enquanto que estas deveriam, num primeiro momento, ser empregadas pelas pessoas diretamente afetadas pelo acontecimento negativo, uma vez que a conversa direta com outra pessoa auxilia na superação das dificuldades emocionais e podem oferecer vantagens no aspecto tempo se operadas com profissionalismo, os e-mails são uma ferramenta bastante flexível que não está aberta apenas à comunicação direta com o cliente. Em primeiro lugar, os e-mails não requerem um interlocutor direto. Uma vez enviados, a outra parte sente que comunicou seu problema à organização. A partir daí, a organização é que decide se o emprego do e-mail deve ser um meio de contato, isto é, uma resposta para o problema. Se a pessoa foi diretamente afetada, uma resposta personalizada é possível. Se o contato envolver uma solicitação de caráter geral, as mensagens automáticas podem ser usadas, com o fornecimento de informações detalhadas sobre os diferentes aspectos da consulta. Mesmo os programas de computador, conforme discutido anteriormente, auxiliam a reduzir o impacto para a organização afetada com a análise do conteúdo das mensagens eletrônicas e com a geração de respostas automáticas (ver Seção 4.2.2.5). Porém, tanto para a comunicação por e-mail quanto para os telefones de emergência, é preciso lembrar que um aumento na comunicação direta com os clientes exige mais flexibilidade de parte da organização afetada. Por um lado, isto se relaciona com um quadro de funcionários pouco treinados. Além da qualificação do quadro já mencionada (ver a Seção 6.3), estes funcionários precisam estar preparados para lidar com as peculiaridades da comunicação para a crise. É comum nas situações de crise, por exemplo, que os canais diretos e indiretos sejam usados

E-mails

Funcionários treinados

Painéis de mensagens e *blogs*

A necessidade por comunicação durante uma crise é muito grande. Os *blogs* apareceram baseados na mesma idéia por trás dos painéis de mensagens (Foto: R. Newell) e estenderam o emprego destes à esfera da mídia tradicional. O Fickr.com e o Moblog.co.uk (Foto: A. Stacey) foram dois *blogs* bastante acessados depois dos ataques a bomba em Londres em 2005. Estes *blogs* foram os primeiros a divulgar as fotos tiradas com telefones celulares.

não apenas pelos clientes afetados, como também por todos aqueles interessados nos acontecimentos. Estes incluem os curiosos, mas por vezes também a mídia. É necessário cuidar para que as informações pessoais e delicadas não sejam repassadas a agentes externos que possam levar alguma vantagem sobre esta confidencialidade.

_____
Servidores de reserva
_____

Por outro lado, existem medidas adicionais relativas à organização e à infra-estrutura que precisam ser consideradas durante o uso da Internet. Entre estas está o desenvolvimento de *websites* de emergência para os diferentes cenários elementares, mesmo antes da ocorrência do acontecimento negativo. Esta precaução aumenta a velocidade de reação enormemente (para as partes integrantes de um *website*, ver os Exemplos 54 e 55). Desta maneira, e já na fase inicial, o endereço eletrônico do *website* pode ser divulgado ao público por meio de um *press release*. Além disso, é importante analisar se o servidor está sujeito aos efeitos do acontecimento

A solidariedade e o apoio

As pessoas que tinham pouco em comum antes de um acontecimento negativo formam novos grupos com a ocorrência deste. É preciso considerar este aspecto, pois ele pode abrir novas oportunidades para a comunicação (ver o Exemplo 44)
Foto: werenotafraid.com

negativo e se outros servidores de reserva em outras regiões estão disponíveis para as atualizações efetuadas pelos funcionários. Um lembrete da importância deste ponto é o furacão Katrina, que deixou muitos servidores inoperantes na área afetada nos EUA, em 2006.

Os clientes e as pessoas diretamente afetadas também têm interesse em divulgar suas impressões e em interagir com um público maior. Esta forma de divulgação deixou de ser controlada por terceiros, e com os *blogs* atingiu uma velocidade que muitas vezes os torna as primeiras fontes de informação. Quer seja na Guerra do Iraque, na catástrofe da *tsunami* em 2004 ou nos atentados em Londres em 2005, os *blogs* registraram as primeiras impressões com mais rapidez do que a mídia tradicional, ou mesmo as organizações afetadas. No caso dos atentados em Londres, as primeiras imagens do metrô feitas com telefones celulares foram enviadas a *blogs* especializados em fotos tiradas com celulares e divulgadas em 30 minutos. É difícil dizer qual dos *blogs* existentes que toma a dianteira para relatar e estabelecer um fórum de discussões para as pessoas afetadas e aquelas "interessadas", isto é, os clientes futuros. Em todo o caso, a organização afetada precisa estar preparada para lidar com estes *stakeholders*, entender bem o funcionamento destes *blogs* (isto inclui a compreensão de seu imenso potencial informativo, além do da mídia tradicional), e oferecer informações confiáveis. Os *blogs* em geral se tornam plataformas de informação e fóruns de solidariedade e apoio, tal como aconteceu no caso dos atentados em Londres.

Exemplo 54: As páginas da Internet da Luxair depois do acidente em 2002

Em 6 de novembro de 2002 um Fokker 50 da Luxair que voava de Berlin a Luxemburgo caiu um pouco antes da aterrissagem em meio a intensa neblina. O acidente matou 20 passageiros. Apenas duas pessoas sobreviveram (o piloto e um passageiro). Foi o primeiro acidente para a companhia aérea, que vinha operando por mais de 40 anos na Europa. Foi também a primeira vez que este tipo de aeronave foi afetado.

Cerca de 60 minutos depois do acidente, a empresa mudou a apresentação de sua página na Internet. Ela substituiu seus tradicionais *banners* e anúncios de promoções por uma página especial contendo todos os detalhes e as informações sobre o acidente. A página era simples e se concentrou em informações textuais. O texto que o jornalista para a Internet rascunhou foi aprovado em minutos belo CEO da companhia e disponibilizado imediatamente no mundo todo. O conteúdo foi dirigido tanto aos clientes e familiares das pessoas envolvidas no acidente quanto à mídia. A página era atualizada a todo instante com informações novas e mais detalhadas. Ela também dava detalhes e os mapas dos locais em que as várias coletivas de imprensa ocorreriam.

A disponibilização destas informações na Internet reduziu o número de chamadas para os telefones de emergência. Nesse sentido, a medida estreitou a comunicação de emergência para as pessoas mais importantes no momento, e forneceu detalhes para os clientes da companhia que também tinham um enorme interesse em se manterem informados sobre a tragédia.

As páginas da Internet, que tiveram cerca de 60 mil visitas no primeiro dia, mais de dez vezes o número observado em situações normais, operou sem problemas nestes momentos difíceis. Devido à redução nos elementos gráficos da página, o volume de dados permaneceu apenas um pouco acima do que o corriqueiro. O departamento de comunicação da Luxair, integralmente responsável pela manutenção destas páginas, manteve uma pessoa em tempo

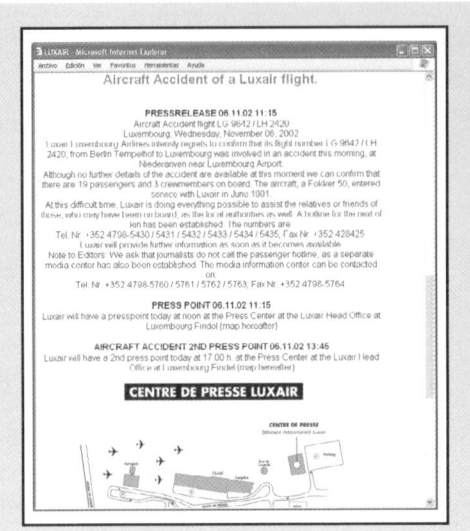

A página da Luxair no dia do acidente e a página regular.

integral para sua atualização com novas informações. Ao mesmo tempo, outras 10 pessoas atendiam os telefones da central de emergência.

Dois dias depois do acidente, a página de emergência foi substituída pela página tradicional da empresa, mas com um *link* bem visível para a página de emergência, que se tornou uma subpágina deste então.

Exemplo 55: O Centro de Recuperação do Turismo da PTA

Phuket é a maior ilha da Tailândia e um dos principais destinos turísticos do mundo. No princípio, ela era visitada sobretudo por europeus, mas acabou se tornando bastante popular também entre os turistas asiáticos. Em 26 de dezembro de 2004, o destino foi atingido por uma imensa e devastadora *tsunami*, que causou cerca de 300 mil vítimas em diferentes regiões do Oceano Índico. Muitas dessas vítimas eram turistas estrangeiros.

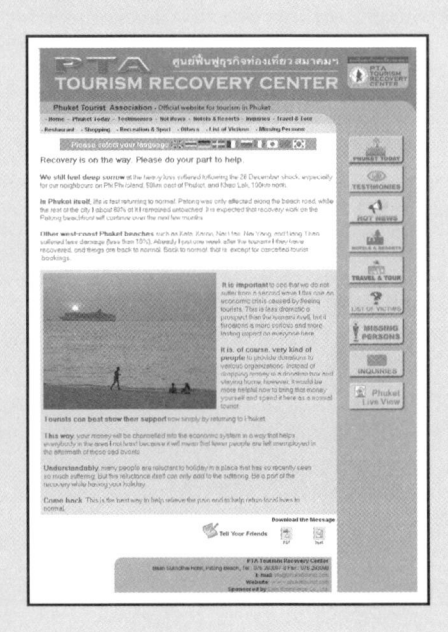

A Associação para o Turismo de Phuket (PTA) abriu, logo após a tragédia, o *website* do Centro de Recuperação do Turismo da PTA, que se tornou o elemento central na estratégia de comunicação do destino com seus clientes e familiares das vítimas. Desta maneira, a função da central de informações e de local para contato foi desempenhada por meio da divulgação de informações consistentes e detalhadas. Além disso, os provedores de serviços de turismo individuais receberam auxílio especial e tiveram reduzidos seus esforços em comunicação.

Como mostram as imagens, o *website* se caracterizou por sua estrutura definida com clareza. Os familiares e amigos das vítimas foram redirecionados a páginas da Internet específicas para pessoas desaparecidas e vítimas. A central de comunicação pôde ser contatada por e-email, com garantia de resposta em 24 horas.

Além disso, o *website* oferecia uma clara visão geral dos acontecimentos tal como ocorreram e das medidas adotadas pelo destino. *Links* a todos os diferentes hotéis e provedores de serviços turísticos foram disponibilizados, mas somente eram ativados depois de seus serviços terem sido restabelecidos. Até então, o provedor do serviço permanecia listado como inativo.

O *website* foi acessado para obter todos os tipos de informações visuais que permitiram uma comunicação rápida e concisa. Quase todas as fotografias foram rotuladas com a data em que foram tiradas, como garantia de autenticidade. As fotografias em declarações sobre a situação dos hóspedes no destino também foram publicadas em suas respectivas línguas maternas. Subseqüentemente, uma rede de *webcams* foi instalada para permitir aos visitantes interessados terem um imagem fiel da situação, com a possibilidade de acessar as câmeras em toda a faixa litorânea de Phuket.

7.5.6.2 A comunicação com os funcionários

As comunicações com os funcionários tem grande importância. Contudo, esta nem sempre recebe a devida atenção nas situações de crise, em que o enfoque dos esforços para a comunicação é direcionado para o público externo.

Os esforços para a comunicação com os funcionários precisam em primeiro lugar oferecer uma visão geral clara da situação, explicando as reais medidas tomadas pela organização, por outros parceiros e pelas autoridades, bem como incluir uma declaração das intenções da própria organização. Esta declaração precisa ser lembrada e mencionada regularmente, e, se preciso, atualizada. Desta forma, todos os funcionários, até mesmo aqueles que não estão diretamente envolvidos nas atividades de enfrentamento da crise, podem avaliar se suas ações individuais estão alinhadas com o objetivo geral e com a intenção da organização.

Dependendo do tamanho da organização afetada, diferentes grupos podem ser distinguidos e tratados individualmente.

Em geral, a gerência precisa entender que os funcionários são um dos ativos mais importantes e os embaixadores permanentes da organização (ver também a Seção 7.2.3).

Grupo-alvo	Medida
Todos os funcionários	• Página especial na intranet. • Página na Internet protegida por senha. • Linha telefônica exclusiva para as perguntas dos funcionários. • Atualização de e-mails. • Painel para mensagens e recortes de jornal atualizados.
Para os tomadores de decisão	• Página na intranet protegida por senha. • Página na Internet protegida por senha. • Vídeo e audioconferências. • Atualização de e-mails. • Recortes de jornal.
Para os aposentados	• Página na Internet protegida por senha. • Associações de aposentados. • Atualizações de e-mail. • Números de telefone especiais com avisos gravados atualizados diariamente.

DIAGRAMA 7.7 As medidas para a comunicação interna.

Portanto, os assuntos de interesse e as perguntas dos funcionários recebem atenção especial por causa da obrigação de garantir seu bem-estar. Porém, é preciso também considerar que, sobretudo em tempos de crise, existem informações que precisam ser consideradas como muito delicadas e que, se divulgadas, podem causar prejuízos consideráveis à organização e sua credibilidade. Neste caso, apesar dos interesse legítimo que os funcionários possam demonstrar, estas informações não devem ser comentadas.

7.5.6.3 A comunicação com as operadoras e com os agentes de viagem

As operadoras de turismo exibem uma necessidade grande e diferente por informações, em comparação com o cliente regular. Este aspecto deriva, por exemplo, das obrigações juridicamente embasadas que as operadoras em muitos países têm de fornecer informações a seus clientes. Além disso, suas obrigações contratuais, o maior risco empresarial, o monitoramento de competidores e o interesse em manter o relacionamento com os clientes são todos aspectos que impõem decisões adicionais.

Se as medidas para a comunicação precisam ser usadas, elas precisam ser rápidas, abrangentes e críveis. Principalmente, elas devem permitir que a operadora de turismo avalie a situação da maneira mais objetiva possível. Isto inclui a necessidade de ilustrar e explicar as várias áreas do produto da mesma maneira que o são as medidas introduzidas. Numa situação ideal, os destinos afetados têm a intenção de contatar seus parceiros mais importantes entre as primeiras seis e 24 horas. Vídeo ou audioconferências constituem as ferramentas mais adequadas a este tipo de comunicação. Em comparação com a conversa individual, estas ferramentas ajudam a economizar tempo e permitem a realização de um primeiro processo de coordenação entre as partes interessadas.

No caso da informação para o consumidor final por meio da operadora de turismo ou do agente de viagem, o uso de mensagens padronizadas é recomendável, e precisa ter o apoio da informação visual (como o mapa e as imagens da área afetada, por exemplo).

Também é bastante importante, na primeira fase que se segue ao acontecimento negativo, que os parceiros no negócio tenham a possibilidade de se conectar ao *website* da organização ou do destino afetado. Desta maneira, os provedores de serviço e os destinos garantem uma oferta rápida e constante de informações.

Além disso, é preciso considerar que as operadoras de turismo e os agentes de viagem têm um interesse pessoal em manter no patamar mínimo as conseqüências de um acontecimento negativo. Muitas vezes eles também desenvolvem suas próprias idéias sobre como os problemas podem ser tratados. De forma a considerar estas idéias e necessidades, o provedor do serviço afetado

> **As viagens de familiarização**
>
> As viagens de familiarização vêm sendo adotadas de forma expressiva pelos países afetados pela *Tsunami* de 2004. Nesta crise específica, regiões que não tinham sido afetadas foram vistas como tal; estas viagens foram concebidas para informar e corrigir as impressões formadas, visando jornalistas, operadoras de turismo e agentes de viagem. Contudo, quando esta estratégia é adotada, é importante garantir que estas pessoas não façam parte de um único grupo, pois seus interesses de informação e seus métodos de trabalho são muito distintos.
>
> Reunião dos 800 participantes da Mega Viagem de Familiarização feita à Tailândia em março de 2005. Os participantes eram oriundos de importantes mercados de origem da Europa, do Sudeste Asiático, da China, Austrália e do Japão.

precisa fazer todos os esforços por uma comunicação voltada para o diálogo real, se possível, sempre com o envolvimento das esferas mais altas da gerência. Esta prática permite que decisões sejam tomadas com extraordinária rapidez. A credibilidade e o interesse nas medidas adotadas e a serem adotadas também são efetivamente documentadas com esta prática. É ideal que estes esforços de comunicação sejam acompanhados de avaliações diretas do produto — as chamadas viagens de familiarização. Isto se aplica na fase ativa, se tiver relação com a avaliação dos danos em potencial, bem como na fase pós-ativa, se as medidas executadas precisam ser avaliadas (ver a Seção 7.5.8).

7.5.6.4 A comunicação com a mídia

Os processos de comunicação da mídia são caracterizados por diversas peculiaridades, cuja observação é importante para os esforços de comunicação da organização afetada. As principais variáveis de influência da cobertura da mídia já foram discutidas (ver a Seção 2.2.3). Neste ponto, portanto, essas peculiaridades que propiciam estruturas de controle para a organização afetada são o principal foco de interesse.

Em primeiro lugar, a importância da rápida disponibilização de informações precisa ser discutida. Os jornalistas sempre estão sob a pressão de gerar explicações. Eles precisam explicar o que ocorreu e ilustrar as conseqüências a seus receptores. Portanto, se

A rápida disponibilização das informações

um jornalista faz uma pergunta a uma organização e ela não é respondida, ele não pode simplesmente deixar por isso. Ao contrário, ele tentará responder a pergunta ele mesmo, com a consulta de fontes alternativas. Se ele tiver sucesso nisto, a organização desperdiçou uma oportunidade vital para revelar suas próprias posições e influenciar o processo de comunicação. Contudo, em função de que nem todas as perguntas são direcionadas à organização, é necessário introduzir um monitoramento da mídia para determinar quais as necessidades do momento. A coisa mais sensata a fazer é implementar o processo de monitoramento nas agências de notícias, pois é a informação que geram que será predominantemente usada pela mídia. Se supormos a ocorrência de uma reação rápida, esta oferece à organização a oportunidade de apresentar seu próprio ponto de vista antes das notícias serem publicadas na grande mídia.

Como muitas perguntas seguem um certo esquema, sobretudo no início de uma crise, aconselha-se a preparação de documentos e declarações que precisam ser preenchidos com as informações específicas somente. O Diagrama 7.8 lista os documentos mais importantes a serem preparados para um aumento significativo na consistência das informações e nas vantagens obtidas no aspecto tempo.

1.	Desenvolva um modelo para uma primeira mensagem: "Estamos avaliando a situação".
2.	Desenvolva um modelo para uma primeira mensagem para os funcionários, confirmando a ocorrência do acontecimento.
3.	Desenvolva um modelo para um primeiro *press release* para comunicar que o acontecimento ocorreu.
4.	Prepare perguntas típicas com as respectivas respostas e orientações para a primeira coletiva de imprensa.
5.	Prepare uma lista com as regras de ouro para lidar com os representantes da mídia (máximo duas páginas).
6.	Prepare orientações práticas para as entrevistas no rádio (máximo duas páginas).
7.	Prepare orientações práticas para as entrevistas na TV (máximo duas páginas).
8.	Prepare orientações práticas para as entrevistas na mídia impressa (máximo duas páginas).
9.	Prepare listas de assuntos gerais e específicos sobre a própria organização (localização, segmento de mercado, títulos e nomes da alta gerência, funcionários, curto histórico da companhia).

DIAGRAMA 7.8 Os documentos a serem preparados (Mídia).

Os aspectos gerais da credibilidade já foram mencionados, mas uma outra faceta baseada na personalidade do porta-voz tem grande importância para a comunicação. Há um consenso geral sobre a centralização da função, e, se possível, que seja assumida por uma pessoa da alta gerência da organização. Contudo, os aspectos centrais e a forma da expressão determinam se a pessoa e o conteúdo da comunicação são vistos como verossímeis. Por essa razão, é preciso estabelecer, em um estágio preliminar, quem deverá agir como representante da organização nesta situação.

A credibilidade

Em condições normais, tem ênfase especial a vantagem de um relação de confiança prévia com os representantes da mídia encarregados da cobertura. Desta maneira, a cobertura impensada e apressada precisa ser evitada em tempos de crise. Além do mais, isto ajuda a veicular mensagens centrais à mídia, que raramente são divulgadas em coletivas de imprensa em situações do tipo, e assim serem incluídas nas reportagens. Via de regra, nessas situações, o reconhecimento diminui a um quarto da percepção normal. Na prática, contudo, a organização é confrontada com diversas adversidades que questionam a efetividade deste tipo de comportamento. Por um lado, ocorre uma alteração no editorial, dependendo do tipo de acontecimento. A responsabilidade pela cobertura se transfere dos editoriais específicos para o assunto (por exemplo, o editorial de economia) para o editorial de assuntos gerais. Mesmo que ainda seja possível ter uma relação com o primeiro tipo, esta pareceria menos provável no caso do segundo, pois, em circunstâncias normais, o editor não tem interesse profissional no assunto. Por outro lado, com relação à mídia eletrônica, o número de canais de televisão

As novas fontes

A necessidade de relatar com rapidez e as fontes de informação concorrentes, especialmente os *blogs*, forçam a mídia tradicional a adotar novas maneiras de obter informação. Todos os principais canais de notícias se valem de jornalistas que observam os diferentes *blogs*, mas que também encorajam os usuários a enviar suas imagens e comentários diretamente às salas de redação.

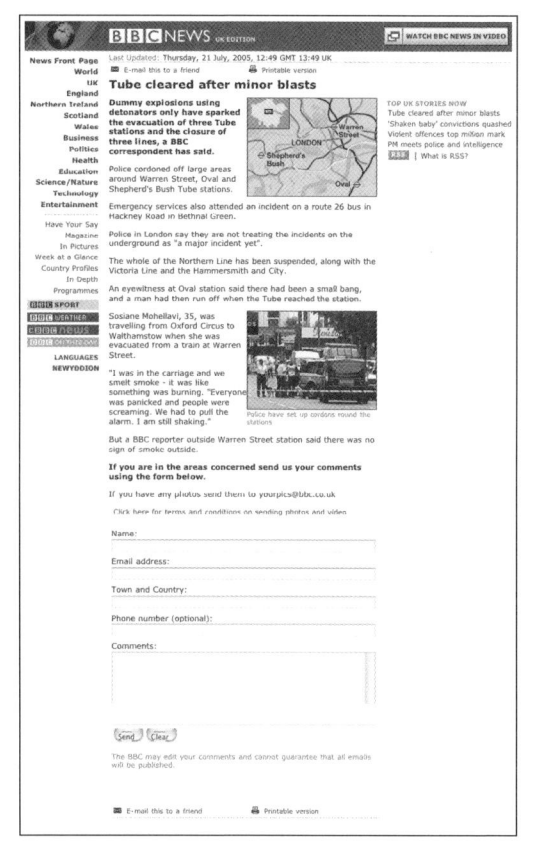

Foto: Página da BBC em 21 de julho de 2005. A imagem mostra a seção da página em que os visitantes são convidados a enviar suas contribuições diretamente à emissora.

e de jornalistas independentes que vendem suas reportagens às emissoras vem aumentando consideravelmente, na mesma medida da freqüência em que suas equipes ou funcionários são substituídos. Sendo assim, se uma relação de confiança precisa ser estabelecida, ela precisa também estar relacionada com a organização, e não com uma pessoa.

    A organização também tem à disposição caminhos jurídicos e econômicos para o controle da mídia. As possibilidades legais incluem erratas, reivindicações devidas a omissões e a prejuízos, o que significa que indenizações tanto materiais quanto morais podem ser reclamadas. Um dos pré-requisitos para a solicitação destas indenizações, contudo, está na capacidade da organização de provar a culpabilidade do jornalista e ao mesmo tempo de fornecer provas de que existe uma ligação contextual entre a reportagem e os prejuízos. Via de regra, isto traz algumas dificuldades. As oportunidades econômicas disponíveis para uma reação são, por outro lado, numerosas e incluem, por exemplo, os boicotes aos anunciantes e a troca por concorrentes na mídia. Ao passo que os métodos econômicos podem ser implementados sem causar mais reações, o emprego de métodos legais requer a reflexão cuidadosa. É preciso considerar o que é mais vantajoso: o arquivamento do assunto, sem muitas discussões, ou o perigo de uma cobertura negativa muito extensa.

É possível concluir que o contato com a grande mídia requer uma certa quantidade de prática, e que ele não pode ocorrer sem a devida preparação da organização. Uma análise das principais peculiaridades de mecanismos da comunicação com a mídia é recomendável, mesmo antes da ocorrência de uma crise. Isto garante que a situação será tratada de forma prudente e dirigida. Porém, isto não garante o êxito do processo. A combinação de um comportamento consistente e de uma reputação adquirida ao longo do tempo é uma ferramenta muito eficiente para a cobertura equilibrada da mídia.

7.5.7 A propaganda

A propaganda descreve os esforços para influenciar o comportamento do receptor da informação por meio de certos métodos de comunicação. Em condições normais, estes esforços constituem uma tentativa de induzir os consumidores a comprar ou a consumir um produto, isto é, eles são a propaganda. No entanto, a intenção de anunciar, isto é, de veicular informações e controlar comportamentos é capaz de auxiliar todos os objetivos corporativos predefinidos, incluindo a gestão para a crise.

> **A propaganda em Hong Kong**
>
> Com o registro dos primeiros casos de SARS, o *slogan* promocional "Hong Kong surpreenderá você" foi imediatamente substituído por "Não há outro lugar como Hong Kong".

> **Os objetivos influenciadores da propaganda**
>
> É possível distinguir três objetivos influenciadores da propaganda: a relevância temporal, a emoção e a informação. A relevância temporal, que atrai atenção para o produto, é o resultado do acontecimento negativo e tem o objetivo de eliminar sua influência. A divulgação de estímulos emocionais ou a veiculação de informações sobre o produto permanecem sendo objetivos influenciadores.

É importante que certas medidas de marketing tenham sido tomadas antes da ocorrência do acontecimento negativo. Assim, a primeira tarefa da gerência da empresa é examinar a coerência destas medidas. Este exame deve ser efetuado sob a consideração dos objetivos corporativos de curto e médio prazos, que foram alterados em função do acontecimento negativo e a situação em si. O ponto de vista muitas vezes divulgado de que a propaganda precisa ser totalmente interrompida não pode ser obedecido, pois assim sendo um importante canal de comunicação e portanto uma chance de exercer influência estariam ambos perdidos.

Na fase ativa, o objetivo da propaganda é veicular informação. Este objetivo tem suas raízes no fato de que, em tempos de crise, a organização afetada tem de lidar com a carência de informação e com o acontecimento negativo em si. Esta falta de informação fica aparente nas várias esferas de atividade, e não é retificada pela mídia e, em muitos casos, chega a ser intensificada. Em tais situações, a propaganda desempenha a tarefa de transferir informações que de outra forma não teriam a chance de serem veiculadas, causando prejuízos à credibilidade e à imagem da organização, se ausentes ou distorcidas.

Fase ativa

Para a fase ativa, os anúncios, a mala direta e os folhetos são ferramentas úteis, em função da facilidade de confecção, adequabilidade e baixos custos. O rádio e a televisão parecem apropriados em princípio, mas são dispendiosos. O uso eficiente destes meios de comunicação requer, portanto, um orçamento na casa dos seis a sete dígitos. Por esta razão, seu emprego prático por grandes destinos e operadoras de turismo envolve a adoção da abordagens inovadoras (ver Exemplo 56).

- Em todas as fases, os anúncios em jornais e revistas são ferramentas publicitárias úteis para a veiculação da informação que representa a linha de atuação da organização. Uma das vantagens desta forma de publicidade é a rápida disponibilidade, restringida apenas pelo tempo necessário para a redação do conteúdo e composição do leiaute do anúncio. Outro ponto positivo é a alta cobertura e a boa eficiência de custo. Por outro lado, a desvantagem apresentada é a falta de uma oportunidade de diferenciação. Com isso, estas ferramentas são especialmente úteis em termos de um conteúdo que pode ser o mesmo para todos os leitores de um jornal ou de uma revista.

Terra à vista!

O humor contribui para a diversão e traduz confiança para o cliente. Um cartão postal promocional da cidade de Pirna, impresso depois das enchentes que afetaram a Europa Central em 2002 adotou o *slogan* "Terra à vista!" e imagens das enchentes ao lado dos locais então em processo de recuperação. Um pôster impresso na Saxônia com os dizeres "Enxutos de novo" foi concebido pela agência de marketing e *design* de Dresden Ö Grafik, mostrando duas crianças enroladas em toalhas, numa imitação dos famosos anjinhos apoiados na balaustrada pintados por Rafael em sua obra A Madonna Sistina, exposta na Galeria da Pintura dos Grandes Mestres em Dresden. Esta imagem se tornou um símbolo para Dresden.

- Na maioria das vezes as malas diretas são adequadas para a explicação das reais circunstâncias para, por exemplo, aqueles clientes na fase que antecede a viagem de férias. Elas informam o cliente sobre as medidas relativas à política de produto e de preço. Além das oportunidades de selecionar os grupos-alvo, o conteúdo comunicado pode ser individualizado. Isto ajuda a compreender as imposições relativas à diferenciação em termos de informação, produto ofertado ou preço. A única restrição à utilidade deste meio publicitário é restrita à necessidade de manter atualizados os endereços dos clientes.

- Os folhetos e brochuras são capazes de veicular informações completas em um espaço de tempo curto a clientes atuais e potenciais, além das esferas de atividade mais relevantes. A diferenciação do conteúdo apenas é possível se todas as pessoas, que precisam ser informadas da mesma maneira, podem ser alcançadas por meio de um mesmo canal de distribuição da informação. Em princípio, estes são os canais de distribuição da promessa de serviço, além de encartes em jornais e revistas.

O grau em que a organização é capaz de atingir seus objetivos influenciadores em uma situação de crise por meio da propaganda informativa depende sobretudo da relevância e credibilidade da informação disponibilizada.

Exemplo 56: O Projeto Fênix — A estratégia de comunicação da PATA durante a crise da SARS

A Associação para o Turismo na Ásia-Pacífico (PATA) foi criada há mais de 50 anos para liderar os esforços coletivos de seus membros, hoje mais de mil, tanto de instâncias governamentais (quase 100 administrações públicas, instâncias federais e municipais da área do turismo da região Ásia-Pacífico) e do setor privado (transportadoras, operadoras de turismo da Europa, hotéis, etc). O objetivo é "...fomentar o crescimento, melhorar o valor e a qualidade das viagens e do turismo na região Ásia-Pacífico para o benefício de seus membros".

O avanço da SARS em 2003 foi um dos acontecimentos mais devastadores da Ásia, tanto em termos de perdas humanas quanto financeiras. O impacto no turismo foi quase imediato, e trouxe graves conseqüências ao setor e às populações locais. Em resposta às necessidades de seus membros em circunstâncias difíceis, a PATA decidiu lançar imediatamente uma consistente campanha para restaurar a reputação da região no mundo todo e a confiança do público na região como destino turístico. A campanha também objetivou garantir que a região fosse melhor equipada para enfrentar crises futuras. A iniciativa foi chamada Projeto Fênix.

O primeiro objetivo da PATA foi obter fundos para financiar novas campanhas. A tarefa não foi fácil, pois nem todos os países foram afetados pela SARS instantaneamente. Contudo, o argumento da PATA foi claro: "A SARS e o medo não conhecem fronteiras — o problema da região é seu problema também". Isto provou ser verdadeiro e, como resultado, a PATA foi capaz de arrecadas, em três semanas, US$ 350 mil das autoridades turísticas de 15 países e de seis grandes empresas do setor, junto com outros pedidos de ajuda em dinheiro.

Para influenciar a percepção global dos consumidores com orçamento tão modesto, a PATA desenvolveu uma estratégia de comunicação bem-elaborada, composta de quatro elementos principais:

1. A estratégia iniciou com uma campanha de grandes proporções e proativa por meio de *press releases*, entrevistas e divulgadores que explicavam o que era a SARS, esclarecendo seu impacto e as conseqüências. Isto foi feito com a ajuda de parceiros da PATA, a CNN, a BBC World e a CNBC, para posicionar a organização como principal autoridade a quem recorrer para obter declarações. O resultado foi a extensa campanha publicitária e exposição na televisão.
2. A PATA também negociou o maior espaço possível de anúncios gratuitos. Isto foi possibilitado por meio das parcerias que a PATA já mantinha com a CNN e as revistas *Time* e *Fortune*, pois estes meios de comunicação também dependem das boas condições do setor do turismo em grande parte de suas receitas publicitárias. Uma intensa campanha chamada Bem-vindo de Volta foi lançada.
3. A PATA também desenvolveu rapidamente um novo *website* chamado TravelWithPATA.com, que incluiu notícias sobre viagens, descrições dos destinos da Ásia-Pacífico, detalhes dos guias Lonely Planet e uma seção especial com orientações para viagens. Esta seção com orientações tinha um *link* para a Abacu's Travel Smart Asia, que utiliza a iJet Travel Intelligence. O *website* foi bastante importante, pois disponibilizou "uma fonte alternativa" de informações sobre saúde, segurança, transporte, protestos políticos, riscos naturais, etc., para os ministérios das relações exteriores.
4. Por fim, a PATA promoveu seu novo *website* por meio de anúncios veiculados na televisão com a BBC World (em séries de oito comerciais de 60 segundos mostrando os destinos que contribuíam com o Projeto Fênix e divulgando o *website*), o canal da National Geographic (anúncios de 30 segundos que promoviam diretamente o *website*) e a campanha SMILES, que utilizou a televisão para dirigir o trafego para o *website* e uma versão impressa para atrair os visitantes de volta e reconhecer os contribuintes do projeto.

Ao todo, a campanha Fênix de informação e promoção da PATA atingiu 226 milhões de lares entre agosto e dezembro de 2003. Apesar de ser sempre difícil determinar o impacto de uma campanha deste tipo, ela dá um bom exemplo de como os esforços combinados, uma abordagem estratégica e ações específicas podem auxiliar a superar uma crise. A demanda por hotéis e passagens aéreas no período entre novembro de 2003 e fevereiro de 2004 foi extremamente alta. Além disso, os destinos afetados pela SARS descobriram que o retorno dos turistas ocorreu antes do previsto e que aumentou ainda mais do que se cogitava.

Quando a Ásia-Pacífico teve de enfrentar outra crise alguns meses depois, a gripe aviária, a PATA foi capaz de trabalhar imediatamente sobre um conceito bem-desenvolvido. Já no início da crise, tal como no caso da SARS, a organização se voltou para direcionar as comunicações e procurou por multiplicadores de suas mensagens. Ela distribuiu mensagens-chave a todos os integrantes da PATA, às suas divisões locais, à mídia e a uma lista especial de profissionais da comunicação para a indústria do turismo e das relações públicas. A tônica das mensagens foi composta por fatos observados e por explicações sobre a gripe aviaria, a ameaça à saúde dos visitantes às cidades asiáticas e o risco de contrair a doença pela ingestão de carne ou ovos de frango. Para evitar distorções em meio aos consumidores finais, a PATA trabalhou em conjunto com a IATA e a OMS para garantir a consistência das mensagens. Além disso, ela distribuiu mensagens atualizadas a seus membros e parceiros que poderiam ser empregados no diálogo com a mídia.

Nos dois casos, a PATA demonstrou a importância da boa preparação em termos de informação, coordenação, credibilidade e consistência para uma comunicação estratégica eficiente. Se estes pontos forem considerados, até mesmo as organizações de menor porte e com um orçamento limitado têm a possibilidade de reagir eficientemente numa situação de crise.

Na fase ativa, a propaganda tática tem a função de amenizar as dificuldades; na fase pós-ativa, os objetivos estratégicos relativos à influência no posicionamento do produto são mais uma vez preconizados. Esta mobilização de ferramentas de propaganda não tem quaisquer peculiaridades específicas à crise. Ela usa as mesmas medidas e ferramentas adotadas em condições normais. É preciso mencionar que os objetivos estratégicos relativos à influência podem ter sido alterados como resultado do acontecimento negativo. Por um lado, eles podem se tornar totalmente inadequados e tornar necessário um reposicionamento. Por outro, o posicionamento almejado ou conservado pode ainda ser uma alternativa sensata, razão pela qual as medidas de propaganda precisam ser direcionadas à recuperação desta posição. Assim, antes de iniciar as atividades da fase pós-ativa, é preciso efetuar uma avaliação total do posicionamento atual e do desejado. Se esta avaliação não for feita, as medidas de propaganda poderão levar a uma prolongada situação de prejuízo à organização.

A fase pós-ativa

7.5.8 A promoção de vendas

O objetivo da promoção de vendas é a geração de incentivos adicionais exclusivos e que não sejam repetidos para a compra do produto. Estes incentivos precisam encorajar as vendas de imediato. Além das medidas de comunicação, a promoção de vendas inclui outros elementos de marketing que dizem respeito à política de preços, de produto e de distribuição. No turismo, as ações voltadas para a promoção de vendas são muitas vezes usadas para equilibrar as flutuações na demanda em condições normais. Estas ações são também úteis sobretudo à gestão para a crise. Contudo, é preciso observar que o objetivo da promoção de vendas não é a geração de importância temporal para o produto na fase ativa, mas a superação das outras dificuldades encontradas na hora de vender o produto. É somente na fase pós-ativa que aparecem as oportunidades para visualizar a importância temporal como um dos objetivos da promoção de vendas. Dependendo do grupo-alvo, os casos de promoção de vendas mostrados a seguir podem ser diferenciados.

A promoção de vendas orientada para o consumidor é direcionada ao consumidor final:

- Visto da perspectiva da comunicação, este consumidor final pode ser informado por meio de material composto diretamente para ele, ou pelo agente de viagem. Conforme já mencionado na seção sobre a propaganda, seu conteúdo precisa se concentrar na carência de informação durante a fase ativa. Estas medidas podem ser acompanhadas do emprego de ferramentas da política de preços.
- O emprego efetivo da promoção de vendas pode ser conseguido, por exemplo, pelos serviços cobertos por garantia. Diferentemente da redução geral no preço, os serviços garantidos têm eficiência mais completa ao mesmo tempo em que se mostram ferramentas mais interessantes do ponto de vista econômico. Contudo, exige-se que o produto não tenha sido afetado e que os critérios para uma eventual indenização estejam definidos com clareza. Nestas circunstâncias, e do ponto de vista do consumidor, esta etapa ativa pode ser vista como fator de credibilidade. Ao mesmo tempo, é também possível evitar a sensação de prejuízo ao

produto, até certo ponto sugerida por quaisquer reduções no preço praticado nestes momentos.
- Sobretudo para a abordagem diferenciada, na fase pós-ativa, recomenda-se empregar vales-oferta e lançar concursos em jornais e revistas. Se os vales forem usados para veicular ou requisitar informações de caráter secundário, seu uso também é recomendado na fase ativa.

Na fase ativa, o objetivo da promoção de vendas voltada para o comércio é a manutenção dos esforços de venda de parte do agente de viagem, enquanto que na fase pós-ativa o que se espera é a recuperação dos níveis de venda anteriores.

- Do ponto de vista da comunicação, estes objetivos incluem a preparação do material de informação, que os funcionários das agências de viagem podem oferecer aos clientes com informações corretas. Estas incluem as informações gerais bem como as informações que possam ajudar na argumentação com os clientes. É importante que estas informações sejam disponibilizadas com rapidez, pois os funcionários das agências de viagem são, via de regra, os primeiros com quem os clientes fazem contato. Estas ações também precisam acompanhar os incentivos financeiros de forma a apoiar a dificuldade de encaminhar o trabalho envolvendo estas informações adicionais.
- Além do treinamento, por meio do qual o vendedor se prepara para lidar com situações específicas, as viagens de familiarização são importantes na fase pós-ativa. Estas viagens oferecem a possibilidade de avaliar o produto em si e assim informar o turista de forma abrangente, como nenhuma outra ferramenta é capaz de fazer. As viagens de familiarização são úteis sempre que as alterações nos produtos são comunicadas com dificuldade, como no caso de acontecimentos que desencadeiam uma redução na demanda devido à percepção de uma situação envolvendo problemas de segurança.

A promoção de vendas voltada para o quadro de pessoal do departamento de vendas deve aumentar a motivação e as habilidades na função.

- Os incentivos são numerosos e incluem tanto os benefícios financeiros quanto os relativos ao prestígio. Estes podem vir na forma de uma competição ou serem obtidos pela satisfação de certas exigências. As medidas de treinamento objetivam preparar soluções para os problemas específicos às vendas da mesma maneira que as promoções de vendas orientadas para o comércio. A extensão em que estas medidas são necessárias aos destinos e que são direcionadas aos funcionários das autoridades do turismo e aos das operadoras depende da cultura corporativa da organização. Se os objetivos corporativos já estão bem definidos, este tipo de promoção de vendas não traz sucesso motivacional.

A promoção de vendas é uma ferramenta útil, pois oferece uma ampla variedade de incentivos criativos. A especialidade, diferente das outras ferramentas disponíveis à política de comunicação, é a geração de um incentivo direto à compra do produto. Contudo, é preciso observar que estes incentivos são gerados de modo a que sejam entendidos como conseqüência lógica do acontecimento negativo, e que auxiliam na superação de problemas específicos às vendas. Desta maneira, garante-se que, para todos os segmentos de mercado, o incentivo adicional seja entendido como a manutenção da credibilidade da organização.

> **Exemplo 57: Escolha Cingapura!**
>
> À medida que o mundo se globaliza e que as comunicações são facilitadas, os eventos internacionais aumentam em freqüência. Eles são geralmente organizados em destinos ou centros internacionais e reúnem um grande número de profissionais interessados em participar de acontecimentos em que formadores de opinião discutem os principais assuntos do campo de atividade. É comum que estas pessoas nunca tenham cogitado visitar este destino, e portanto estes eventos são uma oportunidade única para conhecê-lo.
>
> Há mais de duas décadas Cingapura é considerada a principal cidade sede de convenções na Ásia e por cinco anos consecutivos vem ficando entre as cinco cidades em que mais se realizam congressos no mundo. O alto nível da cultura comercial que a cidade desenvolveu atrai inúmeras feiras, convenções e eventos de instituições do mundo todo. Contudo, em 2003 Cingapura foi fortemente atingida pela epidemia da SARS que se espalhou pela Ásia. Em um espaço de tempo muito curto, o número de eventos internacionais diminuiu drasticamente.
>
> Para reconquistar sua imagem e atrair mais uma vez tanto turistas quanto acontecimentos internacionais, o Ministério do Turismo de Cingapura lançou, em conjunto com a Secretaria para Exposições e Convenções de Cingapura, a campanha "Escolha Cingapura!". Esta campanha promocional foi destinada a organizadores de congressos e ofereceu uma série de incentivos para que os organizadores de acontecimentos voltassem a eleger a cidade para ser a sede destes. Estes incentivos diferiam, dependendo por exemplo de ser uma convenção, um encontro de uma corporação, uma exposição ou outro. Estes são alguns exemplos:
>
> **Convenções:**
> - Critérios de elegibilidade: mínimo 400 noites, estada mínima de duas noites consecutivas em Cingapura, confirmadas antes de 31 de dezembro de 2005 e efetuadas antes de 31 de dezembro de 2007.
> - Incentivos: apoio financeiro (para os custos de licitações de novos acontecimentos em Cingapura), até 30% do apoio financeiro para organizadores (apoio a conferencistas, custos de marketing internacional, taxa de administração de organizadores de conferência profissionais), apoio não-financeiro e hotéis (mesmos incentivos dados a exibições), apoio a acontecimentos confirmados (um quarto de cortesia para cada 25 confirmados com limite de cinco quartos por toda a duração do acontecimento, *upgrades* de quartos para VIPs [até três quartos], registro de saída tardio, etc.), e incentivos a companhias aéreas (combinação de benefícios mútuos baseados em renda líquida de vôos gerada pelos organizadores).
>
> **Exposições:**
> - Critérios de elegibilidade: mínimo de 1.000 visitantes a exposições, mínimo de 50% de exposições estrangeiras, mínimo de 1.000 metros quadrados de espaço para exposição, ser a primeira vez em que a exposição é feita em Cingapura, confirmação antes de 31 de dezembro de 2005 e realização antes de 31 de dezembro de 2007.
> - Incentivos: apoio financeiro (até 30% ao apoio promocional de exibidores e visitantes estrangeiros, apoio a compradores e palestrantes, apoio a jornalistas estrangeiros), apoio não-

> financeiro (facilitação para a garantia de espaços especiais para a exibição, para vistos de entrada, publicidade, etc.), apoio para a inspeção de locais (dois quartos de cortesia para cada três noites para cada inspetor), descontos nas contas de restaurante para a recepção de boas-vindas ou de abertura no restaurante do hotel ou do local da exposição, tarifas especiais para os dias de montagem/desmontagem das instalações, entre outros.
>
> Com esta iniciativa, a Secretaria de Turismo de Cingapura foi capaz de atrair os organizadores dos principais acontecimentos de modo eficiente, atingindo os objetivos de promover o destino a importantes formadores de opinião. A propaganda boca a boca auxiliou a divulgar entre amigos a completa recuperação de Cingapura e as excepcionais condições para acontecimentos internacionais.
>
> No final de 2004, mais de 159 eventos de diferentes setores de atividade haviam sido confirmados para os anos entre 2005 e 2009, incluindo as reuniões anuais do Fundo Monetário Internacional e do Banco Mundial de 2006, o encontro do Comitê Olímpico Internacional de 2006, a Conferência Ministerial da Organização Mundial do Comércio de 2005, a ITMA Ásia de 2005, entre outros.

7.5.9 Feiras

As feiras são um dos fóruns mais importantes para os provedores de serviços turísticos demonstrarem seus produtos. Algumas das feiras de turismo internacional mais importantes são a Internationale Tourismus Böerse (Bolsa Internacional de Turismo, ITB) em Berlim, Alemanha, a feira do Mercado Mundial de Viagens (World Travel Market, WTM)

Feira	Período	Expositores	Visitantes do setor	Jornalistas	Número total de visitantes
Mercado Mundial de Viagens (World Travel Market, WTM)	Novembro	5.000	26.000	2.700	46.000
Feira Internacional de Turismo (FITUR)	Final de janeiro	11.000	93.000	7.300	202.000
Internationale Tourismus Böerse (Bolsa Internacional de Turismo, ITB)	Fevereiro	5.000	100.000	6.000	147.000
Internationale Tourismus Börse (ITB) (Bolsa Internacional de Turismo)	Início de março	10.400	84.000	7.300	142.000
Exposição Internacional de Viagens e Turismo de Moscou (MITT)	Final de março	2.500	70.000[1]	100	98.000

Números de 2004/2005. (1) Número para 2002, entre 111 mil visitantes.

DIAGRAMA 7.9 As importantes feiras de turismo internacional.

em Londres, Reino Unido e a Feira Internacional de Turismo (FITUR) em Madri, Espanha. Nestes eventos participam tanto os visitantes da área do turismo quanto o público em geral.

As feiras são, durante as fases ativa e pós-ativa de uma crise, as plataformas centrais para a divulgação de novidades, apresentação de produtos e realização de entrevistas. O contato entre as pessoas facilita a comunicação e o esclarecimento de forma individual dos possíveis problemas. Esta forma de contato é importante durante a fase ativa da crise. Nesta fase, é preciso considerar que o estande e as atividades da organização ou do destino afetado são vistos com interesse especial. O número de pessoas que se aproximam dos estandes em busca de informações pode ser muito maior do que em situações normais. É preciso também observar que tanto o visitante a negócios quanto o consumidor final está muito mais envolvido do que o normal, e que portanto estão mais interessados em informações verdadeiras.

Os destinos e as organizações afetados por acontecimentos negativos muitas vezes se valem das feiras também para entrar em contato com a imprensa. A abordagem mais adequada se dá por meio de coletivas de imprensa que ocorrem regularmente ao longo das feiras de turismo internacional. Contudo, em virtude do grande número de expositores, existe uma escassez de tempo disponível. Além disso, os melhores dias e horas geralmente são ocupados com um longo período de antecedência, que muitas vezes chega a ser de um ano.

Correspondentes de imprensa no estande das Ilhas Maldivas durante o encontro da ITB de 2005.

Com isso, as organizações e os destinos que oferecem coletivas de imprensa com regularidade durante estes eventos têm melhores oportunidades de apresentar suas informações, uma vez que as reservas já estão feitas. Contudo, dependendo da importância dos eventos e das organizações, essas coletivas também podem ser organizadas fora do espaço de exposição das feiras, ou até mesmo do estande. Mesmo assim, as distâncias e as instalações nem sempre são as melhores, o que torna importante avaliar essas opções com cautela.

As feiras, em geral, são uma ferramenta eficiente e pouco dispendiosa para atingir diferentes grupos-alvo. Via de regra, existe espaço de exposição suficiente até mesmo para uma participação curta. Ainda assim, conforme já foi dito, a participação regular nestas feiras é vantajosa, pois mesmo que o planejamento seja demorado e dispendioso, o sucesso desta participação é fortemente influenciado pela experiência com o acontecimento negativo em particular. Se uma apresentação não puder ser arranjada durante a feira, é preciso considerar no mínimo uma visita pessoal como forma de contato entre parceiros importantes nos negócios.

7.5.10 O patrocínio e a colocação do produto

O patrocínio se baseia no princípio da troca de serviços entre o patrocinador, que fornece uma quantia em dinheiro definida com antecedência, e a parte que recebe o patrocínio. Pessoas, grupos e organizações, além de eventos, podem ser patrocinados.

A adoção do patrocínio na gestão da crise pode assumir diversas formas. Se considerarmos a pessoa ou o grupo de pessoas sendo patrocinado, eles precisam garantir a personalização do produto ainda em circunstâncias normais. Se nos voltarmos para a pessoa patrocinada antes do desencadeamento do acontecimento negativo, ela tem a função de usar seu poder de persuasão e a credibilidade que inspira em declarações de apoio ao produto afetado, durante a fase ativa. Estas medidas traduzem confiança, o que é conveniente para a redução da percepção do risco. Um tipo de patrocínio que se encaixa nestas exigências é o emprego de celebridades que passam suas férias no destino antes da crise e que ora dão a ele seu apoio, tanto ao declarar que continuarão a passar suas férias lá, quanto por sua participação ativa nos esforços de sua recuperação.

O que é mais problemático, contudo, é a inclusão de pessoas que iniciam patrocínio somente depois da crise já ter se iniciado. Uma vez que a intenção do patrocinador é óbvia, aparecem as primeiras críticas. Portanto, esses patrocínios de última hora só podem ser adotados em circunstâncias especiais, que incluem o caso em que, devido à falta de credibilidade, pessoas que gozam de grande prestigio do público entram em ação pela organização.

Exemplo 58: Rostos famosos – auxiliando a se erguer novamente

Sabe-se que o patrocínio auxilia na promoção de um produto. Por trazer mais riscos, o uso de uma figura proeminente é menos freqüentemente adotado em que pese acontecimentos negativos ou mesmo o problema de uma imagem negativa duradoura. Em 1999

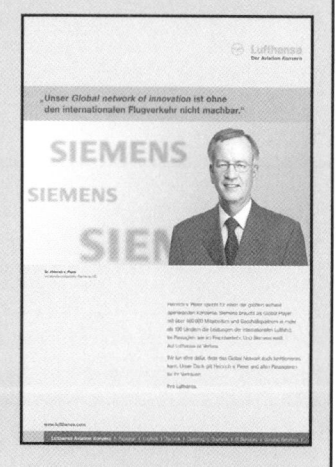

Propagandas em 2001 com o ex-primeiro ministro do exterior da Alemanha, Hans Dietrich Genscher, o CEO do Siemens, Dr. Heinrich v. Pierer e o ex-presidente da Alemanha, Prof. Dr. Roman Herzog.

> Hillary Clinton, então primeira dama dos EUA e hoje senadora pelo estado de Nova York, visitou a cidade de Palermo, capital da Sicília, Itália, que vinha lutando contra a imagem negativa de fortaleza da Máfia. Durante sua visita, ela enfatizou que acreditava que a cidade deveria ser considerada um destino turístico seguro. A repercussão na mídia provou o sucesso desta visita com muitos artigos positivos sobre o "destino mais seguro" ou a "Renascença da Itália".
>
> Outro exemplo do emprego de rostos conhecidos foi a campanha lançada pela Lufthansa depois dos ataques de 11 de Setembro nos EUA. Ao perceber que o medo dos clientes em voar era mais emocional do que racional, a empresa usou personalidades com grande credibilidade perante o público durante sua campanha que teve três meses de duração. A estratégia da companhia foi premiada com um resultados acima da média.

O patrocínio de eventos é uma opção interessante para destinos afetados por acontecimentos negativos. Dependendo da dimensão e da importância deste encontro, a cobertura dada pela mídia aumenta o interesse nacional e internacional no destino. Desta forma, ele se torna uma parte integrante indireta desta cobertura. Além disso, a estraté-

Encontro	Freqüência	Decisão antes do início do encontro	Tempo excedente antes da decisão[1]
Olimpíadas	A cada 4 anos	7 anos	2 a 4 anos
Copa do Mundo da FIFA	A cada 4 anos	6 anos	2 a 4 anos
Copa da UEFA	A cada 4 anos	6 anos	1 ano
Assembléia Geral da Organização Mundial do Turismo (OMT)	A cada 2 anos	2 a 4 anos	6 meses
Encontro do Conselho Executivo da Organização Mundial do Turismo	2 vezes ao ano	2 a 6 meses	1 a 6 meses
Encontro Anual da Associação Alemã dos Agentes de Viagem e Operadoras de Turismo (DRV)	Anual	1 a 2 anos	1 a 3 meses
Conferência Anual da Associação Ásia-Pacífico (PATA)	Anual	2 anos	3 meses
Encontro Anual do Conselho Mundial para Viagens e Turismo	Anual	1 ano	2 meses
Congresso Mundial da Sociedade Norte-americana de Agentes de Viagem (ASTA)	Anual	5 a 8 anos	1 a 4 anos
Encontro Anual da Associação Internacional dos Especialistas em Turismo (AIEST)	Anual	1 ano	1 a 6 meses

(1) Os períodos maiores são na verdade tempos médios mínimos. Devido ao fato dos preparativos variarem de país para país, eles podem ser bem maiores.

DIAGRAMA 7.9 Período de encontros de interesse para o grande público ou formadores de opinião na indústria do turismo.

gia oferece a oportunidade de almejar segmentos específicos do mercado com base na seleção temática apropriada dos eventos a patrocinar. Contudo, muito mais importante do que essa orientação a um segmento específico, é a seleção temática do ponto de vista do conteúdo da comunicação. Se os temas relativos aos participantes ou ao encontro favorecerem os objetivos da comunicação, uma comunicação indireta eficiente pode portanto ser gerada. Essa estratégia está sujeita a pouco controle intelectual do receptor, pois é pouco absorvida, e assim permanece apenas no subconsciente. Portanto, se o acontecimento tiver sucesso, a cobertura da mídia será positiva.

Contudo, se os riscos não parecem estar sob controle, é preciso evitar a definição de acontecimentos a eles expostos. Isso ficou claro na Conferência da Sociedade Norte-americana de Agentes de Viagem (ASTA) em Manilla, em 1980. O encontro reuniu 6 mil funcionários de agências de viagem dos EUA. Um ataque a bomba contra o presidente filipino Marcos durante o acontecimento causou prejuízos que se estenderam por longo tempo e o declínio no número de visitantes, em vez da intencionada promoção do turismo no país (Hall, 1994).

O ideal é que essas medidas ocorram na fase pós-ativa, tão logo as mudanças necessárias no produto estejam concluídas. Desta forma, uma análise indesejada dos acontecimentos negativos pode ser evitada até certo ponto, mas não descartada por completo. Muitas vezes, isso é garantido pelo longo período de inscrição para esse tipo de encontro. Em geral, é possível observar que quanto maior a exposição dada a um encontro, menor o tempo para a decisão do destino de realização. Entretanto, acontecimentos ocorridos no passado recente revelam que uma segunda regra também se aplica. Quanto mais devastador for o acontecimento negativo e mais emocionada a reação a este, maior a probabilidade de que o encontro ocorra neste destino. Por exemplo, isso foi visto com o Fórum Econômico Mundial, que, com os ataques de 11 de Setembro nos EUA, foi sediado em Nova York, em vez de Davos, na Suíça, seu local tradicional, e na reunião extraordinária do Conselho Executivo da Organização Mundial do Turismo em Phuket (Tailândia) apenas dois meses depois da catástrofe da *tsunami* em dezembro de 2004.

Com relação ao número de eventos a serem escolhidos, é preciso considerar que um evento de grandes proporções é o bastante para informar acerca da conclusão das medidas relativas ao produto ou para reavivar o interesse no destino. Ainda assim, se a crise exigir um novo posicionamento, é importante considerar o patrocínio de eventos de menor porte ao longo de um certo período de tempo.

A colocação do produto, isto é, a inserção deste em uma parte não-promocional de uma ferramenta de comunicação, constitui outra ferramenta da política de comunicação.

Em primeiro lugar, os filmes são muito importantes na organização e na definição das esferas da experiência. Em segundo, via de regra o estímulo é conduzido sem ser percebido, por meio de comunicadores que gozam de credibilidade pública. O principal problema depois de um acontecimento negativo é o longo tempo necessário à produção de um filme até seu lançamento nos cinemas. Também é difícil encontrar um produtor que tenha um roteiro adequado e que aceite esta forma de colocar um produto turístico. O filme atinge o segmento de mercado almejado apenas se o conteúdo for de qualidade, e, se tiver sucesso, pode-se pensar que este filme auxilia o destino de forma indireta. Como demonstra o exemplo a seguir, há coincidências e outras possibilidades para o emprego de filmes durante o enfrentamento de uma crise.

Exemplo 59: O cinema e a estratégia de recuperação

O cinema é uma ferramenta muito útil à estratégia de recuperação de um destino, pois estimula o interesse do turista. Uma vez que os filmes são a ferramenta mais eficiente para influenciar a percepção das pessoas — mais do que as mensagens de texto — e que na seqüência a uma crise os clientes estão dominados por uma impressão negativa constatada na mídia, é importante compensar e corrigir essas impressões. Nesse sentido, os filmes podem transmitir com facilidade essas conotações positivas, com a vantagem de, no primeiro plano, contar uma história, e de mostrar o destino de forma indireta. Dessa maneira, eles passam despercebidos pelo controle cognitivo do espectador, com muita eficiência.

Porém, o uso do cinema na estratégia de recuperação é de difícil planejamento, pois a produção de filmes exige um tempo muito longo para a finalização da película. A trilogia O Senhor dos Anéis, cuja primeira parte A Irmandade do Anel foi lançada no verão de 2001 nos EUA, e as duas continuações a intervalos de 12 meses, o que foi ferramenta muito útil à recuperação da Nova Zelândia como destino turístico depois da crise da SARS. O impacto desses filmes naquele país foi significativo, e ajudou a colocá-lo sob os holofotes internacionais. Como admite Andrew Adamson, um diretor de cinema neozelandês: "O Senhor dos Anéis acabou se tornando um enorme comercial para a Nova Zelândia".

Mas os preparativos para os filmes já haviam iniciado muitos anos antes, antes mesmo do surto de SARS afetar a indústria da Nova Zelândia, especialmente seu setor turístico. Foi em meados da década de 1990 que o diretor Peter Jackson teve a idéia de filmar a trilogia dos hobbit criada por Tolkien. Em 1998, os direitos para filmar a trilogia foram adquiridos pela New Line Cinema. A pesquisa por locações iniciou em 1998 e as filmagens finalmente começaram em agosto de 1999. Elas terminaram 18 meses depois, em dezembro de 2000.

Está claro que esse longo período de finalização torna difícil usar filmes na gestão instantânea de uma crise, pois não podem ser ativados de forma espontânea ou flexível. Por exemplo, o desenvolvimento de *softwares* de efeitos especiais para O Senhor dos Anéis consumiu mais de dois anos de trabalho.

Contudo, é possível evitar essa desvantagem temporal e ainda assim empregar os importantes efeitos sobre o imaginário que um filme é capaz de causar para promover um destino, com o uso do poder do estrelato. O emprego de uma celebridade que tem uma ligação positiva com o destino em função de sua carreira cinematográfica ou ainda por ser reconhecida como típica representante de seu país oferece a oportunidade para a transmissão de uma mensagem de credibilidade. A grande vantagem de empregar uma personalidade famosa é que no caso de uma crise ele ou ela podem ser chamados para atuar em comerciais com extrema rapidez. Um bom exemplo é a campanha feita por Hong Kong *Live It, Love It* (Vivencie! Adore!), com a participação do ator Jackie Chan, que cumprimentava visitantes em diversas línguas e os convidava para conhecerem sua terra natal. A Secretaria de Turismo de Hong Kong lançou sua campanha mundial de marketing em setembro de 2003, dois meses depois do território ter sido declarado zona livre de SARS. O objetivo foi reconquistar a confiança dos turistas e encorajá-los a retornar a Hong Kong. A campanha, que custou US$ 16 milhões, incluiu a propaganda na televisão, no rádio e na mídia impressa.

Questões para revisão e discussão

- Explique as possibilidades e os riscos de uma atenção incomum ao destino ou organização afetada.
- Como você avalia a utilidade do cinema na estratégia de recuperação?
- Descreva as peculiaridades qualitativas e quantitativas da comunicação para a crise.
- Qual é a importância da credibilidade para a comunicação para a crise?
- Qual é o objetivo da propaganda na fase ativa?
- Como você avalia o patrocínio por pessoas que iniciam sua atividade quando a crise já iniciou?

Sugestões para leitura

Beeton, S. (2005), *Film-induced Tourism*, Channel View Publications, Clevedon.
Beirman, D. (2003), *Restoring Tourism Destinations in Crisis*, CABI Publishing, Wallingford.
Siegenthaler, P. (2002), "Hiroshima and Nagasaki in Japanese Guidebooks", *Annals of Tourism Research*, 29(4), p. 1111-1137.
Organização Mundial do Turismo (1997), *Tourist Safety and Security* OMT, Madri.
Organização Mundial do Turismo (1998), *Handbook on Natural Disaster Reduction in Tourist Areas* OMT, Madri.

8
O futuro da gestão de crises

A gestão de crises como foco da atenção na pesquisa no turismo é uma realidade recente. Algumas das razões para isso estão no fato da indústria do turismo ser um setor relativamente jovem e na observação de que a importância econômica que o setor do turismo conquistou ao longo das últimas décadas permanece pouco reconhecida. Se examinarmos o passado, o setor turístico não sofreu grandes crises em tempos de crescimento constante e, sempre que estas ocorriam, a recuperação era relativamente rápida, sobretudo depois de incidentes de pequenas proporções.

Apesar disso, a importância da gestão para a crise aumentou para aqueles envolvidos de forma ativa na indústria do turismo. Nos últimos anos, uma cadeia interminável de acontecimentos negativos vem desafiando o setor. Esses acontecimentos são um lembrete de sua vulnerabilidade e alertam para o fato de que a gestão para a crise precisa ser considerada tanto pelos destinos como pelas companhias de turismo.

Tal como qualquer outra atividade, a gestão para a crise também depende do planejamento cuidadoso e do total entendimento dos fatores e das relações causais de seu objeto de atuação. Quando esta compreensão não existe, observamos o aparecimento de situações e de crises que poderiam ter sido evitadas ou no mínimo atenuadas. As conseqüências desta circunstância não apenas precisam ser enfrentadas pelos clientes e companhias de turismo, como também acarretam efeitos mais abrangentes em toda a companhia e na sociedade.

Muitas crises, sobretudo no setor turístico, são originadas como parte dos problemas percebidos em relação aos destinos e produtos turísticos. Além disso, as crises no setor raramente são o resultado de carências materiais ou de objetivos. Estas situações somente podem ser evitadas e enfrentadas com medidas adequadas do marketing estratégico e operacional. Por esta razão, diferentes ferramentas de marketing foram exaustivamente discutidas neste livro. Contudo, é importante lembrar que as ferramentas de marketing têm forte dependência da criatividade, tanto em circunstâncias normais quanto de crise. Portanto, elas não podem ser apresentadas como soluções completas. O objetivo da análise feita neste livro foi ilustrar as diferentes possibilidades de moldar, combinar e empregar estas ferramentas que, com base nesta discussão, podem ser desenvolvidas.

O valor da gestão para a crise tem múltiplas facetas. Por um lado, ela garante o desenvolvimento sustentável do turismo e evita as situações difíceis desnecessárias. Por outro, a gestão para a crise permite que os destinos, que até então vinham sendo excluídos deste progresso em função de problemas estruturais, sociais e políticos, entre outros, participem mais ativamente na atividade turística. Isso é válido, sobretudo, para muitas nações em desenvolvimento, que escolhem o desenvolvimento do turismo como forma de amenizar o problema da pobreza da sua população. Em princípio, essa abordagem é bastante promissora, pois muitos desses países têm atrações turísticas e culturais únicas e que são importantes para o desenvolvimento exitoso do setor. No entanto, é preciso lembrar que não é possível erradicar os problemas estruturais, que muitas vezes também são vistos nesses países e lá existem há muito. Assim, para os países potencialmente mais expostos a acontecimentos negativos, a gestão da crise voltada para a prevenção e conduzida com profissionalismo é especialmente necessária.

Do ponto de vista dos provedores de serviços turísticos, em especial as operadoras de turismo, a gestão da crise em breve se tornará parte integrante do conjunto de serviços presente em pacotes de viagem, como parte de uma estratégia de qualidade. Houve tempo em que fatores como a língua desconhecida, a falta de conhecimento sobre o país visitado, sobre as moedas estrangeiras e costumes peculiares constituíam justificativas para a escolha de pacotes de viagem. Contudo, hoje a experiência cada vez maior dos turistas, vem questionando essas vantagens, causando com isso um declínio na procura por essa modalidade de viagem. Se isso for considerado, e se nos voltarmos para a idéia original do pacote como modalidade que permite uma viagem tranqüila, sem contratempos, a gestão da crise tornou-se um serviço complementar que toda a operadora de turismo deveria ser capaz de oferecer. Tal como se observa com os seguros de viagem, os clientes estão preparados para pagar mais para ter este serviço, apesar de esperarem não ter de enfrentar uma situação em que a gestão da crise tenha de ser acionada. Apesar dos sentimentos geralmente desagradáveis relacionados ao termo "crise", os clientes estão começando a valorizar a gestão da crise e os esforços efetuados nesta área pelas operadoras de turismo. Essa mudança de atitude sublinha a crescente importância da gestão para a crise para o futuro da indústria do turismo.

Bibliografia

Adams, W. (1986), 'Whose lives count?: TV coverage of natural disasters', *Journal of Communication*, 36(2), pp. 113-22.
Ahmed, S. (1986), 'Understanding residents' reactions to tourism marketing strategies', *Journal of Travel Research*, 25(2), pp. 13-18.
Ahmed, Z. (1991), 'The influence of the components of a State's Tourist Images on Product positioning strategy', *Tourism Management*, 12(4), pp. 331-340.
Ahmed, Z. (1996), 'The need for the Identification of the Constituents of a Destination's Tourist Image: A Promotional Segmentation Perspective', *Tourism Review*, 51(2), pp. 44-57.
Ansoff, H. I. (1981), 'Managing Surprise and Discontinuity – Strategic Response to Weak Signals', *Zeitschrift für betriebswirtschaftliche Forschung*, 28(1), pp. 129-152.
Anson, C. (1999), 'Planning for Peace. The Role of Tourism in the Aftermath of Violence', *Journal of Travel Research*, 38(1), pp. 57-61.
Apostolopoulos, Y., Leivadi, S. and Yiannakis, A. (eds.) (1996), *The Sociology of Tourism*, Routledge, London.
Ashworth, G. J. and Goodall, B. (1990), *Marketing Tourism Places*, Routledge, London.
Autonomy (2005), *Understanding the Hidden 80%*, Autonomy, Cambridge.
Avenarius, H. (1995), *Public Relations*, Wissenschaftliche Buchgesellschaft, Darmstadt.
Aziz, H. (1995), 'Understanding attacks on tourists in Egypt', *Tourism Management*, 16(2), pp. 91-95.

Bar-On, R. (1990), 'The effect of international terrorism on international tourism', in *Terror in the Skies* (A. Lewis and M. Kaplan (eds.)), ISAS, Jerusalem, pp. 83-104.
Becheri, E. (1991), 'Rimini and Co – The end of a legend?: Dealing with the algae effect', *Tourism Management*, 12(3), pp. 229-235.
Beerli, A. and Martín, Josefa D. (2004), 'Factors Influencing Destination Image', *Annals of Tourism Research*, 31(3), pp. 657-681.
Beeton, S. (2001), 'Horseback Tourism in Victoria, Australia. Cooperative, Proactive Crisis Management', *Current Issues In Tourism*, 4(5), pp. 422-439.
Beeton, S. (2005), *Film-induced Tourism*, Channel View Publications, Clevedon.
Beirman, D. (2003), *Restoring Tourism Destinations in Crisis*, CABI Publishing, Wallingford.
Berg, K. and Kiefer, M. (eds.) (1992), *Massenkommunikation*, Nomos, Baden-Baden.
Berger, R., Gärtner, H. and Mathes, R. (1989), *Unternehmenskommunikation*, Gabler, Frankfurt am Main.
BGHZ (100, 185), *Entscheidungen des Bundesgerichtshof in Zivilsachen* [Official Case Reporter of the German Federal Court in Civil Matters], 100, pp. 185-189.
Bhattarai, K., Conway, D. and Shrestha, N. (2005), 'Tourism, Terrorism and Turmoil in Nepal', *Annals of Tourism Research*, 32(3), pp. 669-688.
Bieger, T. (2002), *Management von Destinationen*, 5th edn., Oldenbourg, München.
Bieger, T. and Boksberger, P. (2004), 'Krise oder Strukturbruch', in *Risiko und Gefahr im Tourismus* (D. Glaeßer and H. Pechlaner (eds.)), Erich Schmidt Verlag, Berlin, pp. 271-291.

Blake, A. and Sinclair, M. T. (2003), 'Tourism Crisis Management. US Response to September 11', *Annals of Tourism Research*, 30(4), pp. 813-832.
Boltz, D. (1994), *Konstruktion von Erlebniswelten*, Vistas, Berlin.
Born, K. (2004), 'Mit dem Krisendruck umgehen', in *Risiko und Gefahr im Tourismus* (D. Glaeßer and H. Pechlaner (eds.)), Erich Schmidt Verlag, Berlin, pp. 91-99.
Boush, D. and Loken, B. (1991), 'A process-tracing study of brand extension evaluation', *Journal of Marketing Research*, 28(1), pp. 16-28.
Brändström, A. (2001), *Coping with a Credibility Crisis: The Stockholm JAS Fighter Crash of 1993*, Crismart, Stockholm.
Braun, O. and Lohmann, M. (1989), *Die Reiseentscheidung*, Studienkreis für Tourismus, Starnberg.
Bruhn, M. and Meffert, H. (1995), *Dienstleistungsmarketing*, Gabler, Frankfurt am Main.
Brunt, P. (1997), *Market Research in Travel and Tourism*, Butterworth-Heinemann, Oxford.
Brunt, P., Mawby, R. and Hambly, Z. (2000), 'Tourist victimisation and the fear of crime on holiday', *Tourism Management*, 21(4), pp. 417-424.
Buckley, P. and Klemm, M. (1993), 'The decline of tourism in Northern Ireland – the Causes', *Tourism Management*, 14(3), pp. 184-194.
Buhalis, D. (2003), *eTourism: Information technology for strategic tourism management*, Prentice Hall, Harlow.
Bundestagsdrucksache No. 8/786 (1977), *Entwurf eines Gesetzes über den Reiseveranstaltungsvertrag*, Bundestag, Bonn.
Butollo, W. (1990), 'Krisen-Psychologie', *Süddeutsche Zeitung*, 15/16 September.

Callander, M. and Page, S.J. (2003), 'Managing risk in adventure in tourism operations in New Zealand: a review of the legal case history and potential for litigation', *Tourism Management*, 24(1), pp. 13-23.
Caribbean Hotel Association/Caribbean Tourism Organization (1998), *Hurricane Procedures Manual*, CHA/CTO, Barbados.
Carmouche, R. and Kelly, N. (1995), *Behavioural Studies in Hospitality Management*, Chapman & Hall, London.
Carter, S. (1998), 'Tourist's and traveller's social construction of Africa and Asia as risky locations', *Tourism Management*, 19(4), pp. 349-358.
Cassedy, K. (1991), *Crisis Management Planning in the Travel and Tourism Industry*, PATA, San Francisco.
Cavlek, N. (2002), 'Tour Operators and Destination Safety', *Annals of Tourism Research*, 29(2), pp. 478-496.
Chakravarti, D., MacInnis, D. and Nakamoto, K. (1990), 'Product category perceptions, elaborative processing and brand name extension strategies', in *Advances in Consumer Research Vol. 17* (M. Goldberg, G. Gorn and R. Pollay (eds.)), Association for Consumer Research, Provo UT, pp. 910-916.
Chesney-Lind, M. (1986), 'Visitors as victims: crimes against tourists in Hawaii', *Annals of Tourism Research*, 13(2), pp. 167-191.
Clift, S. and Grabowski, P. (eds.) (1997), Tourism and Health: *Risks, Research and Responses*, Cassell, London.
Coface (2004), *Risque Pays 2004*, Sedec, Paris.
Cohen, E. (1988), 'Tourism and AIDS in Thailand', *Annals of Tourism Research*, 15(4), pp. 467-486.
Coles, T. (2003), 'A Local Reading of a Global Disaster. Some Lessons on Tourism Management from an Annus Horibilis in South West England', *Journal of Travel and Tourism Marketing*, 15(1), pp. 173-216.
Control Risks (2004), *Risk Map 2005*, Control Risks Group, London.
Corke, J. (1993), *Tourism Law*, 2nd edn., Elm Publications, Huntingdon.
Coshall, J. (2005), 'Interventions on UK Earnings and Expenditure Overseas', *Annals of Tourism Research*, 32(3), pp. 592-609.
Cossens, J. and Gin, S. (1994), 'Tourism and AIDS: The Perceived Risk of HIV Infection on Destination Choice', *Journal of Travel & Tourism Marketing*, 3(4), pp. 1-20.
Cothran, D. and Cothran, C. C. (1998), 'Promise or political risk for Mexican tourism', *Annals of Tourism Research*, 25(2), pp. 477-497.
Council of the European Communities (1990), *Council Directive 90/314/EEC of 13 June 1990 on package travel, package holidays and package tours*, EEC, Brussels.

Cushnahan, G. (2004), 'Crisis Management in Small-Scale Tourism', *Journal of Travel and Tourism Marketing*, 15(4), pp. 323-338.

De Sausmarez, N. (2004), 'Implications for Tourism and Sectoral Crisis Management', *Journal of Travel and Tourism Marketing*, 15(4), pp. 217-232.
Des Kilalea (1987), 'Marketing to the affluent: natural treasure attracts repeat business', *Advertising Age*, 58, pp. 12-13.
Dolan, R.J. and Simon, H. (1996), *Power Pricing: How Managing Price Transforms the Bottom Line*, The Free Press, New York.
Downs, J. and Paton, T. (1993), *Travel Agency Law*, Pitman, London.
Drabek, T. E. (1995), 'Disaster Responses within the Tourism Industry', *International Journal of Mass Emergencies and Disasters*, 13(1), pp. 7-23.
Drosdek, A. (1996), *Credibility Management*, Campus, Frankfurt am Main.
Dunwoody, S. and Peters, H. P. (1993), 'Massenmedien und Risikowahrnehmung', in *Risiko ist ein Konstrukt* (Bayerische Rückversicherung (ed.)), Knesebeck, München, pp. 317-341.
Dyllick, T. (1992), *Management der Umweltbeziehungen*, Gabler, Frankfurt am Main.

Eckert, H. W. (1995), *Die Risikoverteilung im Pauschalreiserecht*, 2nd edn., Luchterhand, München.
Elliott, J. (1997), *Politics and Public Sector Management*, Routledge, London.
Eugenio-Martin, J.L., Sinclair, M.T. and Yeoman, I. (2005), 'Quantifying the Effects of Tourism Crises: An Application to Scotland', *Journal of Travel and Tourism Marketing*, 19(2/3), pp. 23-36.

Fakeye, P. and Crompton, J. (1991), 'Image differences between prospective, first-time, and repeat visitors to the Lower Rio Grande Valley', *Journal of Travel Research*, 29(2), pp. 10-16.
Fasse, F.-W. (1995), *Risk-Management im strategischen internationalen Marketing*, Steuer-und Wirtschaftsverlag, Hamburg.
Faulkner, B. (2001), 'Towards a Framework for Tourism Disaster Management', *Tourism Management*, 22(2), pp. 135-147.
Fesenmeier, D. and MacKay, K. (1996), 'Deconstructing destination image construction', *Tourism Review*, 51(2), pp. 37-43.
Fiedler, S. (1994), 'Kommunikation zur Krisenvermeidung und -vorsorge', in *Erfolgsfaktor Krise* (R. Gareis (ed.)), Signum-Verlag, Seedorf, pp. 211-235.
Fink, S. (1986), *Crisis Management: Planning for the Inevitable*, American Management Association, New York.
Floyd, M. F., Gibson, H., Pennington-Gray, L. and Thapa, B. (2003), 'The Effect of Risk Perceptions on Intentions to Travel in the Aftermath of September 11 2001', *Journal of Travel and Tourism Marketing*, 15(2/3), pp. 19-38.
Forschungsgemeinschaft Urlaub und Reisen (FUR) (2002), *Entwicklung der touristischen Nachfrage vor dem Hintergrund der Terroranschläge und deren Folgen*, FUR, Kiel.
Frechtling, D. (2001), *Forecasting Tourism Demand: Methods and Strategies*, Butterworth-Heinemann, Oxford.
Freyer, W. (1995), *Tourismus*, Oldenbourg, München.
Freyer, W. (1997), *Tourismus* – Marketing, Oldenbourg, München.
Freyer, W. and Schröder, A. (2004), 'Terrorismus und Tourismus – Strukturen und Interaktionen als Grundlage des Krisenmanagements', in *Risiko und Gefahr im Tourismus* (D. Glaeßer and H. Pechlaner (eds.)), Erich Schmidt Verlag, Berlin, pp. 101-113.
Frömbling, S. (1993), *Zielgruppenmarketing im Fremdenverkehr von Regionen*, Lang, Frankfurt am Main.
Fuchs, M. (1995), *Erlebniswelt Bundesländer*, Diploma thesis, Vienna 1993, quoted after Mayerhofer, W. (1995), Imagetransfer, Service Fachverlag, Wien.
Führich, E. (2002), *Reiserecht*, 4th edn., C.F. Müller, Heidelberg.

Galtung, J. and Ruge, M. (1965), 'The structure of foreign news', *Journal of Peace Research*, 2 (1), pp. 65-91.
Gammack, J. (2005), 'Tourism and Media', *Annals of Tourism Research*, 32(4), pp. 1148-1149.

Gartner, W. and Shen, J. (1992), 'The impact of Tiananmen Square on China's tourism image', *Journal of Travel Research*, 30(4), pp. 47-52.
Gee, C. and Gain, C. (1986), 'Coping with crises', *Travel & Tourism Analyst*, 1(4), pp. 3-12.
George, R. (2003), 'Tourist's perceptions of safety and security while visiting Cape Town', *Tourism Management*, 24(5), pp. 575-585.
Gialloreto, L. (1988), *Strategic Airline Management: the Global War Begins*, Pitman, London.
Glaeßer, D. (2001), 'Krisenmanagement im Tourismus – Was ist angesichts der aktuellen Vorfälle zu tun', in *Terrorismus versus Tourismus* (H. Bähre (ed.)), Integron, Berlin, pp. 9-15.
Glaeßer, D. (2002a), *Crisis management – what has this crisis taught us*, Report presented to the Second Meeting of the Tourism Recovery Committee of the World Tourism Organization in Berlin, Germany, WTO, Madrid.
Glaeßer, D. (2002b), 'Crisis management in air transport and tourism', in *Air Transport and Tourism* (P. Keller and T. Bieger (eds.)), AIEST, St. Gallen, pp. 121-142.
Glaeßer, D. (2004), 'Krise oder Strukturbruch?', in *Risiko und Gefahr im Tourismus* (D. Glaeßer and H. Pechlaner (eds.)), Erich Schmidt Verlag, Berlin, pp. 13-27.
Glaeßer, D. and Pechlaner, H. (eds.) (2004), *Risiko und Gefahr im Tourismus*, Erich Schmidt Verlag, Berlin.
Gold, J. R. and Ward, S. V. (eds.) (1994), *Place Promotion: the Use of Publicity and Marketing to Sell Towns and Regions*, Wiley, Chichester.
Gómez Martín, M.B. (2005), 'Weather, Climate and Tourism: A Geographical Perspective', *Annals of Tourism*, 32(3), pp. 571-591.
Gomez, P. (1981), *Modelle und Methoden des systemorientierten Managements*, Haupt, Bern.
Goodall, B. and Ashworth, G. (1987), *Marketing in the Tourism Industry: the Promotion of Destination Regions*, Routledge, London.
Goodrich, J. N. (2002), 'September 11, 2001 Attack on America: A Record of the Immediate Impacts and Reactions in the USA Travel and Tourism Industry', *Tourism Management*, 23(6), pp. 573-580.
Grönvall, J. (2000), *Managing Crisis in the European Union: The Commission ND 'Mad Cow Disease'*, CRISMART, Stockholm.
Gu, Z. and Martin, T. (1992), 'Terrorism, seasonality and international air tourist arrivals in Central Florida', *Journal of Travel & Tourism Marketing*, 5(1), pp. 3-15.
Gutiérrez, C. and Bordas, E. (1993), 'La competitividad de los destinos turísticos en mercados lejanos', in *Competitiveness of Long Haul Tourist Destinations* (AIEST (ed.)), 35, AIEST, St. Gallen, pp. 103-211.

Haedrich, G. (1993), 'Tourismus-Management und Tourismus-Marketing', in *Tourismus-Management* (G. Haedrich et al. (eds.)), de Gruyter, Berlin, pp. 33-43.
Haedrich, G. (1998a), 'Kommunikationspolitik', in *Tourismus-Management* (G. Haedrich et al. (eds.)), de Gruyter, Berlin, pp. 379-403.
Haedrich, G. (1998b), Destination marketing – Überlegungen zur Abgrenzung, Positionierung und Profilierung von Destinationen, *Tourism Review*, 53(4), pp. 6-12.
Hahn, D. (1979), 'Frühwarnsysteme, Krisenmanagement und Unternehmensplanung', *Frühwarnsystem, ZfB-Ergänzungsheft* 2, pp. 25-46.
Hall, C. M. (1994), *Tourism and Politics*, John Wiley & Sons, New York.
Hall, C. M. (1995), *Tourism and Public Policy*, Routledge, London.
Hall, C. M., Timothy, D. J. and Duval, D. T. (2004), *Safety and Security in Tourism*, Haworth Press, New York.
Hartman, C., Price, L. and Duncan, C. (1990), 'Consumer evaluation of franchise extension products', in *Advances in Consumer Research Vol. 17* (M. Goldberg, G. Gorn and R. Pollay (eds.)), Association for Consumer Research, Provo UT, pp. 120-127.
Hätty, H. (1989), *Der Markentransfer*, Physica, Heidelberg.
Hauser, T. (1994), *Krisen-PR von Unternehmen*, FGM Verlag, München.
Heath, E. and Wall, G. (1992), *Marketing Tourism Destinations: a Strategic Planning Approach*, Wiley, New York.
Hellenthal, M. (1993), *Policy Study of Traveller Safety – Confidential Report for the World Travel & Tourism Council*, WTTC, London.
Hildebrandt, K. (1997), 'Öger Tours geht in die Offensive', *FVW International*, 18(19), pp. 20-21.

Hilton, D. and Slugorski, B. R. (1986), 'Knowledge based causal attribution: the abnormal conditions focus model', *Psychological Review,* 93(1), pp. 75-88.
Hindley, G. (1983), *Tourists, Travellers and Pilgrims,* Hutchinson, London.
Hinterhuber, H. and Ortner, S. (2004), 'Risikomanagement als nicht-delegierbare Führungsaufgabe', in *Risiko und Gefahr im Tourismus* (D. Glaeßer and H. Pechlaner (eds.)), Erich Schmidt Verlag, Berlin, pp. 191-207.
Hoffman, B. (1998), *Inside Terrorism,* Victor Gollancz, London.
Höhn, R. (1974), *Das Unternehmen in der Krise,* Verlag für Wissenschaft, Wirtschaft und Technik, Bad Harzburg.
Hollinger, R. and Schiebler, S. (1995), 'Crime and Florida's tourists', in *Security and Risks in Travel and Tourism (Proceedings of the International Conference at Mid Sweden University),* Mid Sweden University, Östersund, pp. 183-215.
Holzmüller, H. and Schuh, A. (1988), 'Skandal – Marketing', in *Umweltdynamik* (H. Frank, G. Plaschka and D. Rößl (eds.)), Springer, Wien, pp. 17-47.
Horner, P. (1996), *Travel Agency Practice,* Longman, London.
Huan, T.C., Beaman, J. and Shelby, L. (2004), 'No-Escape Natural Disaster: Mitigating Impacts on Tourism', *Annals of Tourism Research,* 31(2), pp. 255-273.
Huang, J.H. and Min, J.C.H. (2002), 'Earthquake devastation and recovery in tourism: the Taiwan case', *Tourism Management,* 23(2), pp. 145-154.
Hultkrantz, L. and Olsson, C. (1995), 'Chernobyl effects on domestic and inbound tourism in Sweden', in *Security and Risks in Travel and Tourism (Proceedings of the International Conference at Mid Sweden University),* Mid Sweden University, Östersund, pp. 37-74.
Hurley, J. (1988), 'The hotels of Rome', *The Cornell H.R.A. Quarterly,* 29(2), pp. 71-79.

Inglis, D. and Holmes, M. (2003), 'Highland and Other Haunts: Ghosts in Scottish Tourism', *Annals of Tourism Research,* 30(1), pp. 50-63.
Ingold, A., McMahon, U. and Yeoman I. (eds.) (2000), *Yield Management: Strategies for the Service Industries,* 2nd edn., Continuum, London.
Intergovernmental Panel on Climate Change (2001), *Climate Change 2001: The Scientific Basis,* Cambridge University Press, Cambridge.
Ioannides, D. and Apostolopoulos, Y. (1999), 'Political Instability, War, and Tourism in Cyprus: Effects, Management, and Prospects for Recovery', *Journal of Travel Research,* 38(1), pp. 51-56.

Jacobs, H. (1996), 'Öger Tours', *FVW International,* 18, p. 15.
Jeck-Schlottmann, G. (1987), *Visuelle Informationsverarbeitung bei wenig involvierten Konsumenten* (Dissertation), Universität Saarbrücken, Saarbrücken.
Jossé, G. (2004), *Strategische Frühaufklärung in der Touristik,* Dt. Univ.-Verlag, Wiesbaden.
Jungermann, H. (1991), 'Inhalte und Konzepte der Risikokommunikation', in *Risikokontroversen* (H. Jungermann, B. Rohrmann and P.M. Wiedemann (eds.)) Springer, Berlin, pp. 335-354.
Jungermann, H. and Slovic, P. (1993a), 'Charakteristika individueller Risikowahrnehmung', in *Risiko ist ein Konstrukt* (Bayerische Rückversicherung (ed.)), Knesebeck, München, pp. 89-107.
Jungermann, H. and Slovic, P. (1993b), 'Die Psychologie der Kognition und Evaluation von Risiko', in *Risiko und Gesellschaft* (G. Bechmann (ed.)), Westdeutscher Verlag, Opladen, pp. 167-207.

Kaas, K. P. (1990), 'Marketing als Bewältigung von Informations- und Unsicherheitsproblemen im Markt', *Die Betriebswirtschaft,* 50(49), pp. 539-548.
Kahn, H. and Wiener, A. (1967), *Ihr werdet es erleben,* Molden, Wien.
Kaspar, C. (1989), 'Systems approach in tourism: the Saint Gall Management Model', in *Tourism Marketing and Management Handbook* (S.F. Witt and L. Moutinho (eds.)), Prentice-Hall International, Hemel Hempstead, pp. 443-446.
Kaspar, C. (1991), *Die Tourismuslehre im Grundriss,* 4th edn., Paul Haupt Verlag, Bern.
Kelders, C. (1996), *Unterstützung strategischer Entscheidungsprozesse,* M&P, Stuttgart.
Keller, P. and Smeral, E. (1998), 'Increased international competition: new challenges for tourism policies in European countries', in *Faced with Worldwide Competition and Structural Changes: What are the Tourism Responsibilities of European Governments?* (WTO (ed.)), WTO, Madrid, pp. 1-24.

Kemmer, C. (1995), 'Resident and visitor safety and security in Waikiki', in *Security and Risks in Travel and Tourism (Proceedings of the International Conference at Mid Sweden University)*, Mid Sweden University, Östersund, pp. 75-83.
Kerstetter, D. and Cho, M.H. (2004), 'Prior Knowledge, Credibility, and Information Search', *Annals of Tourism Research*, 31(4), pp. 961-985.
Kirsch, W. and Trux, W. (1979), 'Strategische Frühaufklärung und Portfolio-Analyse', *Frühwarnsystem, ZfB-Ergänzungsheft 2*, pp. 47-69.
Kleinert, H. (1993), 'Kommunikationspolitik', in *Tourismus-Management* (G. Haedrich et al. (eds.)), de Gruyter, Berlin, pp. 287-300.
Köhler, R. and Böhler, H. (1984), 'Strategische Marketing-Planung', *Absatzwirtschaft*, 27(3), pp. 93-103.
Konert, F. J. (1986), *Vermittlung emotionaler Erlebniswerte*, Physica, Heidelberg.
Konrad, L. (1991), *Strategische Früherkennung*, Universitätsverlag Brockmeyer, Bochum.
Kotler, P. (1984), *Marketing Management*, 5th edn., Prentice Hall, Englewood Cliffs.
Kotler, P., Haider, D. and Rein, I. (1993), *Marketing Places*, The Free Press, New York.
Kotler, P., Bowen, J. and Makens, J. (1999), *Marketing for Hospitality and Tourism*, 2nd edn., Prentice Hall, Englewood Cliffs.
Krampe, G. and Müller, G. (1981), 'Diffusionsfunktionen als theoretisches und praktisches Konzept zur strategischen Frühaufklärung', *Zeitschrift für betriebswirtschaftliche Forschung*, 33(5), pp. 384-401.
Kreikebaum, H. (1993), *Strategische Unternehmensplanung*, Kohlhammer, Stuttgart.
Kreilkamp, E. (1998), 'Strategische Planung im Tourismus', in *Tourismus-Management* (G. Haedrich et al. (eds.)), de Gruyter, Berlin, pp. 287-324.
Kreilkamp, E. (2004), 'Strategische Frühaufklärung im Rahmen des Krisenmanagements im Tourismusmarkt', in *Risiko und Gefahr im Tourismus* (D. Glaeßer and H. Pechlaner (eds.)), Erich Schmidt Verlag, Berlin, pp. 13-27.
Krippendorf, J. (1991), *The Holiday Makers: Understanding the Impact of Leisure and Travel*, 2nd edn., Heinemann, Oxford.
Kroeber-Riel, W. (1986), 'Erlebnisbetontes Marketing', in *Realisierung des Marketing* (C. Belz (ed.)), Verlag Auditorium, St. Gallen, pp. 1137-1151.
Kroeber-Riel, W. (1992), *Konsumentenverhalten*, Verlag Vahlen, München.
Kroeber-Riel, W. (1993a), *Strategie und Technik der Werbung*, Kohlhammer, Stuttgart.
Kroeber-Riel, W. (1993b), *Bildkommunikation*, Vahlen, Stuttgart.
Krystek, U. (1979), *Krisenbewältigungs-Management und Unternehmungsplanung* (Dissertation), Justus Liebig-Universität, Giessen.
Krystek, U. (1987), *Unternehmungskrisen*, Gabler, Wiesbaden.
Krystek, U. and Müller-Stewens, G. (1992), 'Grundzüge einer Strategischen Frühaufklärung', in Strategische Unternehmensplanung, *Strategische Unternehmensführung* (D. Hahn and B. Taylor (eds.)), Physica-Verlag, Heidelberg, pp. 337-364.
Kupsch, P. (1973), *Das Risiko im Entscheidungsprozeß*, Gabler, Wiesbaden.

Laws, E. and Buhalis, D. (eds.) (2001), *Tourism Distributions Channels: Practices, Issues and Transformations*, Continuum, London.
Lebrenz, S. (1996), *Länderimages*, Josef Eul Verlag, Lohmar.
Lehto, X. Y., O'Leary, J.T. and Morrison, A.M. (2004), 'The Effect of Prior Experience on Vacation Behavior', *Annals of Tourism Research*, 31(4), pp. 801-818.
Leimbacher, U. (1992), *Krisenplanung und Krisenmanagement*, Zentralstelle für Gesamtverteidigung, Bern.
Lennon, G. (1999), 'Marketing Belfast as a tourism destination', *Tourism*, 47(1), pp. 74-77.
Lennon, J. and Foley, M. (1999), 'Interpretation of the Unimaginable', *Journal of Travel Research*, 38(8), pp. 46-50.
Lennon, J. and Foley, M. (eds.) (2000), *Dark tourism: the attraction of death and disaster*, Continuum, London.
Lepp, A. and Gibson, H. (2003), 'Tourist Roles, Perceived Risk and International Tourism', *Annals of Tourism Research*, 30(3), pp. 606-624.
Leslie, D. (1999), 'Terrorism and Tourism: The Northern Ireland Situation – A look behind the Veil of Certainty', *Journal of Travel Research*, 38(1), pp. 37-40.

Linde, F. (1994), *Krisenmanagement in der Unternehmung: eine Auseinandersetzung mit den betriebswirtschaftlichen Gestaltungsaussagen zum Krisenmanagement,* Verlag für Wissenschaft und Forschung, Berlin.
Luhmann, N. (1993), *Risk: A Sociological Theory,* de Gruyter, New York.
Luhmann, N. (2005), *Risk: A Sociological Theory,* Aldine Transaction, New Brunswick, N.J.

MacKay, K.J. and Fesenmaier, D.R. (1997), 'Pictoral Element of Destination in Image Formation', *Annals of Tourism Research,* 24(3), pp. 537-565.
Maier, J. and Kadner B. (2004), 'Der Klimawandel als Krisenfelder und Anpassungsstrategien im bayrischen Alpenraum und speziell im Mittelgebirge', in *Risiko und Gefahr im Tourismus* (D. Glaeßer and H. Pechlaner (eds.)), Erich Schmidt Verlag, Berlin, pp. 143-154.
Mansfeld, Y. (1995), 'Wars, tourism and the 'Middle East' factor', in *Security and Risks in Travel and Tourism (Proceedings of the International Conference at Mid Sweden University),* Mid Sweden University, Östersund, pp. 109-128.
Maslow, A.H. (1943), 'A Theory of Human Motivation', *Psychological Review,* 50(4), pp. 370-396.
Mason, P., Grabowski, P. and Du, W. (2005), 'Severe acute respiratory syndrome, tourism and the media', *International Journal of Tourism Research,* 7(1), pp. 11-21.
Mathes, R., Gärtner, H.-D. and Czaplicki, A. (1991), *Kommunikation in der Krise,* Institut für Medienentwicklung und Kommunikation, Frankfurt am Main.
Mathes, R., Gärtner, H.-D. and Czaplicki, A. (1993), 'Krisenkommunikation Teil 1', *PR Magazin,* 24(11), pp. 31-38.
Mayerhofer, W. (1995), *Imagetransfer,* Service Fachverlag, Wien.
Mazanec, J. (1989), 'Consumer behavior in tourism', in *Tourism Marketing and Management Handbook* (S. Witt and L. Moutinho (eds.)), Prentice Hall, Hertfordshire, pp. 63-68.
McLellan, R.W. and Foushee, K. (1983), 'Negative Images of the United States as Expressed by Tour Operators from Other Countries', *Journal of Travel Research,* 22(1), pp. 2-5.
McQuail, D. (2005), *McQuail's Mass Communication Theory,* 5th edn., Sage Publications, London.
Mercille, J. (2005), 'Media Effects on Image: The case of Tibet', *Annals of Tourism Research,* 32(4), pp. 1039-1055.
Meyer, W. (1981), 'Das Image von Dänemark als Urlaubsland', in *Reisemotive, Länderimages, Urlaubsverhalten* (Studienkreis für Tourismus (ed.)), Studienkreis für Tourismus und Entwicklung e.V., Ammerland/Starnberger See, pp. 141-157.
Middleton, V. and Clarke, J. (2001), *Marketing in Travel and Tourism,* 3rd edn., Butterworth-Heinemann, Oxford.
Mileti, D. and Sorensen, J. (1987), 'Determinants of organizational effectiveness in responding to low probability catastrophic events', *The Columbia Journal of World Business,* 22(1), pp. 13-21.
Miller, G. A. and Ritchie, B. W. (2003), 'A Farming Crisis or a Tourism Disaster? An Analysis of the Foot and Mouth Disease in the UK', *Current Issues in Tourism,* 6(2), pp. 150-171.
Mitroff, I. and Pearson, C. (1993), *Crisis Management,* Jossey-Bass, San Francisco.
Mitroff, I. and Pearson, C. (1996), *The Essential Guide to Managing Corporate Crises,* Oxford University Press, Oxford.
Money, R.B. and Crotts, J.C. (2003), 'The effect of uncertainty avoidance on information search, planning and purchases of international travel vacations', *Tourism Management,* 24(2), pp. 191-202.
Morgan, N. and Pritchard, A. (2000), *Advertising in Tourism and Leisure,* Butterworth-Heinemann, Oxford.
Moutinho, L. (ed.) (2000), *'Strategic Management in Tourism',* CAB International, Wallingford.
Mühlbacher, H. and Botschen, G. (1990), 'Benefit-Segmentierung von Dienstleistungsmärkten', *Marketing ZFP,* 12(3), pp. 159-68.
Müller, H., Kramer, B. and Krippendorf, J. (1991), *Freizeit und Tourismus* (Berner Studien zu Freizeit und Tourismus 28), Forschungsinstitut für Freizeit und Tourismus, Bern.
Müller, H. and Flügel, M. (1999), *Tourismus und Ökologie* (Berner Studien zu Freizeit und Tourismus 37), Forschungsinstitut für Freizeit und Tourismus, Bern.
Muthukrishnan, A. and Weitz, B. (1991), 'Role of product knowledge in evaluation of brand extension', in *Advances in Consumer Research Vol. 18* (R. Holman and M. Solomon (eds.)), Association for Consumer Research, Provo UT, pp. 407-413.

Nagle, T. and Holden, R. (2002) *The strategy and tactics of pricing: a guide to profitable decision making*, Prentice Hall, Upper Saddle River, NJ.
Nelson Jones, J. and Stewart, P. (1993), *Practical Guide to Package Holiday Law and Contracts*, 3rd edn., Tolley Publishing, Croydon.
Niehuus, M. (2001), *Reiserecht*, Dt. Anwaltverlag, Bonn.

Oelsnitz, D. (1993), *Prophylaktisches Krisenmanagement durch antizipative Unternehmensflexibilisierung*, Verlag Josef Eul, Lohmar.
Okumus, F. and Karamustafa, K. (2005), 'Impact of an Economic Crisis', *Annals of Tourism Research*, 32(4), pp. 942-961.
Okumus, F., Mehmet, A. and Arasly, H. (2005), 'The impact of Turkey's economic crisis of February 2001 on the tourism industry in Northern Cyprus', *Tourism Management*, 26(1), pp. 95-104.
Opaschowski, H. (1995), *Freizeitökonomie*, Leske und Budrich, Opladen.

Pacific Asia Travel Association (2003), *Crisis – It Won't Happen To Us*, PATA, San Francisco.
Page, S.J., Bentley, T. and Walker, L. (2005), 'Tourist Safety in New Zealand and Scotland', *Annals of Tourism Research*, 32(1), pp. 150-166.
Park, W., Lawson, R. and Milberg, S. (1989), 'Memory structure of brand names', in *Advances in Consumer Research Proceedings Vol. 16* (T. Srull (ed.)), Association for Consumer Research, Provo UT, pp. 726-731.
Pearce, P. L. (1982), *The Social Psychology of Tourist Behaviour*, Pergamon, Oxford.
Peattie, S., Clarke, P. and Peattie, K. (2005), 'Risk and responsibility in tourism: promoting sun-safety', *Tourism Management*, 26(3), pp. 399-408.
Perrow, C. (1992), *Normale Katastrophen*, Campus, Frankfurt am Main.
Peschke, G. (1986), 'Der Skandal', in *Jahrbuch der Werbung* (E. Neumann et al. (eds.)), Econ, Berlin, pp. 21-23.
Peymani, B. and Felger, S. (1997), 'Angst vor der großen Stornowelle', *FVW International*, 18(26), pp. 1-4.
Phipps, D. (1991), *The Management of Aviation Security*, Pitman, London.
Phuket Tourism Association (2005), *Come back to Phuket!*, Press release, PTA, Phuket, 18.01.2005.
Pikkemaat, B. and Peters, M. (2004), 'Alpine Katastrophen als Impuls für Innovationen im Tourismus', in *Risiko und Gefahr im Tourismus* (D. Glaeßer and H. Pechlaner (eds.)), Erich Schmidt Verlag, Berlin, pp. 323-336.
Pizam, A. and Fleischer, A. (2002), 'Severity versus Frequency of Acts of Terrorism: Which has a Larger Impact on Tourism Demand', *Journal of Travel Research*, 40(3), pp. 337-339.
Pizam, A. and Mansfield, Y. (eds.) (1995), *Tourism, Crime and International Security Issues*, Wiley, New York.
Pizam, A. and Mansfield, Y. (eds.) (1999), *Consumer Behavior in Travel and Tourism*, Haworth Press, New York.
Pizam, A. and Sussmann, S. (1995), 'Does Nationality Affect Tourist Behavior?', *Annals of Tourism Research*, 22(4), pp. 901-917.
Pohl, H. (1977). *Krisen in Organisationen* (Dissertation), Universität Mannheim, Mannheim.
Poirier, R.A. (1997), 'Political Risk Analysis and Tourism', *Annals of Tourism Research*, 24(3), pp. 675-686.
Porter, M. E. (1998a), *Competitive Advantage*, Free Press, New York.
Porter, M. E. (1998b), *Competitive Strategy*, Free Press, New York.
Poustie, M., Ross, J., Geddes, N. and Stewart, W. (1999), *Hospitality and Tourism Law*, International Thomson Business Press, London.
Poynter, J. (1989), *Foreign Independent Tours: Planning, Pricing and Processing*, Delmar, Albany.
Prideaux, B. (2004), 'The Need to Use Disaster Planning Frameworks to Respond to Major Tourism Disasters: Analysis of Australia's Response to Tourism Disasters in 2001', *Journal of Travel and Tourism Marketing*, 15(4), pp. 281-298.
Prideaux, B., Laws, E. and Faulkner, B. (2003), 'Events in Indonesia: exploring the limits to formal tourism trends forecasting methods in complex crisis situations', *Tourism Management*, 24(4), pp. 475-487.

Priel, A. and Peymani, B. (1996), 'Angestrebtes Rekordjahr in weiter Ferne', *FVW International,* 17(18), p. 50.
Pümpin, C. (1980), *Strategische Führung in der Unternehmenspraxis,* Schweizerische Volksbank, Bern.

Raffée, H., Sauter, B. and Silberer, G. (1973), *Theorie der kognitiven Dissonanz und Konsumgüter-Marketing,* Gabler, Wiesbaden.
Raich, F., Pechlaner, H. and Dreyer A. (2004), 'Risikowahrnehmung in touristischen Destinationen', in *Risiko und Gefahr im Tourismus* (D. Glaeßer and H. Pechlaner (eds.)), Erich Schmidt Verlag, Berlin, pp. 217-228.
Reason, J. (1974), *Man in Motion: the Psychology of Travel,* Weidenfeld and Nicolson, London.
Regele, U. and Schmücker, D. (1998), 'Vertriebspolitik im Tourismus', in *Tourismus-Management* (G. Haedrich et al. (eds.)), de Gruyter, Berlin, pp. 405-445.
Reilly, A. (1987), 'Are organizations ready for crisis?', *Columbia Journal of World Business,* 22(1), pp. 79-88.
Richter, L. (1992), 'Political Instability and Tourism in the Third World', in *Tourism and the Less Developed Countries* (D. Harrison (ed.)), Wiley, New York, pp. 35-46.
Richter, L. (1999), 'After Political Turmoil: The Lessons of rebuilding Tourism in Three Asian Countries', *Journal of Travel Research,* 38(1), pp. 41-45.
Richter, L. and Waugh, W. (1986), 'Terrorism and Tourism as Logical Companions', *Tourism Management,* 7(4), pp. 230-238.
Ries, K. and Wiedmann, K.-P. (1991), *Risikokommunikation als Problemfeld des Strategischen Marketings,* Institut für Marketing, Universität Mannheim, Mannheim.
Ritchie, B. (2004), 'Chaos, Crises and Disasters: A Strategic Approach to Crisis Management in the Tourism Industry', *Tourism Management,* 25(6), pp. 669-683.
Ritchie, B. and Crouch, G. (1997), 'Quality, price and the tourism experience', in *Quality Management in Tourism* (AIEST (ed.)), AIEST, St. Gallen, pp. 117-139.
Ritchie, B.W., Dorrell, H., Miller, D. and Miller, G. (2004), 'Crisis Communication and Recovery for the Tourism Industry: Lessons from the 2001 Foot and Mouth Disease Outbreak in the United Kingdom', *Journal of Travel and Tourism Marketing,* 15 (2), pp. 199-216.
Ritchie, B. and Goeldner, C. (eds.) (1994), *Travel, Tourism and Hospitality Research: a Handbook for Managers and Researchers,* 2nd edn., Wiley, New York.
Robinson, M., Evans, N. and Callaghan, P. (eds.) (1996), *Tourism and Culture: Image, Identity and Marketing,* Business Education Publishers, Sunderland.
Roehl, W. S. and Fesenmaier, D.R. (1992), 'Risk Perceptions and Pleasure Travel: An Exploratory Analysis', *Journal of Travel Research,* 30(4), pp. 17-26.
Romeo, J. (1991), 'The effect of negative information on the evaluations of brand extensions and the family brand', in *Advances in Consumer Research Vol. 18* (R. Holman and M. Solomon (eds.)), Association for Consumer Research, Provo UT, pp. 399-406.
Rubio-Ayache, D. (2004), *Droit du tourisme,* Éditions BPi, Clichy.
Ryan, C. (1993), 'Crime, violence, terrorism and tourism: an accidental or intrinsic relationship?', *Tourism Management,* 14(3), pp. 173-183.
Ryan, C. (1995), *Researching Tourist Satisfaction: Issues, Concepts, Problems,* Routledge, London.
Ryan, C. and Page, S. (eds.) (2000), *Tourism Management: Towards the New Millennium,* Elsevier, Oxford.

Sailer, R. (2001), 'Risk Assessment and Crisis Management for a Winter Tourist Resort - A Case Study', in *ESRI User Conference Proceedings 2001* (Abstracts and Papers presented at the 21st Annual ESRI User Conference, July 9-13, 2001), ESRI, Redlands CA.
Santana, G. (1995), 'Crisis management and the hospitality industry', in *Security and Risks in Travel and Tourism (Proceedings of the International Conference at Mid Sweden University),* Mid Sweden University, Östersund, pp. 148-167.
Santana, G. (1999), 'Tourism: toward a model for crisis management', *Tourism,* 47(1), pp. 4-12.
Sayed el, M. K. (1997), 'The case of Egypt', in *Shining in the Media Spotlight* (WTO (ed.)), WTO, Madrid, pp. 21-25.
Scherler, P. (1996), *Management der Krisenkommunikation,* Helbig & Lichtenhahn, Basel.
Scherrieb, H. R. (1992), 'Qualitäts- und Imagemanagement', *Revue de Tourisme,* 47(3), pp. 11-15.

Scheurer, R. (2003), *Erlebnis-Setting – Touristische Angebotsgestaltung in der Erlebnisökonomie* (Berner Studien zu Freizeit und Tourismus Nr. 43), Forschungsinstitut für Freizeit und Tourismus, Bern.

Schilling, A., Nöthinger, C. and Ammann, W. (2004), 'Naturgefahren und Tourismus in den Alpen – Die Krisenkommunikation bietet Lösungsansätze', in *Risiko und Gefahr im Tourismus* (D. Glaeßer and H. Pechlaner (eds.)), Erich Schmidt Verlag, Berlin, pp. 61-74.

Schönefeld, L. (1994), 'Krisenkommunikation in der Bewährung', in *Unternehmen in der ökologischen Diskussion* (L. Rolke, B. Rosema and H. Avenarius (eds.)), Westdeutscher Verlag, Opladen, pp. 207-222.

Schrattenecker, G. (1984), *Die Beurteilung von Urlaubsländern durch Reisekonsumenten*, Service Fachverlag, Wien.

Schulten, M. F. (1995), *Krisenmanagement*, Verlag für Wissenschaft und Forschung, Berlin.

Schulze, G. (1996), *Die Erlebnis – Gesellschaft*, Campus Verlag, Frankfurt am Main.

Schweiger, G. (1992), *Österreichs Image in der Welt*, Service Fachverlag, Wien.

Sexton, J. B. (ed.) (2004), *The Better the Team, the Safer the World: Golden Rules of Group Interaction in High Risk Environments: Evidence based suggestions for improving performance*, Gottlieb Daimler and Karl Benz Foundation and Swiss Re Centre for Global Dialogue, Ladenburg and Rüschlikon.

Seyderhelm, B. (1997), *Reiserecht*, Müller Verlag, Heidelberg.

Sharpley, R. (1999), *Tourism, Tourists and Society*, 2nd edn., Elm Publications, Huntingdon.

Sharpley, R. and Sharpley, J. (1995), 'Travel advice – security or politics?', in *Security and Risks in Travel and Tourism (Proceedings of the International Conference at Mid Sweden University)*, Mid Sweden University, Östersund, pp. 168-182.

Siegenthaler, P. (2002), 'Hiroshima and Nagasaki in Japanese Guidebooks', *Annals of Tourism Research*, 29(4), pp. 1111-1137.

Simon, H. (1992), *Preismanagement: Analyse, Strategie, Umsetzung*. Gabler, Wiesbaden.

Skriver, A. (1990), 'Vom Unterhaltungswert von Katastrophen', *E+Z*, 31(4), pp. 15-16.

Smith, D. and Park, W. (1992), 'The effect of brand extensions on market share and advertising efficiency', *Journal of Marketing Research*, 29(3), pp. 296-313.

Smith, V. (1998), 'War and tourism', *Annals of Tourism Research*, 25(1), pp. 202-227.

Sönmez, S. (1998), 'Tourism, Terrorism, and Political Instability', *Annals of Tourism Research*, 25(2), pp. 416-456.

Sönmez, S., Apostolopoulos, Y. and Tarlow, P. (1999), 'Tourism in Crisis: Managing the Effects of Terrorism', *Journal of Travel Research*, 38(1), pp. 13-18.

Sönmez, S., Backman, S. J. and Allen, L. R. (1994), *Managing Tourism Crises*, Clemson University, Clemson.

Sönmez, S. and Graefe, A. (1998a), 'Influence of terrorism risk on foreign tourism decisions', *Annals of Tourism Research*, 25(1), pp. 112-144.

Sönmez, S. and Graefe, A. (1998b), 'Determining Future Travel Behaviour from Past Travel Experience and Perceptions of Risk and Safety', *Journal of Travel Research*, 37(4), pp. 171-177.

Starn, R. (1971), 'Historians and Crisis', *Past and Present*, 52, pp. 3-22.

Steger, U. and Antes, R. (1991), Unternehmensstrategie und Risiko–Management, in *Umwelt–Auditing* (U. Steger (ed.)), FAZ, Frankfurt am Main, pp. 13-44.

Stern, E. (2000), *Crisis Decisionmaking: A Cognitive Institutional Approach (Vol. 6)*, The Swedish Agency for Civil Emergency Planning (ÖCB), Stockholm.

Strangfeld, R. (1993), 'Rechtliche Rahmenbedingungen', in *Tourismus-Management* (G. Haedrich et al. (eds.)), de Gruyter, Berlin, pp. 105-131.

Stutts, A. (1990), *The Travel Safety Handbook*, Van Nostrand Reinhold, New York.

Süddeutsche Zeitung (1996), 'So bekannt sind die Reiseveranstalter', *Süddeutsche Zeitung*, 12.03.1996, p. 911.

Teye, V.B. (1986), 'Liberation Wars and Tourism Development in Africa: The case of Zambia', *Annals of Tourism Research*, 13(4), pp. 589-608.

Theuerkorn, S. (2004), *Krisenmanagement in touristischen Destinationen. Zwischen theoretischen Ansätzen und praktischer Umsetzung. Dargestellt am Beispiel Sachsen nach dem Hochwasser im August 2002* (diploma thesis), Katholische Universität Eichstätt-Ingolstadt, Eichstätt-Ingoldstadt.

Thierry, C. P. and Mitroff, I. (1992), *Transforming the Crisis Prone Organization*, Jossey Bass, San Francisco.
Timothy, D. J. (2001), *Tourism and Political Boundaries*, Routledge, London.
Trommsdorff, V. (1975), *Die Messung von Produktimages für das Marketing*, Carl Heymanns, Saarbrücken.
Trommsdorff, V. (1990), 'Image als Einstellung zum Angebot', in *Wirtschaftspsychologie in Grundbegriffen* (C.Hoyos (ed.)), Psychologie Verlags Union, München, pp. 117-128.
Tscharnke, K. (1995), *FVW International*, 17(5), p. 181.
Tschiderer, F. (1980), *Ferienortplanung*, Paul Haupt Verlag, Bern.
Tversky, A. and Kahneman, D. (1974), 'Judgement under uncertainty: Heuristics and biases', *Science*, 185, pp. 1124-1131.

Ullberg, S. (2001), *Environmental Crisis in Spain: The Boliden Dam Rupture* (Vol. 14), The Swedish Agency for Civil Emergency Planning (ÖCB), Stockholm.
Ulrich, H. and Probst, G. (1995), *Anleitung zum ganzheitlichen Denken und Handeln*, Paul Haupt Verlag, Bern.
United Nations Population Fund (2004), *State of World Population 2004: The Cairo Consensus at Ten - Population, Reproductive Health and the Global Effort to End Poverty*, UNFPA, New York.
Uysal, M. (ed.) (1994), *Global Tourist Behaviour*, International Business Press, New York.

Vallois, F. (1995), *International Tourism: an Economic Perspective*, Macmillan, New York.
Vellas, F. and Bécherel, L. (1995), *International Tourism*, Macmillan, New York.
VisitScotland (2005), *Avian Flu: A Pandemic Waiting to Happen (A Briefing Paper)*, VisitScotland, Edinburgh.
Vukonic, B. (1997), *Tourism and Religion*, Elsevier Science, Oxford.

Wahab, S. (1995), 'Terrorism – a challenge to tourism', in *Security and Risks in Travel and Tourism (Proceedings of the International Conference at Mid Sweden University)*, Mid Sweden University, Östersund, pp. 84-108.
Weiermair, K. and Gasser, R. (1995). 'Safety and risk in tourism' in *Security and Risks in Travel and Tourism (Proceedings of the International Conference at Mid Sweden University)*, Mid Sweden University, Östersund, pp. 134-147.
Weinberg, P. and Konert, F.-J. (1985), 'Vom Produkt zur Produktpersönlichkeit', *Absatzwirtschaft*, 28(2), pp. 85-97.
WEU (1995), *Directives on Planning Options and Priorities to the Planning Cell, 6, (Unpublished draft, 10 April)*, WEU, Brussels. Wiedemann, P.M. (1994), 'Krisenmanagement und Krisenkommunikation', in *Krisenmanagement bei Störfällen* (H.J. Uth (ed.)), Springer, Berlin, pp. 29-49.
Wiedemann, P. M. and Schütz, H. (2004), 'Was sollte ein Risikomanager über die Risikowahrnehmung wissen?', in *Risiko und Gefahr im Tourismus* (D. Glaeßer and H. Pechlaner (eds.)), Erich Schmidt Verlag, Berlin, pp.75-87.
Wilkinson, P. (1993), *Policy Study of Traveller Safety – Confidential Report for the World Travel & Tourism Council*, WTTC, London.
World Tourism Organization (1980), *Physical Planning and Area Development for Tourism in the Six WTO Regions*, WTO, Madrid.
World Tourism Organization (1985), *Contractual Procedures and the Nature of Contracts for Tourist Services between Tour Operators and their Counterparts in Tourist Receiving Countries as well as Users and Consumers of Tourist Services*, WTO, Madrid.
World Tourism Organization (1989), *Document TOUR/89-DI.9, Interparliamentary Conference on Tourism, Madrid*, WTO, Madrid.
World Tourism Organization (1991a), *Special Report on the Impact of the Gulf Crisis on International Tourism*, WTO, Madrid.
World Tourism Organization (1991b), *Medidas recomendadas para la seguridad en turismo*, WTO, Madrid.
World Tourism Organization (1992), *Manual of Quality, Hygiene and Food Safety in the Tourism Sector*, WTO, Madrid.
World Tourism Organization (1993), *Sustainable Tourism Development*, WTO, Madrid.

World Tourism Organization (1994a), *Marketing Plans & Strategies of National Tourism Administrations*, WTO, Madrid.
World Tourism Organization (1994b), *Document SEC/2/94/BM*, WTO, Madrid.
World Tourism Organization (1994c), *Document SEC/2/94/HEUNI*, WTO, Madrid.
World Tourism Organization (1994d), *Document SEC/2/94/CTO, Crime and Tourism in the Bahamas*, WTO, Madrid.
World Tourism Organization (1994e), *Budgets of National Tourism Administrations*, WTO, Madrid.
World Tourism Organization (1994f), *Aviation and tourism policies: balancing the benefits*, Routledge, London.
World Tourism Organization (1995), *Plan of Action for the WTO/UNESCO Cultural Tourism Programme 'The Slave Route'*, WTO, Madrid.
World Tourism Organization (1996a), *Budgets of National Tourism Administrations*, WTO, Madrid.
World Tourism Organization (1996b), *What Tourism Managers Need to Know*, WTO, Madrid.
World Tourism Organization (1996c), *Awards for Improving the Coastal Environment*, WTO, Madrid.
World Tourism Organization (1996d), *Global Distribution Systems*, WTO, Madrid.
World Tourism Organization (1997), *Tourist Safety and Security*, WTO, Madrid.
World Tourism Organization (1998a), *Tourism – 2020 Vision*, WTO, Madrid.
World Tourism Organization (1998b), *Handbook on Natural Disaster Reduction in Tourist Areas*, WTO, Madrid.
World Tourism Organization (1998c), *Guide for Local Authorities on Developing Sustainable Tourism*, WTO, Madrid.
World Tourism Organization (1999), *Impacts of the Financial Crisis on Asia's Tourism Sector*, WTO, Madrid.
World Tourism Organization (2000), *Global Code of Ethics for Tourism*, WTO, Madrid.
World Tourism Organization (2001), *Special Report No. 18, Tourism After 11 September 2001: Analysis, Remedial Actions and Prospects*, WTO, Madrid.
World Tourism Organization (2002a), *Special Report No. 19, Tourism Recovery Committee for the Mediterranean Region*, WTO, Madrid.
World Tourism Organization (2002b), *Special Report No. 20, The Impact of the September 11th Attacks on Tourism: The Light at the End of the Tunnel*, WTO, Madrid.
World Tourism Organization (2002c), *Special Report No. 21, Climbing Towards Recovery?*, WTO, Madrid.
World Tourism Organization (2002d), *Safety and Security in Tourism – Partnerships and Practical Guidelines for Destinations* (Unpublished document), WTO, Madrid.
World Tourism Organization (2003a), *Tourism Recovery Series*, WTO, Madrid.
World Tourism Organization (2003b), *Document CME/24/5(b) Special Support Programme for the Recovery of the Travel and Tourism Industry in the Middle East and North Africa*, WTO, Madrid.
World Tourism Organization (2003c), *Climate Change and Tourism*, WTO, Madrid.
World Tourism Organization (2003d), *Evaluating NTO Marketing Activities*, WTO, Madrid.
World Tourism Organization (2004), *Indicators of Sustainable Development of Tourism Destinations*, WTO, Madrid.
World Tourism Organization (2005a), *Tsunami Relief for the Tourism Sector – Phuket Action Plan*, WTO, Madrid.
World Tourism Organization (2005b), *Tsunami: One Year on – A summary of the implementation of the Phuket Action Plan*, WTO, Madrid.
World Tourism Organization (2005c). *Proposal to Channel Funds for the Economic and Operational Recovery of Small and Medium-Size Tourism Enterprises Affected by the Tsunami*, WTO, Madrid.
World Tourism Organization (2005d), *Document TF2/Project Proposal for the WTO Emergency Task Force*, WTO, Madrid.
World Tourism Organization (2005e), *Document A/16/22 – Recommendations on Travel Advisories*, WTO, Madrid.
World Tourism Organization (2005f), *Document A/16/16 – Actions in favour of the Tsunami-affected countries*, WTO, Madrid.
World Tourism Organization, *Yearbook of Tourism Statistics*, Various Editions, WTO, Madrid.
World Tourism Organization and Asian Development Bank (2005), *An Initial Assessment of the Impact of the Earthquake and Tsunami of December 26, 2004 on South and Southeast Asia*, WTO, Madrid.

World Tourism Organization and United Nations (1994), *Recommendations on Tourism Statistics*, WTO, Madrid.

Yeoman, I., Galt, M. and McMahon-Beattie, U. (2005), 'A Case Study of How VisitScotland Prepared for War', *Journal of Travel Research*, 44(1), pp. 6-20.

Young, W. B. and Montgomery, R. J. (1998), 'Crisis Management and its Impact on Destination Marketing', *Journal of Convention and Exhibition Management*, 1(1), pp. 3-18.

Índice

A

Abordagem de definição da agenda 33
Abrigos de emergência 199-201
Ações estratégicas
  cooperação 171-172
  custeio próprio 176
  diversificação 167-169
  externalização 170-172
  segregação parcial 170
  seguro 171-175
  transferência 169-172
Ações implausíveis 245-246
Acontecimento negativo 13-21, 29-34, 112-114, 120-126, 171-172
  definição 29
  disseminação 30-34
  formas básicas 30
Acontecimentos envolvendo segurança 62-64, 92-94
África 76-78, 82, 89, 167, 175
África do Sul 160
Agência de Segurança para o Transporte Aéreo (TSA) 104
Agência de Seguros Comerciais para a África 175
Agência Espacial Européia 160
  Epidemio 146
  Projeto Earth Watching 105, 146
Agência Norte-americana de Projetos de Pesquisa Avançada em Sistemas de Defesa 156
Agências de classificação do risco 109, 110
Agências de notícias 134-135, 140, 145, 156, 260,
Agente de viagem 226, 233-236, 258-259
Agitação
  política 67-68, 78, 106, 132-138
  racial 29
AIDS 78
AIEST, ver Associação Internacional dos Especialistas em Turismo

Air Berlin 179, 221
Air France 30
Airtours 230
Alemanha 15-18, 45, 61, 96-97, 106-107, 136-138, 152-153, 182, 210, 269
Alerta de viagem, ver Orientações de viagem
Alerta inicial 35-36, 105, 127-160
  custos 37
  descontinuidades 148-150
  indicadores 128-148
  limitações 158-159
  ponto ideal no tempo 37
Alterações em reservas 230
Amadeus 145
Ambiente social 44-46, 93-97, 109-110, 148-156, 158
Análise de correspondência 123
Análise de portfólio 150-151
Análise de vulnerabilidade 114-116, 118
Análise do cenário 118-120
Análise do impacto cruzado 114-116, 118
Antraz 30
Aposentado 226
  informações 258
Áreas críticas e importantes 112-126, 198-204
Áreas de alto risco 19-21
Áreas de observação 113-127, 129
Associação Alemã dos Agentes de Viagem e Operadoras de Turismo 272
Associação dos Hotéis do Caribe 171-172
Associação Internacional do Transporte Aéreo 171-172, 265-266
Associação Internacional dos Especialistas em Turismo 272
Associação para o Turismo na Ásia-Pacífico 145, 264-266
ASTA, ver Sociedade Norte-americana de Agentes de Viagem
Ataques de tubarão 53-54
ATIA, ver Agência de Seguros Comerciais para a África

Atitude 31, 33, 46-49, 62, 84, 91
Atividades criminosas 30, 53-54, 62-63, 123, 137, 241
ATSA, *ver* Lei da Segurança na Aviação e Transporte
Austrália 55, 114, 138, 142-143, 146, 216-217, 218-219, 160, 216-217
Áustria 30, 144-125, 136-138, 147, 160, 164, 195-196, 240, 248
Autonomia 157, 159
Avalanches 20, 28, 56, 147, 240-241
Avaliação dos serviços de resgate 65, 96-97, 106-107, 187-190, 203
Avisos públicos, *ver* Orientações de viagem

B

Bali 53-54, 101, 138-139, 141, 213, 227-228
Banco Mundial 175, 269
Bangkok 107, 216-217
BBC 261, 264
Belfast 92
Bélgica 160
Bens 219-222
   busca 39, 121-122
   confiança 39
   experiência 39, 121-122
   de prestígio 223
Birgenair 48-49, 126
Blogs 254
Boicotes 30, 45, 262
Boletins de informações diplomáticas 137
Bolsa de Valores de Chicago 174
Bolsa de Valores de Hollywood 156
Bolsa Internacional de Turismo, *ver* Internationale Tourismus Börse
Borsa Internazionale del Turismo 269
Brasil 107-108, 241
Brent Spar 45, 57, 155
British Airways 99, 195-196, 198
Business Risk Service (BRS) 133-135, 160

C

Call center 140, 157, 171-172, 192, 204, 251-252
Caminhante 65
Campanha *Know Before You Go* (Saiba Antes de Ir) 140-143
Campanha *Live It, Love It* (Vivencie! Adore!) 274
Campanha Smiles 264-266
Campanhas do "Obrigado" 227-228
Canadá 21, 61, 141, 160

Cancelamentos 66-68, 230
Cancun 80-81
Catástrofes 96-97, 254, 273
   definição, 26-28
   grandes — naturais, 20
   potencial para, 56, 63, 71, 110
Central telefônica, *ver Call center*
Centro de Atendimento Telefônico 187, 188, 195-198
Centro de gestão 190, 194
Centro de informações 194-198, 258, 251-253, 255
Centro para o Controle e Prevenção de Doenças 134-148, 160
Checklist
   cobertura por seguro 173
   documentos do cliente 251
   documentos para a mídia 260
   especialistas externos 193
   para equipamentos de tecnologia da informação 197
   tempestades tropicais 199-201
Chernobyl 43, 58, 68
China 227-228, 259
Cingapura 216-217, 268
Círculo cultural 58-60
City Briefs 144
Clientes em potencial 39, 44, 110, 208-209, 237-238, 254
Clima
   condições extremas 20, 96-97, 104-105
   weather derivatives 174-175
Clinton 271
CNN 264
Cobertura da mídia 61, 71, 177-178, 177-180, 183, 224, 245-246, 260-262, 271-272
Código Mundial de Ética para o Turismo 140
Coface 131-132, 160
Coletiva de imprensa 191-192, 243, 255, 260-261, 270
Colocação do produto 270-273
Comissão 229, 235-236
Comitê para a crise 186, 189, 191, 192, 194, 243
   OMT 101-102
Comportamento do consumidor 120, 208-209
   envolvimento 48-51, 233
   implicações legais 66-68, 230
   limitações 149
   risco 51-65
   ver também Fidelidade; Sanção
Comportamento impulsivo 47
Comunicação para a crise 171-172, 192, 239, 242-274
   agentes de viagem 258-259
   aspectos temporais 242-244

características 242
cliente 251-257
conteúdo 242-244
credibilidade 177-183, 242
filmes 270-274
forma 242
mea culpa 177-178
mídia 260-261
modelo dos três participantes 249
operadoras de turismo 258-259
possibilidades e riscos 247-249
propaganda 262-266
quadro de pessoal 258
reputação 245-246
rostos famosos 271
seqüência 243
televisão 243-246, 249-250, 260-262
Comunicação para o risco 239-242
Conceito de reserva 194
Concorrente 43, 99-102, 110, 162, 229
  aspecto temporal 80-81
  possibilidades de reação 99-100
Condições de pagamento 229, 231-232
Conflito 28-29
Conjunto lembrado 50, 72
Conselho Mundial para Viagens e Turismo 272
Consumidor 31, 44-75, 110, 120
Contaminação da água 103-105, 212
Contrato de hospedagem 66, 170-172, 214
Contrato de transporte 66, 171-172
Contratos de hospitalidade 66, 169-172, 214
Convenções 174, 268, 270-272
Cooperação 97, 171-172
Correspondentes 134-135, 145
Credibilidade 73, 177-183, 235-238, 245-246, 270-271
Criatividade 97, 149, 276
Crise do petróleo 25
Crise
  acontecimentos desencadeadores 29-30
  características da 23-27
  causada pela natureza e pelo homem 28
  classificação 28-29
  definição 26-27
  equipe 186-193
  esferas de atividade 43-111
  fases 28-29
  financeira 30, 132-135
  habilidades em tempos de 203
  origem 23-24
  ponto crítico 26-27
  pressão pelo fator tempo 25-27
  tipologias 28-29
Cultura corporativa 193, 218, 267
Custo financeiro 13-14, 109-110, 119, 170-173, 207-209

D

DARPA, *ver* Agência Norte-americana de Projetos de Pesquisa Avançada em Sistemas de Defesa
Decisão 24-25, 202-204
  vazio de 149
Decisão de compra 41, 46-61, 71-74
Decisão de viagem 46-74
  fase da viagem de férias 73
  fase de orientação 71-72
  fase pós-decisão 72
  fase pós-férias 73-74
Decisão estendida 47-49, 72, 121-122
Decisão simplificada 47-49
Delinqüência 30, 62
DELTUR 241
Desastres naturais 7-21 26-30, 32, 56, 68, 72, 106, 156
Descontos 229
Descrição de função 191
Desenvolvimento de produto 212-215
Deslizamentos de terra 20, 56
Destino 38, 76-78, 168, 173
  fatores de influência 77-78, 120-123
  imagem 84-94, 120-126
  vantagem competitiva 78-84, 161-162
Discriminação de preço 224-226
Disposições para evitar a crise 35-37, 180, 127-160
Disseminação 15, 33, 198
  processo 34, 154, 179
  proximidade ao acontecimento 32, 123-126
  proximidade cultural 32, 123-126
  proximidade psicológica 32, 123-126
  termos de referência 154-155
Diversificação 167-169
  horizontal 168
  vertical 169
Divórcio 17
Djerba 101-106
Doações 96-97, 248
Doenças 30, 146, 160
DRV, *ver* Associação Alemã dos Agentes de Viagem e Operadoras de Turismo

E

Ebola 78, 146
Efeito da generalização 55, 100
Efeito das algas 67, 69-70
Efeito do cenário 90, 213, 223-224, 225-226, 229
Egito 13, 50, 58-61, 80-81, 89, 165, 166, 210-211, 215-217
E-mail 194-198, 251, 253, 258

Empresas de pequeno e médio portes 93-97
Enchentes 20-21, 56, 96-97, 156, 263
Enfrentamento da crise 37, 163, 205-275
Entrevista 242-244, 260, 264, 269
Envolvimento 31, 64, 71, 74, 89, 208-209, 233, 250
   contínuo 51
   específico ao objeto 50-51, 121-122, 235
   pessoal 48-50, 121-122
   situacional 51, 71, 74, 83
EPIC 189-190, 195-196
Epidemia 30, 68, 106, 113, 146, 268
Equipe de assistência especial 187
Equipes de assistência 203
Erupções vulcânicas 7, 56, 146
ESA, *ver* Agência Espacial Européia
Escócia 118-119
Esfera da experiência 32, 82, 85, 91, 121-127
Esferas de atividade 43-111
   classificação 110
   competidores 43, 99-102, 110
   consumidor 43-74, 110, 120
   destinos 43, 76-97
   do estado 43, 103-108, 110, 173, 183
   fornecedores 43, 109-110
   funcionários 43, 109-110. *Ver também* Quadro de pessoal
   investidores 43, 109-110
   produto turístico 43, 99-75, 120
Espanha 58, 160, 216-217
Especialista(s) 57, 116, 131-135, 149
   externos 192-193
   oculto 193
Estado 43, 103-108, 110, 154, 173, 183
Estado provedor 103, 105
Estratégia
   aceitação 176
   corporativa 161-166
   diferenciação, 41, 163-165, 224
   empurrão 236
   foco 162, 166, 175
   liderança no custo 83, 162-163, 224
   puxão 236
   qualidade total 163
   tratamento da crise 177-184, 205, 212
   valor da experiência 38-41, 51, 127, 163-165, 215, 224
Estratégias para o tratamento da crise
   abordagem proativa 177-182
   abordagem reativa 183
   credibilidade 177-183
Estresse 24-27, 198, 204, 219, 251, 260
ETA (Euskadi ta Askatasuna) 30, 63, 91
EUA 15-18, 29, 31-32, 34, 52-54, 61, 92, 101, 103-104, 106-108, 136-138, 160, 174, 180-181, 210, 213-214

Evacuação médica 106-107
Eventos 86-87, 270-273
Exército Republicano Irlandês 63
Expedia 145
Experiência 24, 33, 40, 48-51, 55, 57, 90-91, 148, 152-153, 192, 193, 202, 203
   bens 39, 121-122
   direta 30-32, 43, 47, 73, 90-91
   esfera da 32, 82, 85, 91, 121-127
Experiência da Biosfera 7
Exposição Internacional de Viagens e Turismo de Moscou 269
Exposições, *ver* Feiras
Externalização 170-172
Exxon Valdez 57

F

Fase de orientação 71, 73, 74, 236
Fatores de risco quantitativo 55-56
Febre aftosa 30
Feiras 206, 268-270
Feira Internacional de Turismo 269
Ferramentas de marketing 205-274
   decisões básicas 205
   diferenciação 208-211
   diferentes pontos no tempo 206-207
   duração da utilidade 207-209
   marketing de mercado 236, 267
   orçamento 207-209
   padronização 208-211
   política de distribuição 233-238
   política de preços 223-232
   política de produto 212-222
   política para a comunicação 239-275
Fidelidade 47, 99-102, 229-230, 236-238
FIFA 272
Filmes 86-87, 182, 273-274
FITUR, *ver* Feira Internacional de Turismo
Flórida 20, 30, 61, 156, 174
FMI, *ver* Fundo Monetário Internacional
Força maior 67-68, 73-74
Formulação de políticas 101, 103-104
Fornecedor 43, 109
Fórum Econômico Mundial 273
França 105, 106, 131-132, 136-138, 141, 195-196, 210, 227-228
Funcionários 35-36, 38, 43, 104, 109-110, 144, 155, 157, 158, 181, 187, 190, 194, 199-201, 218-219, 226, 235, 239, 258, 260, 261, 267
   coordenação 200
   informações 258
Fundo Monetário Internacional 211, 269
Furacão 20, 30, 67, 138, 146, 156, 171-172, 174, 198

Hugo 171-172
Katrina 109, 202, 253
Mitch 30
Furto 62, 68
FutureMAP 156

G

Gâmbia 167-168
Garantias 132, 175, 219-222, 225, 237-238, 256-257, 267
GAST/EPIC 171-172, 189-190, 195-196
Gestão 34, 93-94, 148, 176, 258-259
   informação 258
   responsável 109-110
   treinamento 202-204, 219
Gestão de crises
   áreas críticas e importantes 112-126
   definição 34-36
   enfrentamento da crise 37, 163, 205-275
   fases 35-37
   ferramentas 205-275
   futuro da 276-277
   importância 13-21, 93-97, 276-277
   Lufthansa 187-188
   prevenção da crise 35-36, 112-204
   temporariamente variável 72
   TUI 189-190
Golpe de estado 24, 30, 168
Grande mídia
   cobertura 61, 71, 177-180, 183, 245-246
   credibilidade 260-262
   efeitos 33-34
   influências de disseminação 31-33, 154, 260
   oportunidades econômicas 249-250, 262
   possibilidades legais 261-262
   processo de comunicação 30-34, 154-155, 177-183, 259-262
   valor da notícia 31-32
Greenpeace 155
Gripe Aviária 118-119, 264-266
Grupo de controle de riscos 134-136, 144
Grupo de orientação 186
Grupos de pessoas de um mesmo país 61
Guerra 24, 30, 43, 45, 56, 67-68, 82, 89, 92, 93-94, 99, 213, 225, 254
Guerra civil 30, 56, 68, 92
Guerra do Golfo 43, 45, 89, 213

H

H.I.S. 213-214
Heurística 55
Hipótese da distância 77

Hong Kong 262, 274
Hotéis 109, 147, 169, 176, 199-201, 213, 256-257, 264
Hotéis RIU 225
Hotéis Sandal 220

I

IATA, *ver* Associação Internacional do Transporte Aéreo
IDOL Server 157
iJet 144-145, 160
Ilha da Madeira 83
Imagem
   conceitos 120-122
   desejada 56
   destino 62, 71
   diluição 169
   experiência 90-91
   medição não-verbal 84, 124-125
   país 85-88
   regional 88-90
   verdadeira 56
Impacto econômico 13-14, 20, 109-110, 119, 207-209, 262
Implementação de políticas 104
Implicações legais e jurídicas 66-68, 100, 152-153, 230, 244
Impostos 164, 168, 224
Incêndios florestais 20, 56, 180-181
Incêndios no campo, 56
Indenização 66, 73, 105, 173, 175, 220
Indicadores 128-148
   determinação 130-131
   limitações 158-159
   possibilidades 158-159
   risco país 131-145
   riscos à saúde 145-148
   riscos ecológicos 145-148
   sensores 146-148
Índice de Risco para Operações (ORI), *ver* Business Risk Service
Índice de Risco Político (PRI), *ver* Business Risk Service
Índice FTSE4Good 110
Informação
   coleta e análise 148
   fontes 31, 149, 260-262
   lacuna 149
   limitações 149
   oferta 18, 235
   relações temáticas 157
   responsabilidade de oferecer 68, 244
   sistemas 127-128
   teoria de Shannon 157

textual 249-250
vazamento de 183, 242-246
visual 249-250, 253-266
Informações diplomáticas, *ver* Orientações de viagem
Insatisfações 56, 74, 91, 225
Interfaces 252
Internationale Tourismus Börse 250, 269-270
Internet 164, 194-198, 226, 249-261
   blogs 254
   e-mail 194-198, 251, 253, 258
   servidor de reserva 253
   webcams 253-257
Intranet 197, 243, 258
Investidores 109-110
Investimento 176
IPCC, *ver* Painel Intergovernamental sobre a Mudança Climática
IRA, *ver* Exército Republicano Irlandês
Irlanda do Norte 63
Itália 160, 179, 210
ITB, *ver* Internationale Tourismus Börse

J

Japão 53-54, 58-60, 88, 160, 210, 213-214, 259
Jogos Olímpicos 13, 53-54, 157, 176, 269, 272
Jornais 32, 88, 156, 227-228, 250, 263, 267
Jornalista 32-33, 134-135, 245-246, 255-261, 268-270

K

Kashimira 93-94

L

Las Vegas 93-94
Lauda Air 248
Lei da Segurança na Aviação e Transporte 103-104
Leigo 57
Levantamento das descontinuidades 149-151
Liechtenstein 164-165
Limitação do risco contratual 170
Linha direta, *ver* Telefones de emergência
Linhas para a tendência estrutural 151-153
Lloyds London 175
Lobby 99-101, 103-107, 183
Lockerbie 195-196
Londres 101, 159, 165, 169, 175, 195-196, 254, 261, 269
Lufthansa 187, 229, 271

Luxair 255
Luxor 50, 58-60, 210-211

M

Madri 85, 91, 101, 105, 169, 227-228, 269
Majorca 79, 83, 93-94
Maldivas 89
Mali 169
Manual para a crise 190, 198-202
Mar Vermelho 50, 165, 210
Maremoto, *ver Tsunami*
Marketing *mix* 205, 208-211
Marrocos 83
Marsans 230
Matriz de interação 116-117
ME, *ver* Ministério do Exterior
Mea culpa 177-178
MedEvac, *ver* Evacuação médica
Memória 55, 247-248
Mercado de Eletrônicos de Iowa 156
Mercado Mundial de Viagens 269
Mercados artificiais 156
Meta-atributo 100
Método Delphi 117-118
México 21, 106
Ministério do Exterior 67-68, 106-108, 131-132, 136-144
MITT, *ver* Exposição Internacional de Viagens e Turismo de Moscou
Modelo dos três participantes 249
Modelo hexagonal 119
Modelo Moffat 119
Modelos para simulação 156
Mombasa 101
Monte Branco 65
Moody's 109
Motivos 46-47, 74, 77-82
Mudança climática 20-21
Mudanças estruturais 28

N

Northridge 21
Nouvelles Frontières 230
Nova York 22, 50, 86-87, 92, 213, 271, 273
   Campanha *I Love New York* 164
   Campanha *We Love New York* 214
Nova Zelândia 141, 160, 227-228, 273-274

O

Ofertas especiais 226-228

OMS, *ver* Organização Mundial da Saúde
OMT, *ver* Organização Mundial do Turismo
Onze de Setembro 13, 50, 52, 55, 57, 101, 103-104, 107-108, 138, 156, 174, 213, 215, 229, 271, 273
Operadora de turismo 66-68, 158, 166-168, 176, 214, 244, 247
Orbitz 145
Orçamento de marketing 207-210
Organização Caribenha do Turismo 171-172
Organização das Nações Unidas 38, 140, 146
Organização Mundial da Saúde 20, 118, 145-148
Organização Mundial do Turismo 38, 76, 77, 82, 140, 213
  Assembléia Geral 101, 140, 272
  Código Mundial de Ética no Turismo 140
  Comitê para a Crise 101-102
  Comitê para a Recuperação do Turismo 101-102
  Conselho Executivo 101, 272
  Projeto da Rota da Seda 76, 88
  Projeto da Rota dos Escravos 76, 82, 88
Orientações de viagem 106-108, 136-147, 167-168
  distorções 139-140
  sistemas de 136-137
Oscars 156
Overseas Security Advisory Council 144

P

Painel de mensagens 200, 254, 258
Painel Intergovernamental sobre a Mudança Climática 20-21
Paris 180, 195-196
Parque Nacional de Glacier 180-181
Parque Nacional de Yellowstone 180-181
Parques nacionais 180-181
PATA, *ver* Associação para o Turismo na Ásia-Pacífico
Patrocínio 97, 270-273
Percepção do jornalista 32, 260-262, 268
Percepção do risco 51-52
  fatores de risco individual 57-61
  participação no círculo cultural 58-60
Peregrinação 80-82, 90
Perigo 56-57
Personalidades famosas 86-87, 271
Petroleiro Erika 104-105
Petroleiro Prestige 104-105
Phuket 101, 107, 111, 248, 256-257, 273
PKK 63, 91
Planejamento 37, 185-204
  corporativo 37
  de contingência 148, 198-202
  especialistas 192-193
  genérico 186-198
  infra-estrutura 194-198
  preventivo 204
  responsabilidade 186
Polícia 26-27, 38, 95, 134-135, 194-196, 219, 241
Política da comunicação 205, 239-275
  colocação do produto 270-274
  comunicação com a mídia 259-262
  comunicação com os clientes 251-257
  comunicação internacional 258
  comunicação para a crise 239, 242-274
  comunicação para o risco, 239-242
  comunicação voltada para o comércio 258-259, 267
  diálogo real 176, 259
  estratégia da aceitação 176
  feiras 269-270
  filmes 273-274
  grupos-alvo 250-262
  informação textual 249-250
  informação visual 249-250, 253-266
  patrocínio 270-273
  promoção de vendas 265-269
  propaganda 262-266
  reputação 245-246
Política de condições 229-233, 236
Política de distribuição 205, 233-238
  canais 233-234
  clube de viagens 236-238
  direta 234-235
  estratégia do empurrão e do puxão 236
  indireta 235-236
  promoção de vendas 265-269
Política de preço 83, 162, 205, 223-232
  cancelamentos 230
  comissões 229, 235-236
  condições 229-232
  descontos 229
  discriminação 224-226
  efeito do cenário 90, 213, 223-226, 229
  política da estrutura 223-224, 233
  política da progressão 224-228
Política para o produto 62, 205, 212-222
  acessibilidade 215-217
  combinação de efeitos 212
  desenvolvimento 212-215
  garantias 219-222
  posicionamento 124, 127, 163-165, 213, 214, 224, 226, 265-266, 273
  quadro de pessoal 218-219
  variação no produto 213
Poluição ambiental 56, 67, 69-71, 104-105, 145-148, 155, 244

Pompéia 181
Portão de Brandemburgo 86-87
Porta-voz 186, 191, 260-262
Possibilidade de troca 80-83, 100, 162-165, 170, 181
Potencial sinalizador 57
Precauções para a crise 35-37, 112, 114, 163
Press release 179, 191, 214, 243, 244, 250, 253, 260, 264
Prevenção da crise 35-36, 112-204
Probabilidade do desencadeamento 171-173
Problema da definição de prioridades 96
Processo de comunicação 30-31, 248-249
Produto turístico 38-42, 76-97, 233-234
    benefício adicional 39-40, 78-82
    beneficio básico 39, 78-82
    passível de troca 80-83, 100, 162-165, 170, 181
Programa de Apoio aos Vôos Fretados 215-217
Programas de milhagem 229
Progresso tecnológico 15, 21, 147, 158
Projeto da Rota da Seda 76
Projeto da Rota dos Escravos 76, 82
Projeto Earth Watching 105, 146
Projeto Fênix 264-266
Projeto GHIRE 219
Promoção de vendas 236, 265-269
Propaganda 99, 163, 206, 210, 247, 262-266
Propaganda boca a boca 45, 224
Proteção ambiental 103-105
Proximidade 32, 56
Psicologia 24, 148, 163, 203
    percepção 149
    solução de problemas 149

Q

Quadro de pessoal 35-36, 38, 43, 104, 109-110, 144, 155, 157-158, 181, 187, 190, 194, 199-201, 218-219, 226, 235, 239, 258, 260, 261, 267
Quênia 99

R

Recordação 247-248
Recuperação 35-37, 80-81, 97, 101, 170, 205-275
Rede de Hotéis Kempinski 169
Regulamentação 14, 100-101, 103-105, 154
Reino Unido 53-54, 61, 63, 118-119, 136-138, 140-143, 160, 182, 210
    Campanha *Know Before You Go* (Saiba Antes de Ir) 140-143

República Dominicana 48-49, 126
Reputação 73, 177-183, 235-236, 237-238, 245-246
Resort 19, 62, 90, 147, 169, 176, 199-201, 256-257
Responsabilidade 93-97
Retorno do investimento 176
Reviravolta 28
Revoltas 30, 56
Revolução neolítica 14
Rimini 30, 69-71, 82
Rio de Janeiro 108
Risco país 131-136, 145, 175
Risco
    aceitação 64-65, 71
    adoção 170
    aliança 170
    avaliação 51-65, 104
    comparações 244
    compartilhamento 170
    definição 53-54
    divisão 170
    especulativo 175
    fontes 56-57
    gestão 34-36, 167
    limitação contratual 170-172
    político 131-136, 145, 175
Riscos à saúde 145-148
Riscos ecológicos 145-148
Risk Map 134-135
Roma 179

S

Sanção 100, 104
SARS 13, 113-114, 118-119, 145-148, 216-217, 220, 227-228, 264-266, 268-269, 273-274
Security Information Service for Businesses Overseas 144
Segmento de mercado 43, 50, 76, 208-211, 268, 272, 273
Segregação parcial 170
Segurança 29, 40, 50, 57, 61-62, 79, 86-87, 90, 92-94, 101, 103-108, 134-146, 154, 157, 171-172, 176, 187, 194, 198-201, 221, 243, 264, 267
Segurança interna 104, 137
Segurança pessoal 52, 62, 99, 105, 106, 110, 137, 162, 212, 224
Seguro 171-175
    cobertura para seu seguro de eventos 174
    companhias de 106, 110, 171-175
    custos 20
    interrupções nos negócios 173

propriedade 173
resseguro 110
risco político 175
terrorismo 174
viagem 106
weather derivatives 174-175
Sendero Luminoso 63
Seqüestrador 57
Seqüestro 56
Serviços diplomáticos e consulares, *ver* Ministério do Exterior
Sisbo, *ver* Security Information Service for Businesses Overseas
Sistemas de alerta inicial
  baseados em indicadores 127-148
  computadorizados 156-158
  determinação 130
  limitações 158-159
  possibilidades 158-159
  risco país 131-145
  riscos à saúde 145-148
  riscos ecológicos 145-148
  satélite 146
  scanner a laser 147
  sinais incipientes 113-114, 127-128, 148-159
Snowboarder 240-241
Sociedade Aloha do Havaí para o Auxílio a Visitantes (VASH) 218-219
Sociedade Norte-americana de Agentes de Viagem 272-273
Solidariedade 173, 213-214, 227-228, 248, 254
Southampton 182
Stakeholder 43-46, 101, 109-110, 119, 154, 176, 248-249
Standard&Poor's 109
Suécia 152-153
Swissair 86-88, 100

T

Tailândia 101, 107, 248, 256-257, 259, 273
Tamanho da família 16-17
Teleconferência 191, 258
Telefones de emergência 195-196, 198, 200, 243, 251-257
Telefonista, *ver Call center*
Televisão 31, 32, 181, 200, 210, 249, 260-262, 264, 274
Temores 61
Tempestade de vento 56, 104-105, 199-201
Tempestades tropicais 199-201
Tempo 51, 180, 183, 206-207
  fase ativa 212, 229, 240, 250, 262, 265-267, 270, 273

fase pós-ativa 183, 208-209, 211, 212, 219, 229, 236, 240, 244, 253, 259, 265-267, 269, 273
ponto ativo no tempo 206-207
ponto pós-ativo no tempo 206-207
ponto pré-ativo no tempo 206-207
Teorema da interferência 157
Teoria da difusão 151
Teoria geral dos sistemas 38
Termos de referência 32, 154-155
Terremoto 19, 21, 29, 30, 56
Terremoto de Kobe 21
Terrorismo 13, 30, 50, 56, 62-64, 67-68, 89
Thai Airways 100
Thomas Cook 225, 230, 247
Titanic 181-182
Transferência 169-172
Transferência de imagem negativa 86-87, 120-127, 247
  adequação 123
  conceitos de imagem 121-122
  medição da semelhança 123-126
  potencial de transferência 121-122
  semelhança 121-123
Travel Watch 144
Treinamento 35-36, 202-204, 213, 267
Tsunami 13, 21, 101, 107, 111, 146, 194, 248, 250, 254, 256-257, 259, 273
TUI 171-172, 189-190, 202, 220-221, 230
Tunísia 83
Turismo
  cultural 79, 211
  doméstico 43, 66, 213, 234-235
  emocional 82
  internacional 64, 167-168, 176
  militar 82
  organização 38, 93-97
  sexual 45, 57
  sistema 37-38
Turista
  centro de informações 38, 93-97
  individual 66
  pacote de viagem 66-68
  polícia 38
Turquia 126

U

UEFA 272
UNEP 20

V

Valor da experiência 38-41, 51, 127, 163-165

Vantagem competitiva 25, 78-84, 113, 161-162, 170, 181
  aspecto temporal 83-84
  benefício adicional 39-40, 78-84
  benefício básico 40, 78-82
  estratégia da diferenciação 163-165
  estratégia da liderança no custo 162-163
  estratégia do foco 166
  vantagem na diferenciação 41, 78-82
  vantagem no custo 41, 83
Varejista 235
Velocidade do desenvolvimento 14-15
Verdun 181
Viagem
  assistência 201
  aventura 141, 240-241
  negócios 131-136, 145-145, 229
  travel club 236-238
Viagens de familiarização 226, 259, 267
Viajantes de aventura 141, 240-241

Vídeoconferência 197, 243, 258, 259
Viena 124-125, 164
Viés de omissão 56
Vietnã 93-94, 181
Violência 62, 68
Vírus de computador 15
Visit Florida 174
Visit Scotland 118-119
Visto de viagem 107-108
Vôos 64
  de resgate 65, 96-97, 106-107
  fretados 167-168, 215-217, 220, 247
  normais 215-217

W

Waterloo 181
Webcams 253-257
Worldspan 145

Gráfica
METRÓPOLE

www.graficametropole.com.br
comercial@graficametropole.com.br
tel./fax + 55 (51) 3318.6355